문학사랑 수필선 **235**

삶의 흔적

임양수 수필집

오늘의
문학사

목척교 설경 _ 80.3×60.6cm 油彩畵 五湖
[대전시립미술관 소장]

맑은 빛 삶의 소리 _ 72.7×90.9cm 油彩畵 五湖

동행 _ 45.5×37.9cm 油彩畵 五湖

雪山 _ 45.5×37.9cm 油彩畵 五湖

빛의 소리 _ 60.6×72.7cm 油彩畵 五湖

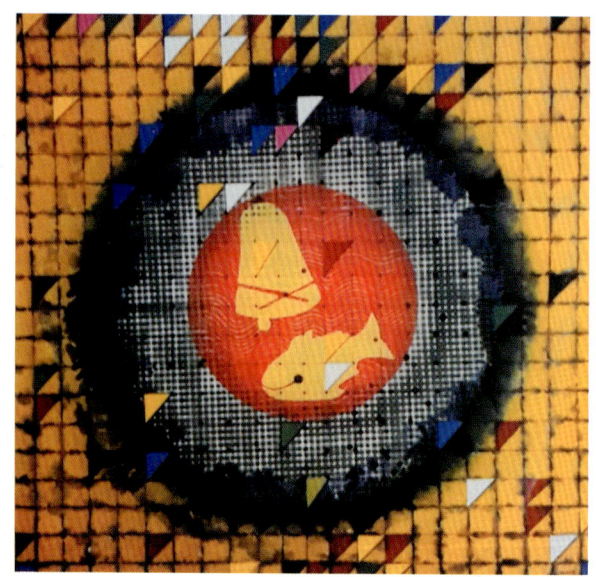

빛과 삶의 소리 _ 80×76cm 油彩畵 五湖
[대전제일고등학교 소장]

충만 _ 40.9×31.8cm 油彩畵 五湖

물결인가, 연기인가 _ 45.5×37.9cm 油彩畵 五湖

composition의 미
_ 37.9×45.5cm 油彩畵 五湖 [이공갤러리 소장]

초야(初夜) _ 53×45.5cm 油彩畵 五湖
[윤여찬 교장 소장]

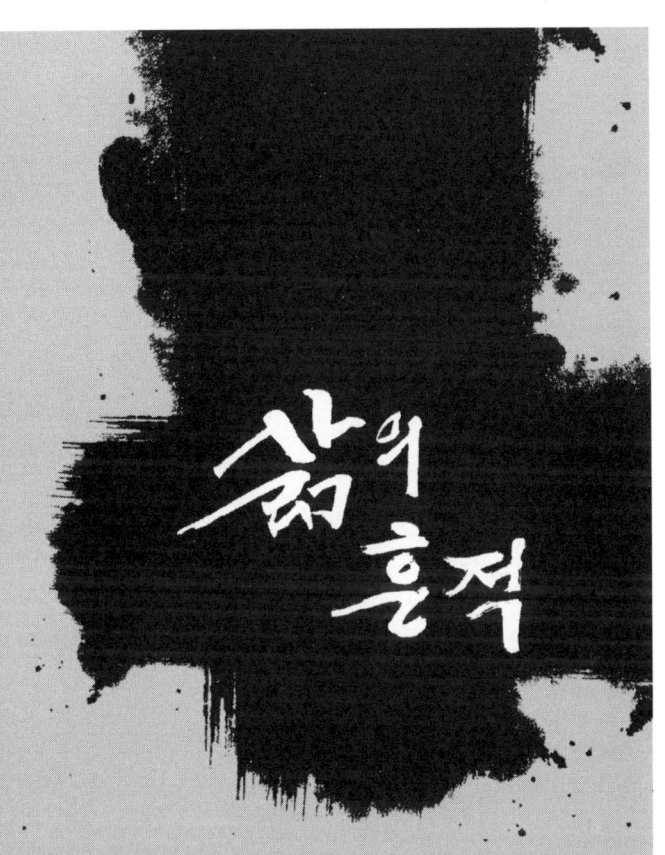

삶의 흔적

임양수 수필집

머리글

회화는 말 없는 시詩요,
시는 말하는 그림

해방둥이 화문인(畫文人), 五湖 임양수의 팔순 예도禮道, 60여 년이 이곳에 고여 있다.

미술대학을 나와서 고향 대전에서 후학들을 길러내며 작가의 길을 걸어왔다.

2007년, 효천曉天 시인의 격려로 1시집 『굿모닝 좋은 아침』이 세상에 태어났다. 다음 해 봄, 문학세계誌의 《詩世界》 황금찬 시인의 추천으로 등단하였다. 화가로서 마음속의 치유를 글로 삭이면서 2023년, 5시집 『시첩詩妾』을 세상에 내놓았다.

화문인(畫文人)으로서 묵언默言으로 시와 수필을 써왔다.
수필은, 가슴 울리는 진솔한 내면을 관조하는 장르이기에 용기가 뒤따라야 했다.
팔순에 이르러, 집필 속에서 과거를 정리하며, 그때 그 시절을 함께한 『삶의 흔적』의 주인공들과 무한 감사를 함께 나누고 싶다.
'내 몸의 운명은 본인이 잘 알고 있기에….' 마무리하는 심정으로 〈회고록 겸 시화가 흐르는 수필집〉을 세상에 조심스럽게 펼쳐 보인다.

목차

1부 그리움 속에서

나와 인연 맺은 31명 미술 교생 • 22
이런 일 저런 일 • 24
나의 작가론 • 28
화가, 이범헌의 도전기 • 31
수용하는 마음 • 34
연관사 단상斷想들 • 36
별스러운 조각가와 화가 • 39
'네 잎 수필집' • 41
아버지 소천하시다 • 44
삶의 넋두리 • 47
외동이 결혼하다 • 50
옛 동네 한 바퀴 • 56

2부 사랑의 기쁨들

형의 손목시계 • 62
울 엄니 뵙다 • 63
유성온천 사랑 • 67
어느 사이 팔순 • 68
내 동생 초원草原 • 70
인간 꽃 • 74
형제들의 합창 • 76
그 심정 나도 안다네 • 79
'목척교 설경'의 추억 • 83
이런, 저런 모임들 • 87
사람 사는 이야기 • 92
환치 미술가 득산得山 • 95
효견 똘이의 생애 • 98

3부 투쟁

小 영웅이 되다 • 102
한밭 폭설 대란 • 105
불이 났어요! • 108
에어로빅에 취하다 • 110
생존 법칙 • 114
대전문화원 원장 박동규 • 118
대전 3.8 민주 학생 의거 • 120
어린 시절 이야기 넷 • 123
독毒을 녹이는 글 • 125
오호五湖의 환상 미학적 화풍 • 127
참견 • 130
병상록病床錄 • 133

4부 틀 밖

꿈꾸는 안흥항 • 142
무전 여행기 • 143
남산 자취 시절 • 150
월남Vietnam 파병기 • 155
처녀 가수 이미자와 만남 • 164
서유럽 5개국 탐방기 • 166
구름밭에 앉아서 • 172
멋진 노은 선사 공원에서 • 174
우이동 백일장 • 177
서울행 완행열차 • 181
판문점 DMZ 탐방기 • 182
창조적 혼돈 • 185
'피난길' 삽화 한 장 • 187

5부 교단의 창가唱歌

회초리 꺾어와! • 192
교직 시절에 • 194
뜨거운 가래침 세례~ • 199
금붕어 당번 K군 • 202
따 꼼 풀 두 번 • 209
세 화가의 3중주 • 211
메뚜기도 한 철 • 214
내 교육의 멘토들 • 215
'노은 아트 리브로 갤러리' 개관 • 218
'아침 밥상'의 여류작가 • 220
숙부님 말씀 • 224
사제의 정, 北友會展 • 227

6부 비움과 채움

예술의 전당 개인전 • 232
큰 상 타던 날 • 236
웅천의 무창포 서정 • 239
손자 가라사대 • 241
소소한 일상들 • 244
'나야 나!' • 248
향토사학자 故 김영한 • 249
나의 자화상 • 252
텃밭 예찬 • 255
시위示威 문화제 • 258
독락정獨樂亭 • 259
작업 노트에서 • 265

7부 만남과 이별

흑석강 연가 • 270
박상일 시인의 마지막 편지 • 276
따뜻한 미소와 그리움 • 283
마음고생이 부른 판단 • 285
손이라도 잡아줄 것을! • 286
소질의 껍질을 벗겨 주시다 • 289
파묘破墓 • 291
도공 이종수 • 295
가슴 시린 동수 누나 • 300
길냥, 통동아! • 303
山草 빛 四月 • 307
시인 박용래와 인연因緣 • 310

8부 기쁨의 장章

강나루 • 318
권영선 • 318
김배희 • 319
김용재 • 320
남상숙 • 320
라보찬 • 321
류 환 • 322
리헌석 • 323
문희봉 • 324
민경철 • 325
박종권 • 326
박희철 • 327
배문숙 • 328
배순경 • 329
성기인 • 330
심응섭 • 331

안병석 • 331

안복수 • 332

오완영 • 333

윤제철 • 333

이영옥 • 335

이창명 • 335

임봉재 • 337

임웅수 • 337

조성남 • 339

최송석 • 340

최원규 • 341

한금산 • 341

홍순갑 • 343

홍인숙 • 344

황선형 • 344

황효순 • 346

五湖, 임양수林陽洙 프로필 • 348

1부
그리움 속에서

나와 인연 맺은 31명 미술 교생
이런 일 저런 일
나의 작가론
화가, 이범헌의 도전기
수용하는 마음
연관사 단상斷想들
별스러운 조각가와 화가
'네 잎 수필집'
아버지 소천하시다
삶의 넋두리
외동이 결혼하다
옛 동네 한 바퀴

▶ 나와 인연 맺은 31명 미술 교생

「초심 그대로」

해마다 춘 4월이 되면 교생들이 현장 교육 차 학교를 찾는다. 풋풋한 마음을 안고 찾아왔기에 희망어린 눈빛이 자욱하다.

출석부 겨드랑이에 끼고 수없이 오고 가는 교사들, 어색하고 뭔지도 모를 초년 교생들은 교사의 그림자를 닮아보겠다고 눈여겨본다. 반짝이는 검고 긴 생머리를 단정하게 묶었다. 화장기 없어도 고울 때다. '블루진' 평상복을 입다가 정장에 넥타이 차림의 남자 교생들.

나는 '교단의 왕자'라고 자부심으로 뭉쳐 있지마는 그들을 대하면 맏형으로 돌아간다. 그들은 소소한 것 하나까지 주문하면 '네'하고 잘 따른다. 누구나 상냥하고 선한 인품을 좋아한다. 그러나 교사의 자세는 뭔가 달라야 한다.

아이들에게 무절제하게 친절하면 예절이 부족해진다. 질서와 단합심은 학급 운영의 핵심이다. 그래서 <강엿처럼> 질기면서도 달콤한 뒷맛을 안겨 줘야 한다.

즉, 조직적이고 분단화하여 모두가 한통속으로 이끌어 가야 한다. 그러나 한 달 후면 헤어지는 입장이라서 즐거움만 남는다. 젊고 싱그러운 '교생들의 정겹던 모습의 후폭풍'은 남아 있는 프로 교사로서 잘 견뎌 내야 할 의무이며 임무다.

「교육 현장에서」

한 달 동안 실습 기간에 교사는 '가르치고 지도'하는 입장만 생각하다가 따스한 사랑의 보살핌의 바탕임을 깨달았어요. (교생, 강인선)

배려와 사랑의 씨앗을 얻고 갑니다. 호수 곁에 서 있는 교육의 큰 나무가 되겠어요. (교생, 박은송)

김대중 대통령 시절에, 왕따 없는 교육 현장을 위해 한 학급 두 담임이 배정되었다. 정감 있는 여선생님과 다정하신 남 선생님 밑에서 1등 반보다는 좋은 반을 선호하는 모습이 좋았어요. (교생, 우승욱)

실습 전에는 학과 지도를 중요시했었습니다. 충분히 갖추어져 있는 바탕 위에서 학생들의 작은 부분 하나까지 포용심으로 학습적인 상호 작용으로 이끌어 감을 깨달았어요. (교생, 김정순)

학생들의 실기 평가 후, 〈우수작 전시회〉를 개최하는 현장의 교육이 학생들 마음에 공평성을 안겨 주었으며 장단점을 느낄 수 있는 현장 교육이었어요. (교생, 남상옥)

박대규 교생

- 인연 맺은 31 미술 교생들 -

강래홍 회화, 한남대 북우회 2기. 중등교사 퇴임
강인선 디자인, 배재대 2001.5
김기권 서양화, 배재대 사업 대표 및 전업 작가
김미현 회화, 배재대 1995.4
김성숙 회화, 배재대 1996.4
김석진 서양화, 목원대 교생 1기. 대전제일고 퇴임
김정순 회화, 배재대 2003.4.10
권택운 회화, 1994.7
김현숙 회화, 목원대 1984.4
남상옥 회화, 배재대 미술학원 경영
남홍근 조소, 배재대 1997.4

김혜영 서양화, 배재대 경기도 거주
류광일 시각 D, 배재대 대전 거주
반주희 시각 D, 배재대 2001.5(공예 전공)
박대규 조소, 목원대 북우회 21기. 1995 목원대 조소과 특임 교수
박인규 서양화, 목원대 교생 2기, 우연 갤러리 관장
박은송 시각 D, 배재대 2001.5
복진오 조소, 목원대 찬란한 신조형 선재 공간. 〈아버지의 청춘〉
사공경현 한국화, 배재대, 배재대 사무국 근무
송재만 서양화, 목원대 북우회 6기 북상고 교생. 미술학원 운영
이도헌 서양화, 한남대 북우회 21기. 전업 작가
이상봉 조소, 중앙대 북상고 교생. 대전, 청주 시립미술관 관장
이상준 서양화, 한남대 북우회 10기. 전업 작가.
우승욱 문인화, 배재대 1999.4 경기도 구리시 0346-567-0125 거주
조동희 조소, 공주대 이상봉과 북 상고 교생. 서령고 교사
정보경 서양화, 한남대 북우회 26기. 2004 예산 이응노미술관 학예사
진석범 서양화, 목원대 북우회 28기. 2008 벽화 전문 더 팔래트 대표
조상영 서양화, 배재대 미술학 박사, 미술 비평가
정우창 한국화, 한남대 북우회 22기. 전업 작가
정희묵 조소, 홍익대 북우회 12기. 대전예술고 교감
정혜선 서양화, 배재대 2002.4 임용고시 선발, 대전 기성중 부임

▶ 이런 일 저런 일

「그 소녀」

살다 보면 작은 만남을 통해 큰 즐거움을 느낄 때가 있다. 아침 출근 시간에 차를 몰고 서남부인 원신흥동을 통해 가수원 네거리를 좌로 돌아 도마동에 도착한다. 출근차 차를 몰고 원신흥동 부근을 지나는데 아스팔트 왼쪽 길로 작은 소녀 하나가 등교하는 것을 가끔 보게 된다.

때로는 곤색 치마 차림에 자전거를 타고 달리는 모습에서는 선 머슴애 같이 미소를 짓게 한다. 어느 날에는 신발주머니를 허공에 돌리면서 투스텝으로 흥겹게 뛰어가기도 한다. 비바람이 세찰 때는 찢어진 검정 우산 속에서 얼굴을 찡그리며 걷기도 한다. 어제는 시험 기간인지 노트를 보면서 입을 쫑긋거리며 천진스럽게 외우며 간다.

오늘은 필요한 돈을 못 타냈는지 두 눈이 통통 부어서 처진 어깨로 걸어간다. 그런 모습은 자가용 안에서 잠시 스치는 '헤프닝'으로 보일지는 몰라도 궁금하고 안쓰럽게 느껴진다. 왜 저렇게 걸어가지? 오고 가는 자동차에 손님들이 쳐다보니까 그럴까? 도보로 등교하는 저 학생은 아마도 유성여중 1학년생 같다. 차창 너머로 안 보일 때면 궁금해진다. 요즘 들어 그곳을 지나가다 보면 기다림 증세에 걸린 듯하다.

며칠이 지났을 무렵, 내 시야에 소녀가 나타나자 엉겁결에 손을 흔들어주었다. 소녀는 낯모르는 아저씨의 행동에 의아스럽게 표정을 지었다. 결국 시선을 돌린 후 고갤 갸우뚱 대며 제 갈 길로 걸어갔다. 그를 향한 나의 행동이 소녀의 마음을 상하게 하지나 않았을까 걱정도 되었다.

단풍 계절에 소녀에게 안겨주고파 동화책 한 권을 포장하였다. 그 안에 '열심히 공부하여 멋진 여학생이 되세요, 미술 선생님'이라고도 썼다. 출근길에 소녀 곁으로 서행하면서 "선물야!"하며 책을 안겨주었다.

다음날, 출근길에 소녀에게 V자 손가락을 보내니 생뚱했던 모습을 떠나 공손히 목례하는 것이 아닌가! '오, 나와 마음이 통한 거야' 짧은 시간에 달리는 창밖의 대면이지만 미소로 답하는 소녀의 모습으로 출근길이 가벼웠다.

여름방학이 끝난 후 출근하다 보니 서남부지역의 신개발로 사람들은 떠나고 전답들이 잡초에 덮여있었다. 어떤 곳은 건물들이 파괴되어 도안동과 원신흥동은 서서히 유령 동네로 변해가고 있었다. 흙 나르는 덤프트럭들이 수없이 드나들고 원주민들의 토지 보상 플래카드와 청홍색 깃발들이 살벌하게 나풀거린다. 아픔 뒤에 찾아오는 젊고 싱싱한 신도시가 될 것이겠지만 출근길 아침에 소녀의 반김 뒤에 기쁨은 모두 사라지고 말았다.

이곳을 지나갈 때마다 빙그레 미소 머금고 하루를 시작했던 청초한 추억들, 전처럼 해맑고 발랄한 알프스 소녀 하이디 같은 앳된 소녀의 미소와 모습도 사라졌다. 애꿎은 자가용 브레이크 소리만 윙윙거렸다.

(2006. 3)

「문상을 통해서」

엊그제는 한금산(韓金山) 시인의 모친상에 다녀왔다. 명절 앞둔 장례였지만 문상 손님들은 여전하였다. 둘째 상주인 내 동갑내기 한수산 소설가도 상주 복장으로 서 있었다. 어찌 그렇게 고향 불곡佛谷의 헌식 아저씨를 닮았는지 혼돈하였다. 소설 쓰기가 대견한지 금산 형보다 더 꾸부정하고 늙어 보였다. 효천 형보다 한 살 아래 소설가 조정래도 나이 보다 늙어 보여 소설 쓰기의 고뇌를 공감케 했다.

지난달 목요 만남에서 한 시인과 식사 중에, 둘째 제수한테 '심한 말을 들었다며 심기 불편함을 내게 토로했다. 오죽이나 황당하였으면 집안일을 내게 터뜨릴 수 있을까! 평소 무뚝뚝한 그의 입에서 가족사를 들먹인 적이 없었기 때문이다. 그 후 형제간에 왕래를 끊고 지내다가 모친상이니 다들 모였다. 그들 중에 금산 형 제수씨 성품 닮은 사람을 찾아 물어보니 정확하였다. 심성은 얼굴에 잘 나타난다. 그러나 양쪽 말을 안 들어 보았으니 결론은 묻어두었다.

「생전에 나의 모친께서는」

늘 형제간에 우애를 강조하셨다. 우리 형제들은 말수가 적은 편이라서 무해무덕無害無德으로 오늘에 이르렀다. '찍소리 없이 살아라!' 나의 어머니의 교육 덕택인지 시집살이를 잘 견뎌낸 아내에게도 감사한다. 부모 생신날에는 '뷔페' 식당으로 변경된 일, 명절 차례 중에 알밤을 입에 넣으시다가 툭 튀어나온 할아버지의 헤프닝에 웃던 장손의 모습도, 기독교인으로 제삿날에 기도로 대신하는 어색한 입장들, 이제는 담담한 세월에 묻어두고 세월의 강처럼 도도하게 흐르고자 한다. 다투는 재벌 형제들을 떠올리면 재물에 미련 없음이 깨끗하니 퍽 좋다.

「아버지의 첫 치표 자리는」

증조부부터 손자 아랫대까지 납골 묘당으로 안치되니 우리 아버지께서 끌어안고 계신 듯하다. 그래서 그 자리가 명당이었던 모양이다. 치표를 할 때 지켜보던 임정호林正浩 지관이 내게 명함을 주며 아버지 별세 시 꼭 이곳으로 아버지를 모시라고 당부하던 일도, "저곳보다는 이곳이 훨씬 더 좋다."고 하더니 결국은 종가의 '납골 묘당'이 아버지 첫 치표 자리를 차지하게 되었다.

부모님의 납골 항아리는 절할 공간도 없이 가장 밑층에 놓여있다. 다행히도 중조부 예학 박사 유골함 밑으로 공간이 있어. 납골 항아리에 손을 얹혀 예를 올리고 왔다. 아직은 제대로 환경이 갖추어지지 않아 썰렁하다. 따로 관리인이 없으니 그렇다. 팔순 넘은 고향지기 6촌 형님께서 고갯마루 오르내리기 노고가 많으시다.

몇 해 전 아버지께서 아침 식사 중에 마지막 수저 떨어뜨린 아침, '우리 준비들 하자'라는 형의 문자를 받은 일, 노인병원의 '강 안나 쉼'에서의 어머니의 흐릿한 눈망울, 별세하신 후 시어머니 염 후, 고택 골 형수의 똘물 터치는 통곡 소리가 아직도 귓가에 선연하다.

앙금 한 가슴 안고 삭여온 형제간 아낙들의 노고를 생각한다. 가끔은 효천 카페에서 유유자적 노인학교를 운영하는 형수님과 효천 학장님을 뵙는다. 승승장구하고 있는 조카들은 국가의 대세다. 막내 동생 승수는 공주금성여고 과학 교사로 퇴임을 하였다. 남매들이 승승장구 꿈을 펼치고 있다. '포기와 패스' 고시 공부하던 딸, 임성미는 천안 일봉고 영어 교사로 근무 중이다. 오빠인 임성훈 교수는 미국 유학 중에 박사학위를 받았다. 그간, 울산과기대 교수를 거쳐서 2025년 3월부터는 고려대 교수로 부임한다는 소식을 접했다. 막내 내외의 지극정성과 조카들의 강한 근성을 축하하며 가슴 후끈 달아올랐다.

평소 형제간에 우애 있고 후덕하더니 조상님의 은덕을 입은 듯하다. 형제들이 한국의 교육자로 인고의 세월을 버텨온 현실에 감사한다. 우리 형제자매들도 나이가 들어차니 연식 시대에 접어든다. 무뚝뚝한 성품들이지만 2009년 내 아들의 결혼식에 모두 참석하여 형제들의 의리에 감사했다.

▶ 나의 작가론

서양사에 의하면 인류 최초의 그림을 스페인의 알타미라 벽화와 라스코동굴의 벽화(BC15,000 ~20,000)에 비유한다. 벽화에는 그 시대의 삶을 반영해 주는 인간들의 순수한 흔적들을 엿볼 수 있다. 그들이 그려놓은 배경과 동물 표현들은 형태와 색채가 경이롭다. 고대와 현대를 이어주는 방대한 벽화들, 순수한 그들의 그림 속에서 인류 문화의 흔적을 느끼게 된다.

고구려 시대의 사신도나 수렵도와 우리나라 최초의 그림이라는 고신라 시대의 '천마도'까지 조상들의 자랑스런 문화유산을 향유하며 긍지 속에서 살아간다. 심웅섭의 서체를 유심히 살펴보면 그림의 세계에 '유통하고 있는 캘리그래피(詩文字)'로 감정을 아로새긴 조형 서예이다. 시와

중앙대 예대 원로 동문들

그림은, '파노라마'처럼 흐르는 색채의 톤과 글 속에 잠재하고 있으며 뜻을 유통시키며 화면을 조성하는 구성체 역할을 한다.

사실 그대로 표현된 미켈란젤로의 천정화인 '천지창조'는 긴 여로의 소설이며 피카소의 '통곡하는 여인'의 작품은 형상 변형을 통해 고뇌의 심상을 나타낸 반추상적 수필로 본다. '몬드리안'의 〈콤포지션〉과 칸딘스키의 그림은, 무 형체를 상징화시킨 '단축된 시'라고 여겨진다.

우리 화단에는 청각 장애우 故 운보, 김기창 화백이 있었다. 그의 말년의 그림 속에는, 세상 잡다한 소리를 듣지 않고 그만의 세계를 오롯이 일구어내는 단순한 장점들이 있다. 자기 중심사상을 화폭에 수놓는데 편리해 보이기 때문이다. 운보의 그림 속에서는 '에메랄드' 주조색主調色으로 소금이나 고추의 강함보다는 담백하고 해맑음이 잠재하고 있으며 '메시지'가 화면에 詩처럼 흐르고 있다. 때로는 세상 움직임에 귀를 바짝 대며 큰 음성으로 의문을 토로하는 그들의 의욕은 작품에 오롯이 펼쳐진다.

시 한 수는 박경리의 소설 토지를 완독한 뿌듯함과 일치해야 한다고 한다. 짧은 시 속에서 넓고 좁고 높고 깊음이 잠재하며 그 안에 용트림하는 삶의 울림이다. 청잣빛 순결을 간직한 그 울림은 예사로움 속에서 인간 생활 속에 촉진제가 된다. 그 작용으로 두 눈을 부릅뜬 고집쟁이도 되고 '다이아몬드' 보석처럼 반짝이며 선화지 마냥 파르르 떨기도 한다.

청소년 시절, 강경상고 재학 중에 미술부 활동으로 시 꿈을 키웠다는 故 박용래(朴龍來 1925-80) 시인은 대전의 젊은 화가들과 못다 한 그림의 세계를 술과 눈물의 시로 마음을 달랬었다. 필자는 1973년에 그와 함께 교직에 몸담은 적이 있었다. 그와 함께 지내다 보니 화문인의 길로 접어들지 않았나 생각도 해본다.

서울대 교수직에 있으면서도 작가 본연의 길로 들어선 동심 화가 장욱진(張旭鎭 1917-1987)은 충남 연기의 방 한 칸 초가에서 캔버스를 바닥에 펼치고 취중에 그림을 그렸다. 그의 그림은 소품인데도 큰 느낌을 부여한다. 숙련된 자기만의 동심 어린 시어 화인 새. 초가, 나무, 동물, 사람들을 수없이 익힌 후 그의 화면 속에 정겹게 등장시키고 있다. 장지문에 비친 등잔불 빛으로 그의 숙여진 그림자와 빈속에 들이켠 독주는 작품을 이루는 감로주가 된다. 그의 깊은 주름살과 깡마른 노작가의 자화상은 연기 출신으로 집안의 선배요, 삼촌이며 부모의 모습이다. 나는 그의 향향(鄕)스런 초롱불빛 아래 환상적인 화풍을 가슴에 품는다. 오늘의 미술인들은 해방 전후에 이중섭, 박수근, 장욱진의 가난과 고독이 밑거름되어 오늘을 향유할 수 있는 작가로 산다고 본다.

정년 후에는 시간이 여유롭다. 그러나 꿈속에서도 교단생활이 계속 이어진다.

석사과정, 대학원 초빙교수로 머리 큰 미술 교사들을 지도하려니 강의 준비로 노심초사해진다. 나태함은 미술인의 자세가 아니다. 작업인은 수도자의 자세로 생활의 리듬이 깨지면 예도를 행할 수 없다. 미를 찾아 채워 나가는 삶의 진리를 사랑해야 한다. 그림으로 못다 함을 글로라도 채울 수 있으니 다행 아니던가!

나 我

　　　　　　　　　　五湖

그리다 만 캔버스가 나를 기다려요
나는 그들의 주인으로 자리매김하죠.

작업에서 얻은 그림 위에
어머님의 혼이 담긴 한 잔의
청수(淸水)를 떠올린다.

세월의 연륜이 더해지면 퇴물이
그래도 마음을 쏟을 수 있는
화가라는 그릇이 있으니 행복하다.

어둠침침해 오는 시력과
마약과 같은 노동 후의 후유증은
작가로서 피할 수 없는 기도의 산물이다.

▶ 화가, 이범헌의 도전기

한국미술인 희망포럼(Korea artist's hope forum)의 개소식에 초대받고 상경하였다. 중학교 교사 시절에 미술반 제자가 한국미술협회 차기 이사장 후보로 출사표를 던지는 날이다.

한국미협회장 이범헌(좌)과 필자

간밤엔 우르르 쾅쾅 천둥번개와 폭풍우까지 몰아쳐 행사 앞둔 제자의 모습이 많이도 어른거렸다. 하늘이 도우셨는지 아침 창공은 맑아서 안심하였다.

서울행 기찻길 옆, 펼쳐지는 가을 들판의 곡식들이 태풍을 용케도 견뎌 올곧이 서 있다. 서울역을 나서자 유관순 초상화 작가인 충남대 윤여환 교수를 만났다. 그는 홍익대학교 특강을 마치고 하전하던 길이었다. 오늘 행사만 아니라면 국보급인 화가와 서울에서 한 잔 나누기 딱 좋았을 텐데, 헤어지고 나니 그의 멋진 카이젤 콧수염이 마음에 남는다.

화염에 휩싸이던 남대문이 보인다. 아직도 포장이 둘러쳐 있다. 불을 낸 정신 나간 녀석도 떠오른다. 나이도 먹은 녀석이 앞이 꽉 막힌 고약한 놈이다. 바쁘지 않은 날에는 서울역에서 종로 2, 3가 정도는 도보로 걸어간다. 대학 시절 몸에 밴 습관이다. 시청광장 지하도를 지나며 상가에 걸려있는 베레모가 고개를 잡아끈다. 다음 상경 때는 구입하고 싶다. 어느 날 화우 기산箕山의 모자가 맘에 들어 '보기 좋다' 하니까 집에 많다고 자랑하였다. 그도 정든 모자 남에게 선뜻 주기가 꺼려했는지 '따라와 사줄게.' 하기에 마음을 접은 적이 있었다.

점심시간이 되어 종로2가 먹거리 장터에서 감자탕을 시켰다. 무더운 날에 이열치열로 씹어 넘겼다. 종로2가 보신각이 보인다. 지하철 종각역 보도 건너편 이윽고 인사동 골목이다. 국제적으로 골동품가게로 유명한 곳으로 각종 미술품 애호가에게 문화의 정보통이다. 갤러리가 수없이 넘실대는 거리로 인사동 골목 화랑으로 그 유명세가 드높다. 고급 인쇄된 작가의 도록도 얻을 수 있으며 국내외 작가들이 이곳에서 개인전 열어보기를 열망한다.

 오늘날 대전미협 회원도 6·70년 초에는 30여 명이었는데 현재 회원이 천여 명이 넘는다니. 문화적 증가추세다.

 종로 인사동 골목길에 약속 장소 공평빌딩이 눈앞에 우뚝 서 있다. 종각역에서 가깝다. 1층 공평 갤러리에서 대전의 미협 회장단들을 만났다. 서재홍 회장을 선두로 박홍준 김두한 이영우 회원이 반갑게 대한다. 서울에서 그들과 만나고 보니 반가움보다는 서로가 황당한 눈빛으로 교차되었다. 대전미협에 상경 여부를 확인하고 싶었지만 홀로 상경했다. 그래도 대전 화단의 식구가 한 덩이가 되어 행사에 참여하니 든든하였다.

 한국미술인 희망 포럼 개소식장에는 전국에서 관록 있는 중장년 작가와 원로 미술인들이 참석하여 회의실이 비좁았다. 이범헌 후보 왈, 개소식 때는 이렇게 북적대야 제맛이라며 너스레를 비쳤다. 초대된 이들은 노소별 지역 예술인답게 특색 있는 의상과 용모로 기상이 넘쳤다. 사무실에는 시루떡과 돼지머리가 코를 쳐들고 있었다. 한국예총 하철경 회장의 축하 연설도 일품이고 지상으로만 접하던 장윤우 화문인도 참석하였다. 주인공인 이범헌 대표의 연설 차례가 되었다.

 이 후보가 50대에 이르러 공식 석상에서 연설하는 것을 처음 대하였다. 그간에 넓은 인맥을 통해 전국에서 상경한 작가들을 다 꿰차고 있었다. 코도 오뚝하니 또렷한 음성으로 원고도 없이 전국에 산재하고 있는 리더들의 이름을 불러댔다. 그가 지닌 능력이 순간에 떠도는 그런 가벼운 존재가 아님을 연설을 통해 직감할 수 있었다. 그러니 그의 품격이 높이 치솟았으며 승승장구한 모습은 그간 쌓아온 저력이 말해주었다. 그는 굵직한 국내외 미술 행사 기획의 달인으로 똑소리 난다는 평을 받아왔으며 그의 쩌렁쩌렁한 음성은 청중을 압도하였다. 1978년도 소년 시절, 사제간의 풋풋한 감정과는 너무도 다른 기분이다. 그런 총명하고 완벽한 제자가 전국 미술 대통령을 꿈꾸고 있었다.

대개의 예술론은 창의력을 앞세운다. 여유로운 미덕은 목표 지향적이고 비장한 각오는 투쟁과 노력의 소산일 것이다. 막바지에 이르자 그는 청중에게 나를 소개하였다. 오늘 저의 스승님께서 상경하셨다며 오늘의 제가 있기까지는 중학 시절에 꿈을 불어넣어 준 임양수 은사님이라고 하였다. 선화예술고를 거쳐 홍익대학교에 진학하여 화가로서 꿈의 에너지를 주신 분이라며 높이 치켜세웠다. 일어나서 사방으로 감사절을 올리며 당선되도록 부탁하였다. 열화와 같은 박수를 받았다. 그는 연설을 마친 후 내게로 다가와 가슴을 포갰으며 그와 나눈 포옹은 글을 쓰는 이 순간에도 찡하다. 여러 미술인 앞에서 교육자로서 기분이 오롯됨은 내 생애 처음이다. 그와 함께 돼지머리에 절을 한 뒤에 동그란 콧구멍에 신사임당 지폐 두 장을 찔러 넣었다.

이범헌 후보는 중·고교 시절부터 미술반장으로 뛰었다. 홍익대학 시절에도 학생회장으로 학생들을 대신하다 보니 학교측과 불협화음도 뒤따랐다. 지천명에 들어서며 만학으로 홍익대학교 대학원에서 석사학위를 마쳤다. '늦었을 때가 빠르다고 했던가!' 그가 한국 화단에서 일구어놓은 산지식과 업적은 그 누구도 범접할 수 없는 힘찬 인물로 추앙받고 있음이다.

「대전행 열차에서」

내 몸은 인사동을 떠난다
차창 밖 열차는 '대전에 가자!'하고 울어댄다
지난밤 천둥소리는 축하의 드럼 소리요
폭풍우는 대 축하의 합창이었다
거대한 태풍은 대지의 생사를 가름하며
너로부터 새로운 도가니를 이룬다.
李 이 시대 한국미협, 성장판의 주역으로
範 범상하지 않은 인물로 주도면밀하여
憲 헌정, 한국미술의 젊은 '아이콘스'로 우뚝 서라

대전행 저녁 기차는 빨리 가자고 울어댄다. 밤늦도록 해후의 시간을 보내고 싶었지만 타인에게 기회를 넘겼다. 판단된 길이 옳으면 그저 앞만 향하며 가고 있는 그대여! 만약에 그에게 그 길의 주인공으로 선정되거든 기존 부실 경영을 바로 세우는 새 일꾼이 돼주게! 한국 미술계의 수장다운 품격을 세워 헌신을 다해 주시기 바라네.

혼탁 선거에 휘말리지 말고 관록과 실력으로 맞서게나. 그대, 자랑스러운 대전의 아들이여! 젊음, 개혁, 추진력으로 파이팅하라!

▶ 수용하는 마음

결혼을 앞두고 강경에서 있었던 일이다. 따스한 공휴일 오후에 전화를 받고 '나바위성당' 앞 동네 툇마루에 앉아 있었다. 아내의 수양어미라는 무속인이 건네주는 활을 쥐었다. 그는 앞마당 섬돌 위를 향해 화살을 쏘라고 하였다.

"왜 해야 하나요?"

"그냥 쏘시면 되네."

몇 년 후 아내 입을 통해 그날의 진실을 알았다. 그분 말씀인즉 '너희 부부는 손이 귀하고 사주팔자가 순탄치 못하니 액땜 행사'를 치렀다는 것이다. 나와 아내 사이에 씌워진 살은 도대체 무엇일까, 그런데 화살은 무슨 소용이 있을까! 궁금하였다.

가끔 아내는 밥 먹듯이 하는 말 중에서 '당신은 닭띠고 나는 돼지띠라서 잘 산다고 들었다. 그 원인은 돼지 울 안에서 닭들이 돼지 코에 붙은 밥알을 잘도 찍어 먹는 광경을 보았다는 것이다. 사주가 좋든 살이 꼈든, 궁합이 좋지 않아도 나이 스물일곱인 나와 두 살 아래 아내를 만났다. 강경 황산초등학교 교사의 집에서 하숙하던 중에 1971년 10월 소개팅으로 서로 연이 맞아 두 달 후 12월 12일에 약혼하였고 다음 해 4월 2일에 혼인하였으니 7개월 안에 결혼식을 올렸다.

보통 인간처럼 액운과 살을 겸허하게 받아들이면서 교육자요, 미술가 아내의 내조 속에 54년 살아왔다. 중등교사 정년퇴임 시 '명퇴 운운'

'평탄치 않은 일'도 감내하였다. 1971년 10월, 금산, 강경에서의 전임강사를 시작으로 2008년 사학에서 정년 후 한남대학원 미술과 초빙교수로 3년 모두 포함하여 총 40년 2개월의 긴 교단생활이었다.

1972년 결혼 후 강경에서 대전으로 이사와 시부모를 가까이 모신 아내에게 감사한다. 신혼 초 시집에 들어와 몇 해 동안 시부모하에서 며느리 수업을 받으며 어려워하였다. 남편이라고 아내 편에 서다가 어머니의 불호령도 받았다. 오늘에 이르러 아들을 장가보내고 나니 어머니 앞에서 불손하였음을 죄송하게 생각한다. 아들 3형제들이 모두 대전을 떠나 타지에 거주하고 있었기에 부모 가까이 대전에서 거주하는 덕분에 아내의 노심초사했음을 잘 알고 있다.

장모님께서는 독신 장남에게 시집와 그 고충을 너무 잘 알기에 둘째에게 시집보냈다고 하셨었다. 강경에서 대전시 집으로 떠나보내며 강경역 플랫폼에서 눈물지으시던 모습이 어제 일 같다.

두 해전 담낭 제거 수술로 을지병원 신세를 질 때의 일이다. 쓸개 빠진 몸으로 통원 치료받던 중에 온몸에 붉은 반점이 생기고 두드러기가 솟아 가려움증에 고생하였다. 담당 의사는 수술 후유증으로 알레르기 현상이니 약을 먹으며 좀 참고 기다려 보자고 하였다. 삼복더위로 날씨까지 무더워 팬티 바람에 물파스를 바르며 한두 개월을 견뎌냈다. 그러던 어느 날 '공생의 미학'에 대해서 마음을 바꾸게 되었다.

'오, 그렇지! 세상 모든 일이 마음먹기 다르지. 왜, 내가 벗어나려고 몸부림을 치는가?' 몸에 화를 올리지 말고 마음을 비우고 수용하는 자세를 가졌다. 세상일에는 적과 동침으로 공생하며 이질적 집단과 상생하며 새롭게 발전을 도모함이 있다. 어느 날, 나도 모르게 소스라치게 놀랐다. 내 몸에 일고 있던 가려움증이 사라졌다.

'과연 마음을 비워서일까? 약 효과로 사라진 것일까?'

두 가지 사이에서 혼동하였지만 어딘지 모르게 '수용의 미덕'으로 생각하기로 하였다.

스마트폰 활용으로 우리네 살림살이는 다람쥐 쳇바퀴 돌 듯 기존 바탕 아래 회전한다. 전통 양식을 고수하려는 사상이 무너지고 세상은 돌고 도는 법이라고 했다. 서로 간에 아옹다옹 시샘해 본들 높은 곳에서 내려다보면 그놈이 그놈이다. 서로 수용하고 위아래 순리 속에 덕을 펼치다 보면 세상은 살만하리라.

(2011.12.)

▶ 연관사 단상斷想들

1.
연륜 쌓인 손가락에 쥐어진
백팔번뇌 염주알이 다소곳한 합장으로 빛난다.
회색빛, 자줏빛 가사 장삼을 걸친 스님의 파르라니 깎은 머리가
밝은 빛을 받아 木鐸처럼 윤이 난다.
鐸 鐸 鐸,
법당을 울리는 독경 소리에
나는 사유의 三昧境에 빠진다.

2.
인적 없어 적막한 산촌에서
申七星님의 탱화가 정신이 번쩍 나게 광채롭고
그윽하게 그늘진 곳까지 살피시는
부처님의 눈길이 자애롭다.

3.
속세의 보살 시절에 그린 불화 속의 여승이
바로 오늘의 법고 치고 하얀 고깔 쓴 자신의 모습이 되었다며
웃는 주지 스님의 자화상에
과거와 현재가 공존하는 삼차원의 세계가 신비롭다.

4.
풍경소리를 들으니 저절로 시심이 일어

입안에서 홍얼홍얼 노래가 나온다.
- 처마 밑에 둥지 틀어
- 이승과 저승에 내리지 못한
- 설운 영혼을 잠재우고
- 적막 속에 잠든 산을 깨우는구나.

5.
풍경소리를 들으며
고즈넉한 茶室의 네모난 자줏빛 방석에 앉아
모과 모양의 찻잔에 담긴
구수한 녹차를 입술에 적시면
생활에 찌들었던 五慾의 마음들이
다 씻겨 날아갈 듯하다.

6.
주지 스님은 淸淨世界로
우리를 인도, 執政하시며
修道僧으로서 깨끗한 미소를 피우면서
 합장의 선물을 주신다.
관세음보살 나무아미타불.
-成佛하세요.

7.
법당, 한지 덧문을 열자
코발트 빛 하늘이 가슴에 시원하다.
충무공의 鶴翼陣을 편 듯
산봉우리들의 원근법이 새롭다.
산허리를 끼고 좌우로 굽이굽이 흐르는 龍川江은
용틀임처럼 우람하다.

8.
硯床 위의 새하얀 畵紙에
정성 들여 깎은 연필 한 자루는
먼저 간 화가의 가슴앓이, 먼저 간 화가의 한스러운 넋
그리고 나의 소박한 창작에의 바람.

9.
佛心도, 佛力도 없어 보이는 사람들이
불전에 혼탁한 머리를 조아리면서 두 손 벌려 구원을 한다.
그들은 허욕에 가득 찬 심신을 절로 올린 이는
광채만큼 불심이 깊어졌으면 좋겠다.
"너희는 어디서 무엇을 하다가 이제 와서
무엇을 빌고 있는가?"

10.
부족한 자여, 죄진 자여, 혼탁한 자여!
허욕과 오욕을 떨쳐 버리고
四物의 선두인 木鐸을 치며
金剛經을 외우거라.
촛불을 밝히고 오층탑에 정진돌이를 하거라.
雲版을 두드리고 木魚를 깨우고
法鼓와 法鐘을 울리거라.

11.
풍경소리와 바람 소리와 '맑은 빛
과 삶의 소리'가
합류되는 산속,
지수리 연관사.
거기 가면 고운 고깔에 법고를 치며
우리의 애환과 소망을 반겨 맞는,

혜연 스님과 함께

文人畵의 惠蓮 스님이 있다.

12.
석가모니불. 석가모니불. 석가모니불.
석가모니 불. 시아본사

(2003. 연관사에서)

▶ 별스러운 조각가와 화가

서울 종로의 갤러리에서 김병철(金昺撤)의 〈배고픈 사람들展〉 작품을 둘러보았다. 작가는 왜 배가 고플 때 걸작이 나온다고 했을까, 어려움을 견디며 작품을 해왔기에 그랬을까!

그것은 작가정신이 온전히 박혀있음을 제시하고 있음이다. 그는 지독한 어려움 속에서도 견디면서 반듯한 작가로 오늘에 이른 것 같다.

오래전부터 집착하며 새겨오던 인상을 동일한 테마로 제작해 왔다. 그의 인물 조각에서는 중남미 인디언들의 부장품과 아프리카 '네그로' 부적 공예의 '터브'스럼도 영향을 받은 듯싶다.

소박한 '비닐하우스' 작업실에서 참죽나무, 춘향목, 참나무, 자모석, 소나무, 영상 설치, 자연의 소재인 물, 돌, 나무들을 다듬고 구멍 뚫어 생명을 불어넣고 있다. 그의 작품이 원하듯이 구구절절이 작가의 내면세계가 함초롬하게 고여 있어 감상자의 마음을 사로잡고 있다.

도록에 작품 평을 쓴 이돈수 미술사학자는, 그의 작품을 놓고 '추한 인간의 모습, 미메시(Mimesis)한 인간의 모습으로 왜곡되어 뒤틀려 있다'라고 했다. 벌린 입, 말 같이 내어민 이빨, 그리고 혐오스럽게 툭 튀어나온 눈망울들, 배꼽 밑으로 뭉뚝하게 내민 성기노출. '수평 신(腎)'과 '쳐진 신'들이 반질거려 자연스럽게 만지고 싶은 충동을 일으킨다. 쭉 뻗은 발에 큼직한 발바닥. 이 모든 것에는 작가 심중에 고인 응어리가 토해내어지고 있음이다.

난, 그의 작품세계를 '여유 있지 않음에서 참하게 우러나온 결정체'라고 말하고 싶다. '예술의 진수는 등 따순 곳에서는 나오지 않는다.'라는 말이 있다. 작품은 현실이며 고행에서 탈출하고픈 마음을 작품에 표출할 수도 있기 때문이다.

김 작가는 어려움 속에서도 서울에서 최고학부를 나왔다. 졸업 후 전국 여러 대학에서 강의하면서 세상의 쓴맛 단맛을 느꼈으리라. 서울신문사 주최 '제8회 서울 현대조각 공모전'에서 대상을 수상하면서 김병철은 한국 조각계의 샛별로 올라섰다. 그는 작품성을 인정받고 미술계의 주목받는 작가로 올곧이 서 있다. 위선과 허세를 싫어하며 허기진 속에서도 모진 풍파를 참으며 창작에 쏟아부었다.

필자는 김 작가의 고교 시절에 만난 사제간이다. 어느 날, 같은 학년 한희철(디자인전공)이 내게 찾아와 "선생님 저의 반에 조각 잘하는 병철이가 있는데요." 하며 미술반 입회 추천을 했다. 그러면서 그가 조각한 것이라며 소품인 양반탈을 보여주었다. 한눈에 쏘옥 들어오는 잘 새긴 작품이었다.

그날부터 그는 미술반 선배들 속에서 선도 긋고 물체 데생도 하며 찰흙으로 손가락도 만들었다. 내성적이며 부끄럼타는 학생이었지만 타고난 소질이 엿보이는 학생이었다. 말수가 적어 묵묵하게 몰입하는 자세가 좋았다. 3학년 진학을 앞두고 그는 서울로 진학의 꿈을 세웠다. 대학 진학을 위해 조소 전공 미술학원인 '탱' 화실과 연계를 맺어주었.

지도교사란 학생들의 숨겨져 있는 소질의 껍질을 벗겨주어 양질의 방향으로 계발해 줄 책임이 있다. 나는 서양화 전공이지만 움켜잡고 회화 계통의 제자만 길러내지 않았다. 동양화, 조소, 디자인, 일러스트, 사진 등 여러 계열을 통하여 제자가 지닌 소질의 장르를 터 주었다. 고 3년이 되면서 그는 전국에 있는 미대 주최 미술대회에서 대상을 비롯해, 많은 상을 수상하였다. 여러 대학에서 전 학년 장학생으로 기회를 주었지만 홍익 미대 조소과로 진학하였다. 훌륭한 교수 밑에서 실질적인 조수 생활을 겪으면서 성장하였다.

'스승은 제자가 그리워도 기다리는 미덕이 있어야 한다.' 먼발치에서 그가 성장해 가는 모습에 만족하면서 학교 후배들에게 그의 남긴 작품을 보여주었다. 서울에서 작가들 모임에서 목원대 차상권 조각과 교수에게 김병철 작가가 '대전의 옛 스승이 그립다'라는 소리를 전해 들었다. 소식을 듣고 나니 만난 듯 기분이 좋았다. '그러면 그렇지' 하면서 기다린 보람이 있었다.

2007년 인사갤러리에서 개인전 한다는 팸플릿이 내게 날아왔다. 그는 연구 노력하는 작가로서 '서울문화재단'의 후원을 받아 개인전을 한다는 것이다. '오프닝' 다음날 서울로 상경하여 인사갤러리에서 극적인 상봉을 하였다. 그와 고교졸업 후 처음으로 안아보는 포옹이었다. 그는 옛 은사를 대하면서 애틋한 느낌을 안겨주었다.
"선생님, 계속 지켜보세요. 꼭 해내고 말 것입니다."
그가 무엇을 해내고 말 것인지 예감은 가지만 그는 아가들과 가슴에 무거운 멍울을 안고 작가 생활에 임하고 있었다. 백혈병에 시달리는 아내의 병환이었다. 허나 그는 있을 수 있는 일이라면서 경기도 남양주시 진건읍 진관리에서 사랑하는 가족과 기대감에 찬 작가 모습으로 살아가고 있었다.

서양화가 강동훈, 중학교 시절에 미술반에 3년간 곰돌이 애칭으로 껌딱지처럼 내 곁에 달라붙더니 서울 외국어고 미술 교사가 되었다. 경기도미술대전에서 대상을 받는 등 서양화가로 활동하고 있다. 그는 나와 흡사하게도 '서양미술사'를 연구하여 총론집을 상재하면서 정년퇴임 후 2025년 현재 작품 활동 중에도 서울여자대학교 평생교육원에서 미술 인문학 강의를 하고 있다.

▶ '네 잎 수필집'

간밤에 살짝 내린 눈이 대지 위를 새하얗게 수놓았다. 영하의 싸늘함 속에도 떡가루를 뿌려놓은 듯 설경이 운치를 더한다. 퇴근 후 아파트 현관에 도착하니 '네 잎 수필집'이 편지함 속에서 기다리고 있었다.
 글 쓴 작가들은 4인의 교육자들로 정년을 앞두고 있었다.
 한 장 한 장 넘기며 읽다 보니 배인환, 양창환, 이정웅, 조일남 네 명 모두가 같은 성향의 문우들이다.

조일남 부부, 필자, 김해선(한복) 개인전

그간에 저마다 살아온 삶의 추억들이 책 속에 수필로 오롯이 녹아 있었다. 모처럼 독서삼매경에 빠져 친숙한 밤을 보낼 수 있어 감사했다. 네 분 중에 조일남과 배인환 두 교장은 교단 초기 금산 농고에서 함께 근무하였다.
 조일남 교장은 내게 쌓인 정이 많았나 보다. 그는 시조 작가로 소박한 성품의 소유자였다. 콧날이 반듯하고 성격 또한 글 속에 잘 울어나 있었다. 1970년 금산 농고에 근무하던 겨울방학 중에 학생들과 조일남 국어 교사의 초대로 금산 제원마을 뒷산에서 토끼몰이 결과로 토끼탕과 제원 약주의 맛을 오래 기억하고 있다.
 배인환 교장은 영어 교사였으며 가녀리고 자상한 음성으로 분위기 있는 분이셨다. 그의 아들인 배호기를 중학교 때 담임하였기에 그 후 배 교사를 만나면 더 친숙한 느낌을 나누었다. 〈네 잎 수필집〉을 읽고 난 후 나 자신을 뒤돌아보게 하는 자극을 받았다. 그래서 독서는 독자들에게 과거 현재 미래를 바르도록 제시하나 보다. 여러 권의 일기문 속에서 '시와 산문' 자료를 가려내어 시집과 수필집을 꿈꾸게 한 원인 제공도 독서였다. 그렇게 하여 2007년 첫 시집이 나왔으며 계간, 시 세계 신인문학상 수상으로 등단하는 발판이 되었다. 수필가 강나루 선생께서 "임 작가도 한번 수필로 지나온 삶을 정리해야 되지 않을까!" 하시던 말씀도 새롭게 자극한다.

　세상일이 아무리 고통스러워도 자기가 하고 싶어 하는 일을 직업으로 할 때가 행복이라고 생각한다. 나에게는 '비움과 채움'을 바로 하도록 이끌어 준 것이 글쓰기라고 생각한다. 새하얗게 쌓인 눈만치나 의미 있게 엮은 '네 잎 수필'집을 완독하고 그들 앞으로 소감문을 작성하고 있다. (2015. 1.)

　오늘은 문학동인 '전원에서'의 초대 손님으로 참석하는 날이다. 환쟁이가 난생처음 문학회의 초대를 받고 보니 아이러니했다. 목적지에 도착하니 양태의 총무님, 홍순갑, 정상순 시인님이 반겨주셨으며 이정희, 안태승 수필가님과 명함을 주고받았다. 문우들에게 사전 인사 겸 감사의 뜻으로 나의 2시집, 『등대 춤추다』를 안겨 드렸다. 배인환 회장과 부인인 나요당님이 도착함과 함께 행사가 시작되었다. 작품 낭독 후 '문평'이 시작되었다. 홍 시인과 이정희 수필가는 글의 소재 선정 및 문맥과 문장 전체적인 흐름을 놓고 발문이 매우 신랄하였다.

　동인 간에 대화를 통해 발전의 활력소가 충분하게 느껴졌다. 카페 실내가 후덥지근하여 주방에 들어가 수돗물로 눈을 비비며 씻었다.

　나요당 시인의 질문과 토론이 이어졌다. 신랄한 토론을 주고받는 모습에서 탐구하는 젊은 동인들로 느껴졌으며 10년 세월의 저력이 느껴졌다. 점심은 해물탕집에서 만찬을 대접받았다. 배인환, 서문완 시인과 금산 농고 시절의 추억담을 나누었다. 그 후 민중기 선생도 가입하였다. 미술 교사 출신인 양태의, 민중기 시인의 합세로 화문인 2인이 모였다. 작고한 故 조일남 유고 시인과의 추억도 더듬으며 그의 작품세계와 인간됨을 되짚어 보았다.

　내 곁에 앉은 배인환 회장께서 조용한 음성으로 내게 물었다. "문학모임 참석하는 곳 있으세요? 목요모임 하나 있어요. 우리 모임 10주년 기념으로 회원영입 계획이 있어요." 곁에서 듣고 있던 정상순 시인께서 한마디 부추겼다. "그럼, 문학 양다리 걸치지 말고 우리로 오세요." 하였다. 시인, 양태의 총무님께서는 그도 미술 교사 출신이었기에 지그시 눈을 감고 있었다. 그는 한성기 문학상을 수상하였다. '양다리라는 소리를 듣고 보니 마치 사물놀이 징에 헤딩 당한 듯 띠잉~하였다.

배 회장께서는 자신의 시집 네 권과 수필집 1권을 사인하여 내게 안겨주었다.

　귀가 시 나요당 시인의 차에 동승하니 매끄러운 말 한마디 가슴에 닿는다. "같은 방향이라 다음에도 동승하면 좋을 텐데요." 말의 여운이 오래 남는다. '전원에서'의 동아리 회원님들과의 초대를 늘 감사하게 생각한다.

(2013. 9. 28)

▶ 아버지 소천하시다

　오전 3학년 미술 수업이 끝나갈 즈음, 나의 휴대폰이 '드르륵' 울려댔다. 복도로 나가 확인하니 서울 형수였다. "작은 도련님, 아버님께서 아침에 운명하셨어요. 흐~흑" 떨리는 음성을 듣고 진정하라면서 "알겠어요."하고는 끊었다. 마음을 진정시키며 어렵게 수업을 마쳤다. 교무실에 들어와 책상에 고개를 파묻었다. 2교시 종이 울렸다. 착잡한 심경으로 3-5반 수업에 임했다. 출석 확인 후 칠판에 학습 주제를 쓴 후 수업 목표를 쓰다가 호흡이 벅차 견디질 못하고 뛰쳐나왔다. 나는 '프로 선생'이 아니었다.

　화장실에서 한동안 마음을 다스렸다. 결국은 교감 선생님께 부친의 작고 사실을 말씀드렸다. 귀가 후 가족들과 서울 서대문 적십자병원 장례식장에 도착하였다.

　아버지 임정봉(林憲述 1917-2003)께서는 잔병치레와 병원 입원도 한번 없으셨다. 아침 식사 시

부친 생신일

간에 수저를 떨어뜨린 후 누워있던 중에 아버님 괜찮으세요? 물으니 "으~응" 하시더니 조용히 운명하셨다 했다. 세상에 유언도 없으시고 무해무탈無害無脫 장남 집에서 몇 년 계시다가 기독교식으로 장례를 치렀다. 마지막으로 계시던 부모님 방을 둘러보다가 벽 한구석에 '佛心'이라는 글씨를 발견하고 한때 생각에 잠겼다.

아버지께서는 부안 임씨 28대손으로 초대 전국 임씨 대전종친회장을 역임하셨다. 자손들을 위해 '林氏略譜要覽'을 발간하셔서 뿌리의 소중함을 일깨우셨다. (1979. 3. 15.)

장지는 아버지 고향인 세종자치시 금남면 불곡으로 운구하여 소종계 형제들과 함께 장례를 마쳤다. 부친 생전에 스스로 표석 및 석물에 비석까지 모두 완벽하게 준비하고 가셨으니 자식들은 손님맞이와 화장 및 봉분 작업에 심혈을 기울였다. 형님께서는 들어온 부조금도 장례비를 제외하고 접수 사항을 참고하여 형제들에게 분배하여 유종의 미를 거두었다.

회사 퇴임 후에는 서예가로 활동하셨다. 작고하시기 전까지 재야의 서예가로 활동하셨기에 시내 다방 및 친근했던 곳에 가면 부친의 서예 작품이 걸려있었다. 부친의 아호는 초기 1970년대 '운송雲松' 성숙기 1980년대 '동파東波', 완숙기 1990~에는 '우당于塘'을 쓰셨다. 나는 부친 생전에 시서화 부자전을 계획하였는데 부친께선 재야 작가로 만족하신다며, 모친을 통해 부친의 마음을 읽었다.

형님께서는 아버지 첫 제사 지방을 모시며 '학생부군' 대신(현고, 서림학사 부군신위顯考書林學士府郡神位)라고 품격을 올려드렸다. 제사 때 '서림학사' 칭호는 한국에서 부친 한 분이 아닐까 생각한다. 그렇게 가꾸어온 아버지와 어머니 산소도 2003년 새로운 장례문화에 힘입어 한 줌의 재로 종가 납골 묘당에 고이 모셔졌다.

어머니 이갑예(李甲禮1910-2011)께서는 무학이지만 독학으로 한글도 깨치고 6남매 중 5남매를 교육자로 성장시켰다. 첫째는 국어, 둘째는 미술, 셋째는 대한적십자 여성 지도 강사, 넷째는 롯데제과 신규 사원 교육 담당, 다섯째는 고교 과학 교사로 성장케 해주셨다. 범띠 어머니께서는 판단이 빠르시고 적절한 언변으로 상대에게 감동을 안겨

주셨다.

평소 가정교육으로 '너희들에게는 공부 열심히 하는 것이 유산인 줄 알라'며 공부의 중요함을 귀에 딱지가 붙도록 말씀하셨다. 아버지께서는 회사원으로 쉰 나이에 정년퇴직하셨다. 그래서인지 자식 모두가 목돈 들어가는 사업보다 공직 계통으로 안정적인 직장을 선호하였다.

어머니보다 3살 아래인 아버지께서는 86세로, 어머니께서는 95세에 작고하셨다. 부모님께서 자식 모두에게 안정적이고 성실한 삶을 이루게 해주셔서 늘 감사드린다.

「형제의 사모곡」

시인, 曉天, 五湖

울 엄니 아흔다섯, 고무 대롱을 꽂고 침묵에 잠기어
호스를 통해 묵은 나이를 세신다.
이제는 눈꺼풀을 쳐들 힘조차
태어남의 연못으로 되 흘려보내고
침상 위에 새털구름으로 떠 있는 어머니.
울음과 웃음, 사랑과 미움까지도
새벽, 미명의 기도처럼 하늘로 날리셨다.
이제는 작아진 뼈와 주름진 가죽과 머리카락 몇 올
극히 허전해진 영혼을 가만히 데리고 있을 뿐.
며칠 전에는 큰딸 작은딸한테
천국 가신 아버지가 꿈길에 오셔서
빨리 오라고 손짓하다 가셨고,
어젯밤에는 꼬부랑 지팡이를
고택 골 큰며느리한테 하얗게 다녀가시고도
저리 시치미 뚝 뗀 채 천장만 우러르고 계시다.
복사골, 노은골, 잉어바위, 탑거리를 돌아서

호탄리, 친정 빨간 양철집까지
금강 다리를 건너서 다녀오셨을 게다.
올라가는 기차표 꼭 쥐고
어머니, 세상 것 훌훌 다 털고
다 됐다 하고 나팔 부는 날 얼른 떠나시게요.

울 아버지 여든여섯 아침 식사 중에 스르륵~ 눈감으셨다
자식 걱정에 병원 신세 안 지고 먼 세상 길 떠나셨다
울 엄니 '저승길 무섭다'시며 산소 호스에 긴 목숨 이을 적에
꿈속에서 아버지의 우렁찬 호각 소리 크셨다
지팡이 콩콩, 왜장 소리 빗발치시며
'어찌, 네 어미 오지 않고 뭐, 하는 겨!
그놈의 주사가, 네 어미 저승길 막는구나
주고 온 노잣돈도 바닥났는데, 참, 그냥들 못 돼!'
구십 오세 울 엄니 어제의 효도는, 깊은 망각 속에 빠져들고
내 어린 시절의 안타까움만 기억하신다.
다음 날, 울 엄니 저승길 가셨다
형제들 가슴에 아쉬움만 잔뜩 남기시고.
두 분 모두 작고하시다.

2008. 12. 10.

▶ 삶의 넋두리

「예술은 자연스러움이지~」

    세상을 아름다움으로 만들어가는 사람을 예술가라고 한다. 그들이 엮은 결과물들은 격조 있는 경지를 향해 심혈을 기울인다. 그들의 작품은 영혼이며 피와 땀의 결정체라고 생각한다. 새롭게 강조도 하고 생동감 속에서도 조화로움을 추구한다. 전후좌우 상하를 막론하고 그

에 맞는 흐름을 이어 나가기 위해 짓고, 만들고 그리며 수 없는 과정을 통해 성취감을 추구한다.

그들은 관객들로부터 비평을 감내하며 격려의 호평 한마디에 용기를 얻는다. 아무리 개성 중심의 예술이라고 해도 관객 없이는 메아리 없는 외침과 같으니 표현 광장에는 늘 풍성한 관객이 함께하기를 기원한다. 그러나 예술가에게는 무관객 속에서도 견뎌내는 고독, 그 이상의 인내를 즐겨야 산다. 생의 결정체를 만들어 내는 수많은 과학자, 예술인과 장인들은 하나의 명품을 얻기 위하여 작품 속에서 5각인 시각, 청각, 후각, 지각, 촉각 등 총동원하여 작품의 질을 높인다. 공방은 작가만을 위한 위안소이며 아방궁이다. 그 속에서 힘을 얻고 좌절도 맛본다.

제아무리 노력을 하여 얻은 것이라도 작품의 가치도를 따지게 된다. 한눈에 보았을 때 자연스러운 흐름이 주가 된다고 본다. 오랜 세월 한길만을 추구해 온 해박한 작가나 평론가 눈에는 가치수준이 한눈에 보이기 마련이다.

「짐 풀기」

기쁨만큼 피로감이 몸에 쌓여 지낸다. 이것이 내 인생의 단면인가 보다. 제5 시집『시첩詩妾』의 상재로 책상 밑에는 300부의 詩 박스가 떠나갈 날을 기다리고 있다. 전 같으면 우체국을 오가며 우송하느라 바쁜 시간이었을 텐데 에너지 고갈로 그냥 지켜만 본다.

작고한 고 박상일(朴相一 1944-2017) 시인이 내게 남긴 장서의 편지글 속에 '자신의 시집들이 '풀어헤치지 못한 채로 망설이고 있어요' 하더니 그 짝이다. 나는 화문인으로 제5 시집을 세상에 내놓았다. 많은 아픔도 뒤따랐다. 허나, 막는다고 자연스런 흐름을 막을 수도 없다. 발간기념회도 개최해 본 적도 없다. 그냥 시가 쌓여 넘치면 세상으로 흘러가게 할 뿐이다.

2년 전 텃밭 둑 위에서 난간을 헛디디는 바람에 1m여 길바닥으로 나뒹구는 일이 있었다. 허리의 통증으로 지팡이를 짚고 정형외과와 한의원에서 물리치료를 받는다. 조심하라는 경고로 아내의 따가움이 내 몸을 찌른다. 한가로워서 고은의 저서인, '이중섭 평전'을 완독했다. 나이 40세에 요절한 그는 그림과 시를 사랑한 화가로 기인이었지만 심적인 맹세가 약하여 답답할 정도로 유명화가 이중섭, 그가 밉다.

일본인 처 이남덕을 조선화했으면 가족들을 위해 잘 관리해야 되는데 해방과 더불어 고국 땅에 데리고 와서 고생만 시켜 일본 친정으로 보내게 되었다. 돈 모아 가족을 위한 개인전을 개최했어도 수익금을 헛곳에 뿌려대는 다변적이고 판단력 흐린 나약한 사람이었다. 오죽하면 친구 고은이 평전을 마감하면서 안타까움으로 뒤돌아보기도 싫다고 했을까!

소품 제작으로 합판을 고집하는 그가 나와 흡사하다. 그는 궁색한 시절이니 그랬을 것인데 나는 왜 그럴까? 관리 편리함과 과거의 습관성으로 본다. 난 그에 대한 글을 읽으며 그 속에 내가 존재함을 인지하였지만 그처럼 술 속에 빠져 우유부단함은 싫었다.

허리가 아프다. 의자 밑과 뒤가 마음이 안 든다. 큰 파스를 허리에 붙였다. 글 쓰느라 컴퓨터를 종일 또닥거리니 가장 큰 고역이다. 오랜 세월에 쌓인 내 삶의 형태인 것이 아니겠는가! 그래도 공허함에 나태함보다는 노트 짝에 끄적거리는 시간이 행복하다.

"이젠 그만 좀 혀!"

아내의 원망이 어머니 닮아간다.

5시집『시첩』을 받아본 경기도 일산의 효천 시인의 답글이다.

'요즘 세상에 홍복이로다. 수고 컸다. 온몸이 얼마나 아팠을까? 예쁜 시집 받고 기뻤다. 사랑해.' 하였다. 나는 형님 소리보다는 효천시인曉天詩人이 더 좋다. 그만큼 내 곁에서 문학면에서 축하와 비평을 조절해 주기 때문이다.

「요즘 사는 재미」

부부 나란히 도란도란 산책로를 걷는다. 노은, 지족 길 변두리 길은 차도 사람도 뜸하여 텃밭을 통해 대자연의 정보도 얻는다. "저 꽃 이름 알아?" "어~어?" 할 즈음이면 "산수유야" 한다. 아내는 빙긋이 웃는다.

대지가 기지개 켜듯 춘 4월을 맞는다. 오늘도 부부 산책을 다녀와서 생각지 않은 생각을 나누게 되었다.

집에 있으면 가끔 TV를 시청한다. 여야가 국회에서 떠드는 모양새를 보면 한심하다. 고교 학생들이 보면 어떻게 느껴질까? 언짢은 행동을 그들도 의식하겠지만 정계의 흐름 탓인지 지성인으로서 안하무인 격이다.

탄핵, 탄핵, 그 말도 그 말이다. 세상은 여야 모두 집권 정당이 되려고 당 대표를 필두로 서로의 홈집을 내며 잡고 늘어진다. 미국을 포함하여 선진국도 불문하고 정치 현장은 같은 모양새다. 꼼수 부리는 한국 정치사의 진한 면목은 떠나간 지 오래고 만만하지 않다. 아내는 나이 든 노인들과 대화를 좋아하는 편이다. 원인은 본받을 점이 있다는 것이다. 나는 내 나이 아랫사람과 어울리기를 좋아한다. 오랜 세월 청소년들 지도 탓으로 본다.

요즈음은 내 '삶의 흔적'을 퇴고하는 재미로 산다. 수정과 새살 붙임으로 나의 〈에세이 집대성〉이다. 과거 60여 년 전에 시작된 내 삶의 글 중에서 알토란같은 내용을 선별하여 흔적 위에 흔적을 20년 세월 다듬어왔다. 생전에 화문인 강나루 수필가에게 중간본의 감수를 받은 적이 있었다. 싸인 펜으로 붉게 체크된 내용을 받아보고 한계를 드러내는 꼴이 되었다. 2008년 충남대 평생교유 문예창작과 에시 문학학습에 전념하였다. 그 시절에 한금산, 나이현, 최재학 등 목요 문학 문우들과 즐겁게 어울렸다.

2023년 봄, 엄기창 시인으로부터 강나루 문인께서 지난해 별세하신 것 같다는 소식을 들었다. 문학계, 미술계에 일자 소식도 없이 떠났다. 인생, '모두 그렇고 그렇지 뭐' 누구를 탓하겠는가! 알고 보면 가슴속 응어리 다 한 줌은 묻고 살다가 간다지.

▶ 외동이 결혼하다

외동아들의 나이가 삼십을 넘겼다. 그도 걱정인지 신년 계획 1순위를 '장가'라고 책상머리 위에 써 붙였다. 부모 마음을 덜어주려는 의도로도 여겨진다. 군 제대 후 대학을 졸업하고 한두 해 낙타 바늘구멍 같은 공무원 임용고시에 도전했다. 쓴맛을 보더니 컴퓨터 웹(Word wide web) 사원으로 근무하고 있다. 33세에 이르고 보니 결혼이라는 관문을 향해 스스로 힘을 기울이고 있다.

　동문 모임에 나가보면 삼십 중후반의 과년한 자식들의 혼사 문제로 노심초사하는 모습들을 볼 수 있다. 가끔은 지하철 경로석에 앉아 젊은 처자들의 싱그러운 모습을 대하면 내 아들을 떠올려본다. 요즘 따라 아내는 혼인 중매 잘한다는 보험아줌마에게 두 개의 보험을 들면서까지 며느릿감 소개를 부탁하였다.

　어느 날, 카페에서 맞선을 보고 돌아온 아들이, 부담스런 조건을 제시하는데 정떨어져 중도 포기하고 나왔다고 했다. 혹은 어른들의 등쌀에 떠밀려 나왔으니 밥이나 먹고 헤어지자는 등, 거론하기도 불편하니 서로가 못 할 짓이라고 말하였다. 잘나고 능력 있는 배우자감을 선택하고 싶음은 어느 부모 마음도 같을 것이다. 걱정해 주는 고마운 분들의 배려와 주선한 분에게 고맙다는 인사도 못한 채 민망스러울 때도 종종 생긴다. 교육자 집안에 외동아들이라서 부담스러워 그런가? 제짝이 아니고 연분이 아니어서 그런 줄 아는데. 곤충이나 생물들처럼 조건 떠나서 제짝을 찾으면 얼마나 좋을까!'

　또 한 해가 저물어 간다. 잠 못 이루는 밤에 얄미운 벽시계 소리는 왜 저리 큰지~ 아내의 한 숨소리가 크게 느껴진다. 가끔은 직장 동료들이 '퇴임 전에 아들 장가 안 보내요?'라고 말한다. 그럴 때마다 씨~익! 웃으며 "갈 놈이 힘써야지" 하며 넘길 때도 있다. 그럴 때마다 자존심이 치밀어 오른다. 무능한 부모 만나 자식에게 유능한 짝도 못 채워주는 것 같은 생각이 앞선다. 나의 부모는 육 남매를 결혼시켰는데 나는 새끼 하나 가지고도 상심해야 되는가, 새삼 부모님의 능력에 두 손을 든다. 경인년 새해를 맞이하니 자식 나이가 서른셋이 되었다. 중등교원을 정년하고 교육대학원 초빙교수로 강의를 나간 지 두 해가 지나간다. 내일은 퇴임 후 결혼정보원을 차렸다는 동료를 만나 상담이라도 해봐야겠다.

「알다가도 모를 일」

　어느 날, 퇴근하고 돌아온 아들 녀석이 끙끙대며 조용히 다가와 말을 꺼낸다. "부모님께 드릴 말씀이 있어요." 무슨 사연인지 평소에 말수 없는 녀석의 표정이 수상쩍다. 그간 회사 동료의 소개팅으로 사귀어온 아가씨가 있는데 몇 개월 되었다고 했다. 여러모로 마음에 들어 내일 저녁에 인사드리러 온다는 것이다. 무심코 듣던 중 갑자기 물 폭탄 맞은 듯 아내와 나는 입이 굳어버렸다. 애타게 기다릴 때와 막상 데리고 온다고 하니 희비 쌍곡선 상에서 판단이 흐려지며 멍하였다.
　다음 날 저녁에, 아담한 키에 해맑은 용모를 지닌 이○○라는 아가씨랑 찾아왔다. 부산태생으로 31세 되는 간호조무사라고 하였다. 아내와 나는 서먹서먹하여 거꾸로 선을 보는 듯한 느낌이 들었다. 아들보다는 두 살 아래로 첫인상은 참해 보였다. 아내도 밝은 표정으로 반겨 맞으며 끄덕이는 모습에 안심이 되었다. 차분한 심성과 해맑은 용모와 간호사라는 직분이 마음에 와닿았다.
　그날 밤은 자정이 지나도록 아내와 도란도란 이야기를 나누었다. 모처럼 기다린 보람으로 우리에게도 이런 날이 찾아왔다며 안도의 숨을 내쉬었다. 허구한 날 그렇게 짝을 못 이루어 어버이 가슴속을 태우더니 그래도 어찌하겠는가, 아이들이 좋다고 하니 수용하는 쪽으로 기울었다.
　서른 넘은 선남선녀들이 자기 앞길 잘 판단하였으리라 믿는다. 가정 배경은 대충 넘어갔다. 뭐니 뭐니 해도 본인들이 더 중요하기 때문이다. '서로가 좋아 제짝을 찾으면 부담 없지 뭐!' 새 보금자리로 생각하고 찾아온 새 한 마리를 잘 보호해 주고 새로운 연을 맺어주는 일만이 남았다. 혼사 계획은 순풍에 돛 단 듯 잘 이루어져 갔다.
　시작은 지금부터였다. 무더웠던 8월 22일 정오, 둔산동의 깔끔한 한식집에서 양가 상견례가 있었다. 모든 일은 아이들을 통해 분위기가 무르익은 터라 초면이 구면인 듯 사돈이 될 사람들은 서로가 두 손을 덥석 잡으며 반겨 맞았다. 이심전심으로 양가의 부모가 똑같은 심정으로 성혼을 바라는 눈치였다. 자식의 모습이 부모의 거울이 되듯 그간에 마음속의 궁금함은 접어버렸다. 칠순 중반이 넘은 남 사돈은 청양 출신으로 부산 바닥에서 유기업으로 잔뼈가 굵은 상인으로 소신이 강해 보였다. 그들도 우리 부부 보고 소탈해 보여 좋다고 하였다. 양가가 복잡한 절차를 생략하고 그 여유는 아이들에게 돌려주자고 합의하였다. 아이들이 진정으로 사랑하고 있다면 뜨거울 때 맺어주고 싶었다.

혼인날은 결혼식 피크인 2010. 10. 17일 11시로 결정하였다. 아이들은 인터넷을 통해 결혼기획사를 선정하였다. 결혼식장을 물색하고 신혼여행지, 손님 접대, 청첩 관계 등을 결정지어 갔다. 애비 처지에서 손님 접대 식사 준비와 주례자 물색에 나섰다. 부모님 장례 때는 형제자매가 협력하여 마음고생이 덜하였는데 자녀결혼식만큼은 부모 당사자의 몫이었다.

청첩장 배부는 일가, 외가 친척들, 처가 계통과 친구들, 교육 계통, 제자들, 작가들, 아들 손님, 등에게 초청장을 보내기로 하였다. 축하객들의 식권 매수는, 청첩 배부 인원의 5분의 4를 예약하였다. 1매당 25,000원씩 지불하는 예약에서 차질이 생길까 걱정이 앞섰다. 그러나 꼭 들어맞는 것보다 조금 여유롭게 마음을 먹었다.

결혼식

신경을 쓰게 하는 것은 주례자 선정이었다. 물론 식장을 통해 일정 금액을 주면 '알바' 주례도 있다지만 오죽하면 그럴 수 있겠는가! 몇 날 며칠을 연구한 결과 십여 명의 친 인사 중에 화우 한 분을 만나 거한 대접으로 약조를 받았다. 결혼식 날 주례자 모시는 운전기사도 선정하였다.

결혼식 날 둔산동 캐피탈타워 웨딩 1층 '슬로비홀'이다. 한복으로 꽃단장한 아내와 식장에 도착하였다. 말쑥한 정장과 고운 한복으로 차려입은 사둔 내외도 와 있었다. 까만 연희복 입은 신랑과 새 솜털처럼 보드라운 하얀 드레스 사이로 맑게 피어난 연꽃같이 참한 모습의 신부가 입장하고 있다. 크림색 정장에 빨간 넥타이, 올 백 흰머리에 하얀 콧수염, 대춧빛 얼굴 모습으로 '기산, 정명희 화백'이 주례석에 서 있다. 그는 선남선녀에게 '인간으로서 행복하게 살아가는 길'을 제시하였다. 긴 이야기인데도 짧은 시간인 양 지루하지 않게 다정스런 음성으로 신혼부부의 앞날을 밝혀주었다. 운보, 김기창 화백의 제자인 그는, '금강사랑' 이미지를 수십 년간 발표 해온 이 지역을 대변할 지명도 높은 화가이다. 내가 그에게 주례사를 부탁하였을 때 '나를 믿고 주례자로 위촉해 주어 감사하다.'고 말했다.

문학의 힘은 '위대한 언어 연출'이라고 하던가! 나의 형, 효천 시인께서는 '결혼을 위하여!'라는 자작시를 낭독하여 식장을 더욱더 럭셔리(luxury)하게 고조시켜 주었다. 사회를 맡은 생질 송대형은 훤칠한 용모와 낭랑한 음성으로 시종일관 분위기를 이끌어주었다.

항상 집안의 경조사 때마다 나의 형제들은 의기투합하여 행사를 원활하게 이끌어왔다. 부족한 자식의 앞날을 위하여 십시일반 참석해 주신 축하객들에게 고개 숙여 감사하였다. 서른세 해 키운 녀석이 짝과 함께 태국 '파타야'로 신혼 여행길에 올랐다. 햇볕이 따사로이 비추는 아들의 방, 그의 책상에 앉아 워드를 치고 있다.

이 순간, '아빠!'하고 문을 박차고 들어올 것만 같은 외동아들 생각에 잠겨본다. 남들은 서른셋이면, 아직 창창한데 왜, 그리 노심초사하냐고 했다. 주변의 부모들이 자식의 혼기를 넘기게 되는 사태를 많이 보아왔기 때문이다. 다행스럽게도 아들은 자신의 짝을 직접 찾았고

노은 선사공원에서(고부간)2024

연륜으로 혼사를 성취할 수 있었다. 여러 축하객이 지켜보는 앞에서 신혼부부 한 쌍이 축복 받으며 백년가약을 맺었으니 초심을 변치 말고 행복하게 살아가도록 기원한다.

'혼수 감이라고 하던가!' 축복 받은 아기까지 지니고 온 며느리에게 몸조리 잘하여 국가의 동량으로 잘 키워 순산해 주길 바란다. 고인이 되신 나의 부모님께서 지켜보셨더라면 더 좋았을 것을, 내 나이 팔순에 접어드니 며느리 45세 아들이 47세이다. 손자는 2025 신년 들어 중학교 2학년에 올라간다. 자식이 기거했던 방에는 손때 묻은 흔적들이 오롯이 빛을 발하고 있었다.

새아기에게

여성은 두 번 태어난다고 했다. 친정 부모로부터 한 번이요, 결혼으로 인하여 시부모에게 '새아기'로 태어남이다. 우리의 세대는 생일의 중요성도 잊으며 열심히 살아왔다. 허나 왜, 생일을 축하하는지 그 중요성은 대강은 알고 있다. 아마도 '태어난 자'나 '생명을 준 부모'와의 '출산 전후의 아름다운 순간'을 뒤돌아보는 의미가 아닐까?

며느리는 장하다. 새아기가 새아가를 출산한 날이다. 산고의 진통을 감내하며 순산으로 이끌어 기쁨을 우리에게 선사하였다. 손자가 태어나며 아들은 어른이 되어 부자父子를 이루었고 나에게는 손자를 얻었으니 재산 증식으로 부자富者가 되었다. 고희를 앞두고 세상을 새롭게 일구며 살다 보니 이웃 사람도 새롭게 보이고 세상도 밝아

보인다.

　세월만 죽이며 살다가 자식 장가보내고 손자 사랑까지 느끼다 보니 보이지 않는 세계가 열린다.

　모두가 아들 부부 덕분이다. 옛 말씀에, 인생은 희로애락喜怒哀樂 속에서 삶의 진수를 느끼며 영글어 간다 했다. 음악에도 도레미파… 리듬이 있고 그림에도 빨 노 파 삼원색의 아름다운 조화로움이 있듯이 인생도 오르내림을 통해 자만하지 말아야 할 것이다.

　자식과는 1촌이지만 부부지간은 무촌(無寸)이라 했다. 그 말인즉, 부부는 돌아서면 남이 되기 때문이다.

　사랑은 받기보다 주는 편이 훌륭하다 했다. 서로 초심을 잊지 말고 모닥불처럼 꺼지지 않게 노력해야 한다. 부부간에는 약점을 너무 잘 안다. 서로 상하지 않도록 노력함이 금실도 도타워질 것이다.

　첫 손자, 성찬이를 품에 안아보고 나니 잊혀졌던 옛 기억을 되찾았다. 울음소리가 아기의 언어였음이다. 귀 따갑도록 벼락치기로 울어댐도 곳간을 채워달라는 생존의 투쟁이었음도, 용솟음치는 뜨거운 쉬 세례도, 배설이 황금 잔치임도 실감케 한다. 모성은 강하다고 했다.

　인생 선배를 통해 자문을 받아 가며 슬기로운 엄마요, '새아기' 정미로 성숙해지길 바란다. 나는 가끔 '연금 수급 대상자' 가 되기까지 알뜰했던 아내의 노력에 감사한다. 며느리를 향한 긴 이야기를 생각해 보니 이제는 진짜 한 가족이 된 느낌이다.

　끝까지 읽어주어 고맙다.

(2011.4.8. 며느리 생일날에)

▶ 옛 동네 한 바퀴

　2000년 초였을까, 유성구 노은동 지하철역에는 아담한 책꽂이가 설치되었다. 그곳에는 교양서적이 빼곡히 꽂혀있었다. 집에 있던 여러 권의 단행본을 지하철역에 기증한 적도 있다. 지하철을 이용할 때마다 노은역에서 대전역까지 왕복하면서 시집 한 권을 탐독하였다.

  친구들과 모임이 있어 지하철에 승차 후 오롯이 두 눈을 감고 명상에 잠겼다. 지하철이 시내로 접근할수록 승객들로 붐빈다. 나이 지긋한 노인이 서 있어도 젊은이들은 스마트폰으로 마음을 가린다. 경로석에 앉으면 두 눈을 감는다. 뭇사람들이 자신을 보는 것 같아도 그런 세대인 것을 감출 수 없다.

  탄방역 2번 출구를 통해 오늘의 만남 장소를 찾았다. 청목회 고교 동기들이 우르르 반긴다. 대개가 머리 위에 서리가 하얗게 내렸어도 만나면 옛 시절로 돌아가 까불이가 된다. 회식을 즐기며 나누는 대화가 모두들 애국자요, 시사평론가다.

  은행장 출신인 L 친구가 점심을 샀다. 그는 새로운 사업체에 대해서 언급하였다. 결론은 스마트폰 하나를 팔면 40만 원이 떨어지는데 자신은 10만 원만 취하겠다고 말하였다. '아무것도 모르면 40만 원 이상의 거품을 뒤집어써야겠구나!'를 생각하였다.

  선화동에서 벗들과 헤어져 무심코 발길 닿는 대로 걷다 보니 초등 시절에 살았던 골목길을 향하고 있었다. 옛집은 '대전시 선화 2동 97번지 2통 4반'으로 기억한다. 〈심인 불교당〉 골목길 끝 우측 커브에 2층 기와집이 우리 집이었다. 그러나 사라지고 없다. 종교의 위력인지 골목길 한쪽 전체를 심인 불교당의 사유지로 채워져 있었고 옛 집터는 동자(童子)들의 미끄럼 놀이터로 변모했다. 나는 늙은 나그네가 되어 멍하니 기대서서 옛 추억에 잠겼다.

  선화초등학교 4학년 시절이던가! 같은 반 용대와 심인 불교당 종각에 올라가 땡땡이치다가 점심 먹으러 집에 가는 형한테 들켜 어머니한테 무척 혼났다. 지금도 지각 하나로 '6년 정근 상장'을 보관하고 있다. 지금도 심인 당 종각 종소리가 뎅~뎅~하며 들리는듯하다. 넓게만 보였던 그 골목길은 마치 '걸리버 여행기'의 소인국처럼 느껴진다. 계속 걸으며 회색빛 시절로 빠져들었다. 아이들과 뛰어놀던 옛 골목길을 두리번거리며 찾아냈다. 한쪽 편에는 재건축으로 신형 아파트에 빌라까지 들어섰다. 한쪽 편에는 피난살이 집 모양으로 옹색하게 골목 한 부분을 차지하고 있었다.

　구 골목길에 접어들었다. 가옥 창살이 녹이 슬어 상황버섯처럼 붙어있다. 옹색함 속에서도 사람이 살고 있어 대문에는 '대종로 ○○번지 ○○○집'이라고 문패가 보였다. 한 마리 늙은 연어처럼 옛집을 찾아 귀향했어도 반기는 이 하나 없다. 이 골목 저 골목 훑어보다가 나 자신을 잠시 잊고 있었다. 나의 시선이 빌라 4층 정도에 이르자 지켜보던 퍼머머리 두세 개가 쑤욱 내려갔다. 아마도 내 모양이 수상쩍었나 보다. 죄지은 것도 없는데 이곳저곳 더 끼웃거려보았다. 헐벗은 골목길은 혹한에 내린 눈으로 마치 하얀 이불보를 덮어 놓은듯했다. '오늘 내가 이곳을 떠나면 이곳도 곧 망각 속으로 사라지고 말겠지. 보는 시선도 그렇고 하여 귀갓길에 올랐다.

　지하철에 올라 눈을 감으니 출발의 비~잉 소리에 과거라는 타임머신'을 타고 흐르는 기분이다. 옛터를 둘러보고 느낀 소감을 수첩에 메모하였다. 전철은 어느 사이 '유성온천역'에 당도하고 있었다.

　고개를 돌려 맞은편을 주시하니 옅은 색안경 쓴 중년 여인이 미소를 띠며 내게 손가락 하트를 쳐대는 것이 아닌가! 정신을 차려 자세히 지켜보니 〈2025 노은클럽〉에서 함께 '에어로빅'하던 윤○○ 여사였다. 반가운 나머지 그분 옆 좌석으로 덥석 옮겨 앉았다. 손을 내밀기에 악수도 했다. 십 년 세월 동년배의 우정이라고 생각한다. 그는 한해 전에 남편을 지병으로 떠나보내고 한동안 현실을 기피하며 우울하게 지내왔다고 했다. 이제는 마음을 털고 날씨 따뜻해지면 에어로빅 노은 클럽에 나가겠다고 하였다. 그는 중앙로역에서 승차한 나를 계속 지켜보았다고 했다. 나는 그것도 모르고 메모에만 몰입하여 온천역까지 당도한 것이다. 만약에 내가 한쪽으로 고개 숙인 채 졸고 있었더라면 어떻게 느껴졌을까? 그 무엇에 심취하고 있는 나의 모습이 좋게 보였다고 했다. 내가 발간한 '노은클럽' 회지 발간으로 팀의 결속에도 큰 힘이 되었다고 말하였다.

　러시아의 사상가 '푸시킨'은 '현재는 항상 서러운 것'이라 했다. 만족은 없다. 그러므로 절망에서 벗어나려고 우린 최소한의 긴장 속에서 살아간다. 또한 간절함으로 다가서면 목적지에 근접할 수 있다. 약간의 '스트레스'는 새로운 생기를 불러일으키는 에너지자원이니 적절한 문화 활동으로 밝고 건강하게 살아가자고 약속하였다.

(2013.1)

삶의 흔적

임양수 회고록

2부
사랑의 기쁨들

형의 손목시계

울 엄니 뵙다

유성온천 사랑

어느 사이 팔순

내 동생 초원草原

인간 꽃

형제들의 합창

그 심정 나도 안다네

'목척교 설경'의 추억

이런, 저런 모임들

사람 사는 이야기

환치 미술가 득산得山

효견 똘이의 생애

▶ 형의 손목시계

　내가 살아왔던 세월 속에서 기가 막힌 '하늘의 가호'에 감사하던 때가 있었다. 고교 졸업식을 마치고 저녁나절에 친구 둘이 놀러 왔다. 어머니께서는 성인이라며 약주상을 차려주셨다. 홀짝거리며 마시니 기분이 좋았다. 셋은 어깨동무를 하며 툭 터진 선화초등학교 북쪽 둑방을 거닐었다. 멀리 삼천동 기차 열두 공 굴다리가 보였다. 둑방길은 호젓한 젊은이들의 데이트 코스였었다. 때마침 우리 또래의 세 여성과 마주치게 되자 사교성 좋은 철이가 말을 붙였다. "그쪽도 '보이 헌트' 나오셨나 봐요?"
　쉽게 반응이 통하여 동행하게 되었다. 남녀 리더의 수완으로 자연스럽게 짝을 맞추었다. 내 생애 처음 겪는 일이라 '이성의 향기랄까!' 마음이 설렜다.
　월하미인月下美人, 고고한 달빛 아래 아름다움이라 할까, 순수한 만남이었다. 우리는 죄 없는 전봇대를 가운데 놓고 돌다가 그녀와 기대어 섰다. 좋아하는 과목이 뭐냐면서 대화가 시작되었다. 이성 앞에 숙맥들에게 비치는 고고한 달빛은 좋은 조명이었다. 허나, 밤바람이 너무 차가워 나의 파트너는 나의 바바리코트에 얼굴을 묻었다. 고추같이 추어서 입이 굳어갔다. 결국은 일행 모두 다음을 기약하고 헤어졌다.
　귀가 도중에 시계를 보니 나의 손목이 허전하였다. 말없이 차고 나온 형의 손목시계가 안 보였다.
　뒤통수를 한 대 맞은 기분이었다. '혹시, 그가?'
　별의별 생각 속에서 달빛 아래 걷던 길을 눈을 씻고 찾아보아도 헛수고였다. 집에 돌아와 지난 시간을 생각에 잠겨보니 호사다마好事多魔라 하더니 귀신에 홀린 것 같았다. 일그러진 형의 얼굴이 떠올랐다. 다행스럽게도 형은 친구들과 '올나이트' 한다고 했다.
　가끔 어머니께서는 부뚜막에 청수淸水를 떠놓고 일구월심 기도하는 것을 보았다. 그렇게 해 볼까 했지만, 고개만 저었다. 새벽 일찍이 오고 갔던 길을 확인해 보는 도리밖에 없었다. 다음날 동트자마자 새벽길을 보니 간밤에 살짝 내린 눈으로 대지는 흰 눈가루다. 용기를 내어 집으로부터 어젯밤 헤어졌던 곳까지 이 잡듯이 살펴보았다. 그러나 바라던 시계는 나타나 주지 않아 헛수고였다.

'이것 참 어쩌지!' 암담하여 마지막으로 두 눈을 감고 하늘을 향하여 기원하였다.

"시계가 안 보여요. 저를 도와주세요." 기도를 드린 후 두 눈을 뜨며 내 주변을 한 바퀴 살폈다. '이게 꿈인가 생시인가!'

나의 오른쪽 다리 밑에 끈 떨어진 형의 시계가 보였다. 간밤에 내린 눈으로 유리 표면만 살짝 가리운 채 초분을 알리는 째각 소리가 내 마음을 두드렸다.

"하늘이시여 고맙습니다."

홍익대 미술대회에서 대학생 효천 형과

지금 생각해도 신이 곡할 노릇이었다. 나이 든 지금까지 그 순간이 지워지질 않는다. 어느 종교인에게 그날 일을 말했더니 '당신은 신학대학에 갔어야 했는디~' 하였다.

그때 그 달빛 아래서 만났던 소녀는 어디서 어떻게 살아가고 있을까?

▶ 울 엄니 뵙다

「우리 어머니 이갑예李甲禮 여사」

밭에서 애동호박 한 통을 땄다. 아내에게 빛깔도 연하고 싱싱하니 호박 부침개나 해 먹자고 하니까, 아내는 늙도록 두어 호박즙을 내자고 한 그 호박이다. 호박도 늙으면 모습도 커지고 산모들에게는 해산 후 몸에 좋다고 한다. 올 한 해 여름은 무더워서인지 호박 잎새만 무성하고 결실이 작년만 못하다.

잘생긴 호박은 묵직하니 무게가 나가는데 노인병원에 계신 93세 울 엄니는 뼈만 앙상하시고 홑이불 마냥 가벼우시다. 눈자위도 오망하고 얼굴색도 드문드문 푸르시다. 추석 명절에 서울로 상경하여 형제들 모두가 엄니 곁에 둥그렇게 둘러앉았다.

'네가 양수지?' 각자 이름을 기억하여 불러주시면 좋아들 한다. 울 엄니의 범띠호랑이 모습은 사라지고 애잔한 표정이다. "네가 기훈 어미지" 하시며 웃으신다. 그 모습에 아내가 곁에서 섭섭한 점도 고운 정이 되었는지 흑흑~ 울어댔다. 엄니는 손가락으로 가리키며 막내며느리에게 또 물으신다.

"쟤는 누구여?"

"성미에요."

"엉, 성미여, 이쁘게 컸구나!"

미래의 영어 교사가 꿈인 사범대학 1년생인 성미가 홍시처럼 붉어졌다. 오직 원하는 것은 우리 모두의 이름을 기억해 주시는 즐거움과 감사뿐이다.

아흔셋 울 엄니는 종이호랑이시다. 그래도 산중왕답게 당신의 배 속에서 열 달 동안 키워 낳은 새깽이들의 이름을 '코옹 콩' 잘도 대신다. 엄니께서 맞추면 기쁜 나머지 모두가 박수를 치며 뒤집어졌다. 그 옛날 돌 지난 아기에서나 볼 수 있는 진풍경이 엄니를 통해 재현되고 있었다. 미래의 우리도 그럴 것이다. 93세 울 엄니는, 일 년 여 노인 요양병원인 '강 안나 쉼의 집'에서 지내신다. 형제들이 협조한 돈이 모아져 매달 120여만 원이 이곳에 지불된다. 원장은 간호사 출신으로 미모의 중년 여성이다. 깔끔하니 상냥하여 방문객들에게 좋은 인상을 주었다. 환자 가족들을 위해 손수 '디카'로 촬영하여 '메일'로 보내주는 등 추억쟁이 섬세한 원장이다.

장단점은 있겠지만 자식들은 그곳에서 친목 모임처럼 만날 수 있어 좋고 노인들과 젊은 요양 보호사들의 짜여진 프로그램대로 남겨진 여

생을 책임진다. 엄니께서 자식들이 보고 싶을 때 자손들을 못 보는 것이 묵언 속에 담긴 표정 속에서 느낄 수 있었다. "왜, 이리 정신이 까막까막 흐려오는지 몰라, 다른 사람들 눈도 있으니 틈나면 다녀들 가거라." 또박또박 말씀하신다.

"어미는 이젠 좀 누어야겠어. 으~응."하시며 새뱅이 모습으로 '또아리'를 트신다. 누워 계신 모습이 태반 속의 모습이다.

인생은 그렇게 와서 그렇게 가는가, 자식들은 좀 더 대화를 나누고 싶지만 울 엄니께서는 피로하신지 두 눈을 조용히 감으신다. 침묵이 흐른다. 울 엄니는 오늘 일만 컬러로 기억하시고 어제 일들은 흑백으로 망각하신다.

'이렇게 하시다 가시면 어쩌지, 아닐 거야!' 대전행 하향길 경부선 철로 위를 구르는 쇠 발 통소리가 요란스럽게 가슴 속을 구른다.

(2005. 9월. 추석에 모친을 뵙다.)

「모정」

나 어릴 적, 목뒤 종기 땜에 숨어든 누런 종기를 꾸~욱 짠 후 울 엄니 뜨거운 혀끝이 뒤 모가지 살 속으로 파고들었다. 당신의 입으로 쭉쭉 빨아내며 새끼의 적과 사투를 벌였다.

'이제 그 마 안!'

생 땀에 엄니 치맛자락을 움켜쥐고 생오줌 지리며 진저리를 쳤지만 소용없었다.

"이놈아! 조금만 참아라, 그래야 산다. 이잉~"

사셨다면 백세 살, 우리 엄니
세월 저물어 애비 되고 보니
울 엄니 뜨거운 입, 사무칩니다.

「장조카 소식」

　어머니 생신날, 추석 때, 식구들이 빠짐없이 서울 큰집에 모였다. 금년 추석에는 경사 소식이 있었다. 장손자 정훈이의 혼사 결정이 있었고 며느릿감의 모습도 대할 수 있어서 가슴 뿌듯하였다. 모두들 건강한 모습으로 한가위를 맞이하였다. 노인 보호시설인, '강 안나 쉼'에서 어머니의 모습에서 살결을 접하며 부모와 자식 간에 온정을 나누었다.
　우리 형제 모두의 가족 사랑은 '모닥불'이라고 생각한다. 서로의 장점을 부추겨주고 어려웠음을 감싸주어 우애를 돈독하게 해줌이다. 손가락도 크기가 다르듯이 변화의 즐거움으로 넘치지 않게 온정을 주고받는다. 알콩달콩 희망의 속삭임은 작을수록 흐뭇하다. 많다고 과시하게 되면 빈부의 차를 느끼게 한다.
　서른셋, 정훈이는 내년 3월에 동갑내기 이화여대 간호학과 출신 간호사와 결혼을 한다. 그 뒤를 우리 아들 기훈이가 이어 나가야 되는데 서른 이전에 꽃을 피웠으면 좋으련만, 세상일 서두른다고 되는 것도 아니지만 때가 되면 관심을 기울여 꽃피워 결실을 거둘 것이다.
　명절날 전야제로 보고 배우듯이 조카들은 장조카 중심으로 모임을 갖는다. 어른들은 지정된 식당에서 한 잔씩 들며 회포를 푼다. 금년에도 알딸딸하게 세 시간이 넘도록 민속주를 나누면서 폭넓은 대화를 가졌다. 형님의 사상, 아우들의 이견들, 나는 중간에서 다리 몫을 해가면서 조율도 한다. 정겨운 토론 속에서 실마리를 찾으면 '앙천대소'하면서 술잔을 부딪친다.

　취기에 오르니 큰형의 본심이 보인다. 남매 가족들이 '아메리카' 쪽으로 이민 가려는 눈치가 보인다는 것이다. 타국 땅으로 끈을 놓치는 기분인지, 초연하게 넘겨보고 싶은 의도인지 지켜봐야 할 것 같다고 했다. 장남의 처신과 개방 등, 불안한 느낌이 가득하여 큰 산, 작은 산들이 고개를 숙이며 묵묵하였다.
　일상으로 돌아왔다. 나의 아내는 자연산이라서. 일상생활 모두를 당신의 손으로 일구고 다져서 만끽한다. 아주 자연의 흐름대로 살아가는 천연자원이다. 처음에는 자신을 볶아 피곤해지는 원리를 탓해보기도 하였지만 가끔은 '소의 피'도 사다가 대파 숭숭 썰어 넣고 양도 넣어 토란 줄기 말린 것과 함께 푹 고아서 한 그릇 해낸다. 30년을 그러려니 수용하고 함께 살다 보니 생의 진미가 되었다.

*2025년 현재 이민 스토리는 중단되었고 열심히 제자리에서 서로들 기쁜 삶을 이어 나가고 있다.

▶ 유성온천 사랑

괴정동에서 살던 우리 가족은 1999년 12월 25일 Xmas 날에 유성구 노은동 열매마을 6단지 아파트에 입주하였다. 온천탕에서 이십수 년 노닐다 보니 나 스스로 온천수는 우울함과 피로감을 덜어 내주는 '희망 수'라고 자칭한다. 온탕 안에서 벽면의 유성 온천 내력을 읽으며 깊은 시름을 내려놓는다. 자랑스런 유성 온천수의 유래를 만방에 다시 고하고자 한다.

부자간 온천욕을 마치고 2002

백제 마지막 임금인 의자왕 시절에 전쟁터로 차출된 3대 독자 아들이 신라군에게 포로가 되었다. 모진 고생 속에서 사역장을 탈출하여 집에 돌아왔다. 전쟁터에서 화살 맞은 상처가 아물지 않아 아들은 자주 혼수상태에 빠졌다. 제아무리 좋은 약을 써가며 병을 고치려 했어도 완쾌되지 않았다. 어느 날, 모친께서는 자식을 구할 욕심으로 집을 나섰다. 어느 논바닥에서 날개를 땅에 비비며 슬피 울어대는 학 한 마리를 발견하였다. 고통스럽게 날개 한쪽을 땅에 부비던 학은 기쁨 어린 비명을 지른 뒤 하늘로 훨훨 날고 있었다. 그곳에서는 뜨거운 물이 솟아나고 있었다. 모친은 물동이에 그 따뜻한 물을 떠서 이고 와 아들의 상처 부위를 적셔주며 여러 날 목욕을 시켜주었다.

그날 이후 아들의 상처 부위는 딱지가 슬고 홀가분한 몸으로 병석에서 일어나게 되었다. 그 후 그 뜨거운 물의 효험이 전국적으로 소문이 나서 사람들은 그 자리를 유성 온천수라 칭하였다. 그 후 온천수가 솟는 곳에 움막을 짓고 환자들이 찾아와 건강을 회복하였으니 유명한 유성 관광 휴양지요, 신혼여행지로 각광을 받게 되었다는 이야기다. 유성 온천수는 물이 맑고 숙소 내에 목욕시설이 좋으며 교통도 편리한 매력을 지니고 있다.

유성 온천수는 지하 400m 내려가도 온천수가 차오른다. 수맥은 계룡산 자락 수통골과 일직선상에 있으며 하루 필요량을 채우는 데 무리가 없다고 한다. 온천공은 34개, 구유 공은 4개, 개인 공은 20개, 여분 공은 10개 알칼리성(PH8, 4)으로 중금속이 되지 않는 건강한 온천수다.

유성 온천수는 50~40m 이하에서 분출되는 27℃~56℃고 온열 온천이다. 황(SO4) 칼슘(ca) 질소(N) 등 60여 성분으로 구성되어 1959년 보건복지부 검사 결과 피부병, 위장병, 관절염, 부인병 등에 효과가 있다고 한다.

시대와 유행이 변하여도 자연 그대로 천연온천수는 유성의 꿈이며, 생명의 젖줄이다. 백제 시대에 한 청년의 이야기를 비롯하여 조선 임금들과 백성들이 즐겨 찾는 명소가 되었으니 건강과 생명을 찾는 온천수 덕분에 유성구는 상상 이상의 행정구역으로 확대되었다.

광복 이후에 유성은 관광특구로 호황을 누리며 대학도 여러 개 존재하는 '과학 특구'의 명소가 되었다.

▶ 어느 사이 팔순

음력, 을유 팔월 열이레 생인 나는 건강이 예전 같지 않다. 입춘이 넘었는데도 동장군의 기세가 수그러들지 않는다. 무심히 실내에서 창밖의 설경에 도취되어 시상을 세우기도 하고 화첩에 끄적거리며 하루 해를 보냈다. 요즘은 반상회도 없어져 이웃사촌은 옛말이 되었다. 옆집과의 APT 생활은 죽어 나가도 모른다고 말한다.

여유로운 노후를 보낼 수 있게 한 것은 젊은 시절부터 땀 흘리며 모아온 아내의 저축 덕분이라고 생각한다. 흐르는 세월 막을 순 없으니, 국가의 안전 방위와 정치 경제의 보살핌 덕분이라고 감사하며 산다. 곳곳에 생겨난 케이블방송사들은 안테나를 높여 시시콜콜 국가행정과 잘잘못을 지적하기 바쁘니 개방된 민주주의에 감사한다. 칠순의 노인층에 들어서고 보니 자식의 소중함이 몸으로 느낀다.

나는 여러 형제 속에서 성장하였기에 단출하게 살고 싶어 했다. 다행스럽게도 사상이 같은 동반자를 만났기에 자식 하나에 손자 하나를 두고 산다.

그 옛날 인류의 조상으로부터 오늘에 이르기까지 끊임없는 삶이 지속되어 왔다. 생활의 면모들이 자신의 존재성을 지켜내기 위해 부단히 노력해왔다. 역사의 회오리 속에서 티끌과도 같은 인간 하나가 생을 다하는 그 순간까지 문화의 흔적들이 역사가 아니겠는가, 화우 기산은 인생은 부딪침이라고 말하며 뭔가, 새롭게 얻어 올 것이라고.

세상에 태어난 신생아를 보면 입이 헤~ 벌어진다. 바로 앞에 이익과 안일에 급급하지 않고 희망을 예견하기 때문이다. 당해보면 안다더니 꼭 맞는 말이다. 내 품에 손자를 안고 보니 나라의 보물이라고 하더니 말 그대로이다. 새 나라에 새싹으로 훌륭하게 길러내야 한다는 자부심이 스스로 일깨워지니 모두가 겪어보아야 알 일이다. 어른들이 몸소 솔선수범하여 모범을 보여줄 때 더 좋은 청소년으로 성장할 것이다.

박근혜 대통령 당선인이 결혼 후에 아기를 안아보았다면 새로운 어머니 정치가가 되지 않았을까?

국민 모두는 그에게 신망을 보낸 만큼 구국을 위한 '잔 다르크'처럼 재임 기간 국정을 무해 무탈하도록 잘 이끌었으면 한다. 난 가끔 자원봉사자로부터 보호를 받는 어려운 노인들을 TV 화면에서 볼 때마다 저 노인은 젊을 때 어떻게 살아왔을까, 생각에 잠길 때가 있다.

교육이야말로 나라를 지켜낼 수 있는 중요한 부존자원이다. 잘 길러내어 국가 재산이 되도록 보살펴 주어야 한다. 각자가 생활 태도를 바르게 하여 후세들에게 본이 되도록 참한 어르신이 되어야 한다.
"노인 당신은, 어디에 해당합니까!"
교육자 출신이니 좋은 평가를 받을 수 있을까? 자인해 본다. 창작하는 화문인으로 '주변인에게 아름다운 이미지를 보여주어야 할 텐데.' 문제로다.

▶ 내 동생 초원草原

초원(草原 1951~) 아우는, 칠순 중반으로 아들 4형제 중 셋째다. 어느 날, 해묵은 편지를 정리하다가 아우의 편지를 읽으며 모처럼 그를 떠올리는 시간을 가졌다. 그의 편지 내용은 병문안의 서신이었지만 20여 년 전, 아우의 글이라서 글의 분량을 떠나 그 이상의 생각을 솟아나게 하였다.

五湖 兄님!

항상 마음은 형님 곁에 있지만 對話不足으로 아기자기한 추억은 없는듯해요.

큰형, 曉天은 금년에 명예로운 교육자 정년퇴임을 하셨지요.
그러나 새 정부 시책 상, 정년이 2년 단축되어 교육자들의 연금 관계로 원성을 샀지요. 그래서 그런지 현직에 종사할 때 같지 않아 가슴 한구석 찡한 느낌을 받았지요.
대대로 집안 내력이 누구한테 아쉽고 힘든 내색을 안 하는 가풍의 영향인지, 저 또한 지금 추진하고 있는 일들이 순조롭지는 않지만 묵묵하게 추진하고 있습니다.

작은형, 건강관리 철저히 하셔서 왕성한 創作 活動을 하시기를 기원해요. 작은 형수 東善님, 조카 栽露도, 소망하는 일이 合致되기를 빌어요.
　　그 누구의 옆구리 찔러 보내는 서신이지만, 마음속을 그대로 표현한 것이니 반갑게 受信하셨으면 합니다.
　　　　　　　　　　　　　　　2005.6.18 셋째 드립니다.

　서신을 읽으며 '초원'의 아기 시절을 떠올린다.
　내가 여섯 살 때 남동생이 태어났다. 은행동 길가 마당 넓은 아담한 집터 반질한 검은 대청마루 위에서 '까르르~' 웃어대면 누나와 형들은 귀여움으로 서로 안아주곤 했다. 세 살 차이 나는 美英 누나가 있어도 모든 사랑이 어린 초원으로 시선이 쏠렸다. 성장하면서 더욱더 영특하고 두 눈이 반짝였다. 그렇게 선화동 새집으로 이사 간 후, 막내 남동생 文原이 또, 태어났다. 어머니께서 마흔이 넘어 출산하였기에 노심초사, 포기했으면 큰일 날 뻔하셨다며 애지중지 젖을 물렸다. 막내는 젖살이 올라 두 눈이 큼직하니 달덩이 같았다.
　가족 모두의 사랑은 모두 막내로 향하였으니, 초원은 아들 형제 중 위로 둘 아래로 하나, 샌드위치 속에서 미소 잃은 모습을 보였다. 그 속에서 막내는 여유롭고 의기양양한 모습으로 바로 위 형 초원을 능가하였다. 그 시절의 모습은 어린 시절의 사진 속에서 느낄 수 있다. 막내가 초등학교에 입학 후, 아무도 모르게 위계질서 교육을 받았는지 셋째 형을 대하는 모습이 순종 형으로 돌변하여 형제 모두는 현재까지 궁금함 속에서 미소를 머금게 하였다.
　초원의 대흥초등 시절, 공부도 잘하더니 명문 중, 대전중학교에 순조롭게 합격하였다. 1965년경 군사정부 시책으로 부친 于塘께서는, 50세 젊은 나이로 회사에서 퇴직을 당하셨다. 남매 다섯이 모두 학생인데 연금도 없으셨으니 가사를 떠맡은 모친께서는 대흥동에서 구멍가게와 여유 있는 방을 세놓아 근근 생계와 학비 조달에 힘을 모으셨다.

<여동생 미영美英>

 어린 시절, 여동생은 남동생을 둘이나 본 막내딸로 부모님의 사랑을 받았다. 설날에도 고운 때때옷을 입고 거리에 나서면 '유엔군'들이 몰려들어 꼬맹이 여동생하고 사진을 찍어대던 기억도 있었다.
 아들 선호 사상이 짙은 시절에, 두 오빠가 서울에서 대학에 다니고 여동생 밑으로 남동생 둘이 등교하고 있으니 가정 사정상 고교 3학년에 중퇴한 후 가사 일을 도왔다. 결혼 적령기에 헌칠하게 잘생긴 송씨 가문 장손과 혼인 후 송씨 가문을 크게 일으켰다. 바쁘게 살아온 두 부부의 정겨움은 부부의 표상이었다.
 새 대전광역시의 부흥을 일으킨 전문 행정가 故 홍선기(1936~2025) 광역시장 시절에, 여성 지도자로 활동하였고 리더십이 좋아 대중 앞에서 연설도 잘하였다. 장녀 수정水晶은 홍익대학원 출신 여류 화가로 한남대학교 미교과 진학 중에 홍 시장으로부터 대전광역시 미술대전 <판화부 대상>도 받았다.

 아우 초원은, 대전중학교를 졸업하고 대전 상고에 진학하였다. 현 박병철 내과 병원장을 비롯한 가깝던 친구들은 거의 대전고교에 진학하였다. 동생의 꿈은, 오직 한국은행에 취직하여 돈부터 버는 직업을 선택하였다. 상고 1학년 시절에 부기, 주산 등 자격증을 따 놓고 보니 안일함으로 노는 아이들과 어울리게 되었다. 뜻하던 한국은행의 꿈도 저버리고 고교 졸업 후에도 부모에게 걱정을 안겨주었다.
 필자가 1970년 7월, 월남 참전에서 귀국하여 2개월 후, 금산, 강경에서 미술전임 강사를 하던 때였다. 토요일에 집에 오면 어머니께선 셋째의 행실을 내 귀에 콩콩 말씀하시며 늑신 혼내주라고 하셨다. 곱지 않은 작은형의 시선에 아우 초원은, "졸업 후에는 간섭 안 하기로 했잖아!" 하였다. 약속을 지키라며 형과 1:1로 겨루어도 안 진다고까지 하였다.
 기가 통째로 막혀서 들었던 털이개 자루를 바닥에 내동댕이쳤다. 고교 시절엔 순종하던 그가 졸업 후엔 반항하였다. 곁에서 지켜보던 막내는 겁에 질려 엉엉 울어댔다. 지금 생각하니 다 큰형들이 다투는 모습이 어린 마음에 불안한 멍울을 안겨줘 미안한 마음 아직도 가슴 한편에 남아 있다.

나의 강경 신혼 시절에, 초원이 강경 채산동에 나타났다. 그는 헤헤~ 웃더니, "형, 용돈 좀 줘!" 하였다. 막상 대하고 보니 겉으론 쌩하면서도 속에서는 끈적이는 우애를 생각하게 되었다. 아내는 강경 어물전에서 생선을 사서 시동생 저녁상을 정성껏 차렸다.

그 후 초원은, 전기 기술 보조로 동양극장 천정 조명 일을 하더니 그 해에 육군에 입대하였다. 자신의 전공대로 〈육군 경리단〉에 배치되어 소질을 펼치더니 멋지게 제대하였다.

아들 4형제에게 자수성가함이 군시절 경험 덕이라고 생각도 해본다. 성장하면서 어머니의 가정교육 지침은 '유산이 따로 없으니 줄 것은 공부시키는 길밖에 없다고 누차 말씀하셨다. 공부하기가 싫으면 일찌감치 공사판에 뛰어 들어가라고 하셨다.

효천 형은 공군사관학교 행정병으로, 필자는 부산 육군 인쇄창 화공 병으로, 셋째는 '육군 경리병'으로, 막내는 형제의 배려로 사범대학 생물과학 전공학과로 진학하였다.

부모님의 은혜 속에서 동생들의 안일을 염려하고 보살펴준 장남, 曉天형 내외의 관심사는 더 고귀하였다. 애비가 되어 자식을 여럿 두면 부모도 장수하여야 자식들의 위계질서가 바로 선다는 말이 '우리 가족사'가 아니었을까 생각도 해본다.

셋째 초원은, 군 제대 후 대기업 〈롯데 회사〉에 취직하더니 '롯데제과' 대전지점장으로 임명받아 위세가 등등했다. 1985년 임양수 2회 개인전'이 무사하게 종료되어 우중에도 큰 차를 대여하여 많은 작품을 반입, 반출해 주어 고마웠다. 상업가답게 그는 가장 좋은 작품 2점을 확보하더니. 풍경화 대작은 회사 어른에게 선물하고 '해경' 소품 하나를 애지중지 사랑해 주고 있다고 하였다. 회사원 말년에는, 롯데 본점

'신입사원 교육원'에서 근무하다가 퇴직하였다. 현재는 부천시 '예산포럼 공동체 위원'으로 지역사회의 두뇌 봉사에 임하고 있다.

 2014.1.1. 초원의 장남, 栽文은 명문 고려대 출신으로 재벌회사에 턱하고 붙어 집안에 희망을 안겼다. 너무 열심히 근무한 탓인지 34세 때에는 갑상선암 3기 판정을 받았다. 수술을 잘 받아 완쾌하였다. 그 후 잘사는 나라로 파견근무를 자청하면서 사십 중반 나이로 심신을 재정비하며 지낸다. 어느 날, 그리워서 문자를 넣었더니 "앗! 둘째 큰아버지~"하며 반겨 맞더니 이후 두절되었다. '묵언론자默言論者' 부모의 아픈 손가락이리라. 연대를 졸업하고 목마르게 순서를 기다리던 백화점에 근무 중인 차남 栽武는 결혼 후 아들을 낳았다. 초원 말로는 커가며 99%가 나 닮았다고 했다. 성장하면서 꼬맹이의 언행이 꼭 할애비 어린 시절 많이도 흡사하다.

 2025년 4월, 최근에는 대상포진을 앓아 치료를 받으며 잘 참아내고 산다. 폭삭 늙어 버렸다면서 형제 단톡방에 본인 모습을 비쳤다. 75세 나이는 노년의 갈림길로 수명을 결정짓는 고비라고도 했다.

 초원 아우여! 부친의 소망대로 푸르른 초원草原 위에서 마음 편히 더없는 행복을 기원한다.+

2025. 4. 둘째 형 五湖, 陽洙

 *생존 시 부친께서 지어주신 자손들의 아호雅號를 이름 대신 인용하였음.

▶ 인간 꽃

 '뭐니 뭐니 해도 인간 꽃이 최고여!' 하시며 어린 외손자를 쓰다듬어 주시던 생전의 장인 모습이 떠오른다. 외아들이 저 닮은 아들을 낳아 6월 2일이면 백일을 맞이한다. 손자는 부모 품에 안겨 주말이면 어김없이 우리에게 찾아온다.

 주말에 아들 부부에게 숨구멍을 트이게 해주는 부모의 사랑이지만 손주를 안아보는 아주 소중한 기회를 맛보게 해주니 더욱더 고맙다.
'둥기, 둥기, 둥산아! 까르르~ 깍 꿍!'
함박웃음을 선사하는 손자는 천사다. 엄마 젖을 흡족하게 먹고 나면 누워 발장구도 치며 묘한 돌고래 소리도 낸다.

아기는 엄마의 젖 향기도 맡아보고 가슴에 품어도 보고 등에도 기어오른다.

왜, 일찍이 아기 사랑을 실감하지 못하였을까?

나의 젊은 시절에, 가장이랍시고 눈뜨면 직장 출근을 서둘러댔으며 작가랍시고 찬바람 씽씽 몹쓸 아빠였다. 꼬망생이를 아내에게만 맡겨 놓은 채 자장가'에 고생 많았을 아내를 생각한다.

손자 성찬이

손자 백일을 앞둔 아내는 걱정을 하였다. '실타래와 떡만 불쑥 내밀면 사돈님 보기도 뭣하다며 축하금이라도 안겨줄까! 금반지를 한 돈 해줄까?' 결국은 반지를 해주자고 합의를 보았다. 지나간 세월 집안 대소사에 아내와 나는 상의적이어서 다행이다.

효천 형이 손주 둘을 보시더니 수시로 글과 사진에 사랑을 담아 형제들 메일에 올려놓는다. 장가 못 간 조카를 생각이나 하고 계신지? 의아스럽게 생각된 때도 있었다. 나도 직접 손자를 안아보니 귀여움에 눈이 멀었다. 아들 부부는, 신혼의 단꿈을 아기 키우기로 보낸다. 일궈놓은 재산도 없이 애를 낳고 길러야 하는 아들 부부는 운명적인 만남이다.

아내는 며느리를 위해 지극정성이다. 무럭무럭 자라는 손자에게 제공될 모유를 위해서 골고루 음식을 장만한다. 누가 시키면 안 할 것이다. 그래도 '잘해준 끝은 있다.'면서 아기가 옹알대며 방긋 웃을 때와 잠에 취해있노라면 천사가 따로 없다 하였다. 뱃속이 허전하면 잠투정으로 마구 울어대니 그게 대화라 했다. 세월이 흐를수록 지 애비 어

2부 사랑의 기쁨들

릴 적 생각이 나지만 그래도 손자가 더 나은 것 같다.

　아내와 나는 노후의 한때를 아기를 통해 '앤돌핀'을 얻고 있다. 아기 우는 소리가 방안을 채울 수 있어 부부의 금실도 도타워진다.

▶ 형제들의 합창

　추석 명절날에 4형제의 식구들이 대전 반석마을 막내 집에 모였다. 우리 형제 모두의 가족 사랑은 '모닥불'이라고 생각한다. 서로의 장점을 부추기며 '핸디캡'을 감싸주기 때문이다.
　고향을 찾아온 큰 형 맞이 '막내'가 펼치는 '반석마을의 밤' 행사가 펼쳐졌다. 백수 머리털이 휘날려도 우애의 샘물은 마음속 깊이 청정하게 흐르고 있음을 우린 안다.

　'이종제'들의 등장으로 양주洋酒판으로 바뀌어 모처럼 만난 형과의 짙은 대화가 아쉬운 밤이 되었다. 취기에 한마디 하였다. 형은 내게 말했다. '동생 때문에 부모님의 역성을 많이 먹었다'고 부족한 동생 잘 보라고 일종의 울 엄니가 쳐놓은 그물망이었을 것이다.
　세월이 흐르는 동안 형제는 늘 잠 동무였기에 나로서는 그 애틋한 추억이 사라지지 않았다.
　옹졸한 생각일지 모르나 나에게는 축제의 밤보다는 우울한 밤이 되고 말았다. 어린 시절 나에겐 형의 위치가 호수에 비친 '큰 산빛'처럼 느껴져 지냈기에 형으로부터 도외시 당하기가 싫었다. 독한 양주와 이종제들의 사랑에 취해 대전의 해후는 나로서는 별로였다.
　평소에 형은 아우들에게 우애의 걸림돌이 안 되도록 선한 글로 이끌어 오셨다. 형제간에 정붙임은 오래 사시면서 베푼 부모님 사랑 덕분이지만 이제는 어린 형제 시절이 아닌 세상을 논할 수 있는 중노년의 형제들이 되었다. '사촌 땅 사는 것이 배 아프다'라는 말은 있지만, 노력하여 능가하는 삶을 영위하고 있는 형제들의 모습들은 퍽이나 자랑스럽다. 부모님의 독립 정신교육을 유산으로 받은 덕분이리라.

아들 기훈이 생일날, 손자가 처음 할애비 집을 찾아왔다. 여러 장면의 모습을 휴대폰에 입력하니 며느리가 지그시 쳐다본다. 부모에게 효를 들어내는 아들의 변모 속에서 인생의 살맛을 느낀다.

이제 하나둘 나의 흔적들을 정리하다 보니 지난 시절의 순수했던 흔적들이 잘려 나가 아쉽다. 흩어져 살아도 독립 정신을 키워주신 부모님의 얼이 손자들 대에도 면면히 흐르기를 바란다.

정월 새해, 우리 임성미 3차 면접을 통과하면 '제대로 된 영어 교사'가 탄생할 것이다.

다음 모임 때는 인천, 부천 형제들과 함께 '차이나타운'도 걸어보고. 인천 앞바다를 쳐다보았으면 좋겠다.

(2011. 3. 21.)

「사모곡 思母曲」

어머니께서 보고 계시다. 어미 젖 먹고 큰 녀석이 허연 머리털로 회갑을 맞이한다. 눈알 벌겋게 뜨고 퍼먹고 자란 무채색 낭만의 주인공들을 어머니께서 보고 계시다. 구십이 넘어 백호(白虎) 모습으로 하얀 미소를 지으며 손짓을 하신다. "어여 와, 어여 와!" 생전에 어머니께서 하신 말씀 왈, 장손 집에 시집와서 딸만 내리 셋을 두다가 맘고생 많았다. 너희 두 형제는 태몽을 함께 꿨어. 금남호탄 동네 우물가에서 새하얀 긴 수염의 신선 같은 노인이 내게 명주실 두 타래를 안겨 주셨어. 이상하게도 아들 둘을 내리 낳았어.

성장하면서 형제는 얼크레 설크레 잠동무로 묻어 지내며 성격도

1993 부친 생신일 (대전) *장조카 임정훈 호주 유학 중임

비슷하고 글과 미술을 좋아하였어. 그런 연유였을까! 형제는 서울 유학으로 큰놈은 국문학과를 나와 시인이 되었고, 작은놈은 예술대학 미술과를 나와 화가가 되었어. 거기다가 둘 다 국어, 미술 교사가 되더니 군대도, 결혼식도 몇 달 사이로 갔었어.

생존 시 울 엄마의 말씀은 우연인지 자랑인지 귓속에 못이 박히도록 들었다. 무진 세월 흘러 가족을 이끌며 살다 보니 어머니의 말씀은 자랑이었다.

냉온에 따른 훈육의 지도가 두 형제에게 오늘이 있기까지 큰 버팀목이었음이다. 그래도 맏자식에 거는 기대가 큰 만큼 차남보다는 더 가르치고 손질이 많이 갔었지.

증조부 말씀대로 〈큰 자식 엄히 잘 기르면 뒤에 자식들은 순조롭다〉 하시더니, 그런 연유였던지 동생들은 형 둘의 보살핌을 많이 받으며 자라났다.

「외숙모의 장맛」

간밤에 내린 비로 봄 가뭄이 해갈되었다. 은구비공원의 들판은 연초록색이다. 봄 향기 가득한 밭고랑도 땅김이 차오르니 농부들 마음도 함께 푸르리라. 봄비가 부슬부슬 내린 뒤 텃밭에서 퇴비와 흙을 섞어 골고루 뿌린 뒤 흙을 파 엎어 비닐을 덮었다. 금년에도 아내랑 옥수수 토란 생강 상추 아욱 파, 고추, 가지 등을 심어볼 것이다.

모처럼 시간을 내어 봄나들이 나섰다. 어린 시절부터 다니던 외갓집을 향해 차를 몰았다. 과거 밭에서 먹을 것을 따서 불룩해진 외조부의 골망태가 떠오른다. 연기군 금남면 대평리 금남초등교를 지나 탑거리를 우회하여 호탄마을에 도착했다. 팔순인 넷째 외숙모께서 배시시 웃으시며 반갑게 맞이해 주셨다.

어린 시절에, 아버지를 선두로 가족 모두 이곳을 찾던 기억을 회상한다. 신촌 동편 산기슭 아래 동네 중심에 있는 붉은 양철 지붕이 나의 외가다. 마을 뒷산에는 진달래꽃이 한창이었다. 조상 어른들의 산소가 문전옥답을 내려다본다. 호탄의 동창마을에도 큰 못자리 통에 노란 볍씨들이 싹을 내어 모내기를 기다리고 있었다. 마을 어귀 따라 졸졸 흐르는 냇가, 한그루 늙은 느티나무가 우리를 반긴다. 주류회사 과장인 아버지께서는 택시에 가족을 싣고 의기양양 처가 대문 앞에서, "장인어른 저, 왔어요." 하니 삐~걱하며 큰 대문이 열렸다. 맞이하던 외조부 앞에 막소주 한 통을 쿵! 하고 내려놓으니 "우리 사위가 최골세." 하셨다. '농사철에는 뭐니 뭐니 해도 술이 최고'라시며 막소주 한 컵을 쭈욱 비우셨다. 코 크시고 붉은 얼굴의 외조부의 낭만 어린 모습이었다.

지금은 모두 떠나시고 추억 속의 빈터만 반긴다. 막내 외숙이 기거하던 방문 위에는 아버지의 친필인 '송풍명월松風明月'이 걸려있다. 아버지와 죽이 잘 맞았던 막내 외숙은 6남매를 성장시키며 아들 셋이 ROTC 장교 출신이다. 그는 금호중학교 서무 주임으로 근무하며 농사일도 크게 일구셨다. 허나 가슴 아프게도 막내 외숙은 회갑을 앞두고 당뇨 간암으로 세상을 뜨셨다. 자식들은 혼인하여 모두 타지로 나갔으니 외숙모 홀로 집을 지키신다. 달밤에도 그리움을 떨치며 밭일을 보셨다.

다행스럽게도 오십 줄인 막내아들 석이가 어머니 곁에서 농사일을 거든다. 외숙모께서는 일꾼들의 새 참 준비에도 별세한 나의 어머니 안부를 물으며 "아버지 초상 치르느라 고생들 많았지?" 하셨다. 그 옛날 참기름에 붉은 찹쌀고추장으로 벌겋게 비벼 주셨던 외조모님, 풍요로웠던 기억들이 새삼 떠오른다. 점심상을 차려주신다는 것을 뿌리치고 내복 한 벌을 품에 안겨드렸다. "밥 먹고 가야 하는데" 하시며 뒤뜰의 장독대에서 풋고추가 얼기설기 섞인 막장 고추장을 한 사발을 푹 퍼 비닐에 담아주셨다.

집에 돌아와 저녁을 먹는데 아내랑 '옛 맛 그대로네' 하였다.

▶ 그 심정 나도 안다네

나는 아들이 결혼하면 은근히 멀리 떨어져 살았으면 했다. 삼십여 년간 오래 함께 살다 보니 새로운 그리움에 젖고 싶음에서였다. 그러나 아들은 부모 가까이 집을 얻기를 소원하였다. 지금에 와 생각하니 가까이 살고 있음에 감사한다. 아들이 참한 아가씨와 더불어 지내더니 2세를 낳았다. 태어난 손자는 콧부리가 오뚝하니 이목구비가 또렷하였다. 옆 마을에 가까이 살고 있으니 주말이 되면 젖먹이 손자 사랑에 푹 빠져 산다. 아들이 가정을 이루고 잘 지내고 있으니 부모로서 크나큰 복으로 생각한다. 아기의 천진무구 표정은 풍요 그대로다. 모유를 먹이는 며느리의 돌아앉은 뒷모습이 '라파엘로의 성모자상'처럼 다가온다.

손자는 오른손 장지와 무명지를 호미처럼 구부려 입에 넣고 잘 빤다. 참 묘한 녀석이다. 강제로 빼면 '빼~엑' 하고 운다. 정서적인 안정을 취하느라 손을 빤다고 심리학자들은 말한다. 유아기에 애비도 엄지손가락을 어지간히 빨더니 자식까지 다시 대물림하다니 묘한 일이다.

어느 날인가, 손자의 한쪽 손가락에는 조그만 장갑이 끼워져 있었다. 아기도 의식하는지 빠는 것을 중단하였다. 허나 잠이 들면 습관처럼 입에 넣는다. 어미의 자궁(子宮)으로 생각되나 보다.

일주 만에 만난 손자가 할애비를 기억하고 손짓을 하며 환하게 웃는다. 기가 막히게 반가운 순간이다.

조용하고 적막하던 집안이 활력소로 넘쳐난다. "성찬이 왔어!" 손자를 보는 순간이 이 세상에 더한 반가움이 없다. 생후 10개월이 지나니 본성이 드러난다. 새로운 것을 보면 유심히 지켜보기도 하고 싫으면 던지는 등, 손놀림도 예민해졌다. '이 애가 기능장이 되려나 보다.'

할애비가 손가락으로 농문을 치며 두드려준다. 고저장단을 느끼는지 진지하게 듣는다. 곧게 서서 손으로 도도록한 자개농 무늬를 하나하나 확인하며 만져도 본다. '이 애가 검사관이 되려나?'

원하는 곳으로 기어가 기둥에 의지하여 무릎을 세운다. 칼슘분 섭취가 잘되고 있음이다. 종합 영양소인 모유의 수급으로 인한 큰 덕분으로 느껴진다.

지난 금요일에 아내는 아이들 생각해서 한나절 곰국을 끓여댔다.

이윽고 다소곳이 앉아 새 주둥이처럼 입을 벌려 잘도 받아먹는다. 아내는 그 모습이 퍽 예쁘다고 하였다. 입술 주변의 국물도 혀로 핥을 줄도 안다. 양이 안 찼을 때는 울음보를 터뜨려 양이 찰 때까지 더 달라고 요구한다. 아기가 십 개월이 차니 아래위로 두 개씩 이가 솟았다. '꼴딱꼴딱' 잘도 받아넘기다가 이제는 제법 오물오물 씹는다. 떡가래를 썰어 만든 티밥도 잘 씹는다. 침에 녹아 흡수되는 과정도 터득하나 보다.

손자 사랑에 빠지다 보니 평소에 승강기 내에서 아기 품은 젊은 엄마들과 대화도 나눈다. 핵가족으로 맞벌이 부부로 태어나는 아기 수가 많아지니 아가방 같은 탁아소가 한몫한다.

아가 중에 손톱이나 옷소매를 씹어대어 소외감을 채우려는 외톨이 운둔형, 뾰족한 못으로 물체의 표면을 긋거나 종이 위를 콕콕 찌르는 형은 아주 위험한 공격형 심성에 속한다고 아동심리학자들은 말한다. 둥글게 원을 그리는 습관이 성격상 너그럽고 양호하다고 한다.

인생은 연극 같은 것, 주말에 찾아온 아들의 모습이 침울할 때는 나의 마음도 불안해진다. 미소를 지으며 반색하는 며느리의 표정을 대하게 되면 몇십 배의 행복을 느끼게 한다.

젊은 시절 결혼한 후 내 모습은 부모에게 어떻게 보여졌을까? 나이가 차면 감정 개입이 예민해지고 고착되어 가는 사고력에 자존심이 강해진다. 그러나 집안에서 어린 손자의 재롱을 통해 '앤돌핀'을 선물 받게 되면 아파트 내에서 이웃 간에 소란함에도 자기 손자 대하듯 너그러운 사람이 되어갈 것이다. 한 아이가 성장하는 데에는 사회, 가정, 학교가 3위 일체 되어야 한다.

주말에는 조부모가 손자를 독차지한다 해도 아기에게는 부모 이상 더는 없다. "엄마는 왜, 안와!" 여가선용 떠난 엄마 아빠에게 '까막까막' 참아내는 아가의 인내심도 미리 알아줘야 한다.

장가든 아들이 엄마에게 무의식적으로 툭 하고 던진 말 한마디 "또, 잔소리하네!"라는 말이 화근이 되었다. 아들이 돌아간 뒤에 아내는,

저린 가슴 토닥이며 며느리가 듣는 앞에서 아들이 그럴 순 없다고 했다. 믿을 건 신랑밖에 없다며 '아들이 벌어다 주는 것은 서서 얻어먹고, 남편이 벌어다 주는 것은 누워서 먹는다.'더니 어른들 말 꼭 맞다면서 섭섭해했다.

안정을 찾은 후, 지나간 나의 경험담을 들려주며 아내 마음을 토닥여주었다. 군 입대 전, 동네 꼬마들 모아 학습 과외지도를 하던 때이다. 한 달 지도비를 받아 얼마 제하고 어머니께 드렸었다. 어머니께서는 살림이 어렵다며 지도비를 다 달라고 하시기에 "아이 더러워!"하면서 어머니 앞에 남겨진 돈도 다 던졌다.

어머니께서는 나를 꿇어앉힌 후 추궁하셨다. "내가 너한테 더러운 짓 한 것 있으면 어디 다 말해보라 이놈!" 하셨다. 그 순간은 내 생각만 하고 씩씩거렸다. 그 수입금이 가족을 먹여 살리기 위함이었음을 깨닫고 어머니의 똑 부러진 인성교육에 깊이 반성하였다.

신혼 시절에, 유천동에서 부모님 모시고 지낼 때 일이다. 며느리를 탓하는 어머니에게 아내를 두둔하다가 된통 혼이 나고 반성문을 쓰라고 하셨다. 그 당시에 고집을 부렸지만, 세월이 많이 흘렀어도 늘 반성문을 쓰고 있는 듯하다 그 시절에는 나 하나 믿고 시집온 아내 편에 서다 보니 어머니 마음을 상하게 하였다. 중용中庸의 위치 지키기가 참 어려웠었다.

TV 방송에 비쳐지는 고부간에 상냥하게 주고받는 대화를 듣고 있을 때 흐뭇하고 행복하다. 아내는 아들 장가보낸 후 애들이 오는 날이 되면 함께 먹을 음식 장만에 분주하다. 며느리가 잘 먹어야 수유를 통해 손자 건강으로 이어지니 더할 나위가 없기 때문이다. 아이들이 결혼 후 잡음 없이 잘 지내고 있어 감사하다. 인간사 매일 밝은 날만 있겠는가! 세상에 떠도는 말 중에서 '쉬 더운 방, 쉬 식는다.'라는 말이 있듯, 속도 조절도 중요하다.

계단에서 구르면 어느 지점에서 멈출 수는 있으나 승강기처럼 고속 진행되면 상승과 하강 속도에 따라 심한 충격을 받기 마련이다. 어떤 일이든지 급상승과 급하강은 불안하며 뒤에 큰 상처를 예견해야 한다. 전후좌우 살펴 정도에 따라 분수를 지켜야 한다. 때로는 엄습하기 쉬운 암적인 점을 사전 예방하여 현명하게 풀어나가야 한다.

매듭이란 화禍를 뜻하니 골이 깊어지기 전에 복구하고 넘어가야 큰 화를 면할 수 있다. 아기 앞에 모범교육이 가장 중요하다지만 군자 아니고서야 어찌 다 지킬 수 있는가!

너희들이 탈선하지 않고 한 가정을 꾸려 성실한 사람으로 열심히 살아가는 모습에 감사할 따름이다.

나 혼자, 손자 사랑을 즐기다 보니 항도 부산에 홀로 사시는 사돈, 이봉우님이 마음에 걸린다.

▶ '목척교 설경'의 추억

- 글, 송미경(대전시립미술관 수석 학예사)

목척교 설경(Snowy scene of Mok cheok Bridge)
*목척교 설경(1966). 캔버스에 유채화 P25호 (60,9x80,3) 시립미술관 구입.(5,000,000원)

화가, 임양수는 1945년 대전에서 태어나 서라벌예대(현, 중앙대) 회화과와 한국교원대학교 대학원을 졸업하였다.

1960년대 죽미회 (고교 미술 서클)을 결성하여 미술 활동을 하였던 그는 대학을 졸업 후 대전의 한 중등학교에서 미술 교사를 시작으로 대전을 기반으로 활동해 오고 있다.

〈대전 미술의 어제와 오늘〉(대전예총 산하 대전미협 1995)의 편집집행위원장을 역임한 그는 대전 미술의 자료를 수집하고, 역사를 정리하고 고증과 기록하는 작업을 통해 대전 미술사의 기반을 마련한 주요한 미술 기록자로 평가되고 있다.

〈목척교 설경 1966〉은 대전의 중심부에 위치하며 상징이기도 한 목척교 주변의 겨울 풍경을 담아내었다. 임양수의 초기 작품으로 그가 작가로서 발돋움하는 시기의 양상을 살펴볼 수 있는 작품이다. 왼쪽에 마른 나뭇가지를 가까이 그려 점차 멀리 보이는 풍경으로 관점을 옮겨가도록 유도하여 원경과 근경을 나타낸 화면은 세잔의 풍경을 연상케 한다. 화폭 가운데 스케이트를 타는 풍경은 율동감을 더하고 화면을 가로지르는 다리, 그 뒤로 보이는 도시풍경, 그리고 멀리 위치한 산의 모습은 시간차를 두고 작품을 감상하게 유도를 한다.

「대전 문화의 1번지, 대전 목척교」

마음 가는 곳에 행동도 함께하나니 어린 시절에 맑은 물이 흐르는 대전천에서, 손으로 물도 퍼먹던 곳, 대전 상징으로 여겼던 곳이 목척교木尺橋였다. 일본수비대의 전쟁 물자 수송 차원에서 1912년에 목조로 건립하였으나 잦은 홍수로 파손되곤 하였다 한다. 그 후 시멘트로 복개하여 가로등 불빛의 운치를 상기시키곤 하였다. 대전을 찾는 사람들의 마음을 이끌었기에. 약속의 장소로, 미술 실기대회, 서커스장, 선거 유세장, 스케이트장으로 연중 이용되었었다.

나는 이곳을 '대전 문화의 1번지'라고 불러왔다. 오늘날 가수 진성의 '안동역에서'처럼 가수 안다성의 '못 잊을 대전에 밤'이 '목척교의 밤'으로 수정되어 인기 가도를 누비기도 했다. 1970년대 들어서며 목척교를 중심으로 남쪽엔 홍명상가와 북쪽엔 중앙데파트가 들어섰다. 새로운 물결을 시민들에게 안겨 주었지만 목척교의 이미지는 멀어지고 말았다.

실기시간 박영선교수님과 화우들

2000년 들어서며 대전천과 목척교를 부활시키자는 여론에 2008년 대전시장이 지켜보는 자리에서 두 백화점 건물을 폭파하는 행사가 있었다. 새로운 목척교 부활을 위해 유명 외국인 설계사의 작품으로 목척교에 날개까지 설치되어 조명 불빛에 신비스런 분위기를 연출하였다. 중구와 동구를 잇는 대표적인 대전의 랜드마크인 목척교 불빛, 찬란하게 흔들리는 음악분수가 율동하는 이 시대에 살고 있으나 지난 시절의 애틋한 향수는 그냥 그 시대로 흘려보내기로 하였다. 2023년에 이르러 지하상가인 중앙로와 대전역까지 연결 공사가 목척교 물밑으로 개통되었다.

「작업 수첩」

어린 시절, 필자는 대전의 상징인 목척교를 자주 스케치하였다. 미술대학 시절도, 방학이 되면 고향에 내려와 목척교 천변의 풍경을 스케치하였다. 캔버스에 옮길 구상으로 천변 둑 이곳저곳 방향에서 주변 풍경을 화첩에 스케치하였다.

원동 쪽에서 보고 그릴 때는 둑에 상가들이 진을 치고 있어 다리 풍경이 가려졌다. 으능정 쪽에서 그릴 때는 원경이 없어 단순하였다. 신도 극장 쪽에서 보는 구도보다는 선화교 방향에서 목척교를 바라보니 식장산과 보문산의 배경으로 원근감이 산뜻하고 조화로웠다. '플라타

너스' 나뭇가지를 대담하게 근경 처리하면서 중경과 원경을 자연스럽게 그려 목척교 천변의 공간을 시원하고 큰 느낌을 살려냈다. 또한 설경을 선택한 것은 복잡한 소재들을 생략하여 설경 특유의 단순미와 질감 표현으로 적합하였기 때문이다.

서라벌 예대 미술 실기 시간에 1966 목척교 여름 풍경 80호를 그리면서 서양화 대가인 박영선 장리석 최영림 박창돈 교수의 지도 조언을 받아 실기 평가 A+받았으나 교수들의 4인 4색의 느낌이 작품 속에 서려 있어 나로서는 흡족하지 않았다. 다시 겨울에 그려진 '목척교 설경'은 여러 해 다듬어진 나의 작품이었다.

임양수작 목척교 설경(oil on canvas 1966), 2006년 목척교 설경 작품이 그 시절을 말해주는 희귀 작품으로 선정되어 대전시립미술관으로부터 매입, 소장되어 있다. 가끔이면 초창기 대전 미술 특별전에서 작품을 대할 때마다 시민들과 그 시절의 향수를 공감케 해주니 기분이 좋다. 2024년에도 대전문학관의 주선으로 대전시립 미술관으로부터 그림을 대여받아 그 시절의 원로 시인의 시와 함께 어울림 전을 여러 달 선보였다. (대전문학관장. 조성남)

「'목척교 설경'을 보고」

1964년 목척교 스케치

글, 효천
한밭의 젖줄을 가로지른 목척교가 오호의 캔버스에 몸을 허락한 시기에는 세상 화가들처럼 오호도 붓털을 셀 만큼 어려웠다.

아버지 우당 님은 열네 살에 신랑이 되시어 새 꽃밭에 새로운 꽃 넋을 피우느라 바쁘시고 어머니 장분 님은 열일곱에 각시가 되시어 혼자 안팎살림 꾸리시기에 늘 숨이 가쁘셨다.

나는 대학 4학년 다니다가 군대에 튀어 달아나고 오호, 홀로 좁고 캄캄한 자취방을 지키면서 페인트와 에나멜을 싸구려 기름에 개어서 머리가 깨질 만큼 독한 화가의 꿈을 칠하고 있었다.
　한데 오호의 그림들은 하도 색이 얇아서 캔버스 날실 씨실이 드러나 얇고 추어서 슬펐다. 물감 아끼지 않고 더께가 앉도록 마음대로 발라서 뭉개고 뭉개고 나이프로 긁고 긁고 또 꾹꾹 짜 덧칠해서 빈대떡이나 시루떡만큼 질감을 주었으면 오호 그림도 얼마나 기뻐했을까? 그때 오호에게 큰 치약만 한 화이트 하나 사주고 싶었다. 그때 오호에게 성질 꼿꼿한 유화 붓 한 아름 안기고 싶었다.
　그러던 그가 겨울방학을 맞아 고향에 내려와서 이 목척교 설경(1966)을 출산하고 뱃가죽이 등에 붙어도 붓을 놓지 않더니 말 한마디 없이 십자성 별빛 따라 월남으로 날아갔다.
　오호는 발로 그림을 그렸다. 무전여행을 다니며 굶주림의 사랑으로 그림과 싸웠다. 그림 없었으면 나그네로서 무명초처럼 사라졌을지도 몰라 방에 틀어박혀서 머리로만 그리는 죽은 그림을 싫어했기에 그리고 40여 년 세월이 목척교의 눈처럼 쌓여 물감도 붓도 캔버스도 기름도 생각도 넉넉해지고 영감도 살찌다.
　이제 오호의 그림을 만나면 겨울에 담근 찹쌀고추장 맛처럼 눈을 맞으며 안기는 충청도 여인처럼 겨울에 찾은 저 시내 물소리처럼 깊고 은근한 맛이 있어 반가운데, 벌써 몸이 가벼워져서 한편으로 안타깝다. 그래도 아니다. 이젤과 캔버스를 둘러메고 산천을 누비던 그의 꺼지지 않고 빛나던 화畵 사랑이 다시 목척교 소년의 심장에 불을 지펴 붓 쥔 손 혜성처럼 춤추며 내닫게 될지니.

▶ 이런, 저런 모임들

　논산의 쎈뿔 여고 미술 교사를 퇴임한 K 선생이 대전고교 근처 2층에 그만의 작업실을 차렸다. 많은 고심 끝에 실행에 옮겼으리라. 그도 이젠 대작을 탄생시킬 것이다. 정년퇴임 전 팸플릿에 서문을 써주었는데 큰 격려를 받았다며 그의 아내는 내게 '가디건' 한 벌을 선물하였다. 그는 화끈한 성격에 비해 찬란하고 섬세한 풍경을 많이도 그려놓았다.

나는 10평 정도의 방 두 개를 이용하고 있다. 한 개의 방은 내 아호를 딴 오호사랑五湖舍廊으로 집필방이며 또 하나는 오호 화실, 미술 공간이다. 아파트 공간이니 유화기름 물감 냄새 때문에 이웃을 생각하여 아크릴물감을 이용하고 있다. 마음만큼은 작업실을 얻어서 하고 싶지만 그렇지 못하는 사정이 뒤따른다.

내방은 안방에서는 응접실 건너 뚝 떨어져 있다. 코를 골든지 나발을 불든 서로에게 해방된 공간으로 혜택받는다. 독서삼매경에 빠져 내 심경을 오롯하게 만들어주고 건너편 공간에서는 내 나름의 회화작품이 나온다. 소품이면 어떠한가! 자신의 감량이니 그런 것 아니겠는가. 작업에 임하는 작가들에게는 대소를 떠나 자기 나름의 걸작을 꿈꾸면 되는 것이다.

아내는 이젠 갈 날이 바쁜데 몸이 소중하다며 건강을 우선한다. 직장에 묶여 있을 때도 휴일도 반납한 채 등교하여 교실 한 칸을 작업실로 이용하며 작업으로 흥청대었다. 오십 년 넘게 한 남성을 지켜보며 살아온 아내 마음을 잊지 않아야 한다. 2008년 정년 후에 따로 작업실을 구하지 않음도 덩그렁 아내 홀로 남겨둘 수 없기 때문이다.

나는 새로움을 추구하는 작가이며 시 쓰는 조화로운 미술인이 되고 싶다.

인간은 결국 부모와 자식 간에 삼인삼색三人三色 이다. 깊이 논해 봤자 피곤만 하다. 가끔은 화문인으로 살다 보니 그림과 글들이 시샘으로 혼돈을 주지만 '내 인생의 여정이려니' '시 쓰는 화가'로 살다 갈 것이다.

4월은 여러 곳에서 미술 단체전이 열린다. 대전 미술제와 대전 원로 미술인 초대전이 대전 시립미술관에서 개최된다. 대전 불교 미술가 회전이 지나면 6월에 열리는 죽미회 3인전은 기대가 큰 전시회이다. 3인의 작가가 열점씩 출품하여 '따로 또 같이' 전이다. 이 전시회는 나를 바로 세우는 빅 전시회로 화가로서의 얼굴을 걸고 도약하는 기회가 걸려있다.

시나 그림은 화문으로 일맥상통하는 점이 많다. 한 화면에 기승전결起承轉結 하며 작가 홀로 연출, 제작, 감독을 해내야 한다. 고로 우물 안의 개구리를 면하기 위해서는 여러 클럽 전에 출품하면서 질 향상을 높이고 작가들과 소통하는 정신을 가져야 좋다. 늘 사고하며 고뇌에 찬 자아를 두드려 깨워야 한다.

「목요모임」

여류 시인, 나이현 님의 자가용에 한금산, 최재학, 임양수 네 문인이 탑정호수를 향하였다. 연산 사거리에서 좌회전하여 양촌 쪽으로 핸들을 돌린 후 가다 보면 길가에 '예땅'으로 향하는 이정표가 보인다. 그 간판 속에는 호숫가 전원별장 카페 홍보가 유혹을 한다. 우회전하여 시골 골목길에 접어들자 좌우 한 뼘 사잇길을 용하게도 몇 구비 돌다 보니 확 트인 '탑정저수지' 남쪽으로 '예땅'카페가 이국스런 분위기로 우리를 반긴다. 사방을 두리번거리며 손짓하는 '예땅'의 유리문을 열고 들어섰다. 색소폰 소리가 분위기를 잡는다. 정면에는 새하얀 여류 시인 나이현 닮은 입체 투조 작품이 반긴다.

'아! 그와 관계가 있는 곳이구나' 생각하게 되니 마음이 푸근하였다. 외형과는 달리 손때 묻은 토막기둥들이 얼키설키 곡선으로 이루어져 있어 변화무쌍하다. 벽에는 여러 개의 타원형 목재에 시구(詩句)들이 빼곡하게 적혀있어 이곳이 '시사랑 카페'라는 것을 한눈에 느끼게 한다. 이윽고 네 명의 문인들이 둘러

임양수 개인전에서 나이현, 필자, 한금산

앉았다. 포석정 닮은 식탁 위에 홍일점인 나이현 여류 시인이 가죽가방에서 주섬주섬 과일주를 꺼내 놓으며 '각 일병'을 부르짖었다.

문인과 술, 세 명의 남성은 술병을 대하자 배실거리며 근육 없는 입을 주체하질 못했다. 접시에 담긴 수프가 분배되고 뒤이어 '스테이크'가 놓였다. 유럽에서나 볼 듯한 허리 가느다란 유리컵에 검붉은 포도주가 역광 받아 다홍별처럼 빛난다. 한두 잔 넘기니 기분이 묘하다. 여류 시인의 눈빛이 내 눈과 겹쳐진다. 이윽고 문우들의 정보 마당이 뜬다. 그리운 사람들의 근황 이야기들이 실내 분위기를 범람케 하였다.

최원규, 송은애, 이영옥, 김영수, 문희봉, 리헌석, 박종국, 안복수, 전미옥, 기산, 김해선, 류인석, 문희순 등 행복을 심어준 문인들의 이름이 거론되었다. 목요 문우들의 이야기는 타들어 가는 저수지에 생명수를 터뜨리듯 또 다른 희열을 주고받는다.

「장인어른 기일에」

아침 출근길에 아내가, "오늘이 친정아버지 기일인데 친정 가야지?" 하였다. 아내는 공원 향해 운동 준비하고 나는 출근을 서둘렀다. 헤어지며 한마디 했다. "여보! 오늘 장인 제사 우리가 모시자."고 하니, 아내는 "알았어." 하였다.

홍조 띤 모습이었다. 40이 넘은 외아들 처남은 결혼도 미룬 채 형제도 멀리하고 반려묘 다섯 마리와 외골수가 되어 독도처럼 살아간다. 5남매는 우애가

처갓집

돈독하지도 못하고 기일 때만 닥치면 걱정만 앞선다. 그래서 아내도 친정을 멀리한다.

장인님의 생전에 보이지 않는 기대가 임종 시 둘째 딸에게 기대셨다. 마지막으로 먹고 싶은 음식 부탁도 하셨다. 큰동서는 몸이 불편하여 두문불출이니 장인 장모님의 기대에 못 미치셨다.

저녁 9시에 두 분을 위한 제사를 모시기 위해 아내는 제상에 많이도 차렸다. 여형제들에게 연락을 취하였지만 불참하였다. 제사를 위해 제사 책을 내어놓고 지방도 올리고 축문도 썼다. 경험이 있었기에 순조로웠다. 제사상 위에 진열도 맞추고 아내와 아들과 셋이 단정한 자세로 지냈다. 음복술도 모두 나누어 마셨다. 내일은 장인 장모 합장묘에 자가용 몰고 간다.

그 후 아내가 나이 든 집안 언니한테 들었다며, 처가 제사를 올리는 것도 좋으나 사위건강에 문제가 생긴다는 이야기를 듣고 이어가지 못했다.

「백마강 서정」

김치중 작, 백마강서정

유성 계룡호텔 옆 '동아벤처' 빌딩 1층 현관에 들어가면 대작(大作)을 대한다. 故, 김치중 교수가 생전에 '백마강 서정'을 확대 표현한 작품이다. 그 작품은 가을철, 황소와 백마강 천변의 아이들을 소재로 그려진 대전시 미술대전 공모에서 최고상을 받은 유화 작품 내용이다. 멍하니 고갤 들고 유심히 올려다보니 고인이 되었어도 큰 대작을 남겨 부러움을 주었다.

'인생은 짧고 예술은 길다'라는 말이 실감이 난다.

그러나 전시 공간에 비하여 작품이 너무 커서 300호 정도 면 적당할 것 같다고 생각하였다. 엄청 큰 작품을 한 눈 안에 감상하기로는 동아벤처 현관의 감상 공간이 비좁기 때문이다. 건물 공간을 채우기에 앞

추억의 오프닝, 이신회전(현 대전구상작가협회) 1998 중구문화원화랑,
정명희(1998 예총회장) 故 임봉재(대전시립미술관장)
故 김철호(대전미협지회 고문) 임양수(이신회장)
故 김치중(대전미협지회장) 김석기(대전 한국화 회장)

서 대작으로서의 감상 여건이 장소에 따라 메시지 전달력이 뒤따라야 함을 알았으면 했다.

▶ 사람 사는 이야기

지하철에서 경로석에 앉아 있는 노인들을 보면 희희낙락 소란스럽다. 둘 이상의 친구끼리 앉아 있으면 다른 사람 시선도 막무가내다. 시끌벅적 장터 아줌마가 따로 없으니. 저 노인들은 과거에 무슨 일에 종사하였는지 궁금하다. 이런저런 모임 중에서 죽을 때까지 만나야 할 인연 고리가 소싯적 학교 동기동창 계모임이다.

십수 년을 그들과 매월 한 번씩 만나 점심을 먹으며 지나간 추억을 다시 떠올린다. 정년퇴임 후 그들과 만남은 이해타산이 없고 순수해서 좋다. 직장 생활은 평등을 떠나 경쟁 상대이기에 보이지 않는 벽이 가려져 있다. 같은 눈높이에서 맺은 친구들과의 추억은 끈적이는 순수함이 있다. 그들은 어느 분야의 전문가로서 가정을 일구고 자식들을 길러낸 인간 승리자들이다. 가난만큼은 자녀들에게 물려주지 말자면서 손등이 거북등이 되도록 살아왔다.

  그들은 과거의 국가 산업의 역군이요, 원동력의 산증인이다. 국가 공무원들의 비리를 보고는 용서 없이 비판한다. 양심적으로 납부한 뼈아픈 세금에 대한 강한 집착으로 민간인 감사원처럼 보인다. 나를 알려면 동기동창들의 모습을 보면 안다. 그들 속에 내가 있으니 한통속이다. 내 주변에 그런 속에서도 맘 편히 숙성된 젊은 노인이 되어가고자 노력한다.

  비록, 뛰어난 미술가는 못되었지만 한 알의 밀알처럼 40년 교육자로 정년퇴임하였다. 타고난 바탕이 너그럽지 못하니 더 큰 것을 원하지는 않는다. 내가 좋아하는 그림과 문학을 짓다가 갈 뿐이다.

  교단 시절, 한금산(韓金山1943-2021) 선생 왈, 五湖, 임양수 선생은, '목표 지점을 찍어놓고 줄곧 앞으로 고집불통처럼 뚜벅뚜벅 걸어가는 사람, 그를 놓고 말할 때 겉 보고 빠른 판단은 금물, 세월의 내공이 굳게 뭉쳐있어 속내를 알 수가 없는 사람이다.'라고 평하였다.

  윗글은 그가 2004년 여름, '국립 한국교원대학교'에서 그가 교장 연수를 받고 있을 때 필자에게 보낸 편지글이었다. 허나, 외골수적이며 탐탁지 못한 성격으로 느껴진다. 그의 필 끝은 거울 보듯 냉철한 평이다. 음지에서 서로 뜨겁게 꿈을 부추기며 50세가 넘은 나이로 대학원 석사과정을 나란히 마친 교단의 동지이다. 그런 연유에서인지 정년퇴임 후에도 문우가 되어 매주 '목요 만남'에서 좋은 강의를 들은 후 소박한 식당에서 예담을 나누며 저녁 식사를 꼭 나누었다.

  남북 한국전쟁으로 어두웠던 유년 시절에서 현 시절에 접어들기까지 철옹성 같은 나의 심성과 유사하다. 내가 그렇게 되기까지는 나 자신이 롤빵처럼 베일에 두껍게 말려져 왔기 때문이다. 그 세계를 벗어나려고 거울 속의 나를 보며 자화상을 그린 이유도 그 속에 많이 잠겨 있다. 뭇사람들은 잘나가는 사람을 찾기 마련이지만 언변에 능한 까칠한 인간형은 되도록 피한다. 결론적으로, 나를 굽히고 들어가기 싫어서일 것이다.

자식 녀석도 질퍽하게 사귀는 친구가 없는 것으로 보아 나를 보고 자란 탓인지 미안하다. 아내 역시 반짝반짝 빛나는 모습보다는 보수적 연륜 쌓인 연장자들과 어울리기를 좋아한다. 서로가 소박하고 마음 푸근함을 유지시키기 위해서는 자신이 먼저 숙이고 들어가야 되는데 쉽지를 않다. 이제는 마음은 앞서가는데 몸이 따라 주지 않음은 남성 호르몬이 여성화되기 때문이기 보다 그런 연고인지 생활력이 강하고 억센 아내에게 의지하려는 마음도 변명할 수 없다.

나의 부친께서 '너는 둥글고 모나지 않게 살라'시며 임양수(林陽洙) 숲, 별, 물가, 이름 석 자로 살아가기를 기원한 부친의 의도에 감사한다. 새로운 세계를 향해 몰입하게 되면 목적한 바를 달성시키기 위해서는 스트레스를 받는다. 더불어 인간성이 메마르고 이웃과 돈독할 시간을 놓치고 만다. 인생은 어디에 던져지더라도 뿌리를 내리고 살기 마련이다. 누구나가 결혼을 하고 아이들 둘, 셋을 기르며 늙게 되면 세상일을 헤쳐나가는 과정에서 연륜이 쌓여 그곳에 걸맞도록 인생철학자가 되기 마련이다.

K 교장실에서 광솔 밝힌 송판에 '홍익인간 교육'이라고 새긴 서각이 생각난다. 교육을 통해 '널리 인간을 이롭게 하라!'는 뜻이리라. 목표는 그럴 듯한데 지켜내기가 문제다. 바로 지도층이 될수록 그 분야에 일인자가 되어 고착된 이중인격자의 표본으로 돌변하기 쉽다. 그러므로 지켜내기 어려울 때마다 늘 가까이 현판의 글씨를 보면서 깨우치려는 의도도 있음이리라.

故 '스티브 잡스'는 현시대의 혁신적 아이콘이다. 신경을 많이 써서인지 그의 생명은 고갈되어 세상을 등졌다. 그는 인간들에게 문화적인 혜택을 주고 인생에 후회 없는 삶을 살다가 떠나갔다.

어느 교육학자가 자녀 교육은 능력에 맞는 기술 한두 개만 0세에서 12세까지 지능을 조성해 주면 위인의 단계까지 도달할 수 있다고 했다. 영재들에게는 특별한 기구를 설치하여 창의력, 집중력, 소통 능력, 끈기력을 길러 인류를 위한 선견을 열어주어 구심점 역할로 키워내야 한다고 말하였다. 자살률이 많은 우리의 현실에서 낙천적인 삶을 권고한 미국 대통령 '레이건은 청소년 시절부터 민중을 섬기는 정신'을 길러 남의 아픔에 동조하는 봉사자양성이 시급하다 하였다.

또한 남을 탓하기보다는 제삼자들이 나를 어떻게 평가할까? 돌이켜 생각해 봄도 좋겠다.

▶ 환치 미술가 득산得山

고교 시절, 미술 서클 활동을 함께하던 양창제(梁昌濟1944-2019) 화백은, 함경남도 맹산 태생으로 한국 전쟁 발발하여 유엔군들의 합세로 평양 수복 후 중공군의 인해전술로 다시 1.4 후퇴하여 대전에서 정착하면서 성장하였다. 그는 필자와 함께 1962〈고교 미술서클 '죽미회竹美會'〉의 창립 동인이다.

죽미회원 득산, 오호, 기산 화우들

그는 구미에 거주하면서도 대전 최초로 양창제 임양수 김경애 이민구 김현대와 함께 1997〈대전불교 미술가회〉를 창립하였다. 대전 미술인으로 구미와 대전 미술의 가교역할을 하였으며 '환치 미술' 기법을 창안하였다. 그런 그가 2019년 3월 31일 신장암, 심부전증 악화로 구미 순천향병원에서 생을 마감했다.

작고 1주기 57년 지기 우정의 발자취를 조심스럽게 재조명하고자 한다.

「'득산과 가산' 화우의 첫 만남」

1962년 고 2년 여름에 득산 그와의 첫 만남은 미래를 꿈꾸게 만든 원동력이었다. 만화 지망생인 정동균이를 따라간 곳은, 대흥국민학교 부근의 넓은 마당 집이었다. 여자들이 방마다 둘러앉아 이불을 만드는 공장이다. 동균이는 이곳 막내아들 양창제가 한밭중학교 동창이라며 내게 소개하였다. 그는 턱에 붉은 털이 보송하니 우직하고 강한 눈매로 함경도 억양으로 반겼다. 그는 대전공고 미술반원으로 '디자인개인전'을 준비하는 중이라 했다. '고교생이 개인전을?' 처음에는 의아했지만 나 역시 그에게 자극을 받아 고3 시절에 개인전을 여는 동기가 되었다.

어느 날, 창제를 통해 문창동에 거주하는 같은 고교 미술반 정명희를 소개받았다. 큰 키에 다정하고 공상적인 성격으로 목소리가 좋았다. 학교는 달라도 양창제 정명희 임양수 3인은 롤빵처럼 묻어 다녔다. 서울의 홍익미대 사생대회에도 함께 출전하는 등, 화가 지망생의 꿈을 키워나갔다. 고 3년생 양창제의 개인전이 '충남 공보관화랑'에서 열렸다. 대전 화단에서 응용미술전이 열리기는 생소한 일이었다. 수업이 끝나면 전시장에서 타 고교 미술부원들과 교류도 하였다. 1962, 창제가 '고교써클' 의견을 내놓아 일치를 보았다. 써클 명은 '죽미회竹美會'였다.

김룡(대전공고 3년), 이영수(한밭상고 1년)가 동참하여 창립 '죽미회 5인전'을 공보관 화랑에서 개최하였다. 고교 재학생 미술동아리라서 대전사범의 이동훈 미술 교사를 비롯해, 김기숙(충남도 학무과 미술장학관) 김철호(대전고교) 윤후근(대전여중) 홍동식(서여고) 신봉균(한밭중) 성기인(중앙중) 정태진(대전공고) 이남규(공주대) 임상묵(보문고) 김석천(대흥 천주교) 선생님들께서 미술에 대한 희망의 말씀을 들려주셨다. 특히 보문고교 임상묵 미술 교사께서는 보문고 미술부 강성열 학생하고도 잘 어울려 줄 것을 당부하셨다.

「竹美會 5인전」

김　룡 - 마론 브란도, 기도, 아베마리아, 무제, 크로키 다수

양창제 - 죽미회 전 포스타, 관광 포스타, 산업 포스터, 풍경. A, k양 및 다수

이영수 - 자화상, 고독, 불조심 포스타, 야경, 삽화 다수

임양수 - 흑장미, 생동, 가수원교, 식장산 흑인 병사, 크로키 다수
정명희 - 미네르바의 눈물, 어머니, 황혼, 정물a, 금강서정 및 다수

1964년 세 화우 중 나와 명희는, 서울로 대학 공부를 떠나고 창제는 가정 사정으로 진학하지 못하고 생활 기반을 먼저 다진 후 화가가 되겠다고 다짐하였다. 그는 〈대전 현대미술학원〉을 차렸다. 그 시절에 학원생 중에 판화가 이종협(대전시립미술관장 역임)과 한국화가 박홍순(공주대 교수)이 있다며 뿌듯해하였다.

1980년대 들어 경북 구미에서 생활 중에 유치원과 중앙미술학원이 안정궤도에 오르자 선뜻 화가의 길로 들어섰다. 화우 기산의 배려로 한국미협 구미지부를 설립하여 구미 지역 문화 발전에 헌신하였다. 또한 대전공고 은사인 대구 계명대학교 미술과 이지휘 교수의 특별수강으로 화가의 미감과 작가로서의 내공을 기하는데 큰 버팀목이 되었다.

그가, 어느 고승의 설교에 감복하여 득산得山이라는 불호를 받아 스님 반열에 오르게 된다. 그는 스스로 '득산, 달마선원' 주지 스님이라 칭하며 '생활불교 미술가'로 등록하였다. 그가 말하는 생활 불교미술이란, 사찰에서 사용하는 그림 외의 그림을 뜻한다고 했다. 경전이나 법문의 한 구절을 물체와 색으로 환치미술*로 포교를 떠나 가정에 소장하고 감상할 수 있는 유화 그림을 뜻한다.

2011 구미문화회관 화랑에서 제25회 득산 개인전 오프닝 때 일이다. 각계미술 문화계 인사들과 친지들로 북적였다. 이때 갑자기 '엄마!'하고 가슴이 찢어지는 목소리가 장내를 울렸다. 관객들은 왕 소름이 끼쳐 멈칫하였다. 6·25 때 피난 내려와 성장한 막내아들이 '늙은 어미 품이 그리웠던지 그의 엄마 찾는 외마디소리는 간절 그 이상의 목소리로 그의 작품 속에 모성으로 고여 있었다.

1983년, 〈임봉재 회갑 사은전〉에 참석하였다. 개막식 날 임 선생

님께서는 제자의 삭발한 모습에,
"어허!, 거꾸로 됐다야!" 하셨다.

이러한 사은전師恩展을 계기로 득산은, 경북 미술계에서 대전미술계로 회향하는 계기가 되었다. 대전의 두 화우의 버팀목으로 대전 미협과 대전 구상작가 협회에 가입하였다. 작품활동을 통해 40여 회 개인전을 개최하였다. 〈대전 전업 미술가회〉와 〈대전 조형 미술협회〉 전에서 두각을 보여 우수작가 초대전도 가졌다. 평소에 필자에게 그는 입버릇처럼 말했다.

'구미에서 최고보다는 대전에서의 꼴찌가 좋다'

고향 대전 화우들과 함께 있음을 자랑스러워했다. 그는 세종시에 거주하며 모 문학상(2016)에 당선되어 시인으로 등단하였다. 죽미회 3인방, 양창제, 정명희 임양수 3인은 시 쓰는 화가들이다.

득산은 2019년에 타계하였으나 그의 흔적들은 그를 뒷받침해 준다. 그의 삶과 불심에 심신을 녹여낸 득산 특유의 마티에르(matiere) 기법은, 화면 속에서 아련한 나상의 여체의 배경이다. 풍만한 유방과 오묘한 곳에 풍경소리가 흔들리고 연밥과 연꽃이 피어오르고 있었다. 살아생전 세 친구 동행에 최선을 기울인 모성 짙은 창작 표현이었다.

*환치미술(還置美術) : 캔버스에 유화로 완성 시킨 후 토치램프로 가열하면 본래의 색과 전혀 다른 색, 자연의 색으로 환치되는 원리이다. 깨끗한 물로 세척한 후 음지에서 바람으로 건조 시킨 후 포인트에 자기 색을 가미시켜서 자연으로 환원시키는 득산 특유의 방법이라 했다.

▶ 효견 똘이의 생애

인간에게 반려견은, 한번 인연을 맺으면 사랑과 믿음으로 배신을 하지 않는다. 또한 웃을 줄은 모르지만 꼬리를 통한 표현과 짖어대는 정도로도 인간과 교감을 나누는 영특한 동물이다. 정신적 안정과 정서발달에 도움을 주므로 오늘에 이르러 가정마다 거리낌 없이 식구가 되어 법적인 보호를 받는 이유가 거기에 있음이다. 작금에 이르러 유기 동물인 개나 고양이가 월평균 200~300마리가 버려지고 있으며 길고양이가 30%, 그 절반 이상이 유기견에 속한다고 한다.

나에게는 열두 살 위, 93세 누님 한 분이 계신다. 2011년 대전에 거주하며 애견과의 사랑을 피력해 본다.

어린 시절, 나를 업어주시던 누님인데 청춘에 교통사고로 남편을 잃었다. 그 후, 노점 행상으로 떠돌며 유복자인 아들 하나와 서울 변두리에서 기구한 팔자로 살아오던 중에 남대문시장 시계 사업가와 재혼을 하였다. 3남매를 낳아 살아오다가 회사가 부도를 맞아 쇼크사로 두 번째 남편도 별세하였다. 법적으로 홀로되어 3남매를 키우던 중 두 딸은 여의었으나 아들은 가출 후 행불 상태였다. 내 한 몸 지샐 둥지 없이 외롭게 지내다가 여 동기간의 배려로 고향 대전으로 이전하였다. 노년기에 들어서며 담낭 수술 및 신경통으로 거동이 어려워졌다. 평소 지켜보던 동네 통장(統長)의 추천으로 생활보호 대상자가 되어 조그만 영세민아파트에서 지내게 되었다.

어느 날 늙은 모친께서 홀로된 딸이 안타까워 외로울 때는 강아지가 좋다며 유성 장날에 '발발이 종 흰둥이'를 딸에게 안겨 주었다. 그날부터 누님은 '똘이'라고 이름도 지어 행불된 아들을 대하듯 가족의 연을 맺었다. 뒷방도 내어주는 등 대화를 나누며 조금씩 움직이니 누나의 거동도 많이 좋아져 갔다.

그런데 한 통로에 사는 노파들의 텃세에 시달림을 당하였다. '낑낑거리고 냄새가 나니 개를 키우지 말라'고 원성을 듣게 되었다. 잦은 스트레스에 견디다 못한 누님은 똘이를 시골 아는 집에 맡겼다. 그날 밤, 강아지 생각으로 날밤을 새웠다. 날이 새자마자 첫차로 맡긴 집에 찾아가 보니 '이게, 웬일,' 강아지가 밤새 낑낑대서 개장사에게 보내졌다고 했다. 황당한 나머지 이곳저곳 개장사를 수소문 끝에 장소를 찾아내었다. 철장 막 한쪽에 웅크리고 있던 똘이는 옛 주인을 보자 꼬리를 치며 낑낑거렸다. 눈이 번쩍 뜨여 찾아낸 강아지를 품에 안고 얼 나간 사람처럼 개들의 집단농장을 황급히 빠져나왔다.

"똘똘아! 누가 뭐래도 다시는 너와 헤어지지 않을 거야!" 이런 짧고도 쓰린 해어짐이 밑거름이 된 후 똘이는 누님의 한을 잠재우며 십오 년 세월을 함께 살아왔다. 가끔은 '개하고는 오래 사는 것이 아니라는데 어린 강아지로 바꾸어도 볼까.'도 생각했지만 생각을 돌리곤 하였다. 어쩌다가 누님을 찾았을 때 똘이는 반가운 인사로 두 발을 모아 방아를 찧었다. '흐르는 세월은 막을 수 없다'더니 늙은 똘이도 엎드려 '내 눈치만 지켜본다며 아무래도 애가 곧 떠나갈 것 같다'며 울먹였다. 말 못 하는 개도 인간처럼 늙으니 치아도 빠지고 관절염으로 무릎마다 물혹이 생겼다. 그런 똘이가 2011년 7월 18일 오전 7시 반에 천수를 다하고 숨을 거두었다.

세상에는 여러 질의 효자가 있다. 삶의 언저리에서 까막까막 주인과 애환을 나누며 인간을 초월한 누님과 반려견 똘이의 가족 사랑이 숭고하게 기억된다. 병든 할머니, '홀로 두고 갈 수 있나!' 똘이도 편히 눈을 못 감았을 것 같다.

누님의 한과 멍든 가슴을 풀어주던 애견을 시골 부모님 산소 부근에 묻어주었다. 똘이가 떠난 지 2주째 누님께선 곡기를 끊으시고 울컥 생각이 날 때마다 똘이의 환상에 젖어 횡설수설하였다. 누님께선 '두 번 다시 개는 안 키울 거야' 하였다.

(2011.8)

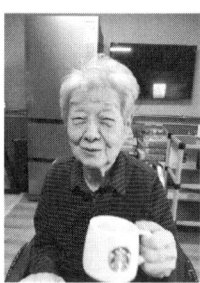

누나 임순동(1932-)

우리 집 애견 앨범 (1972-1990)

3부
투쟁

小 영웅이 되다
한밭 폭설 대란
불이 났어요!
에어로빅에 취하다
생존 법칙
대전문화원 원장 박동규
대전 3.8 민주 학생 의거
어린 시절 이야기 넷
독毒을 녹이는 글
오호五湖의 환상 미학적 화풍
참견
병상록病床錄

▶ 小 영웅이 되다

해방 그때도 그랬었다. 우리는 우방인 미국의 도움으로 해방되어 기쁨에 넘쳐났지만 일본인은 패망한 신세가 되어 본국으로 귀국했다. 조선에서 36년간 일구어온 재산과 세간 살림들을 남겨놓고 떠나는 그 심정은 오죽했으랴! 떠나는 일인들은 피란 보따리를 이고 지고 귀국선에 오를 때 '10년 후에는 다시 돌아온다'라는 구설들이 난무했다. 그런 연유로 대학생들은 1965 한일경제회담을 반대했었다.

오전 11시경, 서라벌예술대학교 2학년 회화과 '여인 나체 실기' 지도 시간이었다. (지도교수, 장리석)

갑자기 호젓한 3층 미술과 실기실 문을 누군가 〈쾅쾅쾅〉 요란스레 두드렸다. 문을 살며시 열어주니

"여기는 우리 학교 학생 아녀!" 하였다.

국내가 어수선한 시국이고 보니 무관심하여 그러려니 하는 마음으로 시간당 누드 모델료를 지불하고 그림에 몰두하고 있었다. 4학년 총학생회 간부들의 거친 음성에 모두들 운동장으로 우르르 쏠려나갔다.

누드시간 1965

「1965년 6월 23일 11시」

서울 지구 대학생들의 '한일회담 반대' 행사 성토대회 날이었다. 서라벌 예술대학교 학생들도 운동장에서 4학년 총학생회 주관으로 정부 시책을 비방하는 플래카드를 흔들며 스피커 소리가 길음동을 울려댔다. 갑자기 성토를 마치고 우르르 교문을 박차고 몰려 나갔다. 나는 뒷줄에 서서 동조하던 중에 갑자기 '뒤로 돌아!' 하는 바람에 맨 앞잡이가

되었다.

미아리 고갯길을 치고 올라갈 즈음, 고개 위에는 무술 경관들이 로봇 투구에 방망이를 쥐고 빼곡히 진을 치고 출동, 대기하고 서 있었다. 이윽고 소형 스피커에서 '모두 체포하라!'는 구호가 떨어지자 무장 경관들은 와! 하고 밀고 내려왔다.

우리들 역시 영웅 심리로 스크램을 짜고 '의샤! 의샤!' 전진하였다. 아니나 다를까! 진압 경관들의 워카에 채이고 방망이질, 호루라기 속에서 속수무책으로 흩어졌다. 결국은 외진 골목길, 어느 집 열린 대문 안에서 허리끈을 움켜잡힌 채 질질 끌려갔다. 지방에서 상경하여 어렵게 자취하자니 왜소한 체격이었으니 무도 경관 손에 잡혀 경찰 트럭 위로 던져졌다. 트럭 위엔 먼저 끌려온 동료들이 원산폭격 자세로 있었다. 이윽고 서너 대의 트럭은 미명의 거리를 질주하였다. 어디로 향하는지 궁금하여 고개를 들으면 여지없이 방망이가 머리를 가격하였다.

몇 분 후 수십 명씩 앞사람 어깨를 잡고 성북서 무도장에 줄지어 들어섰다. 경찰들이 삼엄하게 쳐다보는데 곤혹스러웠다. 차곡차곡 여러 명씩 유치장에 갇혔다. 하나둘씩 호출당하여 지하실 취조실을 다녀왔다. 다녀온 동지들은 너나 할 것 없이 넋이 나가 함구무언緘口無言이다.

드디어 나도 불려갔다. 취조실에 들어서니 중년의 취조 전문 경찰이 몽둥이를 쥐고 나지막하게 지시하였다. '엎드려뻗쳐 어!' 기선 제압으로 무조건 허벅지를 가격하였다. 서너 대는 참았지만 살기 위해 곧장 나뒹굴었다. "주동자 대라~ 잉." 한일회담 반대하는 이유와 응답은 물 건너갔고 오직 훈육 교육에 시달리다가 유치장으로 돌아와 갇혔다.

저녁나절이 되자 모교 임동권 학장님을 비롯하여 교수들과 총학생회 선후배들이 위로차 방문하였다. 학장님께서는 친히 용서를 구하는 책임 서약서를 제출했다고 했다. 조금 후 양동이 뚜껑이 열리자 뜨거운 선지국밥이 담겨있었다. 한 양재기씩 퍼주어 달게 먹었다. 식후엔 아리랑 담배도 한 곽씩 배부되었다. 4·19 혁명을 치른 앞 세대 선배들의 고통을 이해할 수 있었다.

　6월 24일 오후, 성북서 유치장에서 서면으로 '약속 다짐서'를 썼다. 이름, 생년월일, 본적, 주소, 교명, 전공학과 학년, 연월일, 작성자 이름 옆에, 손도장, 쿡!

　지문 확인 손도장을 찍어 성북서에 제출하려니 부모님 모습에 눈에 밟혔다. 평소, 부모님 말씀에 '호적에 붉은 줄 없도록 처신해라!' 귀에 못이 박히도록 수도 없이 들어왔음이다. 아무리 데모로 인한 행위였지만 이 사실을 아시면 걱정스러운 대단한 큰 사건이었다.

　무도장에 앉혀놓고 세뇌 교육차 경찰서장의 연설을 거듭 들었다. '부모님들은 피땀 흘려 논밭 일구며 공부시키거늘 하라는 공부는 안 하고 데모질'이라며 옳은 말만 콕콕 귓속에 쑤셔 넣었다. 결국은 대학생이라 특별히 훈방할 예정이라며 정신교육의 반복으로 '스피커' 소리가 귓속을 따갑게 달구었다.

　6월 25일 오전 세수도 거르고 불안감으로 모두가 꺼벙하니 노무자 모습으로 몰골이 흉하다. 갑자기 트럭에 승차하라는 소리에 후닥닥 올라탔다. 국방색 포장으로 가려진 트럭은 부르릉~대며 한참을 질주하였다. 고갯길을 시끄럽게 넘더니 잠시 후 트럭포장이 걷어지자 우리 학교 교정에 당도하였다. 미리 연락을 받았는지 전교생들은 플랑카드에 'S대의 영웅들'이라며 전교생들의 환호를 받았다.

　'시작이 반이다.'라는 말처럼, 데모에 참여한 학생 중에는 운동권에 잔류하며 미래에 민주투사가 된 자도 있었다. 1965년 6·3 사태 운동권으로, 고려대 학생회 주동자로서 국가원수를 지낸 이명박 대통령도 그 시대 영웅이었다.

　수업 시간에 누드 그림 그리다가 합류하였는데 영웅 대접을 받다니 오늘에 이르러 그날을 떠올리면 아이러니하면서도 가슴 한구석 퍼렇게 마음이 아리다. 민중의 지팡이 경찰관 아저씨라는 이미지는 멀리 달아났다. 고교 시절부터 해오던 전국 무전여행 시 잘 곳이 마땅치 않으면 파출소 숙직실에서 아저씨들과 하루를 묵었는데 이제는 두려운 곳으로 거리를 두게 되었다. 죄를 지으면 안면몰수 당하는 특별한 세계가 바로 경찰서 그곳이었다.

바로 그즈음에 박 대통령은 경제개발을 위해 일본외상과 한일 수교를 통한 보상금을 받아내는 회담을 성사시켰다. 1965년 대일 청구권 협정, 3억 3천500불로 포항제철소를 돌려댔다. 국민들은 혹시 모른다며 그들이 또 몰려오는 게 아녀! 하면서 불안감을 떨쳐낼 수가 없었고, 36년간의 일본 통치의 아픔을 잊지 못하였다. 그러한 연유로 전국 대학생들이 1965년 6월 3일 한일회담 절대 반대를 들고일어나게 된 것이다.

서라벌예술대학교 명칭은, 1960년대 국내 유일한 정통 예술대학으로 하나뿐이었다. 장르별로는 미술, 연극, 영화, 성우, 문예 창작, 음악, 국악, 무용, 방송, 체육과가 있었다. 젊은 예술인을 배출하는 예술대학이라서 국가 예술의 전통을 살리기 위해 국보급 기라성 같은 예술가들이 무료 강의를 자청하기도 하였다. 재단의 결핍으로 결국은 60년대 말 길음동을 떠나 흑석동 중앙대학교 예술대학으로 자리를 잡아 한국 예술대학의 명맥을 유지하여 오늘에 이르고 있다. 필자는, 프로필 작성 시 전前 서라벌예술대학교 고유 명칭을 고수하고 있음이다.

▶ 한밭 폭설 대란

2004년 3월 6일 정오, 살기 좋은 안전지대라고 자랑하던 내 고향 대전이 설국雪國이 되었다. 폭설로 인하여 온통 하루를 교통대란의 마비 속에서 학교에 출근할 때와는 달리 정오가 가까운 시간에 천지가 희부연하더니 이윽고 오후 1시경에는 메마른 대낮에 천둥번개와 날벼락까지 쳐댔다. 뒤이어 예고나 한 듯이 폭설이 바람을 타고 사방으로 난무하였다. 그날의 귀가 시 겪은 하루 일을 기록해 본다.

오늘 내린 대전 지역의 눈은 전국에서 가장 많이 내려 충청 지역을 고립시켰다고 '매스컴'은 전하였다. 내린 눈은 대전에서 기록적인 폭설이었다. 처음 당하는 일기 변화에 교육청은 학교 수업을 중단하고 귀가 지도를 허락하였다. 일부 자모들도 궁금한 나머지 학교 정문 앞에 옹기종기 모여 있었다. 오후 2시경에는 눈이 육십여cm 정도 쌓였다. 시내버스도 길 한쪽에 주차해 놓고 자가용들은 미끄러져 삐뚤삐

틀 눈 속에 갇혔다. 나 역시 오늘은 도보로 서구 도마동에서 유성구 노은동까지 걸어가야 할 것 같았다.

　큰길가에 나갔어도 도로 구분이 없으니 대충 눈 쌓인 길을 헤치며 정림동 고갯마루까지 걸었다. 교통이 마비되었기에 이곳에도 여기저기 차들이 처박혀있고 어떤 차는 빠져나오려고 붕붕거려도 헛바퀴 소리만 요란하였다. 출근길에 자가용을 타고 씽씽 달리던 생각이 났다. 허나 지금은 진눈깨비까지 내려 길바닥은 질퍽해져 눈 수렁이다. 구두 속엔 이미 물기가 스며들었다. 가수원 사거리에서 무조건 오른쪽으로 길을 내며 걸어갔다. 아스라이 저 멀리 유성을 향하고 있지만 상상의 세계로 회색빛 허상이다.

　쉼 없이 나부끼는 눈바람을 헤치고 패잔병처럼 걷는다. 여대생인 듯한 여인이 내 뒤를 계속 따라붙는다. 홀로 가기가 두려운 듯 줄곧 내 뒤를 밟아오더니 말을 걸어왔다.

　"아저씨 유성 쪽 가시면 함께 가요."

　여성은 때로는 편리한 존재다. 그래도 그에게 착한 사람으로 느껴지니 기분이 좋았다. 그는 또 한마디 거든다. "아저씨 멋있는 영화배우처럼 느껴져요." 걸쳐 입은 바바리코트와 눌러쓴 벙거지가 낭만적으로 보였나 보다. "으응, 그려, 그럼 영화 한 편 멋지게 찍어 볼까? 둘이 그렇게 가까이 우으며 걸었다.

　가수원에서 도안동 길은 나의 출근길이다. 그만큼 눈을 감아도 대충 감각으로 갈 수 있어 다행이다.

　그러나 질퍽대는 눈밭 길을 헤쳐가자니 등에 땀이 고이고 힘이 든다. 원신흥동 목원대학 입구에 다가오니 오후 5시가 다 되었다. 차들이 길가에서 오도 가도 못하고 서 있었다. 원신흥교를 지나고 보니 왼쪽 다리 무릎 아래에 통증이 온다. 노기 중천 예순인데 벌써 무릎이 망가져 가고 있단 말인가!

　학창 시절에 두툼한 배낭을 메고 전국 무전여행 다닐 때 물 한 컵에 옥수수 한 개로 한 끼를 버틸 때도 있었는데 낯선 곳을 주름잡던 내가 아니던가, 월남 참전에서도 살아나온 참전용사가 아니던가!

　내리던 눈발이 멈추었다. 드디어 유성고교 옆을 지난다. 리베라호

텔도 저 멀리 보인다. 상점 주인들이 점포 앞길의 눈을 쓸고 있었다.
 그 앞길을 편히 걷다 보니 '고맙습니다'가 쉽게 튀어나왔다. 봉사하는 마음이 오늘 따라 가깝게 느껴진다. 힘이 빠지니 미끄러져 골절상을 입을 것 같다. 체력적으로 미진한지 휘청거려진다. 구두 속에 물이 차서 동상이 염려된다. 봉명동 우체국을 지나다 보니 휴대폰이 울려댄다. 아내였다. 소식이 궁금하여 걸었다는 목소리가 고맙고 사랑스럽다.
 유성까지 걸어오고 있다는 말을 끝으로 휴대폰 배터리가 끊겼다. 휴대폰, 그것도 때에 맞추어 공존하는가 보다. 얼마나 걸어왔을까? 월드컵경기장 옆을 지난다. 2002년 붉은 악마 떼들이 깃발을 움켜쥐고 '대한민국' 하면서 나를 환호하는 느낌이 든다. 고속도로 유성 '톨게이트' 진입도로도 눈이 쌓여 완전 쑥대밭이다. 화물차와 고속버스가 뒤엉켜 나뒹굴어져 있다. 노은중학교를 지난다. 허기도 지고 몸은 젖은 솜이불이다. 드디어 먼발치로 나의 보금자리 노은동 열매마을 6단지 아파트가 보인다. 긴장이 풀리니 안도감이 생긴다.
 마침, 아내와 아들은 아파트 주민들과 함께 정문 입구 부근의 눈을 치우고 있다가 나를 보더니 빙긋이 웃는다. 수고하였다는 표정이리라. 어둑어둑한 시각에 아파트 현관문을 열고 물젖은 구두를 겨우 벗었다. 양말을 벗으니 발뒤꿈치가 벌겋게 벗겨지고 발바닥도 피멍이 잡혀 있었다. 시간은 오후 7시 30분을 가리키고 있었으며, 5시간 반의 대장정이었지만 푹푹 빠지는 눈밭 길을 헤쳐온 길은 백여 리처럼 멀어 보였다.
 손에 잡히는 대로 반찬과 밥을 퍼 넣었다. 집에 돌아온 아내는 피~식 웃으며 손바닥으로 내 등을 쓸어주었다. 아내의 최고 애정 표현이라는 것을 나는 안다. 아내는 '쯔즛' 하면서 '머큐럼'으로 상처를 바르고 물파스로 무릎 언저리를 풀어주었다. TV를 틀어보니 대전의 폭설 사건이 뉴스의 주를 이루었다. 청원에서 대전 사이의 고속도로 침체 현상으로 차 속에 갇힌 승객들이 밤새 고생 중이라고 전한다. 헬기가 음료수와 빵을 공수하며 취재기자들이 밤을 새워 열띤 중계를 하고 있었다. 전쟁이 따로 없었다. 총 쏘는 것만이 전쟁이 아니다.

긴장이 풀려 나른한지 초저녁이지만 곯아떨어졌다.

다음 날 새벽 뉴스에 충남대전 피해액이 1,000억을 예상한다고 했다. 경칩에 눈이 많이 내리면 풍년이 찾아온다고 하지만, 너무 많이 내려 피해를 주면 무엇하나! 대전 시내 학교에 휴교령이 내려졌다. 3월 중 대전의 폭설 대란은 100년 만에 처음으로 겪는 일이라고 했다. 이러한 기상 난동 기후는 경제 대국을 꿈꾸는 중국의 화력발전소와 공장 매연이 문제라며 자연보호 협약을 지키자고 지구촌은 떠들썩하다.

▶ 불이 났어요!

1958년 선화 초등학교 3학년 시절이다. 6.25 한국전쟁 시에도 무사하던 학교 목조건물 한 동이 벌겋게 불타올랐다. 소문에는 소사(用人)로 근무하던 젊은이가 담뱃불을 비벼 끈 후 2층 복도 관솔 구멍에 넣은 것이라는 소문이 떠돌았다.

운동장 한편에서는 아이들과 학부형들이 속수무책으로 발만 동동 구르고 걱정을 하였다. 우리 학교, 우리 교실이 다 탄다며 학생들은 발만 동동 굴러댔다. 2층에서 1층으로 불이 번질 즈음에, 별명이 호랑이인 김창제 교사가 하얀 '와이셔츠' 차림새로 1층 교무실로 뛰어들었다. 옷깃에 불길이 닿았는지 연기가 나는데도 중요서류와 학교 교기를 꺼내 들고 밖으로 뛰어나왔다. 그 광경을 목격한 사람들은 박수를 치며 호랑이 교사 이전에 당찬 선생이라고 불렀다. 한국 전쟁 뒤 어수선한 상태라서 소방 대책도 부족한 시절이었다. 일부 잿더미화된 학교 모습 속에서도 교육에 대한 열의는 식지 않았다.

운동장 남쪽의 '플라타너스' 나무 밑으로 여러 개 군용 천막 교실이 쳐졌다. 실내 바닥은 가마니를 펴서 깔았고 각 반마다 칠판용으로 합판에 검정칠을 하여 걸었다. 우리들은 엉덩이가 불편해도 임시막사 교실 환경에 적응하였다. 가정환경이 여유로운 학생들은 목공소에서 작은 책상을 만들어서 메고 다녔다. 등하교 시 장구처럼 두드리기도 했다.

장마철엔 짚으로 엮은 가마니 밑으로 빗물이 스며들어, 선 채로 공부한 적도 있었다. 교무실에서 점심때 우유 공급을 배급받을 때는 막사 앞에서 주번들이 다음 천막으로 전달 복창하였다.

그 시절, 1953년 한국 전쟁이 휴전 상태가 되었어도 국경 조절을 위해 소규모 전투가 벌어졌다고 들었다. 그런 시절이니 학교의 동쪽 목조건물 한 동과 운동장 동편은 군인들이 사용하였다. 정문에는 소총을 멘 군인들이 보초를 섰다. 전쟁을 겪은 학생들은 자연스럽게 받아들였다. 운동장 한편에는 차출된 훈련병들의 제식훈련과 얼차려 받는 모습을 보면서 학교생활을 하였다. 단기 훈련을 마친 훈련병들은 플래카드를 앞세우고 전방으로 가기 위해 기차역으로 행진하였다. 전선으로 떠나는 모습을 보며 노부모와 아기를 업은 젊은 여인들은 슬프게 울부짖었다. 그들이 떠난 길바닥에는 눈물 자국과 여자 고무신짝이 널브러져 있었다.

휴전은 이루어졌어도 늘 전쟁 불감증으로 국내 질서가 어수선하였고 가끔 B29 전투기가 슈우~웅 하면서 지축을 흔들고 지나가면 등골이 서늘하였다. 우방에서 보내준 구호 물품들을 헬기에서 학교 운동장으로 투하시키면 서로 챙기려고 뒤범벅이 되었다.

구호 물품이 어느 울안으로 잘못 떨어졌을 때는 그 집 대문이 성치 못하였다. 바로 그 모습이 그 시절 치안 상태였다. 전쟁이 일어나면 운명적인 기로에서 생사를 넘나들어야 한다. 자유, 평화가 멀어지고 오직 승리에만 집착하게 마련이다.

1969년 나의 베트남 파병 때에도 전쟁터의 국민들은 죽음의 공포 속에서 어려움을 다 함께 느낀다. 오늘 이 시간에도 지구촌 여러 나라에서 전쟁의 시련이 연출되고 있다. 일구어놓은 개인재산을 잃고 무고한 백성들과 어린아이들이 드론 폭격으로 건물이 파손되고 피 흘려 죽어가고 있는 모습을 TV를 통해 보고 있다. 세계 경제 10위권이라는 우리나라의 실정은 과연 안심할 수 있을까! 어린 시절에 초등학교 화재로 인한 넋두리를 생각해 보며 나라 안정과 다음 세대들의 행복을 기원한다.

▶ 에어로빅에 취하다

2000년, 유성 노은지구 열매마을의 주민들이 입주하면서 평생교육으로 유성구청 소속 노은동 생활체조(aerobic)회가 창립되었다.

처음에는 상지초등학교 교정에서 활동하다가 지족중학교가 개교되면서 학교 체육관 2층에서 활동하게 되었다. 노은 클럽은 새벽 5시 30분부터 한 시간 동안 남녀불문 활동에 참여할 수 있다.

노은동 생활체조회 회원들

노은 클럽의 활동은 대전시 생활체육회 이사인 K 강사의 탁월한 지도하에 참여하였다.

작년에는 대전광역시에서 주최한 <어머니 생활체조대회>에 유성구 대표로 출전하여 장년부 우승을 차지하며 유성구 노은지구의 명예를 드높였다. 새벽녘 괘종시계 다섯 점치면 지족중학교 체육관으로 달려가 순환 체조, 리듬체조, 매트운동으로 지도 강사의 시범 동작을 보며 백일기도 하는 마음으로 임하였다.

「k 강사의 반란」

에어로빅 k 강사는 8년째 많은 음악 스토리로 체조 율동을 지도해 주었다. 그런 연유로 회원들은 k 강사와 함께하기를 소망하고 있었다. 여성들과 생활체조에 참석한 세월이 10년째이다. 중장년 여성들 속에서 율동을 하며 찬미감讚美感에 빠진다.

k 강사

어느 날, 아내 말이, "당신 참 대단해!" 하였다. 말속에 무슨 뜻이 숨어있는지 대충은 이해 가지만 웃음으로 넘겼다. 머리털이 하얀 멍게 같은 내가 여성들 뒷전에서 어색함을 이겨내기는 오랜 시간이 흘렀다. 가끔은 절반 여성이 된 착각 속에서 지낸다. 또한 홍보부장으로 10년째 회보도 발간하고 있다. 육순 중년의 나이답지 않게 말랑말랑한 사고로 달라붙은 복장으로 그들과 세상을 열어가고 있다.

오늘도 빠른 '슈퍼매직'곡으로 강사의 현란한 율동에 따라 체조를 마쳤다. 여성들의 지저귐 속에서 썰물처럼 빠져나간 출입문에 자물통을 건다. 잔설 앉은 머릿결을 손끝으로 매만지며 가벼운 담소로 k 강사와 체육관 계단을 내려온다. 그는 부모 나이의 어른들을 지도하며 어색함 없이 긍정적인 미소로 지도에 임한다.

'메뚜기도 한 철이라고 하던가!' 금년에도 세 차례 생활체조대회가 기다린다. 대전시장 기, 유성구청장 기, 어르신 큰 잔치대회다.

여러 번 입상한 경력이 있는 노은 클럽은 팀의 위상과 명예가 걸려있다. k 강사는 평범한 작품으로는 승산이 없다며 승리의 무리수를 둔다. 새로운 프로그램과 유니폼 디자인 준비에 분주하다. 이런 지도자 밑에서 운동을 하는 회원들은 늘 깨어있어야 한다.

그녀의 신체조 율동은 종합예술이다. 무대미술을 밝히는 조명으로부터 음악, 무용, 유니폼까지 관객에게 감명을 주어야 한다. 장년 팀의 개념을 떠나서 은빛 여성의 기상을 연출해 내야 한다. 주제는 빠르고 경쾌한 곡으로 선택하고 율동은 태극 무공과 홍수환의 '챔피언 펀치볼'이다. 회색 상하 복장에 가슴과 등에는 흰 영문자로 '7-NEW YORK'라고 새기고, 흰 모자에 앞 테만 고깔로 눌러쓴다.

우쭐대며 기웃거리는 뉴욕의 뒷골목 양아치 같으면 어때! '가슴과 엉덩이가 튀더라도 대회 날만큼은 참아내자. 흰 장갑은 다섯 손가락이 빠져나오도록 아주 잘라 버려! 그래야 뻔치볼 치는 실감이 나지.' 종반엔 어퍼컷을 올려 치고. 걷어차며 순간적인 수직 격파로 끝장을 내는 '드라마틱, 바로 그거야!' 실전연습은 각본대로 연습이 시작되었다. 체육관 바닥이 뜨겁도록 연습에 임하지만 무술 율동이라서 노장들의 몸이 따라주지 못하였다.

전체적으로 오와 열도 안 맞아·여기저기서 서로 탓을 해대고 짜증을 내었다. "할껴, 안 할껴!" 참다못한 k 강사의 큰 목소리가 체육관을 쩌렁 댔다. 우리들은 멈칫 놀라면서 제자리를 찾았다. 가끔은 이런 것들이 우리 모두를 이끌고 나가는 그녀의 당당한 지도력이다. 각자가 나하나로 대열이 무너질까 봐 100% 출석이다. 유니폼이 땀으로 젖는다. 전진 후퇴의 반복 속에서 대열도 점차적으로 정비되고 각본대로 잘 이루어져 갔다. 2개월의 연습으로 처음서 끝까지 자신감으로 충만해져 갔다. 드디어 서울에서 새로운 체조복이 도착하였다. 모두들 전쟁에 임하는 여전사가 되었다. 운동회 날 소녀들처럼 호호대며 체육관이 시끌벅적하였다.

"나, 어때, 멋있어? 좋아, 그런데 히프가"

나이가 팔순인 왕언니도 청춘이고 나 역시 여자라고 했다.

드디어 <대전광역시 생활체조대회> 날이다. 구청에서 보내준 미니버스에 올라 대회장인 한밭 운동장 다목적체육관에 입장하였다. 각 지구 여성들의 화려한 유니폼으로 대회장은 꽃밭이다. 가끔은 비만의 여성들도 보이지만 팀에 섞여서 매력 있게 보였다. 대회장 중앙에는 박성효 시장, 국회의원과 구청장들이 앉아 있었다. 어디서 그렇게 알고 왔는지 기초단체장 입후보자들이 오래 알던 친구처럼 선수들에게 뛰어와 악수들을 청한다. 역시 정치가들은 넉살이 좋다. 정계를 떠나 송촌동에서 식당을 경영하고 있는 송석찬 전 국회의원도 참석하였다. 그와 함께 노은 클럽에서 체조하던 때가 기억이 난다. 국회 의사당에서 투표함만 안 던졌어도 좋았을 것을!

'광파레' 전자 음악 소리와 함께 체조 시합이 시작되었다. '대덕 테크노'팀의 체조가 시작되었다. 빨강과 검정의 정열적인 복장에 죽죽 빵빵한 여성들로 관중을 압도하였다. 체조를 떠나 반나의 멋진 탱고 율동이다. 그들은 전년도 청년 우승팀으로 서울 본선에 출전하였다. 대기하고 있는 노장들의 기를 여러 번 죽여주었다. 일곱 번째 노은 클럽이 출전한다. k 강사의 손위에 모두의 손들이 모아졌다. 그간의 피나는 노력이 하나가 되는 순간이었다.

"우리 4분간 잘 해내는 거예요! 노은, 노은 클럽 파이팅!"하고 외쳤다. 우리 모두는 태권도의 기억 자세로 호흡을 잡아갔다. 흘러나오는 빠른 템포의 곡에 따라 우리들의 동작도 강하게 이어져갔다. 연습을 많이 한 덕분인지 좌우 대열을 살펴보며 여유로움도 생겼다. 연습 때 보다 훨씬 더 종합무술처럼 기합도 넣었다. 관중들의 따가운 시선들을 미소로 돌리며 기를 펼치며 격파를 끝으로 우리들의 체조 율동이 끝났다. 갑자기 어디선가 큰 외침이 들렸다.

"멋져부러! 우리는 실전에 강한 팀이야!"

k 강사의 힘찬 부르짖음이었다. 관객들이 여기저기서 잘했다고 박수를 쳤다. 관객 중에 어떤 한 분이 뛰어와 모자 벗은 우리들을 살펴보더니 "어억! 할멈들 아냐!" 모두들 착각은 자유라고 웃어댔다. 각 구청에서 출전한 선수들은 유감없이 기량들을 선보였다. 이윽고 기다리던 성적 발표가 되었다. "장년부 대전광역시 1등은? '노은 클럽'입니다." 승리의 전자 음률이 귓전을 째지도록 울렸다. 입상 소식에 회원들은 홍안의 소녀들처럼 캬악! 소릴 지르며 바닥에 나뒹굴었다.

웅크리고 있었던 할멈들의 대소동이었다. 시상대에 오른 k 강사가 우러러보였다. 미리 준비했던 화환을 선생님 목에 안겨드렸다. 승리를 거둔 피로연의 밤은 노은동 '열매촌' 식당을 뒤흔들었다. 2차로 이동한 노래방에서 k 강사의 고성방가는 스피커를 터뜨렸다. k 강사의 반란으로 승리를 거둔 노은 클럽의 행복한 밤은 쭈~욱 이어졌다. 10년 세월 새벽잠을 잊고 힘써주시는 강사와 동아리를 위해 수고하시는 장덕자 회장과 송매영 총무께 감사드린다. 짧고도 긴 포~옹, 새벽이면 젊은 k 강사님의 율동 속에서 회원들은 노익장을 자랑하며 힘찬 도약의 순간을 맞이한다.

어느 날, 유성구 체조협회 사무장과 의견충돌로 자존심이 상하여 사표를 냈다고 했다. 이별의 슬픔 따위는 떠나 비장한 모습과 경직된 얼굴은 어제의 모습이 아니었다. 체조협회에서는 후임 강사까지 지명된 처지였다. 회장단과 몇몇 회원들은 체조협회 사무실을 찾아가 후임 강사는 필요 없으니 k 강사님과 계속 운동하게 해달라고 벌떼처럼 성토하였다. 그런 연유로, 여러 날 휴강 상태를 초래하였다. 체조를 중단하고 보니 회원들은 새벽이 되면 잠겨 있는 지족중 체육관만 쳐다보면서 운동장만 연신 돌았다.

　2008년 2월 17일 총무로부터 연락이 왔다. k 강사와 체조를 다시 하게 되었으니 내일부터 체육관에 등청하라는 연락을 받았다. 20일 만에 기쁜 마음으로 체육관을 찾았다. 회원들은 강사와 서로 손을 마주 잡고 여학생들처럼 콩콩 뛰었다. 반가운 해후였다.

　2008년 2월 18일, k 강사님께서는 우리에게 재회의 기념으로 신 작품인 '오빠, 한번 믿어봐!'를 가르쳐주셨다. 여러 날 연습이 무르익어 가면서 회원들은 나를 향해 '오빠~'하면서 두 손으로 V자를 펼치며 경의를 보낸다. 나 역시 빨간 모자를 벗어 하트를 그려 답한다. 청일점인 나는 왼 종일 뿌듯하다. 새벽잠이 없는 고독한 노인들은 지도 선생님과 부녀지간 같은 정으로 맺어왔다.

　그는 어버이날이 되면 회원들에게 떡을 돌린다. 부모의 예를 갖추는 그의 인간적인 효심에 감사를 느낀다. 그것이 오고 가는 정이 아닐까! 남해 벚꽃 여행 시, 관광버스 내에서 그의 엄청난 '파워 송'은 기억이 새롭다. 그를 모든 회원은 A급 지도자로 여긴다. 필자도 10년 세월을 '굿모닝 노은클럽' 홍보문을 매월 발행하였다.

　2010년 봄, k 강사가 사정상 우리 곁을 아주 떠났다. 그녀와 헤어진 지 5년이 흘렀다. 10년 세월, 그녀와 함께한 체조 시간은 어떤 '퍼포먼스'에 홀려서 지낸 것 같다. 고향 전북에서 학교 체조 강사를 하면서 좋은 분과 재혼하여 딸까지 낳았다는 소식을 들었다.

▶ 생존 법칙

「코로나」

　코로나19(2019-2023. 2)가 3년여 창궐하여 지구촌 79억 6,474여 명이 감염되었다고 한다. 발열-오한-호흡기 중상, 기침 인후통 호흡기 편도선염- M포스 원숭이 두창과 동일하다고 한다.

　어느 날, 모 공중목욕탕을 다녀온 후 목감기 끝에 동네 병원 검진 결과에 코로나 양성으로 판정되어 고생하였다. 몇 주 지나 아내가 코로나 양성으로 판정되어 밤부터 콜록거렸다. 두 번째 나 역시 코로나에 걸린 듯하다. 아내의 고통을 짐작하였다. 밤새 뭐에 맞은 듯 며칠간 몸이 무겁고 기침을 해댔다. 나 역시 눈물샘이 터져 귓가로 흘렀다. 관자놀이가 찌릿찌릿하니 목 안이 건조해지니 침을 삼켜도 개운치 않다.

동네 병원 '우리 내과'에 들러 대롱으로 콧구멍을 길게 찔러 후비는 관계로 재채기가 나올 뻔했다. 신종 코로나바이러스 오미크론 감염증세 양성이 나왔다. 설마설마하다가 부부가 된통 두 번째 코로나에 걸렸다. 일주일 자가 격리해야 한다. '아름다운 약국'에서 약 한 보따리 또 타왔다. (2023. 10. 24.)

1. 팍스로비드(코 바이러스 감염증-19) 특정질환치료제 : 식후 오전 오후 3알씩 복용
2. 슈다페드정 : 비염, 콧물약
3. 타이레놀 : 해열 진통제 15알
4. 뉴클리정 : 페니실린계 항생제 10알
5. 코푸진시럽 : 진해거담제, 기침 가려움증 완화. 약국마다 복용안내서가 조금씩 다르다. 아내 것이 이해가 빨라 도움을 받았다. 밤에 편도선이 서서 목이 매캐해지고 가래가 들끓는다. 목젖이 벌겋게 부어서 침 삼키는데 통증이 인다. 콧물 재채기까지 하면 피멍 섞인 짙은 가래를 퀘엑! 뱉어 내어야 했다. 입안이 쓰고 밥맛도 없다. (2023. 10. 26.)

이틀 후 아내는 툭툭 털고 일어났다. 나는 4일째 끙끙대니 기본 체력이 문제인가 보다. 아내는 특별메뉴로 토마토 달걀 부추탕을 만들어주어 잘 먹었다. 점심때는 노인회장이 문고리에 따끈한 호박 단팥떡을 걸어 놓고 가 검은깨 베지밀하고 몇 개 먹었다. 코로나로 봉사활동을 불참하였어도 회원들의 봉사 정신이 높아 노은동 '노인봉사대'가 활력을 준다. 5일간 지은 약을 알뜰하게 다 복용 후, 동네 우리 내과에 들리니 감기약 3일치를 더 복용하라고 한다. 바이러스는 끊임없이 변

이하여 진행된다고 하였다. 열흘이 지나서야 호전의 기미가 엿보였다. 임상에는 환자가 있지만 실험실이 없고 실험실에는 환자가 없다 했다. 환자만 아는 의사들과 의학지식이 없는 과학자를 연결하는 역할은 의사 과학자만 할 수 있다는 일본, 요코야마 교수론이다. 전문 의학 지식이니 아리송하다.

「생과 사」

1996년 가을, 낙엽이 보도에 떨어져 추풍에 뒹구는 계절, 으능정을 걸으며 죽마화우 箕山은, 내게 이런 말을 하였다. "五湖, 평생 그림을 그릴 수 있다고 보니? 잡아야 10년 이쪽저쪽이야."

그는 손에 돈만 쥐게 되면 개인전을 개최하여 전국에 있는 전국 단위의 미술인들에게 도록을 배포하였다. 그렇게 노력하더니 지명도가 높아져, 대한민국미술대전 심사위원까지 올라섰다. 또한, 운보의 10대 제자 안에 들었다. 지역 작가라는 너울을 벗어나기 위한 홀로서기 집념의 결과였다. 그런 그가 현실에 집착하지 않고 작품 활동으로 箕山美術을 세상에 알리면서 화업 60여 년을 지켜내고 있다. 히말라야를 다녀오면서 새로운 기행 화문집을 상재하였다. 최근에는 소설집까지 출판하여 화문인의 면모를 보여주었다.

필자는 1991년 국립 교원대학교 대학원에 입학하여 졸업논문과 개인전 준비로 백발이 성성하였다. 담배를 피우던 중 입안에서 풀잎 냄새가 진동하더니 담배 맛이 뚝 떨어져 결국은 금연하게 되었다. 담배 흡입도 근력이 쇠진하면 멀어짐을 알았다. 화우들과 직장 동료들과 어울리다 보면 과음하기가 일쑤여서 위통을 달고 살아왔다.

「아이구, 가슴아리야!」

1996년 여름방학 중에 처와 아들을 피서에 보내고 홀로 작업에 몰입하던 중이었다.

오른쪽 가슴 밑이 뻐근하고 명치끝을 바늘로 찌르듯이 아팠다. 수족이 점차로 차갑고 식은땀이 흘러 배를 움켜쥐고 고통에 시달렸다. "아이구 어머니 나 죽네." 소리가 저절로 흘러나왔다. 설마설마하면서도 방심 속에 혹사시킨 결과였다. 비상약인 '갤퍼스'도 듣지 않았다. 스카이콩콩으로 제자리를 뛰기도 하면서 온수를 한 모금 마셔도 명치끝 통증은 여전하였다. 흉부와 겨드랑이의 습진 곳에 붉은 두드러기가 솟았다.

새벽 4시경 119에 연락을 하여 야간 당직병원인 '서부병원'에 실려 갔다. 녹십자 마크 불빛이 안도감을 주었다. 당직 간호사가 상냥하게 안내해 주었다. "아이고, 접니다." "재발되었나 봐요. 무엇을 잡수셨나요?" 서부병원 내과의 이 박사였다. 자상스런 그의 모습만 보아도 마음이 편했다. 과로와 소화 불량으로 간에 부담을 주었다며 진통제 주사와 물약 미란타를 주었다. 채혈을 통하여 간 기능 체크를 해보자고 하였다. 응급조치를 받고 집에 돌아와 있으니 휴가 간 아내로부터 전화가 걸려 왔다.

"집은 별일 없고 아침밥은 먹었어요?" 여차 지차 괴로운 심경을 말했더니 "이래서 내가 어딜 못 간다니까!" 하였다. 하루 만에 아내는 아들과 서둘러 귀가하였다. 평화로운 안도감으로 가족 사랑을 느꼈다. 아내는 소량의 검은깨로 죽을 끓여주었다. 그러나 입맛도 떨어지고 헛구역질이 났다. 소변 빛은 콜라 빛이다. 하얀 양변기에 끈끈한 붉은 소변이 뚝뚝 떨어졌다. 얼굴색도 누르스름하니 황달이 솟았다. 아내가 소고기를 잘게 저며서 즙을 만들어주었다.

한 수저 떠먹고 웨익! 하면서 토하였다. 병원으로 또 실려 갔다. 내 모습을 본 의사는 고개를 좌우로 저으며 황달의 수치가 훨씬 높다며 간 기능 악화라고만 하였다. 대전의 여러 병원에 다녀 보아도 확실한 병명을 못 알아내고 간장약을 지어주었다. 위는 냉한데 한약을 복용한 결과라며 내시경 검사를 하였다. 결과는 간 기능의 악화라고 하였다. 황달 수치를 내리는 주사를 맞았다.

52세 나이인데 보혈 주사를 맞다니 식구들 보기에 면목이 없었다. 다행스럽고 신통하게 입맛이 잡히고 컨디션이 좋아졌다. 기초체력과 면역력이 부족하고 왕성치 못한 탓이다. 또한 자중치 못한 내 자신이 항상 문제다. 부모, 형제, 가족, 직장동료에게 걱정을 끼쳐서 미안하다. 보름간 통원 치료를 통해 음식조절과 안정을 취하였더니 호전되어 가는 것 같다. 세월 이기는 장사 없다더니 젊은 시절 음주를 가까이 한 덕분에 2009년부터 담낭 없이 경화성 담관염 치료를 받으며 살아간다.

▶ 대전문화원 원장 박동규

그 시절의 대전문화원의 옛 모습은 ㄷ자형 남향 건물이었다. 오른쪽은 대전 최초의 전시관이 자리하고 왼쪽은 영화관, 그 뒤편 중앙 건물은 사무실 방송실 도서실로 사용되었다. 전시관 창밖 게시판에서는 당일 중앙지 신문들과 대전일보 중도일보 일간지들이 게시되어 서민 애독자들에게 세상의 돌아감을 알려주었다.

1950년대 대전문화원 전경

영화관에서는, 음악회 시낭송회 웅변대회 연극 행사 국경일 기념식 등 시민들의 정신적 마음의 양식을 제공하는 문화적인 보급처였다. 주일 영화관에서는 국내외 소식인 '리버티 뉴우스'는 인기 만점이었다. 짠짠짠~음악 소리와 함께 차르르 돌려지는 흑백 활동사진은 한국전쟁으로 시달린 민초들에게 실낱같은 희망수와 같았다.

가끔 필름이 끊어지면 신음 소리가 들렸지만 그래도 2층 영사실은 우리들의 호기심천국이었다. 전시실에서는, 임봉재 수채화전 (1957. 3. 12.-17), 유네스코 국제사진전, 세계아동 미술전, 미상록 고교 미술써클 창립전(1964. 11. 14~), 리버티 뉴스사진전, 돌샘, 머들령 시화전 등이 전시되었다. 필자가 고3 시절 개최했던 '임양수 작품전 (1963. 4. 14-21)'도 대전문화원 전시장에서 열렸다. 인상이 강하고 추진력 좋으셨던 박윤석 국장님 배려로 겁도 없이 치렀던 개인전이었다. 이것이 기폭제가 되어 고교 써클 '죽미회'도 탄생하였다.

박동규(朴東圭 1941-1997), 그와 만남은 1950년대 후반 중학교 시절이었다. 박 형은 대전 상고 야간부에 다니며 주간에는 문화원의 일과 영사실 보조 일을 도왔다. 영사실에서 땀에 찬 박형의 후줄근한 '흰 런닝셔츠' 생각이 난다. 중학교 미술부 시절, 그림도 감상하고 영화도 볼 수 있어 집에서 가까운 대전문화원을 자주 찾았다. 박형과 눈이 마주치면 거무스름한 얼굴에 씨~익 미소를 지으며 "왔어!" 하였다.

「창왕찰래*라고 했던가!」

1965년 서울에서 미술대학 다니던 시절, 서울 성북구 미아리극장 앞에서 박동규 형을 만났다. 대전 사람을 서울 골목길에서 만나다니 흔한 일이 아니기에 퍽 반가웠다. 검은 코트에 중절모를 눌러쓰고 검정 가방을 든 멋진 모습이었다. 그간에 나는 미술대학생이고 그는 대전문화원 총무직으로 전국문화원 관계자 모임 차 출장 중이라고 했다. 조촐한 대포 한잔을 나누었다. 그는 내 손을 덥석 잡으며 공부 열심히 하여 고향 대전 미술 발전을 부탁하였다.

1985년 여름방학 때, 동료 교사들과 지리산 종주 등반길에서 박형을 만났다. 그는 중구문화원에 근무하면서 故, 고상돈 산악회원과 교류하였으며 등반 쟈일클럽 리더로 변해있었다 '고준바캉' 히말라야 등반대장으로 아프리카 케냐의 킬리만자로 등반길에 대전 지역 화가들을 인솔하기도 했다. 박형과 지리산 천왕봉을 바라보며 사진 한 장을 남겼다.

1998년 성모병원에서 필자가 간 기능 저하로 그와 함께 채혈 검사를 받았다. 그는 씨~익 웃으며 '내 간은 잘라내어서 이 주먹보다 작다'

고 했다. 평소 직원들의 봉급 마련과 문화원 운영 지원금 조달로 이곳저곳 관계자들과 만남을 통해서 간에 무리가 왔던 모양이었다.

그의 임기 중에 '괄목할 문화 행사'가 많았지만, 대전시 민속경연대회 개최 중 참가자 한 분이 불의의 사고를 당해 소송이 되어 심적 갈등을 받게 되었다. 결국은 가슴 아프게도 회갑을 앞두고 고단한 생애를 마감하였다.

*창왕찰래(彰往察來) : 지나간 것을 밝혀 미래를 내다보다.

▶ 대전 3.8 민주 학생 의거

「4.19 학생의거의 도화선이 되었으나~」

3.8 민주화 학생의거 자문위원인 대전고 41회 졸업생인 임웅수 형의 대전고 2년 초 시절의 민주화 사건을 바탕으로 보고 들은 사실들을 필설하고자 한다.

1960년 고교 1년 진학을 앞둔 필자는, 대전 경찰서 뒷길 대흥 2동(현 정영복 미술 공간 근처)에 살고 있었다. 데모하는 학생들을 체포 구금하는 모습을 현장에서 볼 수 있었다. 또한 학생들의 동태를 밤늦도록 형한테 들었기에 1960년 3월 8일의 민주 학생 의거를 대충 알 수 있었다. 최초 3.8 대전학생의거는 대전고교 1, 2학년 학생들이 주동이 되어 데모를 준비하고 있었다. 박정희 대통령의 대구사범 은사였던 박관수 교장은 엄격하여 생활지도를 통해 두 발 불량 학생을 복도에서 머리채를 질질 끌고 다니며 생활지도의 경종을 준 호랑이 교장이라고 들었다.

데모한다는 정보를 입수한 박 교장은 학도호국단 간부들을 학교 밖 근처 교장관사로 집합시켜 설득하였으나 박재구 학생 대표가 화장실 다녀온다고 빙자하여 교내로 잠입하여 준비 중인 간부들과 데모를 성

'3.8행사'를 마치고(국회의사당)

3.8 대전 최초 국가행사기념일에 초대
2019.3.8. 대전광역시청 남광장

사시켰다. 굳게 잠겨진 교문이었기에 담장을 넘어 어깨동무하며 의쌰, 의쌰, 함성소리가 대흥 2동을 울려댔다.

대흥동 로터리를 거쳐 민주당 장면 박사의 연설이 있다는 공설운동장을 향하였으나. 무장 경찰들의 등장으로 방망이 세례에 사방으로 흩어졌다가 또다시 모여들었다. 학생들은 '자유당 독재, 부정선거 뿌리 뽑자!'를 외쳐댔으며 소방서원들의 호스 물세례에 페인트까지 뿌려서 경찰들은 교복에 페인트와 물세례 당한 학생들을 찾아내어 체포 작전까지 벌였다. 저녁나절에 대전고 2학년 진학을 앞둔 나의 형은 용케도 집에 숨어들었다. 박달 방망이 경찰봉 세례에 어깨와 등이 새빨갛게 피멍이 든 것을 부모님 몰래 쉿! 하면서 내게만 보여주었다. 부모님께서 아시면 크게 꾸지람을 주시기 때문이었다.

그날 해 저물 저녁나절에 옥상에서 내려다보니 충남도청 앞 광장에는 얼굴에 검정 칠을 한 무장 군인들이 트럭에서 하차하더니 아스팔트에 워커 징 소리를 꽉꽉 울리며 충성! 소리 드높았다. 데모대 진압소대 3군 관구 육군 특공소대의 출동으로 하늘에 대고 공포탄 기관단총을 따당 탕, 따당 탕 울려댔다. 밤새 시민들은 집에 갇혀 지냈다. 파랗게 겁에 질린 형제는 문고리를 지켜보며 이불속에서 긴 밤을 하얗게 지새웠다.

1960년 3월 8일, 사흘간 벌어진 대전의 고교생 민주 학생 의거는 거사 당일 대전상고 등 7개 학교가 함께 참여키로 하였었다. 사전에 정보가 새어 나가 학교 당국으로부터 저지 대책으로 중간고사를 치렀다. 뒤늦게 데모에 참석하였는데 주동자를 제외하고 체포 구금된 학생들은 학교장과 학부모의 간절한 부탁으로 훈방 조치 되었다. 며칠 후 실업계고교생들의 데모행렬은 대단하였으며 각 학교 주동자는 현재도 모임을 가지며 그날을 증언하고 있다.

　잠재하던 데모가 대전의 3.8 준비 협의회(회장 김용재*) 위원들의 끈질긴 노력으로 59년 만에 밝은 빛을 보았다. 3.8 민주 학생 의거가 4·19혁명을 촉발시켰다는 평가를 받아 국가행사기념일로 지정되었다.

　2019년 3월 8일 아침, 대전광역시청 남광장 혁명 기념탑 앞에서 거행되었다. 필자도 3.8 협의회 대전 문총 회원 자격으로 최초 국가행사에 초대받았다. 그날은 감색 정장 위에 까만 구두의 콧날이 그날 따라 기고만장하였다. 자문위원인 서울의 웅수 형님을 대신하는 마음으로 가득했다.

　국가기념식 행사로 지정, 최초의 기념행사에 이낙연 국무총리가 참석하였다. 또렷한 음성으로 대전 3.8 민주 학생의거는 4·19혁명의 도화선이었다며 '기념회관 건립'을 약속하였다. 그러나 2.8의거 기념, 대구 행사에는 문재인 대통령이 직접 참석하였다고 했다.

　3.8 대전학생의거는 최초로 독재정권에 민주화 깃발을 곤두세웠던 대전의 고교 재학생 1,000여 명의 자랑스런 기상이리라! 그 시절의 용맹스런 의거자들은 혜택도 없이 팔순 노년이 되었다. 맨 벽에 헤딩하는 식으로 장구한 세월 동안 투쟁해 온 故 김용재 회장을 비롯해 추진 회원들의 빛나는 결실을 우리 모두는 기억해야 될 것이다. 3.8 민주 의거 62주년을 맞이하여 그날의 항거 '기념식에 초대받으며 효천 시인의 헌시獻詩'를 올린다.

---

* 김용재(1944-2024.4.29) : 시인. 대전대학교 교수, 교학처장으로 퇴임. 대전문협 2대 회장. 국제펜클럽 한국본부 이사장 엮임.

▶ 어린 시절 이야기 넷

「그년」

6.25 피난 시절, 내 나이 여섯 살 때, 모기들 극성에 '으앙' 대며 울고 보채던 세 살 아래 여동생의 울음소리가 지금도 기억난다. 부모님께서는 가족 모두를 이끌고 걸어 걸어서 금남면 호탄마을 어머니 친정 동네에 도착했다. 모두가 허기에 지쳐 꼬질꼬질한 형제들 모습들이었다. 어머니께서는 고향 벗에게 비웃음 받은 일을 여러 차례 증언하셨다.

어릴 적 한동네에서 함께 자랐던 어느 아낙이 마마 찍힌 대여섯 살 내 얼굴을 보더니 "고기라도 낳았으면 끓여라도 먹을 텐데 쯔으~" 하던 말끝에 울 엄니는 불현듯 그의 머리끄댕이를 휘어잡고 악을 쓰며 나뒹굴었다는 어머니의 피난 시절의 이야기다. 세월이 많이 흘렀어도 마음고생으로 얼룩진 기억들이 오랫동안 지워지지 않아 생전에 어머니께서는 말씀 끝마다 그년, 그년! 하시며 진저리를 치셨다.

「그 새끼」

대전 선화 국민학교 구내 이발소에 가보면, 이발쟁이는 알콜을 아끼기 위해 신문지에 불을 댕겨 시커먼 이부가리 이발 기계를 소독하였다. 아이들은 뜨거운 이발 기계가 머리에 닿아도 참아냈다. 찌걱찌걱 이부가리 이발 기계가 지나면 머리통은 고속도로가 생긴다. 나의 차례가 되어 의자에 올라앉았다. 머리를 깎던 이발쟁이는 내 머리에 점, 점, 점, 두창 자국을 보고 빡빡 머리통을 손가락으로 알밤 콕콕 치며 꼭 한마디 했다.

"넌, 콩밭에 굴렀냐! 육이오 때 따발총을 맞았냐!"

찡그리는 내 모습을 보고 이발쟁이가 '헤헤' 웃으니 순서를 기다리는 아이들도 따라 웃었다. 그 이발쟁이는 지나가는 농담인지 몰라도 그 새끼를 죽이고 싶도록 내게 검은 상처를 남겼었다.

「악연」

　저학년 어릴 적 학교에 가면, 애들은 내 이름 대신 별명을 다양하게 불러댔다.
　전쟁 말기, 작은 키에 춥고 어렵던 시절이니 코흘리개 놀림감으로 큰 녀석들에게는 만만하였을 것이다.
　요즘 잘 쓰는 '왕따'였음이리라. 개중에는 괴롭힘을 당하고서도 그러려니 하였던지….
　3학년 초, 같은 반 녀석 중에 대표적으로 나를 괴롭힌 '심근섭'이라는 녀석이 있었다. 그는 나보다 체격도 크고 힘도 센 심술보였다. 대청소 시간이 되면 학교 뒷간에 몽당비를 들고 아래층에서 이층 끝까지 쫓아다니며 괴롭혔다. 참으로 못 말릴 녀석이었다.
　세월이 한참 흘러 내가 B 중학교 교사로 있을 때다. 하필이면 심 아무개가 우리 반 학부형으로 나타나게 됨은 참으로 '아이러니'한 일이었다. 아들 손잡고 중학교 입학식장에서 첫 대면은 서로가 악연으로 시선을 피하고 싶었다. 노동꾼이었던 그는 '잘 좀 부탁한다'며 내 손을 꼬옥 잡았다. '원수를 사랑하라'는 소리가 하늘에서 들려왔다. 그의 아들을 품어주었다. 애비 닮아 덩치는 컸으나 심성은 고왔다. 담임 권한으로 학급선도부 차장을 시켰다.

「반성문」

　"어머니 죄송했어요."
　사춘기 시절에 여드름 자국은 '청춘의 심벌'이라 하겠지만 천연두 열꽃 자국은 그렇지 않았다.
　저학년 어린 시절에 놀림을 받고 집에 돌아와서 책가방을 내동댕이치며, '만만한 것이 엄마였던가!'
　"왜? 나만 밉게 낳았냐고요!" 서랍에서 과도를 꺼내어 '죽어 버릴 꺼야!' 하면서 울부짖던 기억이 난다.
　불만 어린 울분이었을까! 그럴 때마다 엄마는 황당하였는지 품어주며

"넌, 너무 예뻐서 누가 훔쳐 못 가게 얼굴에 표시한 거야!" 하셨다.
"진짜 그랬어?"
토닥이며 가슴으로 끌어안아 주신 후, 엄마의 얼굴로 비벼주시며 뜨거운 눈물을 보이셨다.
'어린 마음에 어머니의 사랑을 받기 위한 나의 작은 항의였을까!'
오늘에 이르러 내가 부모 되어보니 중년이 된 아들에게 무관심했음을 스스로 느낀다.

▶ 독毒을 녹이는 글

글은 마음속에 쌓인 욕정과 우울증을 잠재울 수 있으며 심성을 다듬어 주기에 적합하여 유년 시절부터 일기 쓰기를 장려한다. 말은 물같이 부드럽기도 하지만 많이 할수록 거칠어진다.' 감정에 치우쳐 쏟아놓고 보면 오만과 만용까지 동반하게 되니 결국은 공든 탑이 무너지는 꼴이 된다. 마음속의 고통을 대학노트에 꾹꾹 눌러쓰면 마음속 응어리가 용해되고 씻겨나가 조금이나마 평온을 맛볼 수 있었다. 평소의 습관이 천성이 되듯 글로 풀어 헤치고 나면 머릿속도 맑아진다. 나의 서고에는 20대 초부터 기록해 온 십여 권의 나의 에세이 『삶의 흔적』이 있다. 이 기록들은 누가 물으면 내 생애가 녹아있는 나만의 공간이라고 대답하겠다.

좋은 글은 두고두고 자신을 빛나게 하지만 그렇지 못할 때는 그 흔적으로 평생 한을 남길 수도 있다. 글 전문가 앞에서는 늘 주저해진다. 어떤 이는 나의 글이 부담 없이 읽기가 편하다고 한다. 문장 구성과 문학적인 구성력이 부족함이 아닐까!

일찍이 중국의 시화 성인, 왕유의 '畵中詩, 詩中畵'는 글과 그림은 한 장으로 보여주는 한통속으로 시인과 화가의 일맥상통함을 보여주고 있다고 했다.

대전의 화가 중에는 글쓰기를 좋아하는 분이 여러 사람 계신다. 故 신봉균, 강나루, 양창제, 류환, 생존한 필자를 비롯해, 기산, 백혜옥,

박헌오, 김해선, 차선영, 유근영, 정장직, 윤양숙, 송명재, 조상영, 조부연, 장준문, 김기반 등이 글 쓰는 미술인이다. 명상에 잠길 때면 이들을 모두 불러 모아 한 묶음 화문인의 마음을 담은 책을 상재해 보고 싶다.

1990년대 초 대학원의 논문이 통과되어 글쓰기에 작은 자부심을 느꼈다. 오케스트라의 지휘자처럼 폭넓은 시야로 엮어가는 과정에서 문장이 성립되어 가는 성취감을 맛볼 수 있었다. 세상사 모든 것이 항상 앞선 사고를 원하고 있으니 나는 문학인보다는 함께 어우러지는 화문인으로 남고 싶다

「응원」

2006년 추석 명절을 맞이하여 형제지간에 우애를 다지는 짧은 시 몇 편을 이메일로 보냈다. 형제들의 회답이 왔다. 답지된 이메일 내용 중에 '효천 시인曉天詩人 형의 회답이 있었다. 이젠 오호五湖 동생도 시인으로 등단해도 될 듯! 희망 어린 마음의 뜸을 열어주어 시인 등단 1차 추천평을 받은 듯하였다.

그런 연유로 꿈꾸던 수필집 대신 나의 1시집을 '정년퇴임 기념'으로 생각하게 되었다. 그간에 기록된 '삶의 흔적'을 넘기면서 감명 깊은 것을 고르니 백 수 정도 되었다. 다시 옮겨 적었다. 2년여 수십 번 퇴고하여 형님께 자문을 의뢰하였다. 역시 빨갛게 지적을 받았다.

2007년 퇴임을 한해 앞두고 『굿모닝 좋은 아침』이라는 오호 1시집이 상재되었다. 발간 서문에 저는 시인이 못됩니다. '처음이자 끝으로 펴낸 나의 시집'이라고 밝혔다.

형님께서 시집을 받아보신 후, '장하다 내 동생, 해냈구나!' 하며 축하 전문을 보내주었다. 과연, 나의 글이 시가 될 수 있을까? 곰곰이 생각하며 정년퇴임 후 한금산 시인의 권유로 충남대 사회교육인 문예창작과 문학 장르와 시에 대한 강의를 들었다. 강의를 듣고 보니 더 좋은 글을 쓸 수 있을 것 같다. (2008)

▶ 오호五湖의 환상 미학적 화풍

*관심 어린 曉天 詩人(林雄洙 1942-)께서 아우의 화풍을 논한 글이라 이곳에 싣는다. (1998)

-1986년 이후의, 구상적 경향에서 벗어난 반 구상 회화를 추구한 오호의 화풍

筆者는 어린 시절부터 임양수와 성장 과정을 함께 했고, 오늘이 있기까지 곁에서 함께 예도의 길을 걸어오며 작업을 해왔기에 누구보다 속을 잘 알고 가깝다고 생각한다. 그는 화실에 앉아서 머리나 굴려 작업하는 화가가 아니다. 그는 중학교 입학하자마자 자신보다 더 큰 '이젤'과 화판을 들고 강과 산을 찾았다. 그의 몸뚱이가 붓인 양, 물감인 양 걸으면서 뒹굴고 부대끼면서 몸으로 그리는 화가이다. 그는 자연에 근거를 두면서 자연의 외형에 집착하기보다는 자연이 쏟아내는 내면적, 근거적 생명의 소리들, 반구상적 필치로 그만의 공간에 표현하고자 노심초사하는 화가이다.

그는 미끈하고 세련된 文明的 素材보다는 소박하고 설익은 듯한, 서민적 필치에 관심을 두면서 자연을 통한 인간성 회복과 자연 친화적 인간 정립을 목표로 붓끝을 가다듬고 있다. 그는 자연의 具體的 美感보다는 순간적인 자연의 신비로운 모습을 인상파의 순발력으로 재구성, 재창조하기를 좋아한다. 그렇기에 그의 자연관은 매우 너그럽다. 森羅萬象 모두가 자연이고, 自身과 自信에 의하여 창출되는 작품들까지도 자연에 포함시키고 있다. 그래서 그런지 그의 그림들을 보면 생소하게 느껴지지 않고, 화가의 부분인 양 자연스럽게 느껴진다. 그의 그림에는 형상 이전에 이야기가 內在한다.

등잔불이나 토속적인 화제는 할아버지가 들려주는 전통적 삶처럼 도깨비방망이가 보물을 쏟아내고, 跏趺坐를 튼 호랑이가 담배를 피우고, 열두 고개 넘는 꼬부랑 할머니가 주문을 외는 듯한 민화적 만화적 이야기가 내재되어 있다. 촛불의 촛농에서도 할머니가 영 넘어 시집 올 적에 쓰고 온 족두리나 입고 온 원삼의 내력이 흐르는 듯하다.

금세 법당에서 꺼내어온 듯한 木鐸의 검은 샘에서도 무령왕릉의 불꽃 같은 금관이 튀어나올 듯하다. 그는 그만의 이야깃거리들을 실어 나르는 방법으로 환상적인 새들을 등장시킨다. 그 새는 '타임머신'을 타고 이승과 저승, 과거와 미래를 왕래하며 우리에게 신선한 충격을 전해 주고 있다. 절제된 묘사로 은근하게 표현하며, 은근하고 단순하게 스며버리기 직전의 삶의 찌꺼기까지도 놓치지 않는다. 그의 그림 앞에 서면 오랜만에 고향을 찾은 피곤한 나그네에게 철철 넘치게 담아 건네는 주막집의 표주박을 받는 기분이 된다.

　그는 주변의 손때 묻은 것들에 愛着을 갖게 되고, 고전적古典的 純粹性과 동화적 전통성을 생명의 소리에 접근시켜 可視化하려고 노력하고 있다. 인간 본성을 찾아내기 위한 몸짓들이 그의 그림에서는 자연의 줄기찬 생명의 소리로 형상화한다.

　그의 작품에서 우리는 백제 시대의 봉황 모습과 고구려 벽화의 사신도, 수렵도를 만나게 되고, 신라의 天馬圖나 성덕대왕 신종의 비천상이 보이는 환상적 분위기의 느낌을 받게 된다. 아울러 굳셈과 여림, 대범함과 섬세함, 거셈과 부드러움, 곧음과 휘임 같은 남북화의 특징을 모두 보유하고 있어 동서양 미술표현의 재료와 기법에 얽매이지 않고 四次元的인 아름다움을 발견하게 된다. 그렇기 때문에 그의 작품이나 제작 태도는 매우 본받을 만하다고 생각된다. 실첨주의 형식주의에 심취하여 그것만이 유일한 탈출구이며, 미의 참된 가치라고 생각하는 화가들을 새로운 최선의 길로 이끌어갈 수 있는 이정표가 될 만하다고 생각한다.

　그는 시간을 초월하고 공간도 뛰어넘는 화가이다. 삶의 소리에 대한 색채 화, 가시화를 통해 우리 고유의 전통적 가락을 지닌 우리의 자연을 재창조하고, 우리의 가장 자연스런 삶의 모습을 찾아내기에 무한 시공의 여행을 계속하고 있다. 이제 90년대 중반기 그의 '맑은 빛과 삶의 소리'전에서 발표했던 작품 가운데 몇 점을 살펴보기로 한다.

　'初夜'는 촛불을 중심으로 한 구도에서 구원의 빛과 구원의 소리를 통해 형상화한 사랑의 온도를 느낄 수 있다. 새로운 세상을 열어가는 환희와 설레임이 긴장감과 함께 평화롭게 어우러진다. 그의 심성과 삶의 자세를 그대로 판에 박은 듯이 보인다. 우리의 전통적 사랑인 태동미와 수줍음이 범벅된 한 편의 敍事詩를 보는 듯하다.

 그의 작품에는 새가 자주 登場한다. 작품 '높이 나는 새'에는 그의 꿈이 그대로 반영되어 빛나는 감동을 준다. 하얀 새가 실어 나르는 꿈 거리들이 동화 속의 세계처럼 환상적으로 펼쳐져 있다. 하얀 새, 하얀 구름, 붉은 산, 노란 숲의 展開에서 순수하면서도 용암처럼 도도히 흐르는 그의 정열적 심성을 읽을 수 있다.
 청색과 녹색의 미묘하고 환상적인 조화는 60년대 초 죽미회의 5人展(흑장미)에서부터 追求해 온 색채의 철학이라고 여겨진다. 해, 산, 구름보다 크게 浮刻된 새의 비상은 작가의 꿈이자 어렵게 살고 있는 모든 이웃들의 한결같은 희망이리라. 이 그림에서 보면 검은색도 오히려 친근하게 다가온다. 검은색이 시간과 공간의 근원이며 모든 색의 모태가 되는 듯이 여겨짐은 무슨 까닭일까?
 '滿月'을 보자. 그만의 시각과 그만의 애정에 의하여 탄생된 들, 산 그리고 솔숲의 판타지. 그만의 풍요로운 달이 그만의 세상을 조명하고 있다. 또한 적당히 절제된 그만의 환상적 세계는 우리 문화와 문명의 基底에 깔려 있는 고유한 정서 그대로이리라.
 '삶의 소리 연적들'에도 우리와 가까운 빛들이 등장한다. 아무리 세월이 흘러도 잊지지 않을, 끝까지 동행하는 고유의 빛들 아닌가? 또한 여러 형태의 새들이 어김없이 등장하여 우리를 작가의 이상향으로 引導하고 있다. 소리를 色彩化하려는 작가의 의도가 역력하게 보인다.
 타종 후의 긴장된 여음과 鐘의 떨림은 우리의 가슴을 진저리치게 하지 않는가? 그러면서도 이웃의 아픔을 구원하고자 '클로즈업'시킨 목탁의 출연을 보자. 가슴 한구석이 뻥 뚫리는 듯, 그 상쾌함에 전신을 동요시킨다. 반야심경이나 법구경 한 줄기가 번개처럼 지나가는 듯하다. 어려움 속에서도 살맛나게 해주는 그의 여유.

 이상에서 살펴보았듯이 그의 미술 세계는 우리의 혼탁한 삶 속에 내재 되어있는 삶의 소리들이 환상적 조화로 形象化하여 그만의 사물,

그만의 세상으로 승화된 세계이다. 처음 보면서도 여러 번 만난 듯이 정겹고, 여러 번 만났으면서도 처음 보는 듯한 新鮮感이 五湖 林陽洙의 미술 세계다. 구상과 비구상이 유연하게 접목되어 보는 이의 마음까지 맑아지도록 노력하는 작가의 화묘에서 아름다운 삶의 소리가 늘 건강하게 살아 숨을 쉬도록 성원을 보낸다.

- 五湖 임양수 개인전에서

▶ 참견

공연스레 글 참견하여 밤잠을 설쳤다. 허나, 언급할 수 있는 처지였기에 정곡을 찌른 듯싶다. 피할 수도 없이 찔린 가슴을 부여안고 이러지도 저러지도 못한 그를 생각하면서 그와 나는 '참견'이라는 족쇄에 갇혀야만 했다. 난, 오랜 세월 대전 미술의 역사 '아카이브' 연구에 관여해 왔기에 무너져 흔들리는 모습을 등한시하기가 어려웠다. 가장 크게 흔들고 있는 것은 '매스컴'이기에 더욱더 예민하다. 방송 한 수에 일파만파로 시청자를 움직여대니 그렇다.

현, 대전미협회장의 임기가 금년 말이다. 신임 회장 선거를 앞두고 음으로 양으로 난타전이다. 더욱이 현 체제가 기존 지휘부에게 너무 이롭게 한다는 것이다. 현 회장 체제의 움직임이 새로운 타 도전자에게 불이익으로 몰아가고 있기에 속수무책 두 손을 못 쓰고 있음이 방송의 골자였다. 돌아가는 양상은 예전 그대로 목원대와 한남대 양대 산맥의 '시소게임'이 또다시 시작되었다.

나는 60여 년간 대전미협회원을 거치면서 눈과 귀로 느껴왔기에 대전 미협의 흐름을 잘 알고 있다. 어제까지도 다정했던 화우들이 선거 때만 되면 학연으로 뭉치는 흐름은 여전한 것이다. 지나간 8·90년대 대전미협 주도권을 놓고 〈'르뽀'와 '이신회'〉 간에 치열했던 세력다툼의 모습들이 있었다.

단, 서재홍 회장 시절에는 배재대 출신을 부회장으로 임명하여 쌍둥이처럼 행사에 참여하여 서로 우의를 다지며 국제행사를 잘 이끌었다. 차기 회장을 부회장에게 넘겨준 아량을 선배미술인으로서 고개를 끄덕이게 하였다. 결론은 열심히 협회를 잘 이끌어 갔음이다.

대전미협은 원리 원칙대로 밀고 나가고 도전자들은 불분명한 원리원칙을 탓하였다. 매스컴 역시 도전자들에게 힘을 보태어 흔들고 있어 세태의 정치 흐름과 별다름이 없어 보였다. 내가 고문으로 있는 미술 단체에 회장이 단톡방에 현 미협 집행부를 논하고 있어 놀란 가슴으로 움츠렸다. 중견 서예가의 동조가 뒤이어 여론몰이에 동조하니 고문 입장에서 일침을 놓을 수밖에 없었다. 회원 대부분이 나의 참견에 '묵언 일치'를 보여 감사했다. 그 모습이 고마워서 정기회원전 오프닝 식사 대금 모두를 보시했다. 떠나가는 박수 소리 속에는 단합심이 느껴졌다.

대전 미술가회 김 회장은 확실한 것을 좋아한다. 그러나 판단이 좋아야 결과도 좋다. 30여 년간 그와 공존하며 회를 이끌어왔다. 이제는 일침을 가하는 처지가 되어 다소 긴장감을 서로 느낀다. 그에게 연임을 부탁하니 수락하였다. 소탈한 이 사무국장도 동감이다.

결자해지結者解之라! 현재의 미협이 고소를 당하고 있으니 벌여놓은 일들이 정당하게 처리되어야 할 것이다. 곁가지들이 간섭하더라도 새로운 미협으로 재탄생하는 계기가 되었으면 한다. '대전 미술 역사의 근본'은 대전미협이 주체이므로 그곳에서 선후배 미술인들의 예도를 익히며 새롭게 운용되어야 한다. 졸보처럼 차기 회장 자리를 그냥 계승시키려는 느낌은 기대감이 떨어진다. 그 계략이 숨겨져 있다면 파멸을 초래한다. 정정당당 출마하여 새로운 미협을 이끌어 가야 할 것이다.

내 생애에 2023년 의미가 큰 시기이다. 회장으로 있는 대전 원로작가회 화연전과 고문으로 있는 '불교 미술가 전'과 '북우회 동문전'이 유종의 미로 '오프닝' 되기를 학수고대하는 심정으로 가득 차 있기 때문이다. (2023. 11. 28)

다행히도 새로운 미협회장이 단독출마 당선되어 차기 대전미협을 이끌어 감을 축하드린다. 활달하게 이끈 라영태 회장 후임으로 대전의 미술인들의 개인전을 찾아가 세심하고 친절하게 홍보해 온 신임 김인환 회장에게 거는 기대가 크다. (2024. 1. 18.)

「미술인 둘 이야기」
— 송영호의 '임양수' 3행 시
임 의 따뜻한 맘 설산 가득하니
양 지바른 앞마당 강아지 춤추고
수 려한 이 강산 바람도 절로, 구름도 절로

*송영호 화가는, 대전미술계의 숨은 공로자이다. 슈퍼를 경영하면서 한구석에 이젤을 펴놓고 그림을 그렸다. 특히 정규 미대를 나오지 않은 취미 작가들에게 꿈을 안겨주며 모임회가 왕성하도록 궂은일을 다 기울였다. 창립, 일요 스케치회 창립 전(1971. 6. 16-20)으로 60명이 넘는 대전사생회로 태어났다. 그간의 공적은 후임에게 돌리며 묵언으로 감내하는 '도통 거사' 같은 그다운 심정을 나는 잘 알고 있다.

*이택우(李澤雨 1946-) 수채화 작가는 필자와 대학동문이다. 징흥생으로 대전 유성 여중·고에서 미술 교사로 정년퇴임하였다. 한동안 한남대에 출강도 하였으며 대전 구상작가협회, 원로작가회 화연전 회원으로 활동하고 있다. 그는 충남 수채화 협회전(1985. 7. 6-12 대전 반도화랑)의 총무를 맡아 김철호, 임봉재, 정영복, 김배희, 김치중, 민동기와 창립전을 이끌어 냈다. 현재에 이르기까지 그를 주축으로 내실內室 있게 대전 수채화 협회를 이끌며 전국적으로 활성화시킨 외길, 수채화 작가이다.
*대전 미술 발전에 뿌리를 내리게 해준 두 화가에게 대전 미술 '아카이브' 연구자로서 감사드린다.

▶ 병상록病床錄

「담낭, 너 때문에 살아났다」

    2009년 8월 중순, 대전 탄방동 'ENB 갤러리'에서 젊은 화가 이규석의 개인전 '오프닝'에 초대되었다. 중학교 제자인 화가 이규석, 정우창, 정보경도 와있었다.
    개인전을 연 작가 이규석은 대전예술고를 졸업하고 서울 홍익 미대에 장학생으로 합격한 재원으로 대전예술고 미술 홍보판에 졸업생으로 중심적 인물이었다. 대전예술고 주최 사생대회 참석할 적에 홍보판을 볼 때마다 트럼펫 연주, 임승구(현 충대 음대교수)와 더불어 흐뭇하였다.
    그는 불행하게도 서울에서 대학 생활 중, 친구들과 차에 합승하여 교통사고를 당했다. 몇 친구들은 저세상으로 떠나고 규석 혼자 혼수상태에 빠져 기적적으로 살아났다. 요행이라 할까! 그는 순수하고 착한 마음만 남아 전업 화가로서 내 앞에 서 있다.
    그는 왜, 회색 특유의 화면을 채워야만 했을까! 마음과 그림이 반추상적이고 순수함이 그림 속에 흐르고 있었다. 약간의 정신적 왜소함 속에 어려움과 생존의 의미를 무채색 화면을 통해 표현된 듯싶었다. 제자의 발전과 희망을 위해 '순천 추어탕' 집에서 사제간의 반김으로 축하해 주었다. 소중한 자리이니 즐거운 마음으로 그들과 소주도 마셨다. 평소 건강한 모습이 아닌 선생님의 음주에 제자들은 걱정하는 표정들이다. 그들과 기분 좋게 헤어져 지하철에 몸을 기대었다. 나를 아는 제자들을 만날까 봐 두리번대는 습관이 있지만 나를 좋아하던 오늘의 주인공인 순수한 규석이 모습만 그득 찼다.
    유성 온천에 가까워질 무렵에 '지하철' 내 에어컨이 차가웠던지 가슴 밑 명치 부근이 매스꺼웠다. 집에 도착하기 전에 동네 약국에서 소화제 '탈시드'를 복용하였다. 그러나 늦은 밤 베개를 움켜잡고 위 통증으로 시달렸다. 아들과 아내 보기가 민망하였다. 의사가 먹지 말라는 '술 퍼먹고 저 짓거리'하는 느낌을 주는 것 같아서였다.

깊은 밤이라, 병원도 잠들고 등까지 아파 눕지도 못한 채 밤을 새웠다. 소변 빛이 붉은 콜라색으로 고통이 엄습해 왔다. 오목가슴과 겨드랑의 습한 곳에 붉은 반점이 솟는다. 늘 기쁨 뒤에 꼭 찾아왔던 고통을 나는 안다. 다음 날 오전, 연합 내과에 전화를 넣었더니. 간 기능 초음파검사를 권하여서 아내와 함께 노은 연합 내과 영상의학과에서 초음파 및 시티 촬영을 마쳤다. 영상의학과 정기호 교수가 필름을 보더니 담도가 막혔다며 얼른 큰 병원을 가라고 독려하였다. 촬영 결과물을 CD로 뽑아 들고 119구급차에 몸을 싣고, 가까운 을지병원 응급실에 도착하였다. 난생처음 구급차에 실려 응급실에 향하다 보니 내 자신이 처량해 보였다.

을지병원 응급실에 도착하니 대기 중인 당직 인턴들이 벌떼처럼 달려들었다. 그들은 신속하고 일사불란하게 초음파에 CT 촬영을 요구하였다. 아내가 동네 병원에서 찍은 결과물을 제시하였다. 인턴 하나가 대학병원 기계로 다시 촬영하여야 한다고 했다. 보호자로 동행한 아내의 눈이 빛났다. 아내는 놀라는 모습으로 따졌다. "금방 찍어 왔는데 또 찍느냐?"고 따졌지만 아쉬운 것은 환자였다. 한 시간 전에 십여만 원을 들여 병명을 알아냈는데도 재촬영에 임할 수밖에 없었다. CT, MRI 촬영을 끝내고 입원 수속을 하였다.

'병목현상'인가! 복부 팽배증은 쓸개의 담즙과 간의 담즙이 원활치 못하여 입원하였다. 드디어 링거 주머니를 차고 1203호 B실 6인실로 안내되었다. 환자들이 침대 커튼 사이로 가까이 누워들 있다. 내 주변에는 불안하기 짝이 없는 위급환자들로 채워져 있었다. 입원 환자들의 신음 소리에 간밤을 뜬눈으로 새웠다. 나로 인해 보호자인 아내는 소독 냄새 짙은 나의 침대 밑에 자릴 잡았다. 날이 새자 아내에게 부탁하였다. 밤새 환자들의 고통 소리에 견딜 수가 없어 환자 적은 병실로 옮겨달라고 했다. 어제 내 곁에서 꺼져가는 숨을 쉬던 환자 하나가 새벽에 죽어 나갔다. 그와 나는 바로 커튼 한 겹 사이로 어깨를 마주했었다.

크고 매력적인 '김안나' 여의사가 순회 진료하여 '시티 촬영의 결과'를 알려주었다. 오후에는 담낭 염증을 제거하기 위해 옆구리에 '루프'

삽입을 진행한다 했다. 오후 영상의학실에서 마취도 없이 곰 같은 덩치의 인턴들이 내 팔다리를 잡더니 "참으세요, 좀 아파요!" 하며 담도 호스인 루프 작업에 임하였다. 뻣뻣한 루프선이 오른쪽 옆구리 생살을 뚫고 담낭의 담도 안으로 그들은 꾹꾹 밀어 넣었다.

'으으윽~'소리도 못 지르겠다. 뜨거운 생오줌이 흘렀다. 조금 있으니 '루프'를 통해 담낭 속 불순물인 검은 담즙이 병에 흘러나와 고인다. 점차 주황빛으로 흘러나오고 있었다. '쓸개의 염증'으로 일종의 고름으로 보인다. 그간 흐르지 못한 고통으로 쌓이고 쌓여 오늘에서야 복막염증이 흘러나오나 보다.

병원의 연줄로 도움을 주려고 애쓰는 동기간들의 모습들이 고맙다. 드디어 다인실에서 1203A 4인실로 옮기니 살 것 같았다. 나를 아는 동료 친구들과 화우들이 방문하였다. 환자로 입원하고 보니 문병객에게 A4 용지에 병명과 담낭 부분을 도표로 그려서 보여주었다. 금식 팻말이 걸렸다. 밤새 '링거'와 항생제가 내 팔에 꽂혔다. 며칠간 물 한 모금 안 먹어도 배고프지 않으니 신통하다. 심야에는 창밖의 야경을 보며 크로키도 하고 소형거울 보고 자화상을 노트에 그렸다. 그래도 세상이 잠든 한밤중에 고요히 병상록에 글 쓰는 시간이 가장 좋았다.

권태스러우면 '링거' 병 매단 채 복도를 걷거나 휴게실을 찾았다. 나처럼 담즙 카래 병을 매단 동지들이 여럿 된다. '허우대는 멀쩡한 저 사람도 담낭을 제거했구나!' 눈치로 공감대를 나눈다. 금식 3일째 되는 날, 수면 내시경으로 항문을 통해 담낭 부분 정밀검사에 들어갔다.

담즙이 어느 정도 빠져나갔는지 확인차 '김안나' 교수의 마지막 진료가 있었다. MRI 촬영 결과에서 병명이 잡히지를 않는다고 했다. 허나, 간에는 별 이상이 없어 다행이라고 했다. 이제는 외과로 넘겨진다고 했다. 그간 신경 써주어 고맙다고 했다. 오후엔 외과 병동으로 이동되었다.

외과 젊은 의사들은 수술을 담당해서 그런지 다소 거칠고 신경이 쓰인다. 말도 잘라서 하니 불안하다. 다행히도 간호사들은 친절하다. 담당 간호사에게 외과 의사들의 불친절을 토로하였다. 간호사들도 작게 끄덕였다. 간호과장인 수간호사가 방문하였다. 미소를 띠며 "애로사항이 계시냐고 물었다. 지금은 좋아졌다고 웃음으로 얼버무렸다. 철수 동생의 친구 박철순 개인 병원장의 소개로 수간호사가 얼굴을 디밀었다는 것을 뒤로 알았다.

「경화성 담관염 硬化性膽管炎 sclerosing cbolangitis」

CT와 MRI 촬영 후 〈박주승(朴柱承 1948-) 소화기 외과의사〉와 대면하였다. 세 살 아래이지만 무게감을 준다. 그는 담낭 수술만 5,000여 건 해낸 베테랑 의사며 병원의 대들보란다. 병문안 온 정준용 친구도 그분에게 담낭을 제거 받았다며 자신의 배를 보여주었다. 이 분야 최고의 달인이니 을지병원에 잘 온 것 같다. 박 교수께서는, 나의 병명은 '경화성 담관염'이라고 명명하였다. 이 병은 황달을 높이고 급취 현상을 일으키고 습한 곳에 붉은 반점이 솟는다고 하였다. 담도암에 이르면 간 교체 수술도 한단다. 그렇지 않도록 담낭 제거 후에도 담도 막힘에 신경을 써야 한다고 했다. 그는 서울대병원에서 못 찾은 병명을 찾았다며 자부심을 크게 표했다.

환자에게 책을 안겨준 화우 기산 정명희가 포켓용 책 두 권(경제 전문가 : 웨렌 버핏, 조지 소로스)을 안겨주었다. "잘 참아 재도약하게나!" 하였다. 대개가 음료수를 사 오는데 글 생명수를 안겨준 화우에게 감사한다.

그 친구, 문병까지 와서 욕망이 넘쳤다. "난, 바늘이 되고 싶어! 한눈 팔지 않고 그림만 그리고 싶어!" 하였다. 남매의 "유학 소식을 물으니 '휴~'하였다. 난, 그 '휴~'하는 모습이 인간적이어서 좋았다. 모처럼 친구다운 모습에서 인간적인 미소를 머금었다. 최근에 안일이지만 유학 간 아들에게 송금을 위해 재벌들에게 작품을 들고 가서 300만 원을 만들던 때를 이야기하였다. 2023년 '원로작가 화연전' 뒤풀이에서 아들이 서울 모 음대 교수로 임용되던 기쁨에 홍조 띤 그의 모습이 떠오른다.

휠체어에 몸을 맡긴 후 아내의 배려로 병원 뜰 산책에 나섰다. 저녁 노을 역광에 아내의 오뚝한 코가 마늘쪽 같다. 밀어주는 아내의 모습에서 내일 오전 수술도 잘될 것 같았다. 오늘 식단을 보니 흰죽 한 공기, 두부 된장국, 가지무침, 애동호박무침, 동치밋국, 고추 조림, 요구르트 한 병이다. 아내는 휴게실에서 '세계국기도권' 책을 4,000원에 샀다. 아내 말로는 세계 곳곳은 가보지는 못해도 세계 지리에 호기심이 많다. 노력을 기울이다 보니 각국의 수도를 콩콩 잘도 맞춘다.

퇴원 후에 담적 제거용 '로와콜'을 6개월 복용하라면서 연구 대상자이니 며칠 후 담낭 수술을 권한다.

「담낭 수술 날」

수술대에 누웠다. 수술 대상자가 나 혼자가 아닌 여러 명이 침대칸에 묶인 채 줄지어 대기한다. 수문장 같은 인턴들이 수술대 환자마다 보초 서듯 대기하고 있다. 카운트다운 속에 마취액이 투입되니 영화의 한 '테입'처럼 흐른다. 수술실 문밖에서 가족인 수동누나 여동생 옥수가 지켜본다. 이런 날에 내 곁에 가족이 있어 좋다.

마취로 테입이 끊긴 후, 시간이 어떻게 흘렀는지 나도 모른다. 수술이 끝남에 입원실 행 이동식 침대 발통 소리가 탱크 소리다. 그곳에서 순동 누나가 애처로운 눈길로 엄마 대신 내 손을 잡아주었다. 복강경 수술이라서 배에는 서너 개의 큰 구멍에 '테이프'가 붙여져 있다. 그날로부터 나는 쓸개 빠진 놈이 되었다. 누구에게나 겪어보아야 '희로애락'의 진수를 깨닫는다. 난생처음 여러 날 입원하여 금식을 통해 '링거'의 위대성과 더불어 생존할 수 있음도 알았다. 알 땅에서 등 반듯이 살다가 침대 위에서 주야 장장 뒤척임으로 긴 밤을 보냈다. 칼잠 좀 자보고 싶었지만 수술 상처 부위 때문에 송장처럼 반듯해야 한다.

9월 초하루, 모처럼 새벽에 소변보다가 질겁했다. 뜨거운 용천수처럼 내려 흐르는 바람에 뜨거운 오줌발에 놀라 우는 아기 꼴이 되고 말았다. 나를 향한 지인들의 병문안으로 존재감을 느꼈고, 보고 싶은 사람에게 거침없이 문자를 눌러대는 당찬 비위에 나 자신도 놀랐다.

지나간 세월, 몸조심 덜했던 나 자신을 반성하였다. 팔뚝에 멍든 주사 자국이 조금씩 아물어간다.
 구월 열하루 오전에 퇴원하였다. 집에 와 보니 효천 형의 진솔한 형제 사랑의 시 한 편이 기다리고 있었다.

동반 송

좁고 먼 하늘길 찾아가는데
나는 당신의 그림자 되겠어요

우리가 말 좀 못하면 어때요
곁에만 있어 주면 그만 아녀요
우리가 눈 좀 어두우면 어때요
곁에만 있어 주면 그만 아녀요
우리가 못 들으면 좀 어때요
곁에만 있어 주면 그만 아녀요
우리가 팔이 곰배면 좀 어때요
곁에만 있어 주면 그만 아녀요
우리가 절뚝거리면 좀 어때요
곁에만 있어 주면 그만 아녀요

비록 선 밥에 날김치 밥상이라도
그저 마주 앉아 먹어주면 괜찮아요
비록 뒤를 잘못 가린다고 해도
그저 이름만 불러주면 괜찮아요
비록 수세미 같은 살이지만
그저 대고만 있어도 괜찮아요
비록 천장을 향해 함께 누었지만
그저 숨소리만 들려도 괜찮아요
비록 민망하거나 괴로울지라도
그저 바라보게만 하면 괜찮아요

> 좁고 먼 하늘길 찾아가는데
> 당신은 나의 그림자 돼주세요.

*임양수와 권홍락의 사랑을 위해,
동생 오호의 쾌유와 빠른 회복을 기원하며… (曉天, 林雄洙)
2009.09.01

후렴

퇴원 후 온몸이 가렵고 붉은 반점이 솟는 알레르기 때문에 고생을 한다. 처음에는 병원 탓도 했지만 노쇠해지는 나의 신체는 생각 못 했다. 차츰 지내면서 알레르기를 내 몸으로 수용하기로 마음먹었다. 열이 나면 차가운 냉찜질이나 시원한 곳에 몸을 대면서 언젠가는 정상으로 돌아오리라 생각하였다. 고통과 절망이 엄습할 때마다 나를 일어서게 해준 것은 '삶의 흔적' 기록이다. 병상 노트는 내 침대 머리맡에서 진통제 역할을 해준다. 퇴원 후 노트 한 권 분량의 병상일지를 펼쳐보니 그간에 감회가 새롭다. 독한 주사와 소독 냄새에 찌든 얼빠진 자화상도 사랑스럽다.

그간 남편의 병간호에 침대 밑에서 또아리 튼 채 병석을 지키랴, 왕래하던 아내의 잔잔한 노고에 감사한다. 쓸개는 배꼽 밑을 통해 어디론지 가버렸다. 내 몸의 장기 하나가 잘려 나갔다. 흔히 결단성 없고 우유부단한 사람을 쓸개 빠진 놈이라고 했다. 내가 그 짝이다.

삶의 흔적

임양수 회고록

4부 틀 밖

꿈꾸는 안흥항

무전 여행기

남산 자취 시절

월남Vietnam 파병기

처녀 가수 이미자와 만남

서유럽 5개국 탐방기

구름밭에 앉아서

멋진 노은 선사 공원에서

우이동 백일장

서울행 완행열차

판문점 DMZ 탐방기

창조적 혼돈

'피난길' 삽화 한 장

▶ 꿈꾸는 안흥항

안흥항安興港은 충남 태안군 근흥면 신진도리에 있으며 1978년 1월 20일 국가 어항으로 지정받았다. 2015년 2년간 300m 길이 폭 3m의 안흥과 신진도리를 잇는 아치형 '나래교'를 건립하였다.

예부터 사신들이 오고 가던 뱃길로 안흥항과 산둥반도의 유일한 통로였다. 산둥의 닭 우는 소리가 안흥까지 들렸다는 전설은 더욱 우리와 밀접한 관계였음을 아로새겨준다. 바닷물이 철썩대며 이루어진 해변에는 보석 같은 조약돌이 유난히도 햇빛 받아 반짝였다. 또르르 또르르 조약돌들이 굴러들어 오고 굴러나가고, 보면 볼수록 미소를 머금게 한다.

배포 컸던 서산 작가 정칠곡은 수십 명의 이신회원(현 대전 구상작가협회)들을 서산마방으로 초대하였다. 안흥항과 서태안 관광을 안내하던 그의 여유로움과 안경 밑 매부리 콧날이 더욱 반짝였다.

서산의 '레스토랑 마방' 안에는 황옥 모양의 돌멩이들이 실내 벽면을 장식하여 오가는 눈길을 끌었다. 마음속 한편으로는 해변의 돌에게 머지않아 경계경보가 울리겠구나! 하였는데 사실대로 실천되었다. 이리 보아도 저리 보아도 바다 풍경은 아름답다

통통배가 새하얀 거품을 내뿜으며 물살을 헤치고 떠나는 모습은 낭만 그대로다. 비릿한 생선 내음, 끼욱 끼욱 새소리가 한몫을 더하며 어부들의 태동이 한몫 더 거든다. 부둣가의 횟집, 흥청대는 관광객들과 흥정하는 소리로 항구를 또 찾게 만든다. 만선으로 들어오는 모습은 풍물 소리 드높고 청 황 백 펄럭이는 깃발이 현란하다.

내가 처음으로 찾았던 이곳, 안흥항의 스케치로 제2회 개인전의 의욕을 안겨주었으니 나에게는 희망적인 항구이다. 떨어지는 낙조에 홍조 띤 얼굴로 백사장에 누워 말없이 수평선을 함께 쳐다보던 고 김치중 교수가 떠오른다. 평소 말수는 적었지만 큰 그릇의 사내였다. 그와 함께 이루어낸 대전 미술의 역사인 '1995 대전 미술의 어제와 오늘' 상

재는 '대전 미술사' 크나큰 실적이요, 아카이브 밑거름이 되었다.
 서산 '마방' 대표인 정칠곡 작가가 몇 년 후 별세했다는 소식을 들었다. 그는 안타깝게 세상을 떠났어도 그날의 안홍항의 새바람은 교단에 고여 있던 나의 사고에 큰 변화를 안겨주었다.
 그는 이신회 부회장이며 한국미협 서산 지부장이었다. 홍익 미대를 졸업한 신진 사고의 작가로 사업과 작가 생활을 겸해왔다. 이신회(以新會) 회원들을 위해 배를 전세 내어 서산, 태안, 안홍항을 경유하며 1박 2일, 즐거운 스케치 시간을 베풀었다.

「개인전에서」

서예가 東波께서는 붓글씨로 나의 그림을 보고 네 개의 글과 자식의 앞길을 열어주시는 한시를 지어주셨다.
 五湖의 그림은, 〈江城如畵〉이다.
 湖方文作監事陽 호수 사방 문 작 하며 일을 보는 것이 빛나며
 五西明畵名振洓 다섯 서쪽의 명화가 있음이 사해에 빛나도다.

1985. 父, 于塘, 林正峰 書

▶ 무전 여행기

「나의 여행 방법」

고생 없는 소득은 없는 법이다. 고교와 대학 시절에 무전여행 시 몇 가지 경험담을 기술하고자 한다.
 여행이란 마음을 접고 오늘 현재 충실하게 보내는 생각이 좋다. 무전여행은 말 그대로 돈 안 들이고, 자고, 먹고, 느끼며, 다니는 여행이다. 그게 말이 되는 일인지 매우 궁금할 일이다. 그러나 1960년대에는 개개인의 능력에 따라 학생이라는 신분으로 보살핌이 가능하였다.
 숙식은 함께 이루어진다. '하룻밤 재워 주세요.' 말하지 않고 다음

날 아침, 그 집 대문에서 나오는 일은, 그럴듯한 상대방의 긍정이 뒤따라 주어야 한다. 도시에서는 주로 초등학교 숙직실, 교회 숙직실, 파출소 숙직실, 시골 지역에서는 이장댁, 면장댁, 교회당, 울릉도 같은 도서 지역에서는 주로 일을 도와주면서 주인집에서 거주하였다.

나는 학생신분증을 꼭 지참하였으며 배우고자 여행에 나선 젊은 학도라는 이미지를 상대에게 꼭 어필하였다. 또한 미술학도로서 화첩 및 화구를 챙겨 이젤을 펴고 길거리 사생도 하였다.

목포 역전에서 이젤을 펴고 그림을 그리고 있으면, 기차 시간 맞추어서

고교, 무전여행(제천)

구경꾼들이 빙 둘러서서 감상하였다. 늦은 시각, 다들 귀가하는 중에도 꼭 한 명은 끝까지 남아있는 그와 그림 친구를 맺었다. 미술 지망생, 애호하는 사람끼리 밤늦도록 대화를 나누며 그 집에서 보내게 마련이다.

시골의 명승지를 찾았다. 해 저물 시간에 마당 넓은 이장댁을 방문하였다. 나의 신분인 대학 학생증을 내보이며 평소 와보고 싶었던 곳이라서 이야기를 들으러 찾아왔다고 했다. 살펴보던 50대 이장께서는 "방안으로 들어오세요." 하였다. 그는 밤늦도록 풍광 좋은 명승지라면서 소개하다가 정이 들었다. 화첩에 얼굴 모습을 그려주니 음식이 나왔다. 아이들 방학 숙제를 도와주니 하루 더 있다 가라고 야단이었다. 툭툭 털고 다음 행선지를 향했다.

기차 승하차는 주로 큰 역은 피하고 시골 간이역을 이용하였다. 그 시절엔 울타리 없는 시골 역이 많았다. 기차역 젊은 종사원들도 무전여행 복장한 학생을 보고 고개를 흔들다가도 아우처럼 보아 넘기곤 하던 때다, 열차 내 승차표 검사 시는 승무원과 숨바꼭질을 일

삼았고 화장실에 숨기도 했다. 버스 이용 시는 시골 역에서 승차하여 맨 뒤에서 배낭을 깔고 앉아 있으면 여차장은 다른 손님 관리로 그냥 눈감아주었다. 방학이 되면 고생 삼아 청소년들이 떼 지어 몰려다니기도 하던 때였다.

대학 1년 방학 시절, 무전여행 길에서 기차역 앞 파출소에 들어갔다. 파출소 현관 위에는 아치형으로 '무엇을 도와드릴까요?'라고 적혀 있다. 당직사령에게 대학생증을 보여주었다. 고갯짓 방향으로 향하니 그 옆 숙직실에서 경찰 아저씨가 잠에 취해있었다. 담요 속으로 비집고 들어가 잤다. 지은 죄가 없으니 가능한 일이다.

임진강 건너 신탄리 전방에 도착하였다. 방첩대 간판이 보였다. 그들은 사복 착용으로 근무하고 있었다. 정문 앞을 기웃대다가 지나갔다. 드디어 대원 하나가 따라붙었다. 나는 의기양양한 모습으로 걸었다. 어느새 다가와 나의 팔짱을 끼며 "갑시다." 하였다. 나는 마음속으로 '미끼를 물었구나!' 하였다. 지하실로 안내되었다. 범상치 않은 복장의 나를 가운데 놓고 서너 사람이 빙 둘러섰다. 방첩대원들은 인상을 쓰며 "튜브, 어디다 뒀어! 배낭 속도 다 털어 봐!"

비상 쌀 봉지, 고추장 병, 화구, 화첩, 런닝셔츠, 사진첩 등이 쏟아졌다. 미술 대학생증을 유심히 보더니 화첩도 넘겨보았다. 고참 대원 하나가 진짠가 내 얼굴 한번 그려보라고 하였다. 스케치한 후 그림 한 장을 선물하였다. 의문의 둑이 터지며 그들과 함께 점심 먹으러 구내식당엘 갔다. 무전여행은 서로가 기분 좋게 통하고 자연스럽게 이어져야 한다.

「무전 여행가 김찬삼 교수와 만남」

그를 알게 된 것은, 1962년 고교 2년 시절, 우연히 원동元洞의 책방가에서 세계적인 무전 여행가 김찬삼(1926-2001) 선생의 '끝없는 여로'라는 책을 구입한 것이 계기가 되었다.

밤새 완독한 후 그의 팬이 되었다. 내게 감동을 안겨주었으며 마치 내가 주인공이 된 것처럼 기분을 들뜨게 했다. 인천고교 지리 교사였던 그는, 체험을 통해 참된 이미지를 확인하고자 휴직계를 내고 여행길에 나섰다. 처음에는 오토바이로 아시아를 누볐으며 다음 여행 때에는 중고 자동차를 구입하여 숙식을 해결하였다.

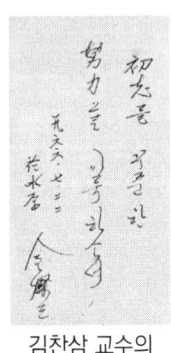
김찬삼 교수의 사인

아메리카를 횡단하면서 한국인 최초의 방문국에서는 한국을 알리는 무명 대사역을 맡기도 하였다. 그 후 고국을 떠나 여행에 나서면 3년 후에야 귀국할 때도 있었다. 여행을 통해 생각도 높이고 기행 속에서 늘 세상을 떠돌고 있는 보헤미안 신세가 되기도 했다.

고교 2년 시절, 김찬삼 선생의 기행문을 읽고 공감한 나머지 기산 정명희와 여행을 떠났다. 비록 열흘 정도의 충남 일주였지만 추운 겨울방학 기간에 그와 동행한 서부 지역 여행길은 돈을 주고도 못 살 추억을 남겼다. 그와의 무전 여행길은 내 인생에 자력갱생할 용기를 북돋워 주었다. 1964년 대학 1년 시절부터는 방학 중 일 개월은 홀로 다녔다. 여행 중 하룻밤 지샐 곳을 찾다가 수원농대 정문 수위 보던 아저씨 소개로 대학교 강당을 찾은 적이 있었다. 늦은 밤이 되도록 대강당에서는 전국 대학생 4H 경진대회로 한참이었다.

'이게 웬일인가!' 초빙 강사가 김찬삼 교수였다. 평소 존경하며 흠모하던 그분의 강의를 듣게 되어 뛸 듯이 기뻤다. 슬라이드를 통해 여행담을 듣고 보니 현장감으로 실감이 났으며 그의 뛰어난 화술은 일품이었다. 어디서 그런 용기가 났는지는 몰라도 세미나가 끝난 후 환하게 불이 켜지자 여행복 차림으로 무대 위로 성큼 올라갔다. 교수님께서는 여행 복장을 한 나의 모습을 훑어보셨다. 싸인을 요청하면서 무전 여행 중인 대학생이라고 신분을 밝히니 그는 내 손을 덥석 잡아 치켜 세운 후 청중 앞에 나를 소개를 하였다. "여기 나의 후배가 왔노라!" 하며 박수를 유도하셨다

그렇게 하여 꿈에 그리던 분과 한방에서 기숙하는 영광을 얻었다. 허나 평소에 존경하는 분을 만났는데도 말문이 막혔다. 그는 내 마음

을 읽었던지 미소를 지으시며 간간 말씀을 해주셨다. '초심의 맹세를 노력으로 달성하길 바란다.'고 하셨다. 경희대 지리학과 김찬삼 교수는 피곤하신지 코를 골며 잠에 취하셨다. 주무시는 모습을 지켜보며 평소 존경하는 마음을 담아 장문의 글을 써서 선생님 가방에 넣었다. 잠이 오지 않아 기숙사를 나와 새벽 기차에 몸을 싣고 중부 전선을 향해 떠났다. 전곡리 한탄강을 건너 신탄리에 도착하였다. 그날 밤은 군 방첩대에서 하룻밤 자고 기차에 몸을 싣고 귀갓길에 올랐다.

    추위와 허기 속에서도 무사히 여행을 마친 후 집에 도착하니 김찬삼 교수의 답장이 와있었다. 기숙사에서 나의 글을 읽고 써준 회답이었다. 동남아 여행에서 찍은 사진 두 장도 동봉해 주셨다. 지금도 빛바랜 그의 편지를 60년 넘게 보관하고 있다. 고교 시절과 대학 시절엔 방학이 되면 무전여행으로 남한 일주를 단행했다. 여러 곳에서 사람을 만나면서 다양한 삶의 소중함을 느꼈다. 자연의 정취를 사진에 담으며 스케치 작품도 남겨. 차후에 교사 생활과 작가 생활에 도움을 받았다. 김찬삼 교수께서는, 14년간 다닌 여행 거리가 지구를 32바퀴 돈 사람이다. 황해도 신천 태생으로 경희대 세종대에서 교수를 역임, 1959년부터 160여 개국 여행 1,000여 도시를 탐방하는 등, 인천에 여행도서관을 개관하였다. 그는 2001년 75세로 별세하셨다.

「불국사, 석굴암에서」

    1966년 서울에서 미술대학 2년을 마친 후 군 입대를 앞두고 기분 전환 겸 전국 무전여행 길에 나섰다. 첫 목적지는 신라의 수도 경주였다. 나당의 연합으로 백제를 멸망시킨 신라의 수도이다. 그 시절에는 수학여행지가 주로 경주이고 보니 백제인으로 아이러니했다. 이곳 신라인들은 공주나 부여로 수학여행 코스를 잡기나 하는지 궁금하였다. 남한 일주 여행 중에 영남지방의 도시 및 산천을 두루 살피다 보니 전라 충청 지역보다 매우 교통 사정이 좋았다. 이 지방에 돈을 쏟아 놓고 가니 관광 수입이 좋을 수밖에 없다. 아마도 박정희 대통령을 비롯하여 경상도 출신의 대통령이 여럿 나온 덕분이리라. 그러나 그 시절, 신라가 삼국을 통일시켰으니 한민족으로 그 업적은 자랑할 만하다.

대전에서 기차를 타고 경주역에 하차하여 불국사까지는 시내버스를 타고 갔다. 고도 경주는 기와지붕이나 담장의 모습들은 예스러운 고풍이 잘 간직되어 있었다. 우선 건빵 한 봉지와 수통에 물을 가득 채웠다. 무전여행은 낯선 곳에서 사람도 사귀고 그날을 의미 있게 보내는 데 큰 의미가 있다. 객지에서 고생이 따르는 것은 당연한 일이다. 불국사 돌다리가 반긴다. 울창한 나무숲에 가려져 절 모습이 안 보이

1965 대학 시절에 부산 여행단과 합세

니 입장표를 끊어야 한다. 입장료는 10원이었다. 나에게는 비상금 140원이 있다. 무전여행이니 돈을 안 쓰도록 노력해야 한다. 때마침 내 또래의 캠핑 학생들이 나에게 악수를 청한다. 여행에 임하다 보면 이심전심 서로 통하여 동행하는 법이다.

부산에서 온 대학생들도 함께 가게 되었다. 나의 입장권도 그들로부터 배려받았기에 그들과 함께 청운교에서 단체 사진을 찍어주었다. 사진을 꼭 붙여 준다고 하니 좋아했다. 절간 내를 돌아보며 과자와 담배도 서로 권하였다. 사찰을 둘러보니 문화재가 페인트로 화려하게 칠해져서 예스럽지 않았다. 바위 표면에 '재건'이라고 써진 곳도 있었다. 역사의 흔적을 가꾸기보다는 보호함이 옳다. 로마나 그리스를 다녀온 김찬삼 교수 말씀에 넘어져 있는 돌기둥에서 시대의 흔적을 엿볼 수 있다 했다.

그들과 함께 다보탑과 석가탑을 감상한 뒤에 석굴암으로 향했다. 토함산 기슭은 구불구불하다. 뱀길 닮아 배낭을 메고 한 구비 넘어도 두 구비가 또 나타난다. 숲속에 다람쥐들은 참새 소리마냥 째잭 째잭

거린다. 건빵을 던져주니 볼이 터지도록 받아 넣는다. 무전여행은 긴장의 연속이다. 오늘 하루를 어떻게 해결하며 보내야 하나 걱정도 된다.

무전여행은 고교 시절부터 익혀온 터라 조국 강토가 내 손바닥 크기 정도로 느껴질 때가 있다. 뭇사람들은 당신은 여한이 없겠다고 하지만 욕망은 끝이 없다. 일행은 토함산 정상에 있는 신라궁 다방에 들어갔다. 마음 푸근한 마담의 반김이 밝았다. 배낭을 창고에 맡긴 후 간편한 복장으로 석굴암을 향했다.

험상궂은 돌로 조각한 문지기 중동인, 나한상이 이놈들, 하며 반긴다. 이 석상은 그 시절 사라센인을 모델로 제작하였다고 대학 시절 서양미술사 방근택 교수께서 알려주셨다. 석굴암 실내에 입장하니 중앙에 본존불상이 지그시 내려다본다. 화강석 환조 작품으로 정교하게 조각되어 있었다. 본존불상의 몸 둘레를 살펴보다가 몰래 엉덩이를 만져보았다. 석재인데도 따뜻하게 느껴졌다. 석굴암 실내를 십 일면 관음 불상이 부조로 벽면을 들러리로 채웠다.

어느 스님께서 말하기를, 임진년 때 방향을 바꾸려고 왜놈들이 분해 해체하였다고 했다. 그들은 건립 실체를 연구한 후 재조립하느라 틈이 생겨 습기가 스며들어 붕괴 위험을 안고 있다고 했다. 세계적인 고고학자들이 몰려와 한국만의 보물이 아닌 세계적인 유산이라며 문화재 보호차원에서 실내에 유리벽을 설치하게 되었다고 했다.

삼단 같은 머리 마늘쪽 같은 코/ 앵두 같은 입술/ 두툼한 허리/ 알맞게 볼록한 젖가슴/ 고사리 같은 손가락/ 소라 같은 귀. 누군가가 "불상이 여자일까, 남자일까?" 하고 물으니 입술에 연지가 칠해져 있으니 여자 같다고 했다. 중생들에게 고르게 자비를 베푸니 중성이라고 말도 했다. 또한 이야기 중에 일행 중 한 사람이 농담으로, 부처님과 예수님과 내기 시합하다가 이마에 꿀밤을 맞아 멍 자국이 있다고도 했다. 기독교 신자의 의견일 것 같다. 개평 달라는 손가락 모습을 지켜보면서 모두가 폭소를 터뜨렸다.

신라궁 다방에 밤이 찾아왔다. 그곳에서 짐을 찾아 근처 공터에 텐트를 쳤다. 팩을 박고 줄을 당겼다. 다른 대원들은 저녁밥을 지었다.

석유 버너의 시 식식~소리가 요란하다. 오늘 나는 부산 사나이들과 잘 어울릴 것이다. 무전여행은 무에서 유를 추구하기 때문이다. 산의 정상인지라 밤바람이 차다. 텐트 줄을 세차게 묶었다. 야전삽으로 텐트 둘레에 배수로를 쳤다. 지은 밥은 꼬들꼬들 설익은 밥이었지만 꽁치 통조림과 잘만 씹어 먹었다.

식사를 마친 후 신라궁 다방에 갔다. 그들은 차 대신 국화주 한 병을 신청했다. 한두 잔씩 마시고 나니 취기가 돌았다. 다방 벽에는 불화佛畫가 많이 걸려있었다. 요염하게 생긴 레지 하나가 내게로 다가앉는다. 크로키 북을 꺼내서 아가씨 얼굴을 크로키 해 주었다. 그는 감사하다며 양주 한 잔을 권하였다. 그녀는 학창 시절의 추억을 내게 말하였다. 마음을 나누고 싶다고 하여 서로 연락처를 교환했다. 때마침 전축에서는 '트위스트' 곡이 흘러나와 기분이 충만되어 모두들 흔들어댔다. 나도 그녀와 한 쌍이 되어 춤을 추었다. 모두 들 입을 모아 괴성도 질러댔다. 신라궁 다방이 서울 무교동의 '쎄시봉, 디세네' 음악 살롱 같았다.

"뭐, 저런 놈들이 다 있노?"

석굴암 본존불께서 한 말씀 하셨을 것 같다. 텐트 속에 돌아와서 일행들은 여독과 독주에 취해 모두 뻗었다. 부산, 대전, 서울 청년들의 밤은 깊어만 갔다. 텐트 밖에서는 비가 내렸다. 나는 일찍이 기상하여 경주역을 통하여 관동팔경으로 향할 것이다. 간밤에 역사를 함께 엮어준 캠핑 벗들에게 감사한다.

토함산아! 잘 있거라.

(1966.8)

▶ **남산 자취 시절**

1963년 고교 시절, 홍익 미대 주최 '미술 실기대회'에서 풍경 수채화 부분에 입상하였다. 창성재단 이사장이신 성주련 교장께서는 상품을 두 배 더하여 시상하셨다. 청소년들의 재능을 위해 특기 장학생을 위한 제도를 실천하셨다. 오늘의 명문 창성 학원인, 중앙중고교, 대전여상, 대덕대학이 반듯하게 대전에 서 있다.

어머니께서도 일찍이 소질을 보여주었다며 정신적인 후원을 아끼지 않으셨다. 그 시절, 지방에는 미술대학이 없던 시절이니 꿈에 그리던 서울로 진학하게 되었다. 고3 시절, 미술대회에서 풍경 수채화 특선 수상이 큰 계기가 되었다.

하숙하던 형은 동생이 상경하니 자취생활이 시작되었다. 장충체육관 뒷길, 자유당 시절의 최인규 내무장관 사택을 지나 한참 오르다 보면 한성 벽에 쪼르르 기대선 판잣집들, 그중 한 칸에서 취사를 담당하며 자취 생활을 하였다. 산기슭을 타고 하산하면 장충단공원 건너편에 동국대학교는 가까웠다. 나는 충무로 5가에서 성북동 버스를 타고 등하교하였다.

경제권은 형이 책임진 대신 나는 물 지게질도 잘하였다. 쌀이 떨어지면 연탄도 떨어졌다. 학교에서 형이 오기만을 까막까막 기다렸다. 싸라기눈에 진눈깨비까지 쳐댔다. 먼발치에서 형이 오는 기척이 들린다. 천연 곱슬머리에 코트 깃을 바짝 올린 형 모습 머리 위로 싸락눈까지 덮여있어 마치 영화배우 최무룡처럼 느껴졌다. 형의 바바리코트 왼쪽 주미니에는 오징어 한 마리가 소주병에 감싸 찔러 있고 왼쪽 허리춤엔 봉지쌀이, 오른쪽 손에는 구공탄 두 장이 새끼줄에 묶여 있었다.

"많이 기다렸지?"

"엉"

진눈깨비 속 형의 입김에서 '알콜' 향기가 풍겨 여유로운 모습이 좋았다. 썰렁한 자취방에는 시 쓰는 형과 그림 공부하는 두 형제가 마주했다. 빈속에 오징어를 질겅질겅 씹으며 2홉들이 소주를 주거니 받거니 비워댔다. 형은 내게 말했다.

"우린, 부모님 덕분에 서울 생활이 고생스러워도 행복하지" 나도 "그려" 하며 응답했다. 예술 하면 배곯아 죽는다던 그 시절에 서울 유학까지 보내 주셨으니 우리는 고생스러워도 참아내야 한다고 했다. 형제는 고개를 맞대고 뜨거운 눈물을 나누었다. 서울 생활에 접하고 보니 형과 고단했던 자취생활이 피부로 느껴졌다.

고교 시절, 대전에서 생각한 형의 서울 생활과는 전연 다른 모습을 실감하였다. 물지게를 지고 충현동 언덕배기를 오르다 보면 허기가 졌다. 젊은 놈이 최소의 생활로 견디다 보니 허리도 한 저분이다. 단백질 고깃국이 그리우면 번데기를 된장에 함께 넣어 끓였다. 번데기가 동동 뜨던 그 시절, 형제는 지방질 섭취라며 웃으며 건져 씹었다. 그런 와중에서 현대문학 1차 통과한 형은 밤늦도록 2차 출품할 시를 정리하느라 밤잠을 설쳐댔다.

서정주 교수의 관심 속에서 국어국문학과 학회장인 형은 부담이 컸을 것이다. 오늘날 기라성 같은 문학 지망생들인 조정래 문효치 강희근 류근택 등 문우들이 남산 자취방을 들락거렸다.

그들의 문학 토론은 왕성하였으며 그 모습을 지켜보며 나는 술국을 끓여댔다. 그 시절, 화우들로부터 물감 동냥으로 팔레트는 늘 목말라 했다. 문틈으로 새어드는 연탄가스에 적응하며 하루하루가 강해져 가는 나를 의식하였다.

남산의 자취방에서 형제는 삶과 계절의 변화가 가져다주는 애환을 겪었다. 시와 그림이 노을빛에 보석이 되었으면 좋으련만 자취생활은 그리 녹록지 않았다. 형은 학생 간에 인기가 있어 과 대표로 뽑혔다. 문학의 밤을 주관하고 학회지 출간 등 문학도로서 빛나는 조명을 받게 되었다.

이목 집중을 받는 입장 대신 밤늦도록 시를 쓰고 여러 번 퇴고하는 모습을 지켜보았다. 작금에 노벨문학상을 넘겨본다는 소설 '태백산맥'의 작가 조정래도, 오늘날 한국문협회장인 문효치 시인도 한 타령이었다. 소설가 지망생 조정래는 방학이 되면 배낭을 메고 대전 우리 집 공부방에서 하룻밤을 자고 갔다. 그도 잊지는 않겠지만 울 엄니께서는 아들 친구 왔다고 지극정성으로 밥상을 차려주셨다. 나 또한 무전여행의 귀신이니 산 여행을 즐기는 그에게 '정래 형' 하며 잘 따랐다.

「시인, 서정주 교수님 만나다」

오십대 미당 서정주 교수께서 서라벌 예술대학교 문예창작과에 출강하셨다. 시성처럼 뒷머리 결이 신선 같았다. 교수휴게실에서 담배를 태우셨다. 나풀대며 물결치듯 뒷머리 결을 열 손가락으로 자연스럽게 빗어 넘기신다. 그의 머리형은 우리나라 시인들의 헤어스타일로 생각된다. 용기를 내어 휴게실에 들어가 인사를 했다.
"누구신가!"
"동국대 국문과 대표 임웅수 동생 임양수입니다."
"오! 그래, 비젓하군."
효천 형에 대한 이야기를 나누는 중에 대화를 다른 곳으로 하셨다.

*서정주 교수와 나누었던 에피소드를 시로 써보았다.

「삼베 수건 써보게나!」

1964년 여름,
우리 학교 교수 휴게실에서
未堂 시인이 엽차를 드시고 계셨다

신선 같은 너울성 머릿결이
시성처럼 고고하시다

조용히 다가가 인사드리니
"뉘신가요?"
"동국대 임웅수 아우 됩니다."
"어~ 비슷하군, 전공은?"
"미술입니다."

대화 도중 내 얼굴을 보자 "큰손님* 앓았군요.
삼베 수건 좀 써 보시게나" 하셨다
내 친구도 효과를 보았다며 추천하셨다

하굣길,
삼베를 구해 사용해 보았다
다음날
거울 속을 보고 으윽~하고 나자빠졌다

삼베의 강한 독성이 밤새 내 얼굴을 녹여버렸다.
에이씨~소리를 질렀다
광대와 턱이 헐어서 검은 진물로 까맣다

서 교수의 주의 당부를 형한테 뒤늦게 들었다.
내가 너무 성급했나 보다
그러나, 큰 시인과의 대화는 백미白眉였다
잘난 형님 덕분이었다.

*큰손님 : 천연두(Small Pox)를 신격화한 존재.

「기다림」

성벽을 의지한 자취방에서/오늘도 노을빛 젖어
남산 고갯길을/넘어오고 있을 형의 모습

형이라는 무게에/ 쌀도 연탄도 그림자처럼 얹히어
나의 눈빛이 형을 묶었다

기다림에 지친 아우의 한숨소리
남산 고갯마루 판재 촌 처마 밑에 덜렁거렸다.

▶ 월남Vietnam 파병기

미국 존슨 대통령 시절, 북베트남 월맹은 숲속에 '부비트랩' 설치 및 민간인 복장으로 베트콩 작전인, 왜소한 체격으로 비좁은 지하터널로 게릴라전술을 펼쳤다. 미 병사들은 속수무책 당하여 급기야는 한국군 파병을 이끌어냈다. 한국은 미국 정부의 부탁으로 1965년부터 7년간 1년에 5만 명씩 총 32만 명을 남베트남에 파병하였다.

출병 환송식 (부산항 제 3부두)

6.25 한국전쟁을 경험한 주월 사령관 채명신 장군의 지략으로 한국군들은 전투 성과를 거두었다. 그 결과로 7년간 파병하여 5천여 명이 전사하였고 파병이 끝난 후 현재까지도 그 후유증으로 보훈병원을 찾는다. 고엽제 환자 및 부상자들로 운집하는 광경을 지역보훈병원에 가보면 참전용사들의 현 상태를 볼 수가 있다.

국가에서는 파병을 원칙으로 하였으며 파병 용사들의 희생 속에서 생명 수당 달러를 100% 국가로 반입하여 국가 경제를 위한 원동력으로 삼았다. 귀국 시 한국 돈으로 이자 없이 받았지만 경부 고속도로 건설과 공업 분야에 이바지하였다. 오늘날 경제 대국 반열에 오르게 된 원인이 바로 참전용사들의 덕분이다. 정부에서는 위문편지 및 연예인들의 위문공연, 대학교 학생회장들을 직접 파월 부대를 방문케 하는 등 전쟁국의 실체를 경험케 하였다. 중앙대 예술대 미술과 학생회장이던 임병립林立 동문도 반갑게 월남에서 만났다. 뒤 포켓에는 스푼 하나가 반짝이고 있었다. 그 시절, 유명한 노래는 백야성의 '잘 있거라 부산항구야' 김추자의 '월남에서 돌아온 김 상사'였다. 장비 및 무기 제공은 미국이 전수 전담하였으며 참전 수당에서 장군은 210달러 사병은 계급별로 37달러에서 60여 달러까지 받았다. 우리 군의 수당은 미 병사의 3분의 1정도였고 생명 수당으로 54여 달러 받았다. 전투 수당은 국가 환속으로 한 푼도 못 받았다.

〈월남 참전, 춘천 오읍리 훈련소 입대〉

1969. 2. 3 부산 광안리 금정산 기슭의 부대에서 상병 말년 시절이다. 마지막 고향 휴가를 기다리다가 뜻밖에도 육군 본부 특명, 월남 참전 통보를 받았다. 눈 내리던 밤 부대원들의 송별회를 약식으로 마친 후 군용 따홀백을 메고 부산역 군용열차 편으로 강원도 '파월 특수훈련소'를 향하였다. 춘천역에서 군용버스를 갈아타고 산속으로 이어진 도로로 달리다 보니 급경사의 '베티고개'를 맞이하였다. 눈길 경사도가 가파른지라 차출된 용사들은 도보로 걸어갔다.

드디어 오읍리 파월훈련소 정문이 나타났다. 등록을 마치고 훈련복으로 갈아입었다. 어깨에는 선명한 맹호사단 마크가 붙어있었다. 도착과 동시에 M16 신형소총을 메고 월남 지형과 흡사한 곳에서 모의 정글 지형 교육이 시작되었다. 도착하던 날부터 야간사격, 정글 속 게릴라 침투 방법, 폭탄 설치법 등 실전과 같이 익혀갔다. 두 달간의 훈련이 지나자 부산항 3부두 출정의 날이 다가왔다.

드디어 4월 초, 용사들을 실은 트럭이 오읍리 훈련소를 출발하자 부대 주변 홍등가 아가씨들은 무운장구를 기원하며 붉은 입술에 V자 키스를 표하며 기다릴 테니 살아오라고 외쳐댔다.

춘천에서 군용기차로 옮겨 타고 부산항 3부두를 향하였다. 큰 역을 통과할 때마다 참전하는 아들의 이름을 불러대며 가족들의 환송 겸 울부짖는 소리로 가득했다. 기차는 달리고 달려 내 고향 대전역에 삐익~ 하고 정차했다. 환송객 중에 나의 가족은 없었다. 가족과 상의 없이 참전하기 때문이었다.

나는 고개를 돌렸다. 학생 시절부터 겪어낸 무전여행의 투지였다. 드디어 바람 찬 부산항 제3 부두에 도착하였다. 제2차 대전시 사용하던 미 구축함에 승선하였다. 부둣가에는 뱃고동 소리와 함께 부산의 학생들로부터 뜨거운 환송을 받았다. 국군 군악대의 밴드 소리가 눈시울을 적시게 하였다. 태극기 물결 속에 거대한 파월선은 부웅~부웅 뿔고동 소리로 묵직한 닻을 들어 올렸다. 파월 군가가 되어버린 가수 백야성의 '잘 있거라 부산항'의 노래가 구슬프다. 조국과 민족을 위하여 잘 살아 돌아오라고 박정희 대통령의 송별사가 방송을 타고 들린다. 환송객들의 플래카드가 점점 멀어져갔다. 제4제대 파월 선에는 육군 맹호부대와 해병 청룡부대 용사들이 사기충천한 모습으로 승선하였다.

미 구축함은 세계 2차 대전시 사용했던 함선이다. 배는 일본 '홋카이도'에 도착하였다. 참전용사들을 위한 생필품을 구입하는 중간 도착지점이다. 일본은 6.25 한국전쟁 때도 장사요, 월남 전쟁 시에도 장사하고 있다. 우리는 목숨 걸고 달라 돈 벌러 전쟁터에 가고 일본은 경제동물 소리를 들으면서 전쟁국을 상대로 장사하며 부국의 꿈을 꾼다.

밤과 낮을 가리지 않고 구축함은 쒸익~쒸익 바닷물을 헤치며 타이완 만의 아열대 지역에 들어섰다. 용사들은 어제의 추위를 잊은 채 후덥지근하여 내복을 벗어 던졌다. 와! 황혼 바다다. 저렇게 찬란할 수가, 감동 또 감동이다.

「감동」

황혼 바다에 붓을 푹 담가
동쪽 남색 하늘에 힘차게 뿌리고 싶다
금빛 노을 속에 찬란한 낙조
용사들의 얼굴엔 서광 꽃 드리웠고
용사의 가슴속은
애국의 설렘으로 불타올랐다.

「원평선」

갑판 위에 올라와 한 바퀴 돌아보니 바다는 원평선이다. 모두들 자연의 현상에 넋을 잃고 고요 속에 잠긴다. 높은 푸른 파도가 철썩거릴 때마다 배의 요동으로 갑판 턱을 잡고 구토하는 용사들도 보인다. 나는 무전여행 시 울릉도 가는 바다에서 뱃멀미를 이겨내던 호흡 방법을 이용하였다. 함선은 아열대 열풍 속에서 '퉁구, 퉁구,' 소리를 내면서 밤낮없이 계속 운행 중이다.

함선은 필리핀 해역을 지나가고 있다. 따뜻한 강남 지방으로 찾아가는 제비들이 뱃전에 앉아 쉰다. 여러 쌍의 참치군단들이 함선의 뒤를 따라서 오는 모습이 마치 배를 호위하는 듯하다. 내 부모 형제들이여! 나는 간다. 조국을 위하여 내 청춘을 바치러 간다. 밤낮없이 일주일간 장병들을 실은 함선은 폭풍우를 견디며 남지나해를 헤쳐 나간다.

함상을 비추는 새벽 바다의 영롱한 일출은 잘 익은 천도복숭아다. 수평선상에서 부글부글 끓어오르는 저 붉은 달덩이 하나~. 외갓집 원기 아저씨도 일제강점기 남양군도에 끌려와 동포끼리 탈출하여 뱀과 쥐를 잡아먹었다는 구사 일생기를 직접 들었었다. 나는 과연 낯선 전쟁터에서 어떻게 버텨낼지 궁금하다.

드디어 일주일간의 항해 끝에 월남 '퀴논' 항에 도착하였다. 새벽 아침에 베트남 동해, '퀴논' 항에는 화환을 안고 새하얀 아오자이 입은 여고생들이 가녀린 몸매로 미소를 띠고 서 있다. '그들은 무엇을 느끼면서 서 있을까!' 태극기와 월남기가 함께 펄럭이고 군악대의 팡파르 소리 속에서 그들은 꽃다발을 한국군 대표에게 걸어 주었다.

드디어 맹호부대 수용연대에 입소하였다. 목이 말라 물탱크 꼭지에서 물 한 컵을 따라 마셨다. 뜨뜻미지근하여 기분이 상했다. 오후엔 적응 훈련이라며 뜨거운 열기 극복으로 땅바닥에 코도 박았다. 군복에 땀의 염기가 하얗게 서린다. 이제야 밍밍하던 물맛이 시원하게 느껴졌다. 적응이 되고 있다는 징조다. 유격훈련장에서 '부비트랩' 및 '크레모어' 설치법과 폭탄 투척 및 현지 적응 훈련을 하였다.

「V. C의 공격」

야간 매복을 끝내고 자정 시간에 밤잠을 청할 때였다. 참전병 막사를 뒤흔드는 엄청난 굉음 소리가 들렸다. 철 파편 터지는 소리로 맹호사단을 뒤흔들었다. 베트콩들의 박격포 공격이었다. 또다시 쉬~이익 날아와 우리 막사 부근을 강타하였다. 파병 첫날에 '어름 땡 축하 폭격인가!' 사령부 전초기지는 비상이 걸려서 조명탄을 공중에 쏘아대니 대낮처럼 밝다. 참전 신병들은 혼비백산하여 기존 병사를 따라서 상황을 주시하였다.

파월 고참병을 따라 지정된 벙커에 썰물처럼 배치되었다. 말 그대로 시작이 반이었다. 다음 날 새벽, 전원이 잠복초소에서 날밤을 새웠다. 아침이 밝아오자 경비소대장이 짤막하게 알려준다. 간밤에 베트콩들이 기습 공격하여 아군 3명이 사망하고 7명이 부상 입원 중이라고 알려주었다. 첫날밤부터 파병전이 시작되었다. 분대장 하나가 빙긋이 웃으며 "별거 아녀, VC란 놈들은 꼭 신병 도착하면 신고탄을 발사하거든." 하였다. 그는 참전 고참답게 크~윽 대며 양 맥주 한 깡을 쭈~욱 들여 마셨다.

강렬한 태양은 나의 팔뚝과 얼굴을 사정없이 달군다. 본부에서 나를 비롯하여 십여 명의 명단을 발표했다. 너희들은 십자성 100군수 사령부로 간다. 트럭에 몸을 싣고 베트남 남부 해양도시라는 고도古都 나트랑 해안에 도착하였다. 해변에서 휴식을 취하면서 자유월남 젊은이들의 싱그러운 모습에 의아했다. 전쟁터가 아니고 평화스러운 도시였다. 월남은 폭탄이 터지는 곳이 전선이라 했다. 토요일 오후 야자수 가로수 길을 오토바이 혼다의 물결들이 진을 치고 달린다. 아가씨의 아오자이 하얀 옷 꼬리들이 바람에 연 꼬리처럼 날렸다.

뽀오얀 얼굴에 엷은 미소의 아가씨들, 혼혈인 듯한 백인 처녀들도 섞여 있다. 드디어 내가 근무할 100군수 사령부 제8 인쇄 중대에 배속되었다. 저녁 식사는 안남미 밥과 C레이션(美 전투식량)을 먹었다. 다음날 아침에는 된장 국물에 K레이션(한국 전투식량)을 먹으니 살 것 같았다. 퀴논에서 일주 동안 미 병사 식량을 먹었더니 속이 더부룩하니 불편했는데 모국의 음식맛에 흠뻑 빠졌다.

사령부 적응 지도를 받고 일주 후 소속 부대인 제8 인쇄 중대에 신고하였다. 부산의 인쇄 공창이 본부이고 국내 7 지역과 월남의 나트랑의 8지구로 국방부 특별 파견 중대다. 명색이 육본 특명에 의한 911 화공병이다. 이곳에서 나의 보직은 작전 상황 홍보 기획병이다.

비밀 취급 관계로 막사 주변에는 주월한국군 사령부 소속 작업인 한국군용 쿠폰(달러 지폐) 인쇄 작업 시에는 권총잡이 첩보병들이 경비를 서준다. 미 본토에서 공수된 특수 인쇄기로 꽤 좋은 판화 경험을 쌓는다. 작전 리포트, 차트 작업 등 삼엄한 경비 속에서 맹호, 백마, 청룡, 십자성 마크 도안도 이곳에서 그려졌다.

현수막 작업을 마치고

사열식 정경

선임하사, 유종택 중사 지도하에 일주 동안 주월한국군 사령관인 채명신 장군과 신임 이세호 사령관 이취임식장 꾸미기 작업이 시작되었다. 20m 길이에 폭은 4m 대형 스텐실 플래카드 작업이다. 그는 대학교 미술 전공자라며 내게 특별한 대우를 제공하였다. 그와 함께한 작업은 잊지 못할 추억일 것 같다. 작품 완성 후 유 중사는 연병장에 걸린 현수막 아래에서, 파월 초 함께한 작품이라며 나를 넣고 기념사진을 찍어주었다. 문자 디자인 감각이 특출한 그는 제대 후 MBC TV 미술제작실에 취직하였다고 들었다.

낮에는 화공병으로, 야간에는 부대 전초기지 잠복근무에 투입되었다. 부대 벙커의 샌드리 빽 쌓기, 정글 도로 초소 부근 정글 제초 작업에 동원되고 때로는 부대 방어 정글 수색부대에 편성되었다. 늘 무더위로 녹색 군복에 소금기가 하얗게 서렸다. 물 한 컵을 마시려면 소금한 알과 말라리아예방 알약을 꼭 함께 먹었다.

「올빼미 시간」

오늘은 권총을 차고 당직하사 날, 풀벌레 소리에 지새는 깜깜한 밤에 노란 완장에 빨간 두 줄이 선명하다. 우기는 열대지방의 겨울, 건기는 아열대 열기의 여름 남십자성 별빛 속에 주야 온도 차가 심하다
밤바람은 차고 긴장이 감도는데 천정에 붙어 째잭이는 도마뱀들의 합창 소리, 북두칠성이 배꼽을 쥐고 거꾸로 누워 웃는다.
1969. 9. 13 야전잠바에 방탄조끼를 착용하고 야간 매복에 나섰다. 노출된 피부를 공격하는 작은 VC(베트콩)라는 모기와의 전쟁을 치른다. 벙커 조장의 지시 따라서 밤 12시가 되면 철조망 전방을 향해 무차별 기관총 사격을 가한다. 일종의 엄호로서 베트콩 침입을 사전에 차단시키는 경고성 사격이다.
조수는 실탄 피를 수거한다. 귀국 시 부산 병기창으로 보내져 M16 자동소총을 만든다. 소모전이지만 우리에겐 하나 버릴 것이 없다. 매월 받는 생명 수당은 병장 66달러다. 80%는 고국의 육군 경리단에 자동 입금된다. 나머지 20%는 파월 한국군용 쿠폰으로 바꾸어 한국군 PX에서 사용한다.
결국은 달러 100% 전액이 모두 한국군 경리단에 입금이 된다. 뒤에 안 사실이지만 미국 참전용사들은 전투수당도 받았다는데 한국군에겐 무소식이었다. 군사정권 시절이니 국가에서 산업 개발 명목으로 직접 받아 챙긴 듯하다. 월남 참전용사 단체에서는 받아내려 해도 오래 지난 일이라며 일체 반응이 없다.

어느 날, 밤비는 주룩주룩 내려도 부대 경계 야간 잠복은 휴일이 없다. 초소 철책선 가까이 검은 물체가 어른거리자 조명탄을 발사하고 '크레모아'를 눌렀다. M16 자동소총으로 갈겨댔다. 각 초소마다 비상

이 걸려 귀가 째지는 폭음으로 얼얼하다. 동트는 새벽녘에 확인하였다. 상황을 확인해 보니 사람만 한 왕도마뱀이 으스러져 있었다. 모두들 헛웃음 지으며 철수하는 헤프닝도 겪었다.

「이정삼 중사와 만남」

X마스카드

야간 잠복을 끝내고 11 항공 헬기 중대에서 아침 식사를 하던 중이었다. 육군헬기 소속 중사 한 분이 식사하는 내 모습을 유심히 보더니 "어엉, 이게 누구야, 양수?" "야, 너 이정삼!"

동시에 소리를 지르며 두 손을 잡고 연병장으로 뛰어나가 격투기 하듯 껴안은 채 좌우로 한없이 뒹굴었다. 식사 중에 병장과 고참 중사 간에 싸움이 일어난 줄 알고 모두들 웅성댔다. 그는 고교동기생으로 부모 별세로 학업을 중퇴한 뒤 육군 하사관 교육대에 지원하였다. 차후, 월남 참전 헬기 소대에서 근무 중인 이정삼 중사였다.

귀국 후 제대하여 충남도청 소속 헬기 관리 담당자로 근무 중이라고 들었다. 나 역시 제대 후 대전에서 교사로 근무하고 있었다. 졸업식 날, 우리 반 학생 졸업증명서를 발급 중에 보호자 칸에서 '이정삼'을 읽고 나서 "혹시 아빠가 나 안다고 안 하시던?" 하고 물으니 고개를 끄덕였다. 아빠께서 하시는 말씀이 내 아들만 신경 써주실 것 같으니 말하지 말라고 하셨다는 것이다. '이런 녀석이 다 있나!' 하고 기가 막혔다. 즉시 친구에게 전화를 걸었더니 그는 '허허허' 웃는 바람에 나도 따라서 웃었다.

십자성 부대 지역 OP 근무 중에는 매주 토요일 오후에는 자매마을을 방문하였다. 그들로부터 정보제공을 통한 대민사업 관계였다. 평소 준비한 간식을 제공하며 아리랑 노래와 함께 그림도 그리면서 소년들과 어울렸다. 그들에게 제공된 간식은 초콜릿, 껌, 비스킷이지만 아이들은 좋아라 하며 오는 날만 손꼽아 기다렸다. '따이한 깜옹율람' 줄을 세워 공평하게 나누어 줄 때 뒤에 있는 꼬마가 채뜨려서 흙먼지 속에서 쟁탈전이 일어났다.

6.25 한국전쟁 시나 또한 UN군들에게 '할로 오케이 씨가렛 껌 기브미' 하면 병사들이 차 안에서 던져주며 그들은 흙투성이의 꼬마들의 모습을 사진을 찍어 자신들의 나라로 보냈었다.

귀국선에서

지구상에서 어느 곳에도 전쟁 상황은 같다. 고난과 굶주림 속에서 힘없는 자들의 희생이 따른다. 강간, 사랑, 이별 등 이야기가 주가 되지만 전쟁은 모든 것을 무기력하게 만드니 연습으로도 일어나면 안 될 일이다.

나의 어머님께서는 이 시간에도 부엌 한편에 청수淸水를 떠놓고 기도하실 것이다. 전쟁터에 간 녀석이 부모 가슴 조이게 하였으니. 너도 부모 되어 겪어봐라, 어미 속 타는 심정을!

고엽제에 시달리는 참전자들. 월남전은 10년 전쟁(1965~1975)이다. 한국군은 1973년도에 철수하였다. 조국 경제의 발전을 위하여 참전하였는데 국가에 헌신한 용사들에게 열화같은 성원들이 식어가고 있다. 1975년 자유월남 패망으로 공산화가 되었기 때문이리라.

국립묘지에는 월남 참전 5천여 영령들이 잠들어있다. 파병 용사들에게 용병이니 외화벌이로 싸잡으며 품격을 낮출 때마다 가슴이 저리다. 그 시절, 사실이 그랬다 해도 국가 경제정책을 위한 참전용사들의 애국심 발로가 퇴색되지 않기를 바란다.

50여 년이 흐른 오늘에 이르러도 고엽제 병에 시달려 말라 죽어가는 표정 잃은 참전용사들, 나 역시 참전 후유증으로 간담관 기능 저하로 황달과 피부염에 시달리고 있지만 고생하는 고엽제 전우들은 고통의 나날에 젖어 산다. 최근에 국가유공자 대우와 보훈청을 보훈부로 상향했다. 참전 명예자들은 2020년부터는 국가의 혜택으로 보훈병원 진료비를 10/1만 지불하면 된다.

나는 가끔 두 가지 덤으로 산다. 첫째는, 어린 시절 역병에서 살아났고, 둘째, 참전용사로 용케도 살아나왔으니 산화한 그 '젊은 용사들의 몫'까지 살아야 한다. 외화벌이 용병으로 참전하였다 해도 국가 산업 발전의 토대를 이룬 그들의 충혼을 잊어서야, 그 누가 국가를 위해 젊은 목숨을 던지겠는가!

▶ 처녀 가수 이미자와 만남

OP에서 이미자 씨와

내가 주둔한 나트랑은 해변이 에메랄드처럼 빛나는 항구다. 한국의 해운대 같은 곳이다. 그녀는 고국 동포 위문 연예인 월남방문단으로 참가하였다.

그녀와 처음 만남은 1969년 3월, 십자성 부대 방위로 산 정상 OP에 근무할 때다. 이미자 그녀는 나보다 세 살 위 25세 처녀였다. 나는 병장 계급으로 나트랑 사령부 OP 분대장으로 근무 중이었다. 연예인들은 4, 5명씩 헬기에 편승하여 고지에 설치되어 있는 한국군 초소를 위문차 방문하였다. 미니스커트 차림의 처녀 가수 이미자와 조미미, 남성남 사회자였다. 군 헬기에서 내린 그녀는 상냥한 음성으로 '수고들 많습니다.'라며 용사들에게 악수도 청하고 가벼운 포옹도 해주었다.

그들이 온다기에 서둘러 종이를 연결하여 매직으로 '모국 동포 방문

환영'이라고 OP 처마에 써 붙였다. 연예인도 참전용사들처럼 방탄 조끼에 화이바를 썼다. 언제 어디서 날아올지 모르는 폭격에 대응하는 자세였다. 그 시절 그녀와 어깨를 기대며 찍은 흑백사진 한 장을 간직하고 있다. '고국을 떠나 타국에서 만나는 동포들은 애국자가 된다.'라는 말이 실감이 난다. 살벌한 세상에서 겪어 보지 않으면 동포애를 짐작하지 못한다.

다음날, 특별히 OP에서 하산하여 한국군 나트랑 사령부에서 개최하는 대형 '모국 동포 위문 쑈'를 감상했다. 코미디언 심철호 남성남의 사회로 앵콜 박수가 연이어 터졌으며 가수 이미자는 열댓 곡을 부르고 내려갔다. 간간 여자 무용수들의 '스트립 쇼'가 벌어지면 무대 위에서 무용수들과 춤도 추고 환호 속에 사기를 드높여주었다.

오늘에 이르러 83세를 맞이한 그녀도 황혼기를 피할 수는 없었다. 마이크를 잡을 때마다 월남 공연을 다섯 번이나 다녀왔다며 용사들과의 한때를 기억한다며 말했다. 그녀는 한국군들이 월남에 참전하여 외화를 벌어들여 국가 경제발전의 초석을 이루었다며 목숨과 바꾼 그들의 노고를 잊지 말아야 한다고 회고하였다. 만리타향 먼 곳 이국땅에서 고국 동포라는 단어만 들어도 콧등이 찡하던 그 시절이었다.

1989년 KBS는 '방송 80주년 기념행사'로 세종문화회관에서 이미자 개인 콘서트를 열어주었다. 열아홉 나이로 1964 '동백 아가씨'로 전설적인 가수가 된 그녀의 노래 중에 '동백 아가씨, 기러기아빠, 섬마을 선생님' 3대 히트곡이 왜색가요 엔카 표절 구설수로 방송 금지를 받아 21년간 방송을 할 수 없었다. 1989년에서야 제자리를 찾게 되었다고 울먹였다. 그날의 뜨겁던 노래들이 애국심으로 우리들 가슴을 어루만져 주었다.

그는 가요계의 여왕이라는 명칭답게 국민 모두에게 친숙하다. 2,000여 곡에 음반만 200여 장을 내었다. 그의 노래는 국민들의 애환을 풀어주었다는 공로로 국가에서는 '문화보관 훈장'을 수여하였다. 2025년 현재까지 84세로 생존하면서 한국가요의 맥을 지켜오던 엘레지 여왕 이미자 씨도 2025년 4월 공연 뒤 은퇴를 선언한다고 밝혔다.

▶ 서유럽 5개국 탐방기

대영 박물관 앞에서

2004 정년퇴임 몇 년 앞둔 시기에 서유럽 탐방 교사 선발에 통과되었다. 중고교별 1명씩 추천되었다. 명칭상 교과별 유공 교사 23명 선발이다. 목적은 해외 문화 교육 탐방이었다. 대기업의 지원으로 다년간 중지된 것이 부활이 되어 개인당 3백오십만 원씩 배당되었다고 들었다. 모두들 우월한 기분에 들떠 있을 때 서부교육청 장학사는 나를 향하여 미술 교사로는 유일하게 뽑혔다고 부추겨주었다. 지나간 휴가 시절에는 교직원 부부끼리 미국령 하와이, 일본, 태국을 비롯한 동남아 일주, 중국, 대만, 등을 다녀보았지만 서양미술 전공자로서 서유럽 문화 체험은 천금과도 같은 좋은 기회였다.

탐방할 5개 국가명은 다음과 같다. 영국의 런던, 프랑스 파리, 스위스의 로잔, 취리히, 루체른, 오스트리아의 인스부르크, 이탈이아의 베니스, 플로렌스, 로마, 나폴리, 봄베이, 쏘렌토, 바티칸 순이다. 서양 문화역사의 발생지인 고대 이집트를 비롯하여 메소포타미아, 에게해, 그리스, 로마의 기독교 중세 문화와 비잔틴, 로마네스크, 고딕, 르네상스, 바로크, 로코코, 고전주의 낭만파, 자연주의, 사실파, 인상파, 후기인상파, 등 체계적인 서양미술의 실체를 체험하는 좋은 기회로 여기며 학생들에게 고품질의 교육을 선사할 것을 다짐하였다.

그리스를 정복한 로마가 그리스의 문화를 추종하듯이 서유럽은 국가별 국경이 없는 듯 이웃 나라와 교류하였고 세계인들이 넘나들며 즐길 수 있도록 자국의 문화유산을 고소득의 반열에 올려놓았다.

기대에 부푼 체험 연수단은, 2004년 8월 2일 대한항공 907기에 몸을 싣고 12시간 만에 영국 런던의 '히드러' 공항에 무사히 도착하였다.

입국 절차 시 십여 명의 피부색이 다른 젊은 남녀직원들을 보고 인종 박물관을 보는 느낌이었다. 과거 대영제국 시절에 여러 나라를 식민 지화한 결과로 여겨졌다. 아시아를 비롯하여 흑 백 황의 다민족으로 조화로움을 느꼈다. 일행은 소박한 시골 다방 같은 분위기의 찻집에서 햄버거와 차를 마셨다. 소박함이 이곳의 생활 풍습처럼 느꼈다.

전용버스에 올라 런던의 학교 동네를 한 바퀴 돌면서 19세기 동네 목조주택 창문 베란다마다 아침햇살에 활짝 피어난 꽃 화분들이 우리들을 반겨 맞았다. 교육의 나라로 유명한 영국의 한 초등학교를 찾아갔다. 현대식으로 반듯하게 세워진 교사 건물 저 멀리 낡은 교사 건물 한 채는 과거와 현재를 느낄 수 있도록 하였으며 역사성을 한눈에 보여 주었다.

길거리 벽면과 학교의 담벼락의 스프레이 그래피티(Graffiti) 낙서들, 벽화 문화가 자연스러운 유럽 국가들, 고대와 현대를 한눈에 아우르게 하는 조화로움은 우리의 정서와는 동떨어져 있음을 느꼈다. 영국은 반세기 동안에 교육개혁 정책이 두 번 정도 바꾸었다고 한다. 교장은 자부심 강한 사장 격이며 교육 자치단체장을 겸하고 있다. 대학교는 100%가 국립이며 초중고교는 93%가 공립으로 교육비는 무료다. 사립학교는 학비를 내야 하지만 진학률이 높다. 외국인 자녀는 주로 사립학교 진학을 해야 한다. 교육정책도 수출 종목에 속한다며 인솔 가이드는 힘주어 말한다.

「런던의 대영박물관」

건물 전체에서 그리스식 건축양식이 풍기는 위압감이랄까! 총칼의 위세 등등한 정복자들의 힘일까! 박물관의 유물들은 대개가 이집트에서 가져온 피라미드 속의 유물로 느껴졌다. 오늘에 이르러 이집트는 돌려줌을 원하고 있지만 박물관 측은 세계적인 문화재를 보존해 주는 차원을 내세우고 있다. 2000년 11월에 개관한 396.72㎡ 크기의 한국관을 보니 반가웠다. 구석기 유물에서 청자, 백자 등 250여 점이나 전시되고 있었다. 아쉬운 것은 국가적인 차원의 시설이 아니고 개인사업자들의 기증품으로 채워져 품격이 좀 아쉬웠다. 영국 주재 한국 대사의 모습이 궁금했다.

「프랑스 속 '파리' 국처럼」

　영국과 프랑스를 연결하는 지하 열차 '떼베르'에 몸을 싣고 세계 2차 대전시 상륙작전으로 유명한 '노르망디'를 통하여 프랑스 파리로 향한다. 파리 여인들은 젊은 피카소의 초기 화풍에서 느끼는 모습으로 거리를 거닌다. 건물 밖에서는 '르네상스' 같은 느낌을 주지만 실내 생활은 최첨단 문화를 즐긴다. 과학적인 생활양식을 창출하여 정밀한 무기 수출을 꾀하며 신예술의 자존심을 살리면서 섬세함을 추구하고 있다.
　꿈에도 그리던 화가들의 선망 대상인 프랑스 파리 시가지를 돌면서 가이드의 소개를 들으며 파리의 도심지를 지난다. 인공 강물인 세느강의 배를 타고 가는 중에 '노트르담 성당'에 도착하였다. 높이 69m 170년 만에 완성된 자태를 훑어보고 실내로 입장하니 장미창인 스테인드글라스가 반긴다. 색 유리창의 세계적인 권위자 대전고 출신 프랑스 김인중 신부 화백이 떠올랐다. 2022년인가 화재로 인하여 뾰족탑 핵심 부분과 내부가 소실되어 2025년 현재도 복원 중이다. 교단에서 미술 감상 수업 시간에 노트르담 성당을 대전의 대흥동 성당에 비유한 점을 반성하고 있다. 관광 시즌이면 파리인들은 다른 나라로 관광을 떠나고, 그 대신 세계 여러 나라 사람이 파리를 찾는다. 파리에서 '자유의 여신상'을 본 후 에펠탑에 갔다. 파리 시내 중심에 건축되어 있어 시계 얼굴처럼 사방으로 펼쳐진 길 중심에 우뚝 서 있었다. 탑에 올라 파리 시내 전역을 수문장처럼 한 바퀴 둘러보았다.

「프랑스파리 루브르 박물관 (Musee Du Louvre)」

　그곳은 그 시대 정복자들의 보물창고였다. 세계 문화유산들을 집대성한 곳으로 관광 수입을 올려주고 있었다. 우리들의 문화재도 과거

침략자들의 약탈로, 한국전쟁 시절에 파괴 및 화재로 안타까운 수난사가 있었다.

루불 궁은 1852년 나폴레옹 3세 때 건립하여 보물 40 만점이 수록된 궁전이다. 기독교 중심의 중세 미술 문화의 집대성을 한눈에 볼 수 있는 곳이다. 르네상스 시대는 3대 천재 화가들이 전성기로 이끌었다. 레오나르도다빈치가 그린 15호 크기의 '모나리자'는 구석진 곳에서도 여전히 뜨거운 사랑을 받고 있었다.

BC25년, '라오콘' 군상 앞에서

베르사이유(Chateau de verseaines British Museeum) 궁전은 바로크식 건축술로 남성적이며 웅장하였다. 루이13세 때 건립되어 주변 환경은 사냥과 휴식 공간으로 끝이 안 보이도록 넓혀 50여 년간 공을 들였다. 프랑스 시민 대혁명으로 왕조가 몰락하여 '루이 14세' 황제는 혁명군에 의해 단두대 이슬로 사라졌다. 관광객들은 일본인들이었는데 현재는 한국인, 중국인들이 주를 이루고 있었고. 차후엔 동남아 베트남국이 아닐까 생각한다. 관광객들이 쏟아놓고 가는 유로화가 그들을 윤택하게 만드니 조상의 빛난 얼의 단어가 감탄할 만하다.

「스위스의 루체른」

스위스는 1인당 4만 불의 국민소득으로 부국에 속한다. 만년설의 나라, 요들송이 들림직한 푸른 초원의 소녀 하이디가 떠오르는 나라다. 알프스의 산정을 가려면 거처야 하는 마을이 루체른이다. 승강기로 오르기 전에 마을 곁으로 내리쏟는 빙하의 물줄기가 산기슭을 때리며 요란하게 내려간다. 정상 부근의 바위가 설산에 어우러져 마치 雲山, 조평휘(1933-) 화백의 수묵산수화 같았다.

'루체른' 필라투스봉(해발 3,020m) 정상 가까이는 승강기를 타고 올랐으며 하차하여 설산을 직접 걷다 보니 대전 생 알프스 등산대장이던

4부 틀 밖 **169**

故 고상돈 대원이 떠올랐다. 그는 아직도 눈 속에 잠들어 있다.

〈오스트리아의 인스부르크(Innsbruck)〉

동계올림픽(1964)이 열렸던 국가로 올림픽의 본부가 이곳 '인스부르크'에 있다. 시가지 중간 위치에 가로지르는 석조다리를 경계로 신시가와 구시가로 나뉘어있다. 한쪽 도시는 17세기 바로크식 문화가 맞은편 도시는 현대건축으로 건립되어 대조적으로 문화 전통을 유지하고 지낸다. 다리를 경계로 마치 타임머신과 같은 도시이다. 사방이 알프스 산으로 둘러싸여 있어 스키천국이다. 스키장 120개, 리프트 1,100개가 평소 움직이고 있다. 자연보호가 잘되어 있는 나라다. 오스트리아는 자연이 물려준 산소 같은 나라로 '빈'은 음악의 도시이기도 하다.

「르네상스의 발상지 피렌체시에서」

이탈리아 속의 '로마' 국 같다. 3대 천재 화가들을 배출한 플로렌스는 고대 로마와 중세 르네상스 건축술들이 주로 이루어졌다. 겉모양은 중세 시대로 지내며 내부는 현대적으로 살아간다.

서로마의 바티칸(Cittader Vatican) 시티의 성베드로 성당은 교황청이 존재하는 곳이다. 웅장한 건축 위에 수십 개의 석상들이 신의 자태인 양 바티칸의 대주교 교황을 호위하고 서 있다. 광장의 오른편 건물엔 교황청 창문이 보인다. 신자들로 광장을 가득 메운 시간에는 창을 통해 손짓으로 복을 내린다. 티베트에서 뽑혀온 호위무사들이 교황을 위해 24시간 충성을 다하고 있다.

성베드로 성당 내로 입실하니 현관에서 맞닿은 끝이 50여m 길이로 즐비하게 서 있는 석상 중에 베드로 석상을 만난다. 순례객들의 입김으로 발가락이 유기형으로 변하였다. 죽은 예수를 안고 있는 마리아 대리석상인 '피에타(Pieta)' 상은 엄지발가락이 입맞춤으로 사라져 현재는 작품을 유리관 안에 모셨다고 한다.

성 시스티나(Capeiia Sistina) 천정 벽화들, 그림, 조각, 건축가로서 천재 미술가 미켈란젤로, 고역의 흔적들이 나타난다. 허나 이렇게 된 이상 빛나는 예술품을 이루겠다는 신념으로 그는 르네상스를 전성기로 이끈 대표주자로 우뚝 서 있다. 피와 땀으로 이룩된 빛나는 예술품들, 연민의 정을 느끼면서 불가능을 가능케 한 그들의 업적들을 존경심으로 채워주고 싶었다.

호텔에서 느껴본다. 아시아 민족은 채식 위주로 식사를 한다. 창자 길이가 서양인보다 유리하게 길기 때문이란다. 유럽인들은 창자가 짧아 건식(밀)을 주로 하는 빵 문화이다. 동양인들은 습하여 양산을 쓰고, 유럽은 건조하여 선글라스를 쓴다. 유럽은 석조 문화를 숭상하여 오랜 세월 동안 보존하면서 조상들로부터 내려오는 문화의 존속을 이루며 산다. 극 동양은 나무가 많아 목조 문화재가 많아 화재위험이 뒤따른다.

유럽 문화통합의 원인은 그리스의 알렉산더 대왕 시절부터 동방 침략을 시작으로 식민지화했다. 뒤이어 로마 정복 시대를 거쳐 사라센 제국의 동로마제국의 건설, 프랑스 황제의 정복, 대영제국 시대를 거쳐, 게르만 민족의 대이동 등, 유사한 문화의 형성을 이루면서 오늘에 이르렀다. 유럽의 건축양식은 그리스의 영향을 받았으며 정복자들의 정치체계로 인해 각국의 건축술과 생활양식까지 유사한 면모를 유럽 5개국을 탐방하면서 사실임을 확인하는 기회였다.

'레오나르도 국제공항'에서 귀국길에 오르다. 로마에서 마지막 밤을 보내며 다음날 호텔을 나설 즈음에 몸이 무거웠다. 함께 합숙한 동행에게 신경을 쓰게 하여 미안했다. 뻣뻣한 빵 쪼가리에 치즈나 버터가 주식이어서 호텔 음식이 입에 안 맞고 계속되는 버스 여행의 여독에 기력이 떨어졌다. 공항을 향하여 버스에 올랐다. 도중에 가이드는 기념품 가게에 여행객들을 풀어놓았다. 몸도 피곤한데 신경을 쓰게 한다.

공항 이름이 유명화가 이름이라서 잊혀지지 않았다. 서유럽 여행길, 열흘 만에 고국의 대한항공 928기에 탑승하고 보니 기분이 좋다. 우리나라가 좋다. 건강상, 특석 칸인 어여쁜 안내양과 마주 앉았다.

하늘에서 내려다보니 북한 지역의 산은 황색이고 남쪽 산은 녹색으로 보였다. 밤에 도착하면 북한은 깜깜하고 남한은 에메랄드 불빛 찬란해 보인다고 안내양은 내게 알려주었다. 나는 행복한 곳에서 살고 있었다. 고국산천을 쳐다보면서 오밀조밀한 유럽보다는 땅은 작아도 여유로운 우리의 국제공항이 자랑스러웠다. 이륙하여 우리나라 영종도 국제공항에 도착하였다. 옛날로부터 작금에 이르기까지 대한민국은 경제력 강화와 국토방위에 혼신을 기울여 왔다. 한, 일, 중, 러 극동의 4개국도 문화적인 통합을 공고히 하여 서유럽처럼 평화롭고 고귀한 정신으로 아름답게 꽃피워지길 기원한다. 또한 고국을 떠나보면 모두 애국자가 된다는 말이 있다. 조국에 대한 애착심으로 귀한 줄을 알게 해주었고 그 보답으로 자라나는 차세대 청소년들에게 새로운 지식을 즐거운 마음으로 안겨주었다.

▶ 구름밭에 앉아서

달빛에도 찢어질 듯한 오두막집을 나와 산길을 걸었다. 풀벌레들이 목을 놓아 울고 있었다. 희미한 밤하늘의 별빛 따라 희뿌연 길을 걸으니 조그만 초옥이 보여 무작정 문을 두드리니 여자수도 둘이서 눈을 빼꼼 열고 나를 바라보더니 들어오시라고 하였다. 두 수도의 모습은 날개만 달아주면 선녀처럼 보였다.

한동안 이야기를 나누다 보니 서로 뜻이 통해 바로 자리를 떨치고 나오기가 어려웠다. 천연하도록 청정한 그들의 자태에서 선인처럼 여겨졌다. 서울에서 모 대학에 다니던 여인들이라고 했다. 한 여인은 병들어 여기 왔고 또 한 여인은 그럴만한 연유가 있어 이 암자에 입산했다고 했다. 명산을 찾아 대기를 마시며 살아가겠다는 그들 자체가 속세를 초월한 느낌을 주었다.

결혼이나 재물 따위는 멀리 보낸 지 오래되었다고 했다. 하룻밤을 이야기하느라 뜬눈으로 지새웠다.

다음 날 아침에 집을 나서니 삼불봉이 보였다. 바로 계룡산의 선경

仙境이었다. 깊이 팬 계곡에서는 명산의 입김이 안개를 일으키면서 혀를 날름거리고 있었다. 운무 속에 나의 몸은 의연한 불타의 모습으로 정좌하고 있었다.

이런 봉우리가 셋이라서 이름 일러 삼불봉 삼불 저승이라고 했던가!

아침을 싱겁게 마치고 산상을 향해 올랐다. 음산한 구름이 정상을 감싸고 있어 가슴은 두려움과 호기심으로 울렁거리고 숨은 턱에까지 치밀었다. 땀은 전신에 등 고랑을 타 흐르고 기어가다시피 하여 드디어 정상에 올랐다.

사방은 은하계

가로로 세로로 은빛 비단을 펼치는 안개
내 손도 다리도 어디로 가고
몸뚱어리는 안개와 구름인 양
툭툭 차는 느낌으로 구름밭을 헤치며
구름 따라 바람 따라 여명의 새벽녘을 밝힌다.

'주머니 깊숙이 담으려고 마음먹기 전에 주머니엔 구름이 꽉 들어차 뿌듯하게 피부를 누른다. 그 신비로운 구름 한 조각 베어내어 아름다운 선경 세계를 어찌 필설로 다 말할 수 있으랴. 흠! 그래도 난 구름밭을 거닐어 보고 또 구름을 잡아보기도 한 사람이다. 상쾌한 기분은 천상을 치닫는데 서풍에서 불어오니 벌써 산자락에 조그만 마을이 보인다. 찬란한 은빛의 그림이라 할까?'

구름이 내 앞섶을 헤치고 들어오는데 무한한 선인들과의 조화는 부릴 줄을 모른다. 신천옹의 재주에 한껏 취해만 있던 내가 다시 나를 찾았을 때 무서움은 멀리 사라지고 옷 속에는 구름과 안개 냄새만 짙게 흐르고 있는 듯….

은색 비가 내리고 있었다. 길은 매끄럽고 땀인지 빗물인지가 목구멍으로 흘러 들어갔다. 발을 잘못 디뎌 큼직한 돌이 밑으로 굴렀다. 아니? 머리칼이 곤두서고 바람과 걸음을 멈추게 한다. 그 큰 돌이 어디로 갔을까? 뿌글뿌글 진 수렁은 모처럼 먹이를 취한 듯 소름 끼치는 소리를 연신 터뜨리고 있었다. 두 눈이 아찔하게 감겨진다. 멀리 산봉우리가 악몽 속의 괴물마냥 안개를 뿜으며 다가오고 열린 문으로 산의 호흡이 들어와 콧구멍을 메운다. 비바람에 어둠은 끌려 들어와 계룡산 위에 잠가루를 뿌린다. (1964. 7. 11)

'구름밭에 앉아서'의 글은 1964. 7. 22자 중도일보 문화면에 등재된 글이다.

*절친 구재철, 조관수, 임양수 3인이 계룡산 정상에 오르던 중에 갑자기 몰아온 폭풍 속에서 삼불봉 신원사를 부근에서 헤매던 중에 고난과 희열을 맛본 기행문이다.

(1964. 중도일보에 등재)

▶ 멋진 노은 선사 공원에서

노은 은구비 역사공원은 전국공원 '콘테스트'에서 최우수상을 받았다. 구불구불 '포석정 닮은 공원'길은 구부러진 노송 속에서 싱그럽고 정겹다. 모처럼 노은 선사공원에 나가니 잔디 빛이 몽골 초원처럼 푸르다. 시선을 멀리하니 늘어진 소나무 사이로 숲속의 빨간 벤치가 선명하다.

나는 화문인으로 풍경 속에서 소재를 찾느라 시선을 펼친다. 핸드북을 꺼내어 크로키 하였다. 사진작가들은 앵글을 통해 풍경을 잡지만 화가는 순간의 느낌을 스케치로 현장감 있게 담아낸다.

양복쟁이는 오가는 사람들의 옷태만 보이고 청춘은 짝을 찾느라 눈과 가슴은 두근거린다.

오십대 사내가 철봉에 매달려 두 다리를 시옷자로 쩌~억 벌린다. 나도 저 나이 땐 하고 남았지.

여인

내 곁으로 한 여성이 지나간다.
운동선수, 혹은 에어로빅 강사일까?
나보다 속력이 빠르다
여성 특유의 향기가 코끝을 스친다
키도 헌칠하니 삼십 초반으로 보인다
올려 붙은 엉덩이가 잘 다듬어져 걷는 모습이 싱그럽다
그 여성을 능가하려고 두 팔을 휘둘러 본다
속보로 걸어도 거리가 좁혀지질 않는다
허름한 츄리닝 파카 차림인데도 한눈에 명품이다
자연이 멋있다 한들, 아름다운 인간을 능가할 수 있으랴!
아름다운 이목구비 소유는 축복이다
각자가 느끼는 미의 시선은 다르니 다행이다
인간의 심성은 남 앞에 뽐내고 싶어 한다

「그림 한 점의 여유」

　새벽 산책은 밤새 고여진 마음을 생성生成의 세계로 나를 이끌어준다. 대전 유성구 노은동에는 전국 공원 심사에서 최우수로 인정받은 청정구역 '은구비공원'이 자리하고 있다. 선사유적지의 박물관도 함께 있어 역사공원이라고도 불린다.
　필자는 1999년 12월 25일에 유성 신도시 노은동 열매마을 아파트에 입주했다. 공원 입구 네거리엔 동네 파출소인 '치안센터'도 들어섰다. 어릴 적, 시내 중심가 은행동 파출소 현관 위에는 '무엇을 도와드릴까요?'라는 아치식 글씨가 쓰여 있었고 그 밑에 '칼빈'소총을 맨 순경 아저씨의 냉한 모습도 기억난다.
　세월이 흘러 새롭게 들어선 '노은치안센터'에는 밝고 세련된 글씨와 귀여운 포돌이와 포순이 캐릭터가 주민들을 반긴다. 그러나 치안센터가 세워진 지 한두 달이 지나도 실내 분위기가 삭막해 보여 벽면 한 공간에 그림 한 점을 기증하고 싶었다.

어울리는 작품 한 점을 고른 후 전화를 걸어 기증할 의사를 밝혔다. 조금 후 경장 계급장을 단 경찰 한 분이 찾아와 감사의 인사를 표한 후 작품을 들고 나갔다. 공원을 오가면서 창문을 통해 내 그림 한 점은 내 짧은 목을 길게 늘여주었다. 갤러리처럼 작품에 국부 조명은 없어도 치안센터 내부가 허전하지 않아서 좋았다. 나의 그림 한 점이 냉랭한 분위기를 온화한 공간으로 채워졌기에 흐뭇한 마음으로 시 한 수를 남긴다.

가을 풍경

푸르른 배경 사이로
붉게 물든 단풍 잎새들

단풍나무 가지 사이로
졸졸 흐르는 냇가

허벅지 허옇게 드러낸
젊은 아낙들이 옹기종기 모여 앉아
탁, 탁, 탁,
가을을 두드려 대고 있다.

필자는 설렘과 떨림을 글과 그림을 통해 그려내고 있다. 시내 번화가를 거닐다 보면 대형 건물 앞에 통상 환경 입체작품이 서 있다. 거리의 미관을 충족시켜 주는 데 크나큰 역할을 하고 있었다. 그러나 미술인으로서 느끼기에 수준과 감동이 미진한 작품도 있어 안타까운 나머지 머뭇거리게도 만든다. 보는 이로 하여금 무감동일수록 거미줄과 새들의 배설물로 세인의 눈살을 찌푸리게 한다.

항간에 미물들도 작품을 구별할 줄 아는가 보다. 작품을 출품한 작가의 무관심도 문제다. 거리의 정서적 차원을 놓고 전반적인 확인, 평가, 정리, 대책이 필요하다. 작품은 품격 있는 주인과 감상하기 적절한 환경 속에서 관심 어린 사랑을 받고자 한다. 빠른 것만을 추구하는 각박한 세상에 거리의 작품들로 여유 있게 감상자의 마음을 긍정적으로 유도해 줄 수 있어야 한다.

작품은 확실하게 보이는 것보다 여운을 남겨주는 분위기가 좋다. 작품은 하나지만 감상자에 따라 느낌이 다를 수도 있다. 그래서 그림에서 풍기는 느낌으로 심상 치료로도 쓰인다. 소품이라도 크게 느껴지고 보면 볼수록 생동감을 불러일으켜 주기도 한다. 파출소에 기증하는 작품이기에 아내는 약간의 손질을 요구하였지만 그렇게 되면 작품 전체가 다르게 변모하기에 있는 그 모습 그대로 안겨주었다.

작품을 완성하기까지는 단기간과 장기간이 있다. 후기 인상주의 '빈센트 반 고흐'는 사생을 통해 순간적인 영감을 화폭에 표현하는 단기간에 다작형 화가다. '르네상스' 전성기 대표적인 작가인 '레오나르도 다빈치'의 '모나리자'는 장기간에 4년여 걸렸어도 마음에 들지 않아 '싸인' 없는 미완성 작품으로 전해지고 있다. 작가에 따라서 구상, 비구상화로 차이는 있어도 공통적인 점은 충동감을 일으키며 감흥을 안겨 주어야 좋은 작품이다. 파출소에서 법을 어긴 불안한 자에게 평정심을 안겨 주도록 참한 빛이 되어주기를 기원한다. 2005.

▶ 우이동 백일장

1962년 암울하던 군사정권 시절이다. 겨울밤, 형과 한방에서 레슬링하며 뒹굴던 순진무구 시절, 그렇게 우애를 돈독히 나누던 형이 상경하고 보니 잠자기 전에 벌이던 형제의 빈자리가 허전하다. 장남에게만 엄부셨던 아버지, 그 이유를 부친 별세 후 모친께서 알려주셨다. 증조부께서 하시던 교육 방법으로 아버지께서도 큰 자식 하나 잘 지도하면 밑 아우들은 '그냥 따라간다'라는 강한 훈도라고 생각하였다.

고교생이던 나는 서울 간 형 생각에 방학이 찾아오기를 손꼽아 기다렸다. 월말에 날아오는 형의 편지에는 서울 생활이 고스란히 적혀있었고 끝에는 하숙비와 용돈 부탁하는 내용이 간단히 적혀있었다. 형은 부모님에게 부탁할 내용을 나에게 썼으며 나는 토를 달아서 중간다리 역할을 착실히 수행했던 것으로 안다.

대학에 입학한 형의 편지 내용에 기쁜 소식이 있었다. 국어국문학과 신입생 입학 기념, '봄 야유회 백일장'에서 시詩 분야 차상을 차지하여 시인 서정주 교수님께 칭찬을 받았다는 소식이었다. 시가 뭔지도 모르면서 가족 모두는 형이 시인으로 합격했다며 좋아했다. 그때 형이 내게 보낸 편지 중에 당선된 시내용은 다음과 같다.

물소리에 익은 봄

시 임웅수 (국어국문학과 1년)

봄의 정취가/ 아녀자의 호미 끝에 묻어나고/향긋한/ 풀 내음이/ 삼베 적삼에 얼룩진다.//

고추 당추/ 된서리가/실개천에 풀려/ 헝클어졌어라//

카모락/ 카모락/ 아지랑이 꽃 열린 나무 소쿠리/ 나비 앉아서/하소연하네.//

열일곱 아가씨/ 옷고름처럼 / 살포시 다리 쉬는 은 나비 한 쌍/

갑사댕기 아가씨/ 치맛자락에/ 조막만 한 문주란의/ 향기가 인다.//

실개천 골골에/ 주먹 조약돌/ 찬물에 데워서/ 벗어졌구나//

조약돌 구르는데/ 물 구슬 하나/ 흰 달걀 위에서 /노랠 읊누나.//

물구슬 등을/ 따샨 햇볕이/ 무지개 영롱하게/ 비춰주누나.//

'우이동 백일장대회'에서 시 제목을 '물소리'로, 심사에는 서정주 이병주 국문학회 교수들이 맡았다.

장원은 억울하지만 서울 녀석에게 빼앗기고 차상은 대전 놈이 탔다고 했다. 입상을 하고 보니 앞길에 자신이 없던 나에게 새로운 자신감이 생겼다. 형의 친구들은 대전의 위신을 올렸다고 축하를 하며 야단법석였다. 또한 움츠리고 있는 지방의 기를 살렸다고 하며 서울 놈들과 상대하며 맞설 구실을 찾은 듯 여겼다. 백일장에서 4학년 국문과 대의원 하나가 대전 애들을 욕하고 시비를 걸기도 하였었다.

(1962. 4. 21. 우이동 백일장에서)

1962 임웅수(학회장) 강희근 문효치
박제천 류근택

보내오는 형의 대학 생활 편지는 울 엄니의 눈물을 쏙 빼놓기도 했다. 엄니는 소매로 눈물을 훔치면서 "넉넉히 못 보내 줘 서울서 고생만 하겠구먼" 하셨다. 그렇게 부모님께서는 법관을 노래하시더니 이젠 마음을 접고 몸 성히 공부 열심히 하여 출세하기를 바라며 어머니께선 앞뒤 빼빼이 글 답장으로 장남에게 기원하셨다.

문효치 시인의 '우이동 백일장' 대회 회상기

1962년 봄 동국대학교 국문과 신입생으로 신입생 환영회에 참석하였다. 우이동의 어느 산골, 계류가 흐르는 언저리쯤으로 기억된다. 서정주·조연현 등 당대의 걸출한 문인들을 교수로 모시고 적당한 빛깔로 치장된 신록의 싱그러움이나 간간이 숲의 침묵을 깨뜨리는 산새들의 울음소리는 이제 막 대학 생활을 시작하는 새내기들의 부푼 가슴을 더욱 설레게 하였다.

어지간히 분위기가 무르익을 무렵, 신입생들을 대상으로 '詩 백일장'을 한다는 얘기가 돌았다. 우리에게 주어진 제목은 「물소리」였다. 장원은 아니더라도 최소한 입상권에는 들 것으로 당연히 생각했다. 고등학교 시절 문예반 활동을 하면서 제법 글줄이나 쓴다고 기고만장했던 나 자신을 뒤돌아보게 되었다.

인생을 위한 소중한 가치다. 그중에서도 詩가 모든 문학의 가장 위에 놓인다. 동국大는 문학의 명문이었다. 교수진이나 출신 문인들의 면면이 그랬다. 그래서인지 국문과 학생들의 자부심이 상당했다.

문효치 한국문협 이사장과(문경 문학관에서)

*시인, 문효치의 학창 시절의 글을 일부 인용함

어느 날, 문효치 시인은 한국문협 이사장에 출마 후 대전 문인총연합회 축제에 참석하였다. 저녁 회식으로 둘러앉아 있을 때 김용재 회장이 내 귀에 대고 '저 방에 문효치 시인 왔다고 속삭였다. 옛 생각에 젖어 찾아가 인사를 하였다.
"오셨어요, 임웅수 동생 양수입니다."
"어어~양수"하면서 악수를 하였다.
웅수 형 이야기 중에 "임웅수 시인은, 은둔 작가지요."라고 말했다. 듣기로는 뭐 했지만 끄덕여주었다. 비록 형제간이라도 서로 생각의 선을

소설가 조정래와 대전에서

넘지 않음도 예도라고 생각하기 때문이다. 효천 형 말처럼 나서기 싫어하는 세거리 林씨 조상들의 혈통을 그들은 모를 것이다. 은둔할 뿐이지 차곡차곡 마음 편히 시인의 삶을 엮어감을 나는 잘 알기에 픽~하며 웃었다.

▶ 서울행 완행열차

스치는 바람결은 그 시절의 무늬로 가슴에 새겨진다. 인생 열차, KTX는 비호같이 좋고, 무궁화호 완행 열차는, 느린 만큼이나 얻어지는 여유로움이 미덕이다. 오늘은 마음 편히 완행하고 놀기로 하였다. 좌우 산천 구경하기가 좋다. 신탄진 다리가 지나니 부강이다. 부안임씨 시조 할아버지 산소가 이곳에 있어서 부강이 되었을까!

선영, 그곳으로 눈과 마음이 끌리니 선뜻 내려서 꾸벅하고 싶다. 우당 어른 모시고 함께 달리던 조랑말 같았던 포니2 자가용이 그립다. 부강역 울타리는 수직과 수평, 하늘색과 군청색의 조화로움으로 자연과 어우러져 구성지다. 네덜란드 추상화가 '몬드리안'이 울고 가겠다. 조치원이 세종시 관문으로 용산처럼 되려나? 전원적이던 조치원이 세종시를 넘보고 있다. 이제는 도시와 시골이 따로 없다더니 공룡 같은 '포크레인'이 여러 곳에서 고개를 마구 휘젓는다.

마음은 옹기종기 예스러움이 우리 민족의 본심이며 바탕일진대 마을 앞 널브러진 문전옥답들이 사라지고 있다 내 눈은 좌쪽 창밖으로 향한다. 천안이 중심이 되어 동서로 끝없이 뻗어가고 있다. 무지개 닮은 고가 육교가 동서로 치닫는다. 아파트는 인간들의 자존심인가!, 치솟은 '서해 그랑 블' 아파트가 그 모습이다. 순천향대학교 전용 기차가 슈~우웅 하고 스친다. 좋은 세상이다. 전세 낸 기차가 오고 가니 말이다. 삼등 열차가 덜컹거리니 토속스런 중년 부인이 투덜거린다. "왜, 이럿산댜! 아까도 그러더니만 어지간히 자금 좀 혀라! 이~잉!"

버드나무 숲이 평택역 철로 변에 즐비하다. 플랫 홈에는 우웃빛 허벅지를 드러낸 가시내들의 애정행각으로 꼴사납다. 물론 감상은 공짜지만 수치를 넘는 노출은 매스껍다. 그래도 젊은 그들 덕분에 세상이 밝아지고 생기를 준다. 풋풋한 청춘은 우리 사회의 활력소요, 원동력이다.

아산과 평택항 매립지 소유관계로 경기도지사의 똘망한 눈빛이 떠오른다. 어촌의 개는 생선 가시 닮아서 깡깡거리고 평야 지대에 강아지는 장국밥 닮아 멍멍 짖어댄다.

4부 틀 밖 **181**

지형지물에 따라 춤과 음성의 변화는 문화적 차이런가! 안양역에서 젊은이들이 떼거리로 승차한다. 건너편 남자들 속에 여학생 하나 웃는 모습이 꽤나 복스럽다. 가수 '요요미' 닮았다. 박 속 같은 치아와 미소가 시선을 끈다. 외모는 이웃에게 색다른 감흥과 동경을 유발한다. "내게도 저런 딸 하나 있더라면 문득 며늘아기 모습이 스친다. 내성적인 성품으로 다섯 해가 지나도록 단답형이다. 같은 동네 가까이 살아서 부담스러워 그럴까, 모든 게 내 탓 같다. 마음속의 옹벽을 무너뜨리자. 그래도 전화상의 대화 목소리는 상냥하니 일품이다.

기차 내 '에어컨' 작동 소리가 크르~릉 댄다. 고속 전철에게 양보하느라 더디다. 사람들은 스마트폰과 컵 커피에 빠져 산다. 나도 다방 커피라는 '믹스커피에 빠져 산다. 한강이 지난다. 언제 보아도 한강은 조국의 젖줄로 유유히 흐른다. 대한생명빌딩이 한화생명으로 변했다. 법망에 걸려 다 죽어가던 한화 총수가 벌금을 치르고 집행유예로 풀려났다. 갇혀 지내던 재벌들은 모두가 하나같이 중환자가 되어 마스크 바람에 휠체어를 탄다. 진짜 아플까! 그러나 감방 생활이 오죽이나 답답하랴! 금년에는 한화 야구 타선에 불이 꾸준하게 붙어 연속승리하길 기대한다. 나도 한화이글스 보살 팬이다. 한화 총수여! 재력 덕에 세상 구경하니 나라 사랑 결코 잊지 마시오.

'코레일' 방송이 들린다. 서울, 서울, 서울~ 찌거덕 찌~익, 삐거덕 삐이익, 퓨우~ 여기는 서울역 도착.

2015년 7월 낮 12시 30분, 무궁화 열차의 스톱 소리다. 서울갤러리를 찾아 한국 문화미술대전 초대작가전에 작품을 걸고 대전행 열차에 몸을 실었다.

▶ 판문점 DMZ 탐방기

동계 휴가 기간에 대전 교원단체 연합회 주관으로 대전시 연합회 대의원으로 판문점 체험단에 참가하였다. 아침 날씨가 싸늘하여 따스한 커피 한잔을 마신 후 버스에 승차하였다.

버스에 나란히 동석한 사람은 같은 재단의 고교 여교사 S다. 그는 큰 키에 미모의 여성으로 화장기 없는 청순하고 해맑은 얼굴에 연보랏빛 안경이 돋보였다. 그는 어색한 분위기를 잠재우듯 말을 이어 나갔다. 대전 근교에서 태어나 유년기를 보냈으며 김포에서 성장하여 대학 공부는 부산에서 마쳤다고 했다. 그의 성장 과정을 들으며 끄덕여 주니 더더욱 신나는 말들이 쏟아졌다. 대학 졸업 후 취업 관계로 마음고생이 많았다며 치열한 경쟁을 뚫고 본교에 부임하게 되었다고 했다.

소녀 시절에 품었던 꿈을 이루기 위해 서류전형과 면접고사를 본 후, 피 말리는 기다림 끝에 학교 이사장의 합격 축하 전화를 받았다고 하였다. 재단 사무를 팔십 노장이 직접 관여하기에 놀랐다고 했다. 60대1의 경쟁을 뚫고 합격하였다는 말끝에 신임 교사의 앞날을 축하해 주었다. 그는 학급담임 경영과 생활지도에 대해 질문을 했다. 버스 속에서 두 눈을 감은 채 경청하는 타 대의원들의 어험! 소리도 무시한 채 신출내기 여교사는, 기분이 최고인 듯하니 모두가 내 탓인 듯싶다.

교육 석학이나 되듯 대답해 주니 앞좌석의 노 교사가 뒤를 돌아다보며 여교사에게 빙긋이 웃어주었다. 그렇게 동석한 버스는 천안을 지니 경인 고속도로를 지나 김포 가도를 향하고 있다. 모두들 두 눈을 감고 묵상에 잠겨있어도 우리의 카나리아는 쉴 새 없이 말을 이었다.

"야! 김포다. 내가 살던 곳인데~" 흐르는 시간이 무료한지 휴대폰을 펼쳐 내게 보여준다.

"제 남자 친구 얼굴 보여 드릴게요. 키가 180cm이며 회사원이에요."

"남친 얼굴이 동글동글하니 호남이네."

대학 시절 껴풀인데 장래를 약속한 사이라고 했다. 그는 그리웠던지 입을 다물고 창밖을 내다보았다. 내 곁에 카나리아가 휴식을 취하고 있다. 나 역시 한 시간 가까이 눈을 감았다.

어느 사이에 파주를 지나 임진강이 흐르는 통일전망대에 도착하였다. 분단 조국으로 제3땅굴이 국제 관광 명소가 되어서 땅속 계단을 밟으니 실감을 주었다. 북한이나 월맹이나 팔레스타인은 땅굴 귀신들이 살고 있었나 보다. 그녀는 전망대에서 동작 빠르게 믹스커피 두 잔을 뽑아서 내게도 주었다. 점심 식사는 된장찌개와 산채 나물 백반이었다. 식당 입구에 탈북자 전철우 씨 사진이 걸려있었고 본인이 안내자로 악수도 해주었다. 냉면 장사를 하다가 사기당하여 이곳에서 알바 한다고 주인장이 넌지시 알려주었다. 그가 안쓰럽고 초라해 보였지만 웃는 인상이 좋아 다행이었다. 망배단에서 묵념을 마친 후 버스는 북으로 치닫는다. 북으로 갈수록 분위기가 차갑고 경계가 삼엄하다. 비무장지대로 진입 중이다. 탱크 진압용 네모진 시커먼 콘크리트 물체들이 긴장을 준다. 먼 산에 주둔한 OP들, 철조망 위에 앉아 있는 시커먼 솔개 떼들, 강변에 흔들리고 서 있는 자주색의 갈대와 한미합동 JSA 대원들의 번득이는 눈빛이 조화롭다.

인솔 직원 한 분이 신분증 불 지참으로 휴게실에 잔류 신세다. 관광지인 동시에 종전이 아닌 휴전으로 국가적 안보의 중요성을 인식시켜 주었다. 버스에서 하차 후 줄을 서서 연수장에 입장하였다. 로봇처럼 잘생긴 인솔 허 병장은 지휘봉으로 절도 있게 브리핑하는데 그녀를 뽕가게 하였다. 그녀는 그를 향하여 '최고, 최고' 하였다. 떠나면서도 연신 뒤를 돌아다보았다. 운전병 하나는 얼굴에 검은 사선으로 보디 페인팅하여 섬짓하였다. 뉴스에서만 보던 남북 요원들은 색안경을 쓴 채 두 주먹 불끈 쥐고 로봇처럼 서 있다. 동족끼리 왜? 저렇게 대치하며 서 있어야 할까! 아까운 청춘들이다. 외국 사람들 시선에는 어떻게 비추어질까? 셔터 소리 날 때마다 부끄럽다.

판문점의 차가운 냉전의 모습들, 세계적으로 퍼져나갈 것을 생각하니 부끄럽다. 그래서 사진 한 장 남기지 않았다. 판문점은 분단 70년이 되도록 한민족끼리 가슴 시린 곳이다. 비 무장 지대 마을에는 높이 170m 인공깃발이 펄럭인다. 도끼 만행사건 현장에 하얀 국화가 놓여 있다.

돌아오지 않는 다리를 지나 일행 모두는 왼쪽 가슴에 노란 번호표를 떼어 반납하였다. 이윽고 비무장지대를 벗어났다. 체험에 동참했던 교사 모두는 침울한 표정들이다. 오늘의 카나리아도 입 다문 채 별빛으로 찬란한 밤하늘에 눈길을 태웠다. 대전을 향한 버스는 2003년 살벌한 현장을 벗어나고 있었다.

▶ 창조적 혼돈

2024. 4. 22 새벽 4시 눈을 비비고 일어나 간밤에 겪은 비구상적 꿈이야기를 적어나간다. 꿈길 속에서 나의 뇌리를 흔들어댄 것은 혼돈이었으며 생각 밖의 큰 스케일(scale)처럼 느껴질까! 생각나는 대로 꿈의 기억들을 더듬어간다.

어느 곳인지는 모르나 멋진 남자 예술인들의 저녁 정찬 자리에 참석했다. 고급스럽지 않은 음식인데도 유럽인들의 부엌에서나 들리는 치이~익 고기 굽는 느낌이랄까! 그들은 이방인의 출현인데도 여유로운 미소를 지었다. 서로 마주 보며 대화를 나누며 웃고 있는데 어색하지 않고 정스럽다.

개중에는 자신들의 일에 성공한 제자에서 후배까지 내 눈 안에 들어왔다. 가까이 다가가 끌어안고 싶었지만 마음뿐이었다. 제각기 다른 계층의 장르에서 두각을 나타낸 그들은, 경쟁을 뚫어 기분이 좋은지 천연스럽게 웃어대는 자도 있었다. 만찬의 석상은 희희낙락 그대로다. 서로를 노래하듯이 내 앞에서 자신의 장기를 용감하게 보여주었다. 새로운 정보를 교환하며 구김살 없는 모습으로 서로 간에 우정을 나누어 보기가 좋았다.

빈대떡 지짐이 몇 점을 뜯어먹다가 그만 창밖에 펼쳐지는 황홀한 모습에 빠져들었다. 새하얀 수증기와 구름들이 연출하는 용솟음에 넋을 잃었다. 내가 용꿈을 꾸고 있는가? 몽환 속에 빠져들어 꼬집어보아도 아프지 않다. 일본원숭이들이나 즐길 수 있는 수증기 자욱한 온천탕. '와아~ 이렇게 아름다운 세상으로 나를 초대하다니' 내 육신은 고속기류에 얹혀 빠이빠이 하면서 어딘가로 향하고 있었다.

그들 모두는 나보다 나이가 아래인데도 스스럼없이 밝은 표정으로 다가와 자신을 소개하였다. 갑자기 엄청 큰털숭이 남자 하나가 큰 낙타의 뒤를 걷고 있다. 어떤 남자는 밝은 조명 불빛을 받으며 낙타와 타잔처럼 느껴졌다. 낙타는 낙타대로 인간은 인간대로 일대일 크기의 모습으로 평등하게 껄껄대며 내 곁을 스쳐 지나갔다. 갑자기 반대편 창밖으로 낙타 한 마리가 쓰러져서 괴로워한다. 낙타 인간 같다. 한쪽 발로 자기 얼굴을 쓰다듬으니 잘생긴 이목구비와 귀 모양이 돋보였다. 유심히 살펴보니 역시 타잔이었다.

작업실에서 큼직한 우유색 칼톤*위에 단축된 그림이 나의 심중을 흔들어 놓았다.

그렇지 거대한 스케일로 반질한 젖빛 판 위에서 새롭게 군림할 수도 있는 거야!

3m×10cm 정도의 탄탄하고 유려한 두께의 와트만지가 대형 굴렁쇠 모양으로 이루어져 잘만 굴러갔다. 좁아터진 나의 심사를 조롱이나 하듯이 까불며 자랑하면서 굴러갔다. 손바닥에 빨간 원색을 발라 새하얀 천의 상단에 낙관 찍듯이 꾸욱 찍었다. 물감 여분을 스르륵 비벼대니 유연하게 화면 위로 스쳐 내려간다. 두꺼운 와트만지에서 느끼는 바닥의 마티에르를 상기시켜 주니 갈필의 진가가 단조로움을 떠나서 분위기를 부드럽게 잡아준다.

아래위층 네 군데의 고급스러운 만찬 석상에는, 나와 연을 맺은 참하고 신비로운 화우 셋이 껄껄대며 대화를 엮고 있었다. 그곳에 군림하고 싶어도 이곳저곳으로 혈안이 되어 동분서주하고 있는 내 모습이 싫어졌다. 그래도 그들과 함께 누릴 수가 있었으니 행복한 꿈자리가 깨어지지 않도록 소원하였다. 더더욱 큰마음으로 세상을 저울질해 보고 큰 포용심으로 서로를 노래해야지. 아직도 내 귓속에서는 톱니바퀴 긁히는 이석증 소리가 전주곡처럼 들리니 분명코 살아있다는 느낌으로 받아들인다.

후렴

못생겨도 나我를 그려야 미래를 산다고 하지. 12월의 꿈은 새봄을 기약하는 희망인데 아리송한 주제와 테마가 예사롭지 않다. 시간이 흐름에 따라 한 해 동안 엇비슷한 일이 이루어지고 있음에, 선몽은 아니어도 가까이 가고 있음에 잔잔한 기대감을 느껴본다. 작년과 올 한

해에 옛 제자들은 어느 사이에 회갑 중후반을 넘기고 있다. 사회적으로 성장한 그들은 중추적이며 대들보가 되어 있었다. 수십 년 만에 연락들이 오고 있음에 반갑고 당황스럽기도 하다. 전화상으로 응석 비슷한 음성으로 정감대를 울려댄다. 어떤 녀석은 첫 미술 시간에 배운 125자 '미술 공부하는 목적'을 자랑스럽게 장황하게 외우는 자도 있었다. 대표적인 제자로는 미국 뉴욕에서 근무하다 귀국한, 구진성과 행정

김기반 화백 개인전에서

부 차관을 역임한 정재근 시인과 대전 MBC 국장 출신인 이광원 화백 대전예술고 교감 등을 들 수 있다.

어느 날, 나이 든 제자 박성택이 전화상으로 내게 참고 말을 안겨 주었다. "선생님, 제자 중에는 뵙고 싶어도, 현재의 위치가 녹록하지 못해 주저할 수도 있어요." 하였다. 그의 조언은 생각을 낳게 하는 조언이었다.

▶ '피난길' 삽화 한 장

뭔지도 모를 대여섯 살 어린 시절에 아버지를 중심으로 피난 가는 행렬이다. 아버지께서는 등짐 위에 어린 나를 올려놓으셨다. 효천 형은 지나간 가족들의 6.25 피난 모습을 용케도 기억하여 직접 그린 삽화 한 점을 내게 보내왔다. 아우가 작품화시켜 주기를 당부도 하였다.

흘러간 가족들의 대화를 참고로 5, 6세 피난 시절 기억을 떠올렸다 1950년대 한국전쟁 전에 아버지께서는 시청 산업과와 대전세무서 양정과 등 근무하시며 이수 동수 문순 웅수 양수 옥수 6남매의 가장이셨다.

북한 공산군들은 소련제 탱크 242대를 앞세우고 대전을 향해 물밀 듯이 쳐내려왔다. 우리 식구들도 단봇짐을 싸 들고 피난길에 나섰다. 쿵, 쿵, 쿵, 대평리 다리를 사이에 놓고 공방전으로 대포 소리 등등하

피난길　　　　　　　　2011. 曉天

던 때였다. 피난길에서 아버지께서는 갑자기 밀대 모자 눌러쓴 내무서원의 검문을 당하였다. 세 살 위 형 말에는 빨갱이 내무서원이라고 했다. 그의 와이셔츠가 펄럭일 때마다 허리춤에 차가운 권총이 보였다고 했다. 검문 차 아버지께서는 등짐 위에서 어린 나를 내려놓았을 때 나는 많이도 어지러웠다.

"동무, 손 좀 봅시다. 검지손가락에 굳은살 박인 것을 보니 총을 많이 쏜 경찰관이었지?"

"아니오, 나는 농사꾼이오."

곁에서 듣던 어머니께서는 '우리 남편은 낫질을 많이 하여 굳은살에요.'라며 울먹이며 강한 항변으로 불을 뿜었다. 붉은 완장을 찬 내무서원 말인즉, "보자 하니 착해 보이니 보내 드리우다. 이쪽으로 가면 또 검문당하니 오른쪽으로 돌아가시오." 하였다. 슬기롭게 대처한 어머니의 덕분에 아버지께선 위기에서 모면하였다.

쿵쿵쿵 공산군들의 대포 사격에 모심은 논들이 뒤집히고 초가지붕은 날아가고, 마을은 풍비박산이 되었다. 그 시기 전시 상황은, 비행기에서 내뿜는 LMG 기총사격으로 군관민 가리지 않았다. 살점이 터지고 핏덩이는 담벼락에 붉게 흩뿌려져 참담한 동족상잔의 비극이었다. 제2의 수도 대전을 사수하기 위해 대평리 다리를 사이에 놓고 여러 날 공방으로 쌍방의 희생이 컸다.

효천형의 삽화 그림 내용에는, 아버지를 선두로 한 가족들이 걷고

있다. 건장하던 아버지의 등짐 위에는 필자가 올라앉아 있다. 마치 하늘의 새를 향해 손짓하고 있는 듯 그려져 있다. 순진무구의 모습이기에 고개를 끄덕이게 한다.

아홉 살 형은 장손답게 신주단지가 들어있는 가방을 메고 아버지 앞에서 걸어갔다. '걸을 때마다 짐가방 삐거덕 소리가 지금도 기억이 난다. 한더위, 밤에는 전쟁으로 죽어간 시신들의 피를 빨던 모기떼들로 어린 옥수 동생은 시도 때도 없이 으앙! 대며 울어댔다. 누나의 꼿꼿한 허리에 검은 머리카락이 눈길을 끈다. 무거운 짐을 머리에 이었어도 싱싱한 패기를 엿볼 수 있다.

14세 작은 누나 동수는 맨 뒤에서 책가방을 들고 따라붙고 있다. 피난길보다는 콧노래 속에 원족 가는 싱그러움을 느끼게 표현하였는데 전쟁 후 병사한 문순이 누나로 여겨진다. 새 꼬리마냥 뒷머리를 작신 동여맨 모습이 조카인 경아와 많이 닮아. 금방이라도 통통 튀어나올 기세다.

하늘가에는 세 마리 새가 앞과 뒤에서 길 안내 하듯 날고 있었다. 형의 말에는, 아버지 앞에 날고 있는 한 마리의 새는 어린 나이에 병들어 요절한 누나 문순이라고 했다. 뒤편 하늘에는 두 마리 새들이 일행을 따라 날고 있는데 미래에 태어날 철수와 승수 동생을 화면 속에 동행시키고 있다. 어머니께서는 피난 보따리를 이시고 두 살배기 딸 옥수를 업고 계셨다.

모습은 기억나지 않지만 문순이 누나와 목말 탄 나는 3차원의 세계를 교신하는 느낌을 준다. 화면 전체에 중심이 나에게 맞추어 있는 듯하다.

2011년 3월 22일 형께서 푸른 색지에 연필화로 '피난길'이라는 삽화는 손 떨림 속에 몰입하는 데 애를 썼다고 했다. 시인의 시선으로 바라본 가족들의 특성을 심리적으로 묘사한 점이 놀랍다. 물 흐르듯 스스럼없이 가벼운 연필 터치로 삽화의 진가를 발휘하였다. 그 당시 아홉 살의 시선으로 바라본 피난길에 대한 산 체험의 흔적이다.

2025년 들어 휴전 72주년째를 맞이한다. 그 시절의 '피난길'을 기본을 중심으로 여러 모습으로 시도해 보았다. 그 시절 여섯 살의 기억은 단조롭다. 흐름을 억제할 수가 없으나 형의 기억력에 의존할 수밖에 없었다. 화가랍시고 잘 그려보려 해도 피난길 그림은 삽화 내용처럼 시나브로 그 시절 느낌이 나오지 않았다.

 삽화에 묶여서 너의 본질을 잃지 말고 반듯하게 나가라는 메시지가 느껴지기도 했다. 또한 화면 속에 흐르고 있는 형의 재질을 내가 떠안고 간다는 생각도 든다. 예술가는 작품 하나로 작가의 생애를 결정지을 수도 있으니 더 깊은 사고의 계기를 불러일으킨 효천의 엽서화가 오늘을 두드려대고 있다.

*2011년 6월 23일 나의 시와 그림이 중도일보에 등재됨.

피난길(유채화)　　　　　　　　　　　　　　五湖

5부
교단의 창가唱歌

회초리 꺾어와!
교직 시절에
뜨거운 가래침 세례~
금붕어 당번 K군
따 꼼 풀 두 빈
세 화가의 3중주
메뚜기도 한 철
내 교육의 멘토들
'노은 아트 리브로 갤러리' 개관
'아침 밥상'의 여류작가
숙부님 말씀
사제의 정, 北友會展

▶ 회초리 꺾어와!

 아버지께서 싸리 회초리로 방바닥을 내려치셨다. 선화초등학교 3학년 시절이다. 통금 '사이렌' 소리에 맞추어 귀가하시던 아버지께서는 방학 종업식 날만은 평소보다는 일찍 귀가하신다. 그간에 공부한 결과를 확인하는 날이기 때문이다. 형제는 무릎을 꿇고 아버지에게 통지표를 밀어놓는다.
 나의 통지표를 유심히 훑어보시던 아버지께서 말씀하셨다.
 "양수, 너 나가 회초리 꺾어 와." 하셨다. 나만 성적이 떨어졌는지 두근거리는 마음으로 헛간을 둘러보았다. 탄력 있어 보이고 회초리 감으로 적당한 싸리나무가 눈에 선뜻 들어왔다. 하지만 얼른 고개를 돌렸다. 그것으로 맞으면 너무 아플 것이 뻔하기 때문이다. 풍성한 짚단에서 빳빳한 것 하나를 뽑아 물에 적셔 다듬은 후 고개 숙여 아버지께 드렸다.
 "요놈 봐라, 지푸라기를 뽑아왔어. 다시 못 해와!" 아버지께선 크게 소리를 치셨다. 다시 헛간에 나오니 일요일이면 형과 함께 도끼질로 장작을 패서 쌓아 올린 장작더미가 보였다. 잘 쪼개진 장작개비 하나를 쑤~욱 빼어서 아버지 앞에 다시 디밀었다.
 이 광경에 놀란 아버지께서는,
 "어~헛 참, 요놈 봐라, 아주 죽으려고 환장했구먼. 너, 진짜 다음에도 떨어지면 용서 안 할 거야!" 하셨다.

 장손 형에게는 용서가 없으셨는데 왜, 차남인 내게는 용서를 하셨을까! '아버지를 지켜보던 형의 마음은 어땠을까!'
 국회위원 '남재두'씨의 부친인 남정섭(검사 출신) 사장은, 차후 대천양조장, 삼성 양조장, 계룡버스, 대전일보를 운영하였다 부친께선 그 재단의 총무과장을 두루 거치시며 대전일보 문화부장을 맡으셨다. 자식들은 부모 덕분에 넘치지 않게 초중등교육을 졸업하였고 장남과 차남은 서울로 진학도 하였다.
 허나, 군사정부의 시책으로 아버지 나이 쉰에 회사원 생활을 퇴임하셨다. 더욱이 서울에 있는 대학에 진학하고 있어 생활비가 많이 드는 때였다. 내가 상경하는 바람에 형과 1년간 자취를 하다가 형은 공군에 입대하고 나는 자취생활과 리라 초등생 방과 후 지도로 버티어냈다. 어머니께선 점포와 셋방을 경영하시며 가정의 보탬이 되었다.

그러나 고생 안 하신 부친께선 다방을 찾으며 벗들과 소일하셨다. 60년대 말, 월남에서 귀국 후 경복궁 담장 길에 멋진 상투를 튼 분으로부터 붓과 큰 먹을 사서 아버지께 선물하였다. 아버지의 필적을 상기시키며 서예를 제대로 익히시라고 권하였더니 "네가 종이를 대줄껴!" 하셨다. 그 후 말이 씨가 되어 다방 대신 표구사를 들락거리셨다. 동 연배인 대전의 중견 서예가인 소심제(素心齊), 임형수(林亨秀), 연파(蓮坡) 최정수(崔正秀) 씨와 서우를 맺으셨다. 부친께서는 雲松 東坡 완숙기에는 우당(于塘) 아호를 쓰셨다.

세분은 다방 등에서 서우전(書友展)을 가지며 부친께서는 작가로 이상을 채워 가셨다. 서도로 정신 수양을 하시며 건강을 잘 지키셨기에 병원 생활도 한번 안 하시고 86세로 별세하셨다.

별세하시기 몇 해 전 부모님을 모시고 살며 아버지와 몇 차례 유성온천장에 갔을 때 일이다. 아버지께서는 수줍은지 타올로 앞을 가리고 탕 안에 몸을 담그셨다. 뭇사람들이 모두 아버지를 쳐다보니 탕 밖으로 나오셨다. 팔십이 넘으실 때까지 어머니께 의존하며 목욕을 해오셨기 때문인지 부끄러워하셨다.

이태리타월로 팔뚝의 때를 밀어드리면서
"아버지 팔 하나 닦아 드리는 데 오천 원."하니까
"어헛, 널 낳게 해주었으니 그것으로 때워라." 하셨다.

저세상으로 떠나시기 전에 아버지께서는 어머니께 이런 말씀을 남기셨다고 했다. '회초리를 들었어도 둘째 녀석은 정말 못 때리겠어!' 남편의 말을 어머니 생전에 내게 말씀하셨다. 차남인 나에게는 농담도 하시며 종아리 대신 애먼 방바닥만 치셨다. 그런 탓이었을까! 아버지께서 '개그'적인 여유로움을 내게 주셨기에 가능했던 것 같다.

탕 내의 사람들과 함께 웃었다. 허나, 어머니께서는 차별 없이 용서가 없으셨다. 아버지께서 벌주시면 '고놈 더 혼내줘!' 하셨다. 놀림 속에서도 이겨내야 한다며 아버지하고는 다르게 엄격하셨다. 이상한 것은 팔순 나이에도 엄격했던 어머니를 더 그리워하며 살아가고 있다는 사실이다.

▶ 교직 시절에

「군 입대 와 초임 교직 시절 이야기」

1966년 서울에서 2년을 마친 후 남 한남동에서 미술 과외를 하다가 군 입대를 앞두고 고향 대전으로 내려왔다. 대흥 2동 나의 본가 작업실(정영복 문화공간 부근)에서 몇 개월간, 작품 활동과 고교 2년부터 해오던 아동 미술 지도를 겸하였다. 가끔이면 같은 동네 고교생인 류병호가 창문으로 쳐다보다가 눈 마주치면 히~익 하면서 사라지곤 하였다. 정명희, 양창제, 이영수 등 죽미회 회원들의 고교 써클도 이곳을 통해 자연스럽게 이루어졌다고 본다.

「군軍 입대」

1967년 6월 17일 육군에 입대하였다. 논산훈련소에서 고교 동기인 장세진 병장을 만났다. 방첩대에서 근무하면서 친구에게 도움을 주려고 애를 썼다. 훈련 도중 미술 출신자를 대상으로 글씨와 그림을 테스트 받아 화공병으로 뽑혀 부산시 광안동 육군 인쇄 공창에 배치되었다. 주로 하는 작업은 군의 훈련 교육 자료 제작이었다. 육군 만화, 전우신문, 각 군 활동의 괘도나 서류 및 책자의 기본 인쇄를 트레싱하는 주 임무였다. 인쇄 화공실과 타자실에는 문관들과 수십 명의 여 타자수들이 열심히 쳐대고 있었다. 문관들 속에서 사병은 두 명이 배속되었다. 근무 첫날에는 화공병 테스트로 1mm 칸 안에 가는 선 4개를 그어야 한다며 엄포를 주었다.

제대 1년 남긴 상병 시절, 1969년 봄, 육본 차출병으로 베트남 전선에 파병되었다. 이런저런 과정을 거쳐 나트랑 십자성 8인쇄 중대 소속 화공병으로 배치되었다. 낮에는 화공병으로, 밤에는 지역방어 잠복근무와 OP 파견 근무로 위험을 감수하기도 하였다. 1년이 지나 무사 귀국하여 1970년 6월 만기 제대하였다.

「제대 후」

1970년 6월, 국군경리단에서 참전 생명 수당과 은행에 적금 들었던 10만 원을 아버지께 드렸다. 일부 돈으로 셋방 권리금인 전세금을 빼주었고 톱니 같은 어머니의 앞니 치아 세 개를 금니로 씌워드렸다. 출근 시 양복 한 벌과 구두, 검정 오버를 새로 맞추었다. 그 시절엔 동생들의 진학 관계로 나의 대학 3학년 복학은 꿈도 꾸지 못했다. 어머니께서는 '아동 미술' 지도를 권하셨다.

어느 날 임병뢰 미술 작업실에 들렀더니 어릴 적 아저씨라는 미술 장학사님을 소개받았다. 알고 보니 막내 외숙과 친구여서 어머니의 발길이 가벼워졌다. 충남도 미술 장학사 추천 덕분에 호구 대책이 우선하여 그해 10월 초 금산동중, 금산농고의 미술 전임강사로 출근하였다. 두 학교 교무실이 통합되어 한 가족처럼 느껴졌다. 근무 중에 중등 미술 검정고시에 도전하였지만 '미술교육학' 분야에서 발목이 잡혔다. 시험장을 나설 때마다 뜨거운 감정이 치밀어 참전용사로서 혈기 등등함이 구겨지는 기분이었다. 다음해 금산에서 강경중학교 전임강사로 전출하였다. 대학 중퇴로 교직자 근무는 만만치 않음을 절실히 느꼈다. 교직 2년의 경력을 쌓으면서 원광대학교 야간부 미술과 편입학 추진 중에 학교장의 반대로 포기하였다.

「결혼식」

　어느 날, '에이! 모은 돈으로 장가나 가자'로 결정하였다. 금산의 정양을 접고 강경의 권양을 선택하였다. 어디서 그런 배짱이 솟아났는지 나도 모르겠다. 그렇게 만난 강경 색시와 5십 수년 현재까지 잘 살아왔다. 결혼식 주례는 편입학을 반대하던 강경중학교 송성영 교장이 서주었다. 한 학년 11반이니 40여 교직원의 성원을 입어 감사했다.

　어느 날, 학력 증명서 발급 관계로 상경하는 기회가 있었다. 대학교 서무과에서 증명서를 발급받은 후 뒤돌아설 때, 담당 서기가 귀뜀을 주었다. '2년제 출신 대학생들에게 문교부 장관의 중등 실기 교사 자격'을 취득할 수 있다는 정보를 알려 주었다.

　허나, 문교부 자격심의 담당자의 인준을 받아야 한다는 것이다. 상경한 바람에 1차 착수금으로 십여만 원을 그에게 안겨주었다. 1970년 그 시절 한 달 하숙비나 쌀 한 가마니 값이 5,000원 시절이었다. 월남 참전 생명 수당을 부모님께 드린 후라서 목돈이 아쉬웠다. 결국은 교직에 있는 형님과 어머니의 도움으로 1972년 5월에 문교부 장관 발급의 중등 미술 교사 자격증을 손에 쥐게 되었다.

「고향, 대전으로 전근」

강인택 임한규 이상진 천종상 김진성 이재승? 필자
B중, 고 교직원들

　1972년 4월 2일 강경에서 결혼 후 그해 6월, 고향 대전 B중으로 전근하였다. 학교장의 환영이 컸다. 사학에서는 공립 교사들의 전입을 환영하던 추세였다. 허나 대개가 개인회사 같은 사학 체제이고 보니 교장 겸, 이사장 눈에 벗어나면 곧 떠나기도 일쑤였다.

강경에서 4월 결혼 후 6월 전출이라니 강경중 학생들과 1학년 11반 우리 학급 학생들에게는 정들자 이별이었다. 내 후임으로 배정된 고교 선배 황 교사는 전 담임의 정 떼기가 어려워 아이들과 갈등이 많았음을 내게 푸념도 하였다. 그렇게 세월이 지나 학교장의 배려로 야간에는 대전공대 시각디자인학과 3학년에 복학하여 '디자인 학사' 자격을 취득하였다.

평소 속마음을 나누던 춘천사범 출신 한금산 선생과 대학원 졸업을 하자는 강한 약속이 있었다. 그는 대학교수가 꿈이었다. 1990년에 그는 충남대 교육대학원 국어과 석사학위를 마쳤다. 대전북고 교감을 거쳐 제일중 교장으로 정년퇴임하였다. 1989년. 작품 활동에만 정진하고 있는 나에게 원망 어린 어조로 "왜 하자고 해놓고 대학원 안 가는겨!"라는 한마디가 강하게 심중에 꽂혔다. 어느 날, 아파트 재활용터에서 신문 광고를 보니 국립 한국교원대학교 대학원생 모집 공고였다. 마감일이 촉박하여 서류 준비를 급히 서둘러 교육청에 접수시켰다. 극적인 순간이 따로 없었다.

대학원 누드 수업시간에

「대학원 시험과 졸업」

대학원 응시날인 1991년 봄에, 공주교대 출신 4명과 함께 자가용에 합승하여 충북 청원군 소재 '한국교원대학교 대학원 시험장에 도착하였다. 1교시는, 그 어렵다는 논문 시험으로 4문제 중 2개 선택 후 논하라! 였다. 8절 갱지 4장씩을 받아들고 두 문제를 선택 후 성심껏 적었다. 서로들 합격하려고 시험지 앞뒷면이 가득 채워지고 있었다. 내가 선택한 두 문제는 학생들 지도 시 많이 다루어졌던 문제라서 기술하기가 어렵지 않았다. 이것이 살아있는 교육 현장 체험 덕분이라고 생각하였다.

- 1교시는 4문제 중 2문제 선택의 주제는 다음과 같다.
1. 미술 지도 시 '미술 학습의 교육 목적'을 기술하시오.
2. 작가가 작품을 발표할 때 의도에 따른 작가정신을 기술하시오.

- 2교시는 실기 고사로 여인의 좌상 누드 실기였다.
대담한 나신의 노출에 수험장은 엄숙하였다. 캔버스 20호에 유화 누드 실기였다. 수험번호가 이젤에 부착되었기에 위치 배정은 행운이 뒤따랐다. 측면이었지만 광선에 의해 입체감이 좋아 표현하기 적당하였다.

- 3교시는 수험관의 직접 면접이다.
대뜸 서류를 훑어보더니 "대학 1년 1학기 때는 공부 열심히 안 하셨네요." 하기에 한 방 먹었다.
마음속으로 '낙방이로구나.'가 떠올려졌다.

시험을 마친 후 5명은 대전역에 도착하여 저녁 식사를 하였다.
연장자로서 저녁값을 치르며 '공연히 어울려 나만 떨어질 것 같다.'고 하니 모두들 껄껄 웃어댔다. 몇 주가 지난 어느 날, 교장실에서 호출이 있었다. 교장실 문을 열고 들어서니 서부교육청 장학사와 학교장이 박수를 치며 교원대 대학원 미술과 합격을 축하해 주었다.
학교장은, '노력하는 임 선생이 꼭 내 젊은 시절 같다.'면서 격려를 아끼지 않았다. 그러므로 학교 근무에 전심을 기울였으며 휴일도 반납한 채 학생들 미술 지도에 전력투구하였다.
오늘날 사제동행 '북우전北友展'은 그렇게 남겨진 결실로 본다. 그날 함께 간 5명 중 나 혼자만 합격하였다. 31년 전 일이지만 믿기지 않은 그날의 우쭐함은 오늘 내 가슴에 오롯이 남아있다.

「석사학위 수여식」

어머니, 나, 동생, 아버지

1993년 3월 초, 막냇동생이 국립 교원대학교에 부모님을 모시고 와 나의 대학원 졸업을 축하해 주었다. 까만 석사 복장에 미술교육학 석사학위를 받을 때 부모님 앞에 의기양양하였다. 자식 중에서 처음 있는 경사였기에 부모님께서도 흐뭇하셨을 것이다. 내 나이 49세로 한 서린 공부 결과였다.

대학원 도전에 충동을 준 한금산 선생의 덕분이라고 생각한다. 그런 그가 2021년 79세로 별세하고 나니 나의 큰 문학 동지가 잘려 나갔다. 4년이 지났어도 그와의 정든 추억들이 가슴 속에 빙빙 맴돈다. 미망인이 투척한 1억 원으로 그의 문학적 위업을 상기시키고 있다. 백화 한금산 문학상 시상식이 대전문협 주관으로 3회째 실시되었다. 나는 2025년 현재 상임운영위원으로 대전문협의 문학상 행사일을 돕고 있다.

▶ 뜨거운 가래침 세례~

「원인」

나의 교직 생활이 점차 무르익을 여름, 남쪽 1층 현관을 나가려고 할 때, 캭! 소리와 함께 허공에서 한 덩이 뜨거운 가래침이 나의 팔뚝 위에 떨어졌다. 2층을 향해 "어느 녀석이야!" 하며 뛰어 올라가 보니 중 1년생 녀석이 도망도 못 가고 놀람 반, 죄송 반으로 웅크린 채 서 있었다. "야, 이 녀석, 함부로 침을 뱉으면 어떻게 해?" 소리를 질렀다. 그는 나를 보자 고개를 숙인 채 처분만 기다리는 듯했다. 앞으로 조심하라면서 용서하였다. 내 어린 시절에도 똑같은 실수가 있었기에 그날의 일이 생각이 나서 용서를 해주었다.

대전선화초등 4학년시절 봄소풍(유홍근담임)

나의 선화 초등학교 5학년 때 일이다. 그 시절 교사한테 당했던 일은 교육 이전에 린치였다. 어린 가슴에 가한 푸른 멍울은 오랜 세월 사라지지 않고 있다.

그 시절, 초등학교 건물은 3동이 있었는데. 뒤에는 붉은 벽돌로 지은 튼튼한 건물이고 왼편으로는 화재로 인한 신축건물이 들어서 있었다. 후문 오른쪽에는 달걀귀신이 나온다는 썰렁하고 침침한 화장실도 있었다.

운동장을 향한 좌우 목조 건물 사이에는 교무실에서 건물로 이동하는 징검다리 돌이 오른쪽 건물 출입구까지 연결되어 있었다. 저학년 아이들은 징검돌 위에서 가위, 바위, 보를 하면서 놀기도 했다. 교무실 창문 밖 처마에는 자동차 바퀴에서 빼어낸 둥근 통 쇠붙이가 매달려 있어 종치는 누나가 쇠망치로 땅, 땅, 땅, 시간을 맞추어 어김없이 쳐댔다.

아이들은 중간 체조 시간이라서 모두 운동장에 나가고 나는 교실 당번이라서 담임교사 물컵에 남겨진 물을 사람 없는 줄 알고 2층 창문 밖으로 휙 내쏟았다. 그때다! "으윽, 어떤 놈이야!" 언뜻 내려다보고 기겁하였다. 6학년 담임인 김 교사의 대머리 위로 쏟고 말았다. 겁에 질려서 우리 교실 교탁 밑으로 숨었다.

조금 있으니 말가죽 슬리퍼 소리가 따닥따닥 들리더니 열려있는 학급 문 앞에서 "나왓!"하였다. 나는 놀란 가슴으로 선생 앞으로 달려가 차렷 자세로 섰다. 내가 왜? 숨었단 말인가! '나왓! 소리에 기겁을 하고 나갔으니 말이다.

그는, 두말없이 귀뺨부터 몇 차례 후려쳤다. 그래도 성이 안 풀렸는지 가죽 슬리퍼로 머리통을 사정없이 여러 번 내리쳤다. 아무도 없는 칠판 앞에서 일언 대꾸도 못 한 채 무차별 테러를 당했다. 쓰러지면 또 일어서고 다시 일어서면 또 터졌다. 내 아래 바지는 뜨거운 오줌으로 축축해졌다. 그는 분이 풀렸는지 식식대며 "또 한 번 해봐라! 그때는 아주 죽을 줄 알아."하고 사라졌다.

정신이 나갔는지 얼얼하여 눈물도 안 나왔다. 그 후 중년의 창백한 그의 얼굴을 떠올리면 '뿔 없는 마귀'로 보여 나 스스로 '김마두' 선생이라고 했다. 식사 때마다 어금니와 상처 난 부위가 아파도 어머니에게 말문도 못 열었다. 그 시절에는 내가 당연히 잘못했으니 이를 악물고 참아내야 했다. 그래서 '스승의 그림자는 밟지도 말라'라는 말이 생겼나 보다.

「결과」

그렇게 8년이 지난 후였다. 나의 고3 시절 졸업 기념으로, 시민관 극장 4층, 대전문화원 화랑에서 '제1회 임양수 작품전'이 개최되었다. 미술반이라며 소영웅심으로 겁 없이 내건 50여 점이 벽면을 채웠다.

전시 중에, 시민관 앞에서 김마두 선생을 만나게 되었다. 독한 엄벌을 받은 기억 덕분인지 인사를 했다. "누구신가요?" "전, 선화초등학교 출신입니다." 하면서 팸플릿을 드렸다. 그는 "예~에" 하면서 "혼자 전시하냐?"고 묻더니 전시장에서 만나자면서 헤어졌다.

'그 옛날 생각에 계면쩍어서 피하는구나.' 했다. 조금 있으니 김마두 선생이 꽃송이를 들고 화랑에 나타났다. 그는 나를 향하여 "개인전을 축하하네." 하였다. 음료수 한 컵을 드렸다. 한 바퀴 작품을 감상한 후 의자에 마주앉아 대화 중에 "7, 8년 만에 뵙습니다. 저는 6학년 때 오학진 선생님께서 담임하셨지요. 4학년 때는 수채화 반, 최광현 선생님한테서 미술을 배웠구요. 그 후 꾸준히 미술부 활동으로 미술대 진학을 꿈꾸고 있습니다. 혹시, 기억이 나시는지요, 선생님에게 많이 맞은 기억을요!" 그는 "그런 일이 있었어요?" 하였다. 나는 하하 웃으며 '현재는 현재로다' 생각하며 화제를 미술로 넘겼다.

세월이 흘러 내가 교사로 재직하면서 제자의 가래침 건으로 학생의 심정을 떠올리게 된 것이다. 온유하게 품어줄 수 있는 계기가 김마두 선생 때문인 것 같다. 나 역시 지금도 그 학생 이름을 모른다. 김마두 선생이 기억조차 잊은 것처럼 말이다. 허나, 가래침 뱉은 당사자는 오랜 세월 가슴속에 남아있을 것이다. 나는 순간, 작은 승리자가 된 기분이 들었다.

▶ 금붕어 당번 K군

「만남」

3월이 되면 중학교 신입생들이 입학을 한다. 새 모자 새 뺏지에 '성실'이라는 힘찬 경례 소리가 교정을 울린다. 얼굴에 솜털기가 보송한 아이들과 제법 사춘기 모습을 한 소년들로 중학교 배정된 일 학년 입학생들이다.

첫날은 조용했던 아이들도 며칠이 지나자 서로들 익숙하면서 실내가 소란해진다. 교실에서는 '실내 정숙'을 강조해도 소용이 없다. 할 수 없이 학교 뒷마당에 집합시켜 회초리를 들었다. 맨 뒤에서 큰 키에 속하는 성모초등 출신 K군의 차례가 다가왔다. 그는 눈썹을 찌푸리며 당돌하게 말한다.

"선생님, 저는 매 맞고 싶지 않은데요!" 하였다.

학생들은 담임교사의 체벌에 순응하였는데 덩치도 큰 녀석이 항변하는 모습이 신기한 듯 바라보았다. 지켜보는 애들도 있고 해서 "요 녀석 봐라! 사내 녀석이" 하면서 종아리를 한 대 쳤다. "아~야 씨이~" 그는 다리를 움켜잡고 땡그르르 굴렀다. 지켜보던 반 아이들이 키득대며 웃어댔다.

퇴근길에 대학 동문전 예우회전에 '인삼밭 풍경'을 출품하였다. 그날은 오프닝 날이라 작가들과 담소를 나누고 있는데 중후한 중년 부부 한 쌍이 나의 작품 앞에 서서 고갤 갸웃대며 감상하고 있었다. 한눈에 보아도 세련되어 보이는 모습에 '팸플릿'을 주고 눈인사를 하였다. 그는 내게 말을 걸었다. "저, '인삼밭 풍경' 작품의 작가 좀 만나볼 수 있을까요?"

"예, 제가 그 작품의 주인입니다." "오~ 그러세요. 저 작품을 사고 싶은데요." 하였다. "고맙습니다만 작품값이 싸지 않은데요." 나는 그들 부부에게 감사의 인사를 나누었다.

인삼밭(금산)　　　五湖

「대화」

잠시 후 그들 부부와 함께 '서라벌' 다실에 마주앉았다. 그는 내게 명함을 건네며 나의 작품이 마음에 들어 구입하고 싶었다고 했다. 명함을 살펴보니 충남대학교 대학원장 철학과 강○○ 교수였다. 우리 반 K군의 아버지라는 것도 그때서야 알게 되었다. '혹여 어제 학교에서 일어난 회초리 사건으로 찾아온 것이 아닌지?' 마음이 불편하였다. 그러나 그는 세련되고 낭랑한 음성으로 온화하고 차분한 말로 분위기를 이끌어 갔다.

그는 아들에 대해서 자연스럽게 이야기를 펼쳐갔다. 아들이 서울의 모 초등학교 3학년 때, 미국의 '미시건' 주로 전학을 가게 되었다. 그의 철학박사 과정 관계로 가족과 함께 어린이 천국이라는 미국 생활에 적응해 갔다. 시간이 흐를수록 한국말을 잃어버리는 것이 안타까웠다. 드디어 미국 생활 3년 만에 철학박사 학위를 받았다. 귀국 준비를 할 때 아들은 미국 생활에 젖었는지 한국에 돌아가기를 싫어하였다. 겨우 달래어 비행기 '트랩'에 올랐지만 '알래스카' 상공에서 미국 땅을 내려다보며 눈물을 훌쩍거렸다.

"아빠, 난 한국에 가기 싫어, 왜지 알아?" 흐느끼는 아들의 말을 듣고서야 깜짝 놀라 부모로서 가슴이 아팠다.

엄마 아빠가 미국 유학 중이라 종로초등 3학년 초까지 외갓집에서 다녔다. 가끔가다 친구들의 엄마가 학교를 다녀가면 담임 선생님의 얼굴이 밝아지는 모습을 지켜보았다. 그때마다 미국에 계신 엄마 아빠가 원망스러웠다. 언젠가는 깨진 유리창 옆에 나를 앉게 하여 매우 추웠다. 차별을 당하는 느낌에서 선생님을 원망하였다. 종알거리는 아들의 과거지사를 들으면서 설마, 하면서도 아비이자 교육자로서 안타까웠다.

한국에 돌아와 충남대학교 대학원에 근무하게 되어 아들은 대전 보운초등학교 6학년으로 전·입학하였다. 미국에서의 자유롭고 좋은 시설에서 공부하다가 메마른 환경에 적응치 못하였다. 결국은 사립학교인 성모초등학교로 재전출하였다. 이 학교는 학년당 한 학급으로 미국 생활 중에 귀국한 학생들도 섞여 있었다. 적응할 수 있는 자제들로 노란색 스쿨버스도 있는 학교다. 아들은 동질감을 찾은 듯 우리말도 되찾아가며 학교생활에 무난하게 적응하였다.

초등학교를 졸업하고 추첨에 의해 본교에 배정을 받았다. 슬라브 시멘트색 2층 건물에 학년당 8학급으로 한 학급 학생이 70여 명에 육박하였다. 또한 재래식 화장실이라서 적응하기 어려웠다고 말했다. 어느 날, 아들의 일기장을 몰래 들여다보니 이런 글이 쓰여 있었다. '나는 학교에서 물도 한 모금 마시지 않는다. 그 이유는 소변을 참기 위해서다. 화장실의 구더기, 나쁜 말 낙서, 담배 냄새, 딱딱한 책걸상과 회초리 든 선생님들로 견뎌내기 참 힘이 든다.'라고 적혀 있었다.

평범한 중학교에 적응하지 못하는 아들을 두고 현장에 적응하는 차원에서 담임과 상담을 나누고 싶었다고 했다. 또한 한국의 교육 현장은 미국과 비교하기는 어렵지만 아이들이 현실에 적응할 수 있도록 학부모와 교사 간에 의견 교환과 협조를 서로 당부하였다. 역시 교육학자인 강 박사의 진지한 설득에 감동을 받아 '이런 아이도 문제아로구나!'라는 것을 인식하였다.

「상담」

그렇다고 그 시절 열악한 사립학교 시설의 개선은 요원하였다. 며칠 후 아이들을 하교시킨 후, K군과 단둘이 마주앉았다. 그는 어색한지 멋쩍어했다. 어색한 표정으로 나를 힐끔힐끔 바라보기도 하고 미간을 찌푸려 쓴웃음을 짓기도 하였다. 눈 맞추기 시간이 흐른 후 자연스럽게 이야기를 꺼냈다. 미국 생활을 하다가 이곳에서 적응하기 어려운 점도 있겠지만 존재하기 위해서는 현실을 익혀야 하는 마음을 가져야 한다고 했다.

교사 중심의 상투적인 말에 그의 시선은 다른 데로만 향하였다. 열린 교육을 받은 넉넉한 미국 생활과 좋은 시설에서 지내던 생활만 동경하는 듯하였다. 그의 마음을 이해하는 데는 적응 기간과 인내심이 필요함을 느꼈다. '아이들이 곧 스승이다.'라는 말을 떠올렸다.

우선 내 생각부터 바꾸기로 마음먹었다. 학급 간부들과 상의하여 환경 정리에 힘썼다. 게시판에 아이들 수준의 파일 사진과 그림을 붙여 놓았다. 대화 코너로 여분의 책상을 붙여 놓고 새하얀 테이블보로 덮은 후 그 위에 꽃병을 올려놓았다. 명화집도 펼쳐놓아 자유스런 분위기를 조성하였다. 주말에는 분단 대항 운동경기, 생일 축가, 팝콘 파티, 분단 '캠핑의 날', 학급가 부르기, 학급 문집 발간 등 그들이 기뻐할 수 있는 행사를 계획하여 때에 맞추어 실천하였다. K군 덕분에 점진적으로 나 자신부터 변화하고 있음을 느꼈다.

어느 날, K 군의 일기에서 다음과 같은 기록을 읽게 되었다. 〈도룡농 알과 영어 시간〉 우리 집 뒤에는 보문산이 자리하고 있다. 친구 진성이와 뒷산에 올라 술래잡기를 하다가 생물책에서 본 하얀 도룡뇽 알을 보게 되어 손으로 집으려다 기겁을 했다. 그것은 도룡뇽 알이 아니라 등산객이 뱉은 가래침이었다. 누가 뱉었는지 참으로 더러운 행동이라고 생각했다.

영어 시간은 내가 가장 자신하는 과목인지라 퍽이나 기다려졌다. 여자 영어 선생님은 꼭 한 번씩은 나에게 질문을 하신다. 초등 시절, 나의 미국 생활을 아시는지 왠지 영어 시간이 부담스러운 시간으로 느껴졌다. 영어 선생님은 '왜 나만 보면 차갑게 대해 주실까?' 영어 회화를 다른 아이들보다 잘하니까 그런가! 선생님은 나에게 백점은 안 주신다. 문법에서 꼭 제동을 걸기 때문이다.

그의 일기 내용은 그 나름대로 진솔한 글로 채워져 있었다. 내용인 즉 사람들의 공중도덕 및 학교생활에 대한 불만족의 글이 주를 이루었다. K군의 글 내용은 긍정적이고 바르게 열려 있었다. 현실적인 생활에 적응할 수 있을지 걱정도 되었다. 그와의 일기를 통해 쪽지 대화를 통해 중학 생활에 적응하도록 관심을 기울였다. 한편으로는 개인 학생에게 편애하는 느낌을 주지 않도록 노력도 하였다.

「금붕어 당번」

어느 날 그는 책꽂이 앞의 어항 속에 노니는 금붕어를 유심히 보더니 즐거워했다. 틈만 나면 붕어 마릿수를 확인하면서 먹이도 주고 물도 갈아주었다. 아이들이 어항 주변에서 장난을 치면 소리를 질러 제지도 하는 등 신경을 기울였다. 그에게 어항 관리 학생으로 임명하였더니 좋아하였다. 쉬는 시간에도 어항 곁에서 떠나지 않았고 그곳에 앉아 화집도 넘겨보았다. 그는 어항 속에 노니는 붕어처럼 다른 아이들과도 어우러지고 있었다.

겨울방학이 찾아왔다. 아이들은 종업식을 마치고 삼삼오오 짝을 이루며 교문을 나섰다. 그해 겨울은 유난히도 추워서 동네 연못이 꽁꽁 얼 정도였다. 방학식 다음 날 문득 교실의 금붕어 생각이 나서 어항을 보니 냉동 상태가 되어 있었다. 가장 큰 일은 애지중지 관리하던 강군의 얼굴이 떠올랐다. 어항을 화단 가 양지쪽에 놓으니 어항 속의 물이 녹으며 금붕어들도 꼬리를 치며 살아나는 것이 아닌가! 생명이란 참으로 신비스러웠다. 어항을 집으로 운반하여 따뜻한 방에 옮겨놓으니 붕어들은 뻐끔거리며 노닐었다.

며칠 후 K군으로부터 한 통의 편지가 날아왔다. 반갑게 뜯어보았다. "전, 죽어 마땅해요. 저는 하느님께서도 용서 못 할 거예요. 불쌍한 금붕어들, 이 죄를 어떻게 씻어야 될까요? 선생님!" 그는 방학식에 들떠 금붕어 생각을 깜빡 잊었다고 했다. 다음날 오후, 교실에 달려가 보니 어항이 통째로 없어진 것이다. '금붕어가 얼어 죽어 선생님이 치웠구나!' 가슴 조아리다가 용서를 구하는 마음으로 편지를 쓰게 되었다고 했다. 글을 읽으며 그의 책임감과 생명을 귀하게 여기는 태도에 감동했다. 얼른 그의 걱정과 조바심을 풀어주기 위하여 전화를 걸었다. 금붕어는 죽지 않고 선생님 집에 잘 있다고 했다.

"오! 하느님, 선생님 감사합니다." 하면서 무척이나 기뻐했다. 현실에 갈구하던 마음이 나의 귓전에 메아리쳤다. 개학한 후에도 금붕어 당번을 열심히 하였다. 새로운 2학년으로 진급하면서 그에게 어항을 선물하였다. 그는 다른 반 학생들과도 어울리며 학교생활에 적응하는 모습이 푸근하였다.

후렴

K군이 학교생활에 적응하게 된 것은 사전에 부모님과의 상담에 의해서였고 중학교에 입학 후 작은 소임 하나인 '금붕어 당번'이라는 적응의 끈 덕분으로 간주가 되었다. 성적이 상위권에 있는 학생들보다는 학습 면이나 생활면에서 부적응하는 학생들을 위한 문제점을 사전에 조율하게 되면 성취율이 높아질 것으로 본다. 최근 외국에서 돌아온 학생들을 위한 학교가 지정되어 있다.

바로 대전 대덕중·고교이다. 청소년들의 생활지도는 수십 년이 지나도 기본자세의 틀은 비슷하다고 본다. 자동화 '디지털' 시대에 접하면서 과정보다는 결과를 중요시하는 시대에 살고 있으니 문제다. 그들은 그들대로 기성세대에 불만이 있을 수 있다.

그들 입장에 서서 관심으로 보듬어줄 때 그들은 사회를 긍정적으로 바라보며 성장할 것이다. 생활지도는 학습 향상까지 연계성이 있기에 ○○강엿 먹듯이 서두르지 말고 점차적으로 변화를 유도해야 할 것이다. 대화 중에 돌려 말하지 말고, 무엇을 생각하고 있는지 서로 글을 나누며 가슴으로 다가가야 한다. 친밀감을 교감할 수 있을 때 비로소 대화를 나눌 수 있다.

현 사회는 교사들에게 학급당 18명 정도로 회초리 없이 개방적인 시대를 살아가고 있다. 단출한 시대에 걸맞은 교육시스템이 옛날과는 많이도 다르다. 세월이 흘러 K군은 성인이 되었다. 말끔한 제복을 입은 모습으로 주로 외국인을 상대하는 민원 담당에 배속되어 통역 보조 경찰관으로 군 시절 국가에 봉사하고 있었다.

2022년, 대전 노은동 지하철 내에서 그와 만나 반갑게 포옹하였다. 그는 인천 대건고 교사로 재직 중이었다. 부모님은 병환으로 별세하셨고 아버지께서 선생님으로부터 구입한 소박한 '인삼밭 풍경화'를 소중히 간직하고 있다고 했다. 교사이기에 '금붕어 당번 K군'의 글을 메일로 전송했다. 그는 죄송하다며 스승의 날에는 선물을 보내오며, 선생님의 가르침 덕분에 오늘의 제가 있다고 핸드폰 문자도 보내온다.

*위의 글은 K군의 1977년, 미국 생활 중에 고국에 돌아와 열악한 교육 환경에 적응치 못하고 방황하는 학생을 중학교에 입학하여 적응하게 지도한 생활 지도 사례임.

'선생님께'

글, K○○

선생님 건강하신지요? 참으로 철없던 저를 일깨워주시느라 얼마나 고생이 많으셨을까를 생각하면 너무 죄송합니다. 제 아들 한 명은 저보다 더 철이 없어서 지도하려고 해도 너무 힘들어 거의 포기 상태입니다. 부전자전 틀린 말은 아닌 것 같습니다.

　옛날에는 경찰관(순사)이나 선생님 하면 무서움의 존재였는데 요즘은 많이도 변하여 옛날 같지는 않네요. 옛날이 그립습니다. 저의 아버님께서는 정년퇴직하시고 3년 정도 명예교수 하실 때만 해도 건강 팔팔하셨지요. 명예교수를 끝나고부터는 혈액투석을 해야 한다는 의사의 권고에 따라 혈관을 잇는 수술을 하시더니 너무 순한 양처럼 변하셔서 걱정스러워 홀로 울었습니다. 어머니께서도 아버님 돌아가시고 혼자 계시면서 고독의 술을 드시더니 건강이 나빠져 결국은 돌아가셨습니다.

　'술 많이 드시면 안 좋은 것 같아요.'

　선생님! 세 살 버릇 여든까지 간다는 말처럼, 가만히 생각해 보면 지금도 저는 철이 없고 게으른 것 같습니다. 가끔 선생님 모습을 떠올리면 정신이 차려지니 고맙습니다.

　선생님 다음에 또 연락드리겠습니다. 안녕히 계세요.

　　　　　　　　　　　2020.5.29 고고 교사 제자 강승범 올림.

▶ 따 꼼 풀 두 번

「좋은 시절 다 갔나 봐!」

　살다 보니 내 몸에 색다른 상황이 벌어진다. 왼쪽 이마에 때아닌 신경 줄이 툭 불거지고 눈썹과 눈 사이 눈 덮개가 가라앉아 쌍꺼풀이 생겼다. 눈자위가 오망한 어머니 눈 모습이 내게 환생하고 있음이다. 높이 1.5m 텃밭 둑에서 발을 잘못 딛는 바람에 행길로 나뒹굴었다. 뒤통수, 어깨, 엉덩이 근육통으로 고생했다. 자전거 스톱 시 균형감각을 잃어 팔뚝과 무릎에 상처도 입었다. 내 몸의 살과 근육이 빠져나가고 보니 거울에 비추어지는 내 알몸이 앙상하다.

　2023년에는 오한惡寒이 없었는데 금년 5월 중순엔 연 사흘간 세 차

레나 다녀갔다. 그간에 잠든 내 몸을 흔들어 깨우는 착한 경고라고 느꼈는데 너무 잦다. 아내가 보기 딱한지 떨고 있는 나를 껴안아 주며 "왜 그런다냐? 겁이 난다."고 하였다.

통통통 무엇을 빻아댔다. 따스한 잣죽을 끓여주어 고순 맛으로 잘 먹었다. 아내는 동네 우리내과 병원에서 3일간 약을 지어와 내게 먹였다. 덕분에 멈추었지만 두 시간여 동안 두 겹 이불을 뒤집어썼다.

어느 날은 오한이 내 몸을 엄습했을 때 용변이 마려워 이불을 박차고 일어나려고 애를 썼으나 내 몸을 스스로 세우지 못하였다. 아내 앞에서 주룩주룩 용변을 내쏟고 말았다. 속옷과 요도 버렸다. 그간 잘 조절해 오던 소변과 대변이 그날만큼은 괄약근 부족으로 조절되지 않았다.

「아내가 울먹이며」

"여보! 내 말 다르게 생각 말고 들어봐요." 아내의 말인즉 만약에 당신과 내가 운명했을 때 당신의 수의는 국가가 제공한 '영웅 복장'으로, 나는 시집올 때 입고 온 한복으로 하자고 했다. 끄덕여주면서도 임종臨終이라는 단어가 아내의 심중을 울먹이게 만들었나 보다.

부부 사이가 뭔지, 타성끼리 만나 아내 덕분에 결혼 후 반세기를 길 넘겨 살아왔다. 양가 일가친척 앞에서 언약한 맹세를 한눈팔지 않고 부부 연을 잘 이어온 세월은 서로 간에 믿음이 가장 컸다고 아내는 말했다.

행실은 어린 시절에 부모로부터 이어받았으니 다행이지만 생각지 않은 돌발 사태는 서로의 지혜를 모아야 했다. 부부는 때론 한발 물러설 줄 알아야 하는데 세심한 나보다는 아내의 고충이 더 많았을 것이다.

아들도 사십 중후반을 넘기고 보니 한 가장으로 성실함을 부모로부터 물려받았다고 내게 이야기하였다. 나는 중년이 된 아들의 이야기를 듣고 천금 만금 마음 뿌듯했다. 보통 사람으로서 가장 성공한 삶 아니겠는가!

성실함의 무게감은 삶이 종료되기 전까지 불변할 인간의 큰 재산이라고 생각한다. 이제는 머지않아 떠날 준비를 해야 한다. 내 '삶의 흔적' 중에서 그림 작품과 문집 정리 등 나 스스로 가려내고 떠날 것이다. 능력이 다할 때까지 노력하다 갈 뿐이다. 부부만을 위하고 집밖에 모르는 바보 같은 부부가 팔십 마루턱에 이르러 서로의 건강을 걱정한다.

시원한 시간인 꼭두새벽에 텃밭에 나간 부부는 오이, 여주의 지지대와 넝쿨을 거두어 챙긴다. 나는 낫으로 잡초를 치고 아내는 호미로 밭을 일구며 또 다른 종자를 심어 후반기를 기약한다. 여러 종자의 남새들을 거두며 시시콜콜한 수확의 재미를 느낀다.

아주 작은 텃밭이라도 우리와 아들 식구에게 충족감을 주면 그만이다. 길 가는 분들에게 나누어줌은 나의 충족감 일부를 선사하는 일이다. 그렇게 남새밭의 일과로 20년이 지난다. 주로 아내가 모종하고 나는 뒷수발을 하는 처지지만 근육이 빠지고 보니 쏟은 만큼 반나절 누워 끙끙댄다. 그래도 그곳에서 자연과 벗할 수 있기에 감사하다.

▶ 세 화가의 3중주

서양미술사에 의하면 인류 최초의 그림을 에스파냐의 '알타미라' 벽화와 '라스코' 동굴의 벽화(BC 15000~20000)를 꼽는다. 벽화에는 그 시대의 삶을 반영해 주는 원시시대 인간들의 흔적들을 엿볼 수 있다. 그들이 그려놓은 동물 표현들은 형태나 색채가 대담하고 웅장하다. 고대와 현대를 이어주는 방대한 벽화 내용에서 인류 최초 문화의 순수한 흔적을 느끼게 된다. 고구려 시대의 사신도나 수렵도, 우리나라 최초의 그림이라는 '천마도'까지 조상들의 자랑스런 유산이기에 같은 느낌을 준다.

서산의 심웅섭 작가의 그림 세계를 유통하고 있는 시 문자詩文字도 감정을 아로새기는 조형 서예와 연관성 있다. 시와 그림들은, '파노라마'처럼 흐르는 색채의 톤과 화면을 이루는 구성체 역할을 한다. 르네상스 시대 미켈란젤로의 '천지창조'는 긴 여로의 소설이며, 피카소 '통곡하는 여인'의 작품은 형상 변형을 통해 심상을 나타낸 반추상적 수필이다. '몬드리안'의 콤포지션과 무 형체를 상징화시킨 '칸딘스키'의 화풍은 단축된 '시詩'로 여겨진다.

우리 화단에는 청각장애우인 운보 김기창 화백이 있다. 그의 말년 그림 속에는 세상 잡다한 소리를 듣지 않고, 그만의 세계를 오롯이 일구어낸 단순한 장점이 고여 있다. 나는 가끔 그가 부러울 때가 있다. 자기 중심사상을 화폭에 수놓는데 편리해 보이기 때문이다. 소금이나 고추의 강함보다는 담백하고 해맑음이 화면에 시화처럼 흐르고 있기 때문이다. 때로는 세상 움직임에 귀를 바짝 대며 큰 음성으로 의문을 토로하는 운보 화가의 부르짖음도 작품에 오롯이 남아있음이다.

시 한 수는 박경리의 토지 소설을 완독한 뿌듯함과 일치하며 짧은 시속에서 넓고, 높고, 깊음이 잠재하는 작가 삶의 울림이다. 청잣빛 순결을 간직한 그 울림은 인간 생활의 촉진제가 된다. 그 작용으로 두 눈을 부릅뜬 고집쟁이도 되고 '다이아몬드' 보석처럼 반짝이며 선화지마냥 파르르 떨기도 한다.

표현은 길어질수록 모가 드러나기 마련이니 함축성 있고 강한 메시지를 남기기 위한 수위 조절이 요구된다. 허나 담금질이 너무 많으면 뼈만 남게 되니 씹는 맛은 남겨야 한다고 들었다.

청소년 시절, 강경상고 미술부 활동으로 아름다운 꿈을 키웠다는 대전의 박용래 시인도 젊은 화가들과 어울리기를 좋아했다. 못다 한 그림의 세계를 화가들과 술과 눈물의 시로 마음을 달랬다.

서울대 교수직에 있으면서도 작가 본연의 길로 들어선 동심 화가 장욱진(張旭鎭 1917-87)은, 충남 연기의 방 한 칸 초가에서 캔버스를 바닥에 깔고 시처럼 그림을 그렸다. 그의 그림은 소품인데도 깊은 느낌을 주며 숙련된 자기만의 동심 어린 시어화 詩語畵인 새, 초가, 나무, 동물들을 수없이 익힌 후 그의 화면 속에 정겹게 등장시켰다고 한다.

장지문에 등잔 불빛으로 비친 그의 떨구어진 머리 그림자, 빈속에 들이켠 독주는 작품을 이루는 감로주였을까. 그의 깊은 주름살과 깡마른 노작가의 자화상은 연기 출신 우리 아버지 고향 동갑 내로, 고향의 넋이며 정겨운 모습이다. 나는 그의 향鄕스런 초롱 불빛 아래 환상적인 그의 화풍을 가슴에 품는다.

가끔은 오늘 미술인들의 여유로움은 장승업, 이중섭, 박수근, 장욱진, 서양의 고흐나 고갱, 로트랙과 같은 화가들의 가난과 고독들이 밑거름이 되었기에 오늘의 여유로운 예술인으로 향유됨은 아닐는지~, 나태함은 예술인의 자세가 아니며, 창작인은 수도자의 자세로 생활의 리듬이 깨지면 예도를 행할 수 없다 했다. 제아무리 세월이 변해도 창작의 미는 예나 지금이나, 미래에도 같을 것이다.

청수

五湖

그리다 만 캔버스가 나를 기다려요/ 나는 그들의 주인으로 자리매김하죠.

작업에서 얻은 그림 위에 / 어머님의 혼이 담긴 한 잔의/ 청수 淸水를 떠올린다.//

세월의 연륜이 더해지면 퇴물이 되려나~ /

그래도 마음을 쏟을 수 있는/ 화가라는 그릇이 있으니 행복하다.

어둠침침해 오는 시력과/ 마약과 같은 후유증은/

작가의 소중한 기도이며 산물이다.//

거울 속에 바보가 하회탈처럼 웃는다/ 타인의 선호에 멈칫하면서도/

세상사 호락호락하지 않음에/

뒤통수치며 하얗게 지워댄다//

번민 속에 태어날/ 소중한 나의 철학 덩어리들

못생겨도 나我를 그려야 한다.

▶ 메뚜기도 한 철

산기슭 작은 텃밭에는 서너 그루 밤나무가 석양을 가리고 서 있다. 가을이 되면 알밤이 무르익어 저절로 벌어져 딱! 소리로 지척을 깨운다. 밭을 매다가 쪼르르~ 달려가 떨어진 밤알을 챙긴다.

텃밭에 심어놓은 널따란 토란잎들은 밤송이를 가장 싫어한다. 뾰족한 밤송이가 떨어지면 넓은 잎새들은 소스라치며 아파한다. 그래서 틈틈이 밭에 떨어져 있는 밤송이를 집게로 제거해 주며 토란 잎새에게 토닥이며 참으라고 달랜다.

겨드랑이에 두 손을 끼고 산책 나온 젊은 아줌씨가 거든다. "아저씬 좋겠네요. 밤이 떨어지면 줍고요." 이야기는 없어도 다 알아서 하는데 그 아줌씨가 무슨 낌새가 있는 듯하다. 내 밭에 떨어진 알밤을 줍는 것은 기정사실이다. 누가 뭐라 해도 내 농작물 보호하는 차원에서 제거 중이니 말이다.

조석으로 텃밭에 오르내릴 적에 농작물들이 내 손길을 기다린다. 젊은 날, 가물었던 여름날엔 어깨가 저리도록 물을 퍼 날라도 피곤하지 않았다. 꿀꺽꿀꺽 물 받아먹는 소리가 무럭무럭 자라는 남새들 때문이다. 그전과는 달리 마음처럼 몸이 안 따라 준다. 귀가 후에도 일한 만큼 누워서 끙끙거린다.

간밤에는 태풍으로 늘어진 밤나무 가지며 배수로에 떨어진 밤 잎사귀가 무진장하다. 비바람에 밭둑이 빗물에 씻겨 고랑도 파였다. 나무로 말뚝을 박고 판재를 끼워 흙으로 채웠다.

아삭이 고추나 꽈리 고추는 하루 이틀 안 따주면 '따 주세요.' 하며 몸을 비비 꼰다. 제때에 따주지 않으면 맵거나 씨가 통통 여물어 질기고 맵다. 언덕배기의 애동호박도 수확시기를 놓치면 늙은 호박이 된다.

가끔은 길손들이 텃밭에 들어와 밤 털기에 급급하다. 톡 불거진 밤톨에만 정신이 나가 농작물이 어떻게 되는지 밟아댄다. 더러운 곳에 침 뱉듯 밤껍질 잔해들이 쌓이면 더 밟아대기 때문이다. 어쩌다가 텃밭을 비울 때면 어제 그 아줌씨도 보인다. 남편까지 동반하여 부부의 배낭이 불쑥하다.

작은 면적이지만 여러 종류의 남새들을 자식처럼 여긴다. 주인 발자국 소리를 듣고 성장한다는 남새들은 내 어린 자식들이다.

▶ 내 교육의 멘토들

*성기인(成基仁 1933-2022) 선생은, 중학 시절 미술 선생님이셨다. 선생님께서는 그림뿐만 아니라 글씨, 사진에도 조예가 특출하여 대전시 미술대전 사진 분야 '최고상'을 수상하여 초대작가를 지내셨다. 1960년 초, 짧은 미술 교사 생활에 미안하다 하시며 그 후 계속 어린 나에게 편지로 희망의 정을 심어주셨다. 그 편지가 쌓여 책자를

성기인 미술 교사
홍명미술관에서. 1978

두 권 만들어 한 권씩 나눈 적도 있었다. 현대미술의 본고장인 뉴욕에서 서양 미술 및 현대미술의 두툼한 도록 책자를 틈틈이 보내주셨다. 2019년 5월 15일 스승의 날에 충대 명예교수 송백헌 교수께서 절친인 성기인과 필자의 상봉을 마련해 주셨다. 오랜 해후로 감격 어린 포옹을 나누었다. 유성온천역 부근 식당에서 평양냉면을 사드린 것이 마지막 모습이었다. 다음 해 두 분은 사이좋게 별세하셨으니 사셨다면 구순이 되신다. 60년 세월, 서신과 문자로 모자람을 채워주신 온정은 오늘의 내가 서 있음이다.

안주함에 젖은 작가는 기교에 집착한 나머지 신선함이 도외시된 '매너리즘(mannerism)에 빠지기 쉽다고 했다. 필자는 미술 교사 시절, 류경채 선생의 교본으로 학생들과 의미 있는 시간을 보냈다.

대전 한국화협회와 구상작가협회
체육대회 이재호, 고 김철호, 필자

*김철호 선생님께서는 나의 개인전에 오셔서 "으음, 계속하면 되겠어!" 하시며 희망의 말씀을 안겨주셨다. 그는 초등교사 시절부터 독학으로 교사 화가가 되신 분이시다. 대전미협 초대 회장이던 이동훈 선생님을 가까이 모시며 2대 회장으로 대전 미술 발전에 공이 많았다. 다년간 대전 미술협회를 이끌며 대전고교 미술 교사로 근무 중에 유희영, 이종상, 이철주, 김인중, 하동철 등을 배출하였다. 그들은 오늘의 미술인이 되기까지 김 교사께서 물꼬를 터주신 분이라며 존경하였다. 프랑스 가톨릭 김인중 신부께서 옛 은사님을 모시고 구라파의 명소를 여행하였다는 소식은 교육계에 큰 부러움이었다.

나는 다년간 대전미협의 임원을 맡으며 김 회장의 일거수일투족을 보고 자랐다. 그때 그 시절이 행복했었다. 나는 작업과 발표 작품을 통해 보여주는 미술 교사로 직분을 생활화하였다. 1972년에 한국 미술협회 및 대전미협에 가입하여 회원들 속에서 소양과 폭넓은 품성을 배웠다.

미술 교사 퇴임 전까지 일백 오십여 명이 미술대학에 진학하였음을 알고 큰 책임감을 느꼈다. 미술인 제자들에게 용기의 '파이팅'을 부르짖고 싶다. 오랜 세월 새겨진 소품들이 작업실을 독차지하고 있다. 아내는 저승까지 어떻게 끌어안고 가느냐고 걱정이다.

'대전 미술사'의 추적은 김철호 선생님의 소원이었는데 내게로 이어졌다. 그로부터 여러 자료와 증언을 통해 일을 출 수 있었으니 나 또한 '대전 시립미술관'에 모두 다 기증하고 세상을 떠날 것이다.

'1995년 대전 미술의 역사' 추적을 통하여 대전 미술의 1세대들인, 박성섭 이동훈 박여일 최정수 임형수 김영한 성재경 김화경 윤후근 김기숙 진문섭 김철호 정택은 홍동식 강환섭 신봉균 이인영 임상묵 조영동 성기인 이종수 등과 직접 교분을 쌓았다. 고로 필자가 추구하고 있는 '대전 미술사'의 정체성을 위해 그들로 인해 아카이브(Archive) 연구에 크나큰 도움을 받을 수 있었다.

박돈, 조평희교수와 필자 '두즈문' 전에서

*박돈 은사 교수론

학술 지식에는 답이 하나뿐. 예술 미술에는 답이 사람마다 다를 수 있다. 잘생긴 사람이 반드시 좋은 사람 아니듯, 잘 그린 그림도 반드시 좋은 그림 아니다. 잘못 그렸어도 느낌感이 좋으면 좋은 그림이다. 못생겼는데 느낌이 좋은 분이 좋은 사람이다.'

그림은 색의 예술. 색을 보고 느끼는 것, 색은 빛이며 빛光이 없으면 우리 눈眼이 무용지물이다. 유화에서 화면표면 상태의 마티엘은 눈으로 보는 촉감이다. 인간의 피부색이 검을수록 촉감은 부드럽다. 아름다움이란 자연스런 것이다. '자연스럽다' 함은 어색하지 않고 편안하고 순수한 것이다.

예술은 인간이 만든 자연이다. 나는 서양적 화구로 동양적이며 한국적인 감흥을 추구하는 작가다. 전람회를 갖는 것은, 공들여 제작한 작품을 남에게 펴 보이는 동시에 자기 이름을 되도록 많은 이에게 알리려는 것이다. 얼마 남지 않은 내 생의 시간들, 나의 일에만 집중하여 써야 하겠기에 더욱더 아쉽다. (2013. 3)

박돈 화백(朴昌敦)은 대학 시절의 은사다. 황해도 태생으로 직선적인 성격으로 완고하시다. 고교 미술 교사 출신으로 서라벌 예대, 중앙대 예대, 목원대 교수로 퇴임하셨다. '두즈믄'전을 창립하여 제자들과 동행하셨으며 내면에 깃든 서정적인 화제와 서구적인 재료로 동양화처럼 그리셨다.

늘 작가 주변에는 게으름이 엄습하고 있다. 박돈의 단상短想들, 말년에 이르러서는 신년맞이 '박돈'의 글과 화집 달력을 보내주시면서 사제의 정을 원하셨다. 때로는 인쇄물로 싹수없는 제자 이름을 들먹일 때는 황당 무구하였다. 허나, 내게는 초근초근 지적해 주시며 구순 초에 별세하셨다.

*운산(運算) 조평휘(1933~) 교수는 인간미가 넘치며 목원대학교 교수시절 수묵화의 정통성을 대전의 제자들에게 전수시켰다. 기산 화우는 그를 가리켜 '사형'으로 칭하지만 난 그의 창작의식과 작가 정신을 마음깊이 스승처럼 존경해오고 있다.

▶ '노은 아트 리브로 갤러리' 개관

유성구 '노은도서관' 부설 갤러리 '노은 아트 리브로(Noeun Art Livre)'가 개관 전시회를 앞두고 있다. 유성구 노은동 주민들은 기대에 부풀어 화랑의 개관을 앞두고 있다. 2013년 3월, 현관 게시판을 보니 '리브로 갤러리 개관에 따른 주민공청회 공문이 붙어있어 참석하였다. 14년째 노은 신도시에 살아오면서 화랑 건립 소식에 반가운 나머지 단걸음에 달려갔다. 관심 있는 문화계 인사들 수십 명이 신을 치고 있었고, 사방을 둘러보니 머리털이 희끗한 사람은 나 이외에 한두 명뿐이

개관 오프닝((2014.5.22-6.25)

었다. 도서관 직원들로부터 따뜻한 차를 대접받으며 허태정 유성구청장의 갤러리 건립에 따른 사연을 들었다. 모습도 준수하니 문화계에 관심이 많은 그는 매년 5월 초순에 '유성 관광특구 온천 축제'를 전국 규모로 올려놓은 장본임을 구민들은 익히 알고 있다.

지역의 원로 미술인이라며 나에게도 연설할 기회를 주어 '문화는 실생활의 영양제로 정신적인 소양을 일구는 인간 바탕'이라며 우쭐하던 기억이 난다. 유성구청장의 갤러리 건립 또한 관심사로 공청회에 참석한 주민 대부분은 고마운 마음으로 성원을 보냈다. 대전 시립미술관 건립에 참여한바 있는 건축업체 장의 사업계획 및 작품 진열 및 조명 시설 관계에 대한 설명도 들었다. 2억 2천 상당의 예산을 투입하는 만큼 국민의 혈세가 헛되지 않게 추진위원들과 진심 어린 의견을 나누었다.

대전시에는 70여 개의 크고 작은 전시 공간이 관객을 기다리고 있다. 최근에도 지역의 미술 발전을 위해 구라파 국제 미술 교류에 힘써온 '아주미술관'이 운영상 어려워 제주 지역으로 떠나게 되어 대전 미술인들을 섭섭하게 만들었다. 대전의 상업화랑 하면 대표적인 곳이 모리스갤러리(Morris Gallery)이다. 전시회가 쉼 없이 이어지고 있으며 제자인 황선영 관장의 작가 관리와 중앙과의 연계로 작품 거래 및 홍보 전략의 '센스'가 물 흐르듯 진행되고 있음을 느낀다.

감상 인들은 늘 새로운 느낌을 요구하며 감상을 통해 치유 받고자 갤러리를 찾는다. 그들은 높은 꼭대기에서 내려다보듯 상식 이상의 수준을 지닌 문화인임을 잊지 말아야 한다. 화랑 지킴이들은 어린 청소년들을 대할 때도 미술 감상 교육 차원에서 관심 있게 대해 줄 적에 착한 갤러리로서 존재할 수 있다. 노은 아트 리브로의 출범은 시민 모두에게 신선한 충격으로 다가왔으면 한다.

그간 코로나 영향으로 도서관이 휴관됨에 갤러리도 덩달아 폐쇄되고 있으니 한심할 노릇이다. 대전에서 가장 좋은 시설이 잠복기가 오래 지속되고 있다. '주최 측이나 관객들의 관심에서 멀어진 탓일까!' 허태정 유성 구청장 시절의 건립 취지가 사그라들며 전시회 개최 이용도가 멀어지고 있어 지역 미술인으로 안타깝다. 공무원 체제라서 그런 것일까! 인건비 운영비가 따로 나오지 않고 외진 구석이고 이용도가 먼 탓도 있을 것이다. 허나 규모는 작으나 아름답고 분위기 있는 갤러리가 문이 닫혀 사장되고 있음은 분명한 관리 부족으로 인한 운영 탓이니 무관심이 무서울 따름이다.

　*리브로(Livre) ; 라틴어 책을 뜻함.

▶ '아침 밥상'의 여류작가

　새벽을 깨우는 벽시계가 쾡쾡쾡 울린다. 안방의 아내도 일어나 깨끗한 맑은 물로 차르르 차르르 두 눈을 닦는다. 아내 동선東善* 권홍락(權興樂 1947-)은 50년이 넘도록 〈아침 밥상〉이라는 주제를 걸고 작품 제작을 이어온 사랑스런 작가이시다.

　그의 작업실은 항상 청결한 주방이다. 그가 공들여 마련한 수납장을 열면 수십 개의 원재료가 들어있는 소중한 병과 그릇들이 나의 물감통처럼 즐비하다. 올리브 참기름과 들기름, 죽염, 맛소금, 고춧가루, 감식초, 소주, 정종 등 아내의 작품을 돕고 있는 천군만마가 기다리고 있다. 뒤편인 북쪽 베란다에 담겨 걸려있는 비닐봉지들은 불러주기를 고대하며 바람결에 그네를 탄다.

　'밥 먹어요!' 호출 소리를 듣고 만사를 제쳐놓고 달려가 소중한 그의 작품으로 감사와 행복감으로 〈아침 밥상〉을 즐긴다.

　작업에 임하는 작가들에게는 걸작을 꿈꾼다. 나는 아들이 분가하는 바람에 10평 정도 APT 두 개의 방을 작업실로 이용한다. '집필방'과 '그림방'이다. 집필방에는, 컴퓨터와 오호五湖 문학의 원초본인 삶의 흔적 및 대전 미술사 자료와 문학 서적으로 빼곡하다. 독서와 글 작업을 하는 공간은 내 육신의 쉼터가 된다. 그림방은 작은 그대로 소품으로 만족한다. 행동하기는 작으나 무한한 생각을 펼쳐낼 수 있어 좋다.

　안방은 내방에서 한 치 떨어져 있다. 서로에게 해방된 공간이요, 독립 공간이다. 오늘에 이르러 아내는 이젠 갈 날이 바쁜데 몸이 소중하다며 적당히 하라며 걱정이다. 직장에 묶여 있을 때도 휴일도 반납한 채 학교에 나가 작업에 열성을 보이던 그때를 생각하면 아내에게 늘 미안했다.

오십 년이 넘도록 한 남성을 지켜보며 반 예술인이 다 된, 오망구리 아내의 정성을 잊지 않는다. 정년 후에도 덩그렁 홀로 남겨둘 수 없어 집밖에 작업실을 구하지 않았다. 외롭게 하면 죄짓는 것 같았기 때문이다. 허나, 지나고 보니 집에서 삼식이를 못 면하니 좋은 결정이 아닐 수 있다. 그래도 부부로서 함께하는 시간을 늘리고 싶었다. 마음 편히 '로맨틱(Romantic)한 작가'를 꿈꾸며 조화롭게 글 쓰는 화가로 남을 것이다. 때로는 그림과 글들이 시샘으로 혼돈을 주지만 팔자소관이며 내 인생 여정이라 생각한다.

헌 년이 가고 새 년이 찾아오니 미술 단체들이 꿈틀댄다. 대전 미술제와 대전 원로 미술인초대전, 대전 불교가회전, 죽미회전은 기대가 크다. 3인의 작가가 열 점씩 출품하여 '따로 또 같이' 전으로 서로를 바로 세우는 큰 전시회가 될 것이다.

*동선東善 : 권홍락의 아호이다. 시아버지 우당于塘께서 족보에 올린 둘째 며느리의 호이다. 직접 호에 대한 설명은 못 들었으나 '동쪽의 밝은 햇살처럼 집안을 일구어 달라'는 시부의 깊은 뜻이 담겨있음이라 생각한다.

냉정한 심사위원

五湖

여봐요!
세 개 중에
어느 글씨가 좋아 보여

아버지 생전에 서예 심사는

어머니셨다.

아내에게 묻는다
여보! 두 개 중에
어느 그림이 좋아 보여

어머니와 아내는
내 생전에
사심 없는 심사위원이었어

부자지간
예능인으로 존재함은
어머니와 아내의 덕이
꼭꼭 숨어 있었다.

2025. 1월 한국 문학시대 등재

2008년 8월 30일 공로패

장학지도 날

五湖

2003년 시월 초사흘

구순이신 울 엄니
한복차림에 우리 학교에 오셨다

수위 아제에게
"미술 선생이 우리 둘째 아들여!"
의기양양 자식의 직장을 '노크' 하셨다

복도 창문으로 수업 광경을 지켜보시며
손짓으로 쉿!
아들의 수업을 응원하셨다

교문을 나서며 하시는 말씀이,
"아이들 때리지 말고 잘 가르쳐라,
안 보아도 다 안다."

그날은
내 생애 처음이자 마지막으로
울 엄니의 장학지도를 받았다

아들 셋을
교육자로 길러내신

범띠 울 엄니, 그립습니다.

미술 시간, 학생회 기자 촬영

▶ 숙부님 말씀

　나의 아버지와 단 형제인 숙부님 임헌달(林憲達 1918-2002)님과 사랑방에 마주앉았다. 충남 연기군 금남면 영시리 불곡리 큰 당숙 임헌진(林憲進) 아저씨 별세하신 날 밤이었다. 숙부님과 아버지는 띠동갑으로 태어나셨기에 아버지께서는 어머니 젖이 모자라 쌀을 씹어 암죽으로 연명했다고 들었다. 미꾸라지를 잡아 영양부족을 채웠다고도 하셨다. 약주에 취해 기분이 좋으셨던지 조카인 내게 술잔을 권하며 도란도란 다정한 음성으로 지난 시절의 애환을 내게 말씀하셨다.
　어릴 적 형님과 함께 서당에 다닐 때 형님보다 총기가 좋았던지 글을 먼저 외워 훈장님의 칭찬을 받았다고 자랑도 하셨다.
　"서릿발처럼 엄하신 조부님께서는 '장남은 더 많이 배워야 한다.'며 다그치셨어. 그 후 도회지로 나간 형(나의 부친)은 출세하셨고 나는 둘째라서 집안의 종사 일인 농사일을 도맡았다네."
　난, 말수 적은 형님을 보며 움츠리며 살았어. 허나, 네 살 위인 형수는(나의 모친) 어머니처럼 자상하셨어. 나와 양수 조카는 둘째라서 뭔가 통할 것 같다고 하시며 술을 내게 또 따라주셨다. 술잔을 채워드리니 기분이 좋으신지 술잔을 또 비우셨다. 숙부님은 충혈된 모습으로 형제간의 애틋한 정을 아쉬워하셨다.
　증조부 임노우(林魯宇)께서는 유학의 가풍을 지키셨다. '성균관 예학박사' 별지까지 받으셨기에 집안의 위계질서를 위해 엄격하셨다.

　숙부께서는 제사 일로 대전 우리 집에 오시면 한 살 위 형님에게 큰절을 올리셨다. 흡연도 뒤돌아 앉아 피우셨다. 우리들은 어린 시절부터 아버지 형제간의 처세를 지켜보며 우리들은 저렇게 안 하기로 은연중에 마음 다짐을 하였다. 그런 연유인지 나의 형은 아우들에게 자상하였고 성인이 되어 술과 담배도 권하며 어려움을 느끼지 않도록 잔정을 보여주었다.
　세월이 흘러 아버지 형제는 팔순 중반이 되셨다. 평소 아버지 생전에 형제끼리 해후邂逅를 해드리고 싶어 자가용에 부친을 모시고 세종시 대평동 용포(가동)에 사시는 숙부님을 찾아갔다.

　병환 중이라는 소식을 듣고 마지막 형제간의 상봉을 위한 방문이었다. 숙부님을 모시고 사는 효자 성수 내외는 일 나가고 집안에는 어린 3남매가 누워 있는 할아버지 곁에서 놀고 있었다. 85세 숙부는 뼈만 앙상한 채 가실 날만 기다리며 방 한쪽에 누워 계셨다.

　생각 밖으로 형님이 오셨다며 당황하여 허리를 세워 벽에 기대앉으셨다. "아이고 형님, 제가 먼저 찾아봐야 하는디 죄송해요." 하셨다. 두 형제의 어색한 시간이 흘렀다. 몇 마디 인사를 나눈 뒤 대화를 끝냈다. 조금 후 일어나시며 "보았으니 이제는 됐네. 그냥 누워 있게나! 몸 조심하고~" 평소 형제끼리 대화가 없이 지내셨기에 이웃사촌만 못하였다. 한 장의 봉투를 쥐여준 후 두 형제는 그렇게 서먹서먹한 해후를 끝내셨다. 그런 삶을 살아오셨기에 별도리가 없었다. 애먼 창밖에 시선을 태우시던 아버지께서는 귀갓길 차창 너머로 애써 한마디 남기셨다.

　"그래도 네 덕에 내 동생 모습을 보았구나." 하셨다. 다음해 2002년 9월 14일 86세로 숙부는 한 많은 세상을 하직하셨다.

증조부 시제 일. 우측 숙부님

　어머니께서 내게 말씀하셨다. 조강지처이신 너의 숙모께서는 모습도 고우셨는데 단명하여 최수, 진수 두 남매를 둔 후 별세하셨다. 숙부께서는 조부모 모시고 농사일을 하다가 모두 별세하시니 결국은 논밭 팔아 대전으로 나오셨다. 생활 중에 몇 분의 여인들이 스치면서 재산을 탕진하여 날품 노동일에 나섰을 때 나의 부모님께서도 마음 부담이 많으셨을 것이다.

　장남인 진수마저 귓병으로 단명하였으나 아들 셋을 남겼다. 진수 형의 부인은 모진 운명 속에서 아들 셋을 위하며 집안의 기틀을 잡아

주셨다. 큰 자식을 앞세운 숙부는 공주 마라귀의 여인과 재혼하셔서 대평리 가동마을 헌복 아저씨 집 옆에 근거지를 마련하였다.

숙모님께서는 득수, 성수, 현수 세 아들을 낳아 출세시켰다. 그러나 숙모께서는 명절날 새벽에 방앗간 가시다가 교통사고를 당하여 별세하셨다. 숙부에게는 삶의 버팀목이요, 보석 같은 아내였다. 장남 득수는 타향으로 나가 살고 차남인 성수는 고향에서 부모 곁을 지켜 임종을 지켜냈다. 성수는 3남매를 두어 잘 길러내어 복을 심으며 잘살고 있다. 현수는 두뇌가 명석하여 영남 지역에서 연구하는 과학자가 되었다. 숙부의 장남인 진수의 장남 집에서 매년 명절이 되면 형제자매 손자들과 큰 우애를 다지며 잘살고 있다. 아들 성수는 소종계의 총무를 맡아 종사 일에도 한몫을 다 하고 있어 큰집의 자손으로서 아우에게 감사함을 느낀다.

어느 설 아침, 아버지께서 너의 형제들도 올해부터는 형제간에 맞절함이 어떠니? 하시며 절반 권고를 하셨다. 셋째 철수 동생이 그 말씀에 반기를 들었다. 둘째인 나는 형에게 절을 하려다가 멈칫하였다. 뭔가 느끼시는 점이 있으셨는지 부친께서도 더 이상 권하지 않았다.

평소 형도 경직된 부친 형제의 관계가 발전성이 없음을 잘 알기에 동생들의 마음을 편하게 해주었다. 엄하셨던 증조부 예학 박사인 불곡과 직원 부군이신 조부 간의 가통 시대의 흐름이 한 수에 혁신을 가져온 셈이다.

2003년 3월11일 나의 부친께서도 87세로 세상을 떠나셨다. 기구하게도 연년생이던 형제 두 분은 상봉하던 1년 차이로 영면하셨다. 오늘에 이르러 형제들은 84세 맏형을 중심으로 형제 카톡에 삶의 의미를 충족시키며 살아간다. 아우들에게 불화 없이 우애 지키며 살 수 있음도 부모께서 건강한 삶을 보여주셨기에 형제지간에 우애도 있다고 생각해 본다.

(2025. 3)

▶ 사제의 정, 北友會展

2006년, 임양수 선생 회갑 기념, 사제동행 전에 수록된 이광원*의 소중한 글을 이곳에 싣는다.

1970년대 Version~ 학교 출신 불문하고 임양수 선생님 제자라면 모두가 첫 만남 첫 시간에 배운 〈미술 공부하는 목적〉을 떠올리며 암송한다. 한마음으로 지난 추억을 더듬을 수 있어 좋다.

지금은 학생 수급관계로 사라지고 없지만, 1970년대 대전북중학교는 대전시 서구 도마동에 자리잡고 있었다. 시내에서 5번과 7번 숫자의 만원 버스로 서대전 사거리를 지나며 듬성듬성 논밭 사잇길로 통학했었다. 검정 교복에 빡빡머리였던 중학교 시절, 우등생에게 수여했던 작은 별 모양의 우수 별 배지를 왼쪽 가슴에 자랑스럽게 달고 다녔다. 북극성처럼 빛나는 이 시대의 '등불이 돼라!'는 가르침을 받았던 중학교 시절이었다. 강산이 몇 번 변했을 시절인 50년 전의 학창 시절의 기억이 아직도 또렷이 남아있는 이유는 무엇일까? 우리에게 잊히지 않고 우뚝 선 스승의 큰 그림자가 꿈과 사랑으로 소중하게 존재하고 있기 때문이다.

60대가 되어버린 제자들의 기억 속에서 미술 시간의 추억들을 소중히 간직하고 있다. 엄격과 온화함, 따스한 눈길로 대하시던 선생님과의 기억을 잊을 수 없다. 미술 수업에서 미술 전공을 안 한 학우들에게도 또렷이 미술 수업의 분위기를 남기게 하였던 미술 선생님.

선생님께선 금산동중, 농고, 강경중학교, 대전 북중, 북 상고(현 제일중고)에서 교편을 잡으시며 어린 제자들을 길러내셨다. 또한 서양화가로 다수 개인전을 열었고 그룹전에서도 왕성한 미술 활동을 하셨다. 대전미협 이사 및 감사, 대전 구상작가협회 (이신회) 회장, 중앙맥전 창립회장, 예우 전 회장 등 많은 모임도 이끌어 오셨다.

제자 모임인 북우회는 회장, 이광원 부회장, 김종기 이희재 간사, 정우창 동문이다. 선생님에게 가르침을 받은 중고교 시절의 제자들로 동호인 모임이다. 북우 창립전은 1979년 9월 6일~10일 홍명미술관에서 열렸으며, 창립회원은 김대홍 김국환 손정근 김종설 박성택이며, 뒤이어 강신우 이범헌 김택동 곽지상 이광원 김종기 회원이 뒤를 이었다.

북우전(시민회관) 창립 맴버와
고, 미협회장 신동주와 지치우 화백

2008년에는 임양수 선생님 정년퇴임 사제동행 전이 현대갤러리 기획전으로 열렸다. 퇴임 기념식을 겸한 전시회에 1층은 제자 전, 2층은 퇴임 전이 열렸다. 오프닝에서 많은 북우 동문의 축하 함성과 대흥동 저녁 연회장을 찾은 교직원들과 대전 미술인들의 모습이 잊혀지지 않는다. 한 울타리 내에서 배운 이들은 성장하여 미술 각 장르에서 창작 표현에 여념이 없다.

이후 '북우전'은 시민회관, 오원화랑, 이공갤러리, 대전갤러리, 윤갤러리 등에서 선후배 공히 개최되어 왔다. 2025년 현재, 선생님께선 초창기 71세 제자로부터 30대 제자들까지 '사랑의 시'와 '모닥불 축제' 그림으로 인연의 끈을 이어 가신다.

2008. 〈사제동행 전 출품 작가〉
이정섭, 최장한, 이광원, 민윤식, 김지태, 송재만, 이범헌, 김종기, 이기호, 이희재, 조윤상, 허구영, 노주용, 천종권, 김화영, 이상준, 박대규, 정우창, 김민호, 정보경, 조영표, 황준식, 진석범, 진희웅, 김세환, 공병국, 박지범

※ 기수별로 27명 기록함

　*현, 북우회 이광원(李光園 1963-) 회장은, 대전북중 4회 졸업생으로 중앙대 예술대학 동 대학원 서양화과를 졸업하였다. 그는 대전광역시미술대전 초대작가, 대전 MBC TV문화 사업국장으로 퇴임하였다. 필자의 정년퇴임, 북우 사은전을 동문과 개최한 감사한 회장이다.
• 부회장 : 김종기(현, 세종대성고 미술교사)
• 사무장 : 김민석(한남대학교 조교, 미술학 박사)

2008 북우 사은전 오프닝 모습

삶의 흔적

임양수 회고록

6부
비움과 채움

예술의 전당 개인전
큰 상 타던 날
웅천의 무창포 서정
손자 가라사대
소소한 일상들
'나야 나!'
향토사학자 故 김영한
나의 자화상
텃밭 예찬
시위示威 문화제
독락정獨樂亭
작업 노트에서

▶ 예술의 전당 개인전

한국미협 주관 2002년 예술의 전당 부스 개인전에 초대받아 대전에서 미술학원을 경영하는 제자 이희재의 차에 2~30호 작품 10여 점을 싣고 서울로 향하였다.

고속도로를 달리는 도중 '서초'로 나가야 하는데 판교로 빠지는 바람에 목적지에 좀 늦게 도착했다. 조수석에 앉은 제자의 아내는 지도를 보면서 늦어 죄송함을 예쁜 미소로 답해 주었다. 예술의 전당 미술관 A-26실이 나의 전시 부스다. 학원 일도 바쁜데 반입과 반출을 도와주어 고마움을 늘 잊지 않는다. 연료라도 넣으라고 30,000원을 주니 뿌리치는 바람에 호주머니에 찔러주었다. 더 넉넉하게 줄 것을 내내 마음이 쓰였다. 작품 분위기를 보면서 조화롭게 진열하는 중에 마침 대학 후배 신진호 작가가 찾아와 도와주었다. 대전에서 딱 2명, 신 작가와 함께 초대되었다.

예술의 전당 212개의 특별부스에는 각 지역에서 추천받은 젊은 작가들의 집합체라고 밝혔다. 전국 작가 집단 부스 전이 오후 5시 오프닝을 앞두고 작가들은 타인의 작품을 감상하느라 부산하였다. 대전〈중도일보〉배문숙 문화부 기자가 찾아와 10분간 인터뷰를 해주었다. 인사차 들린 두 제자, 한국미협 사무국장 이범헌과 한남대 교수인 최장한 제자가 찾아주어 반가웠다.

드디어 〈예술의 전당〉 현관에서 참여 작가와 유명 원로 화가들이 지켜보는 가운데 개막식이 시작되었다. 한국미협 사무총장인 이범헌의 진행은 반짝이는 센스와 낭랑한 음성으로 청중을 압도하였다. 먼 발치에서 그를 지켜보며 흐뭇하였다. 시골의 어린 꼬마가 성장하여 유능한 미술인으로 발돋움을 하고 있었기 때문이다.

행사 끝 무렵에 한국미협 이사장과 상임 이사장에게 어릴 적 스승으로 대전에서 상경하셨다며 갑자기 나를 소개해 주어 당황하였다. 그가 나에게 직접 다가와 포옹해 주니 많은 박수 속에서 손을 흔들며 인사를 하였다.

「나의 전시장에서」

오전에 '장호식'과 '이정희'가 축하 화분을 들고 찾아왔다. 서울의 여성동아 편집실에서 수석 디자이너로 근무 중이었다. 그들은 반짝이는 미적 감각으로 목원대학교 산업미술과의 큰 재목으로 전국 공모전을 휩쓸어 졸업과 함께 특채의 영광을 얻어 오늘에 이르렀다. 대학 재학 중, 그들은 북우회전과 창성미술 동문회전을 창립하는데 숨은 공로자이며 대전 디자인계 후배들에게 선망의 대상이요, 꽃이었다.

제자 최진영 박사가 찾아주었다. 그는 작은 체구이지만 매사 진지하고 작은 보석처럼 반짝였다. 전시회 첫날 저녁에 그는 나를 이끌고 "선생님, 오늘 밤은 저에게 기대어 마음 편히 잡수세요." 하였다. 토속음식점이지만 소고기 안심은 대궐 같았다. 대나무 통 술도 몇 잔씩들 마시며 모처럼 사제간의 정취에 젖었다. 밤비가 촉촉하게 내리는데 우리들의 대화는 끝이 없었다. 왼종일 전시회 건으로 바쁜 여정이 내 뇌리를 스쳐 지나간다.

대학 시절, 화우였던 〈안병석 교수〉 2002

최 박사가 '아비송' 모텔을 예약하였다. 하룻밤 밤만 지새는데 40,000원이라며 그가 지불하였다. 장소만 소개하면 되는데 그는 막무가내였다. 10시경에 그는 가고 나 홀로 침대에 누웠다.

서울의 밤은 깊어가고 자정이 되어도 잠이 오지 않아 TV를 켰다. 역시나 러브호텔의 본모습이 드러났다. 남녀의 애정행각이 동물적인 감각과 테크닉으로 화면을 압도하였다. 조금 보다가 끄고 깊은 잠을 청했다.

다음날, 안병석 교수가 찾아왔다.

서강 화력발전소의 장엄한 연기, 저무는 석양 노을에 함께 꿈을 태웠던 화우다. 머리털도 날아가고 파블로 피카소 같은 인상을 풍겼다.

그는 한국 미술사에서 그만의 테크닉을 선보여서 '바람결' 화가 하면 누구! 할 정도로 성장하였다. 그는 중앙대학교 대학원 미술과 교수로 재직하고 있다.

화우 박경호 화백 왈, '그놈아, 너무 유명해져 만나기 어렵다.' 하였다. 작가로서의 도도함이 넘치는 그가 나의 도록을 받아보고 단숨에 달려와 점심을 사주며 "화우라 해도 노력 안 하는 화우는 만나기 어렵지." 하였다. 그는 중앙의 미술계에 우뚝 서 있으며 치밀어 오르는 서로의 자부심은 두 눈빛 속에서 도도하게 교차되고 있었다.

죽마고우 서울 친구 관수, 용화, 종백 3명이 전시장을 찾아주었다. 인간이라 할지라도 물에 물 탄 듯 느낌이 없으면 울렁거림이 없다. 세 친구는 서울에서 자기의 영역에서 출세한 벗들로, 서로의 마음을 트고 오랜 세월 변함없는 친구 사이다.

〈조관수는〉 지구가 깨져도 변함없는 친구다. 예도藝道에 대한 시선도 밝다. 그는 언론사인 대전의 중도일보를 거쳐 서울 경향신문사 사진재판부에서 정년으로 퇴임할 정도이니 그의 성실함과 나와의 예통이 자연스러웠음을 알게 해준다.

〈이종백은〉 젊은 시절 맨주먹으로 사업하는 장인 밑에서 삶의 밑둥치를 얻었으니 아내를 선택한 처세가 빛나도다. 스스로 일어나 극장식 레스토랑 사업체를 두 개나 이끌며 고향 가수 김용림과의 우정도 쏠쏠하였다고 했다. 현재는 은퇴하여 경기도 양평에서 착한 세월을 낚으며 산다.

〈전용화는〉 어릴 적부터 두뇌 회전이 좋아 판단력이 원활한 벗이다. 넘칠 때도 있지만 내게는 늘 한결같다. 어릴 적 친구 조관수의 부친 별세를 보고만 있을 수 없다며 벗들의 집을 순례하며 장례식에 보탬이 되었던 점을 기억한다.

필자가 대학 시절에, 국세청에 다니던 그에게서 '청사 공용 사진기'를 빌려 전국 일주에 도움을 주었다. 노심초사 걱정을 안겨주었다. 몇 년 전 내가 상경했다고 3명의 벗과 서울 집 APT에 초대하여 우정을 베풀어 주어 감사하게 생각한다.

2002 오원화랑 초대전

한국 화가요, 오원화랑 실무기획자인 김화영은 스승의 전시회를 축하할 겸, 오원화랑에 '임양수 전'을 초대하였다. 대전에서 오래된 화랑 하나가 대흥동의 '오원화랑'이다. 김진원 관장은, 문인 화가로 대전 미술의 흐름을 증언할 수 있는 보물이다. 대전의 원로작가회 '화연회' 전도 그분의 업적이다. 현 오원화랑은 둔산동 법원 앞에 있다. 2002년 김 관장은, 한국화 전공인 김화영에게 오원화랑 기획실장의 실무를 전담하게 하였다.

〈김화영은〉 중학 시절부터 스승의 예술관을 추종하였으며 어느 날 그의 스크랩을 열어보니 부족한 나로 그득 채워져 있었다. 그의 편지글에는 한국화 소질이 엿보인다며 '한번 해보면 어떠니?' 하셨다며 희망의 불을 댕겨주셨다 했다.

그는 서울 종로통으로 진출하여 '영 갤러리' 관장으로 십여 년을 버텨냈다. 최근에는 객짓밥에 몸도 마음도 상하여 부모 슬하로 찾아와 건강을 회복하더니 대전 '영 갤러리'를 개관하는 동시에 화랑에서 결혼식까지 거행했다. 늦깎이로 결혼한 아내는 미국 국적의 한국 여성

아버지의 미소

이다. 복수동으로 이관하여 대전 작가들의 작품을 미국으로 매개시키는 〈중도 화상畫商〉으로 재미가 쏠쏠하다고 내게 자랑하였다.

서예가이신 아버지 〈于塘, 林憲述〉께서는, 전시회 기간 내내 옛 거주지인 대흥동 오원화랑 주변을 떠나지 않으셨다. 화랑 전면에 큼직하게 내걸린

'플래카드' 속 아들 '임양수 展' 이름에 매료 되셨나 보다.

▶ 큰 상 타던 날

미국의 경영학자 '하워드 스티븐슨'은, '인생은 흘러가되 비움과 채움의 연속과정'이라 했다. 무엇을 어떻게 채워가냐에 따라 달라지니 비움은 채움의 연속으로 자중해야 한다고 했다. 상賞은 타인이 주는 업적의 거울이다. 시상의 범위도 소단위의 소규모가 있고 전국 단위의 대규모가 있다. 시상의 주최와 시상자도 중요하다. 가장 유의할 점은 받는 자의 업적에 따른 결과물이 투명해야 하며, 세상에 발표함과 더불어 여론의 긍정성도 중요하다.

〈대전광역시 문화상〉은 전국문화원연합회 기념행사 날에 시상한다. 예총 산하 10개 단체에서 수상 가능한 대상자를 추천받아 가부의 확인 절차를 거쳐 대전시에 추천한다. 시 주관처에서는 최종 심사위원을 추대하여 결론에 따른 수상자를 대전시장이 시상하는 제도이다.

어느 날, '2017 대전광역시 문화상'을 앞두고 미술협회에서 표창 대

수상자 박순길 부부, 임양수 부부, 권선택 시장, 권흥순 부부,
이연형 부부(2017)

상자로 건의 연락이 왔다.

'다 늙어 뭘.'하며 도전을 포기하였다. 협회에서는 "선생님이 안 받으면 누가 받아요! 도전 부탁해요." 자신감 없는 나에게 재추천으로 힘을 얻어 도전하였다. 9월 9일이 문화상 심사일이다. 이름 석 자를 걸고 주사위는 던져졌다.

누가 심사위원일지는 몰라도 그간 쌓인 명예와 지역 원로작가로서 냉정한 심사 결과만을 기다릴 뿐이다.

궁금하여 인터넷에 검색해 보니 '여러 장르 중에 네 분야의 수상자 얼굴이 화면에 떴다. 평면 예술 분야에 임양수, 수상자로 수상 내용을 보니 '대전 미술인에게 귀감이 될 분'이라고 하여 내 일생에 더한 평은 기대하고 싶지 않았다. 심사자가 누구인지 몰라도 '귀감'이라는 단어가 귓속에서 계속 맴돌았다. 다음날 길에서 만난 한금산 시인이 두툼한 손으로 내 손을 꼭 잡아주며 "거, 잘 됐어! 놀라워요." 하였다.

2008년 충남대학교 백마 문학동인들과 대천 해수욕장을 찾았을 때다. 교수 최원규 시인과 낙조를 즐기며 걷고 있을 때, 그는 내게 "예술을 했다면 문화상 하나는 거머쥐어야지." 하시던 말이 떠오른다. 이제는 내가 실제의 일이 되고 보니 보람되고 명예스럽다.

2017. 10. 16 대전문화상 시상식 날이다. 행사의 주인공으로 73세 오호 임양수는 하객들 앞에서 아내와 함께 시상대에 올랐다. 권선택 대전시장으로부터 문화상 인정 패를 받았다. 전국 '문화원의 날'로 문화상으로 추천된 유공자들에게 시상을 겸하는 날이다. 내 가족과 여동생 부부가 참여하여 흐뭇하였다. 가까운 예우들이 참석해 주어 감사했다. 대전문총, 대전 문협, 노덕일 중구 문화원장과 직원들, 김배히 부부, 정장직, 4인 산행 형제들. 푸짐한 음식 제공 속에서 주최 측의 축하 무대까지 열려 무사히 끝났다. 근 한 달 동안 설레임과 망설임 속에서 지냈다.

백화 한금산 시인은 목요 만남 일에 유성 풍천장어집으로 나를 초대하였다. 1kg당 38,000원이다. 비싼 생선이라서 게 눈 감추듯이 꿀거덕 넘어갔다. 그는 나와 문화상 동행자라며 자기 일처럼 좋아했다. 콩이면 콩이다. 문학과 미술 분야를 석권한 두 사람은 흥건히 취하여 어깨동무를 하며 밤길을 걸었다. 비록 상금은 없지만 명예 그 자체로 만족을 했다. 집에 도착하고 나니 제자인 이범헌, 진석범의 택배 선물이 도착해 있었다.

*역대 대전시 문화상 미술 분야 수상자 명단 (1989-2024)
　1회 1989 박명규 예술(양화)
　5회 1993 정명희 예술(한국화)
　7회 1995 김배히 예술(양화)
　10회 1998 이곤순 예술(서예)
　14회 2002 정태희 예술(서예)
　15회 2003 남철 예술(조소)
　19회 2007 김석기 예술(한국화)
　21회 2009 김해선 예술(한국화)
　24회 2012 김치중 예술(서양화)
　25회 2013 이재호 예술(한국화)
　27회 2015 정장직 예술(양화)
　29회 2017 임양수 시각예술(양화)
　31회 2019 유병호 시각예술(판화, 유화)

대전광역시문화상패

32회 2020 황용식 시각예술(공예)
33회 2021 김석우 시각예술(조소)
34회 3022 윤여환 시각예술(한국화)
35회 2023 강구철 시각예술(양화)
36회 2024 차상권 시각예술(조소)

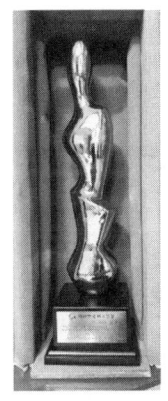
대한민국
미술인상 수상

더불어 필자는 2017년 10월, 대전광역시 문화상을 비롯해, 2021년 12월 5일 한국미술협회에서 주관한 '대한민국 미술인상'을 수상하였다. 이 모든 것이 대전 미술인들과 성장한 제자들의 사랑과 정성의 결과라고 생각한다. 그래도 고향 대전 미술 지킴이로 <대전광역시 문화상> 수상은, 더욱 애착이 간다.

▶ 웅천의 무창포 서정

내가 거주하는 유성구 <노은동 6단지 노인회> 회원들은 야외 소풍에 나섰다. 노은동 우체국 맞은편에서 빨갛고 멋진 관광버스에 올랐다. 도시를 떠나는 회원들의 마음은 동심에 젖어 소싯적 소풍에 젖었다. 잘 닦인 도로를 거침없이 달리는 버스 내에서 창밖 풍경을 지켜보니 추수 끝낸 논에는 하얀 포장으로 원통형 소여물이 심심찮게 들녘을 수놓고 있었다.

보령을 지나 어촌마을의 '죽도' 섬이 보인다. 바다를 막아 이루어 놓은 '보물섬 관광지'라는 광고판이 보였다. 가던 날이 장날이라고 관람객 입장이 막혀 운전기사의 사전 소개팅이 허구가 되었다. 그러나 소박한 충청도 어투가 공감대를 안겨주었다. 주변 경관을 둘러보며 '월남 참전 전우 정창식'이랑 대화를 나누었다. 3년 전, 서해안 여행 시 버스 속에서 나랑 친구 하자 했다. 육군 원사 출신 무공 용사가 노인회에 있어 늘 친구처럼 반갑다. 그는 작은 거인으로 산악회 리더로 건강관리가 놀랍다.

6부 비움과 채움

다음 찾아간 곳은 웅천의 무창포 해변이었다. 죽도보다 더 광활하니 가슴 툭 터지는 느낌이어서 환호를 질렀다. 몇 년 전 <웅천 문화원> 전시장에서의 '김배히 화백'의 초대전이 생각이 났다. '만세 보령의 웅천熊川'은 그의 고향이다.
　전시장에 걸린 작가의 화풍은 호탕한 붓 터치와 녹색의 향연이다. 그의 심성이 대범하게 고여 있었다. 축하객들이 떠난 뒤 동문 및 제자들과 무창포 해변 모래사장을 거닐었다. 좀 전에 물 좋은 생선회와 소주 몇 잔씩 기울인 탓에 김 선배의 얼굴은 붉은 대춧빛이었다.
　오늘은, 노인회 회원이 되어 무창포 해변을 거닐다가 '쭈꾸미 석상' 앞에서 유계석 회원과 사진 한 장을 남겼다. 노은동 노인회 추천으로 2024 유성구 노인회의 모범회원으로 표창을 받기도 했다. (촬영, 안회영 회장)
　버스는 비릿한 바다 냄새 풍기는 대천 어시장의 식당에 몰려들었다. 몰려든 관광객으로 식당은 손님들로 바글대었다. 4인 1조 식탁에 분류별 네 토막씩 소형 접시에 담겨 있다. 왕접시 위엔 명품 생선이 물무늬 모습으로 잘라 정갈하게 담겨 있었다. 초장과 양념간장이 맞장구를 쳤다. 입안에 넣으면 맛나게 유도하는 구강 침샘과 사르르 녹여주는 오장육부에 감사한다. 바쁘게 돌아가는 와중에도 이한주 형의 보듬어주는 잔 손길이 자상하다. 횟감들이 접시 바닥을 하얗도록 드러내고 있다.
　버스는 다음 코스인 1,600년 백제 고도 부여 '만수산 무량사萬壽山無量寺'에 도착했다. 정몽주와 이방원의 시조 나눔에서 '이런들 어떠하리 저런들 어떠하리 만수산 드렁칡이 얽혀진들 어떠하리'가 떠오른다.
　생육신의 한 분인 김시습의 영정이 모셔진 법당이 반긴다. 사육신의 정신을 이어받은 학자 한 분이다. 아까운 인재들이 정쟁 속에 휘말려 생명을 잃은 안타까운 인물들, 그때나 지금이나 별다름이 없는 정치 세계 아니던가! 극락전 앞에 묵묵히 서 있는 백제의 숨결, 5층 석탑이 준수하다. 대웅전 극락전 본존불상 앞에서 두 손 모아 합장하였다.
　버스는 논산시 <탑정호수>에 도착하였다. 1944년에 저수지로 조성한 둘레가 19㎞로, 크기가 한국의 호수 중에 2위라 한다. 소설가 박

범신과 이 지역 논산 축제의 본거지인 탑정호수다. 최근에 건립된 0.6 km의 흔들다리가 명품이다.

어질어질 요동을 참아내며 어깨를 펴고 걷기 시작하였다. 14만 원 주고 산 새 운동화가 빛을 발한다. 앞서 걷는 '뚜벅이 직진' 박주천 형을 능가하려고 열심히 걸어 보았지만 그를 넘어서질 못했다. 해가 질 무렵, 조형식 원로 부부가 한가롭게 보여서 기념사진 한 장을 핸드폰으로 찍어드렸다.

어느덧 버스는 달려 계룡산 뒷머리가 보인다. 귀향길에 오르며 버스 내에서 수첩에 몇 글자 긁적이니, 오세풍 형이 "시상詩想이 떠오르는감." 하여 웃었다. 동행 길에서 한마디 언급이지만 품위 있고 정겨운 한마디로 기억될 것 같다. 금년 소풍도 시작처럼 끝까지 무사히 도착하였다. 충만한 하루가 되도록 수고하신 6단지 직원과 통장님 꼼꼼하게 진행하신 안 회장님에게 감사한다.

▶ 손자 가라사대

나는 아들이 결혼하면 좀 떨어져 살았으면 했다. 30여 년간 함께 지내다 보니 새로운 그리움에 젖고 싶었다. 허나 결혼한 아들은 껌딱지처럼 부모 가까운 동에 살고 있으며 손자도 안겨 주었다.

태어난 손자는 콧부리가 오뚝하니 이목구비가 또렷하였다. 이제는 손자 덕분에 가까이 살고 있음을 행복하게 느낀다. 주말이 되면 찾아오는 젖먹이 손자 사랑에 푹 빠져 산다. 장가든 아들이 가정을 이루어 잘살고 있으니 크나큰 복으로 생각을 한다.

손자의 동심화 〈할머니〉

아기의 천진무구한 모습은 풍요로움 그대로다. 모유를 먹는 며느리의 돌아앉은 모습이 '라파엘로의 성모자' 상처럼 느껴진다. 평소 손자는 오른손 장지와 무명지를 구부려 입에 넣고 잘 빤다. 참 묘한 녀석이다. 강제로 빼면 '빼~엑' 하고 운다. 정서적인 안정을 취하느라 손을 빤다고 심리학자들은 말한다. 유아기 시절, 아들도 엄지손가락을 어지간히 빨더니 자식 대까지 물려주었나 보다.

어느 날, 손자의 한쪽 손가락에는 조그만 장갑이 끼워져 있었다. 아기도 의식하는지 빠는 것을 중단하였다. 허나 잠이 몰아오면 입에 넣는다. 어미의 자궁子宮으로 느끼나 보다. 주말에 만나는 손자가 할애비를 보더니 환하게 웃는다. 기가 막히게 반가운 순간이다. 조용하고 적막하던 집안이 활력소가 넘쳐난다. "성찬이 왔어!" 손자를 보는 순간, 할머니는 세상에 이보다 더한 반가움이 없다고 했다. 10개월이 지나니 아기의 심성이 드러난다. 새로운 것을 보면 유심히 지켜보기도

필자의 개인전에 사돈 내외께서 오시다

하고 싫으면 던지는 등, 손놀림도 예민해졌다. 이 애가 기능장이 되려고 하나!' 할애비가 손가락으로 농문 벽에다 손가락 장단을 치면 리듬감이 새롭게 전해지는지 진지하게 응시한다. 일어나서 곧게 서서 손으로 도도록한 자개농 무늬를 하나하나 만져보며 확인도 한다. '이 애가 검사관이 되려나?' 원하는 곳으로 기어가서 기둥에 의지하여 무릎을 세운다. 칼슘분 섭취가 잘되고 있어 종합 영양소인 모유의 수급 덕분으로 느껴진다.

지난 금요일, 할멈은 식구 모두를 위해 곰국을 끓였다. 구수하니 입안에 쩌억 감미로움을 안긴다. 아기도 다소곳이 무릎을 꿇고 앉아 새주둥이처럼 입을 벌려 잘도 받아먹는다. 할머니는 그 모습이 퍽 예쁘다고 하였다. 입술 주변의 국물도 혀로 핥아 먹을 줄도 안다. 양이 안 찼을 때는 울음보를 터뜨려 양이 찰 때까지 더 요구한다. 아기가 십 개

월이 되니까 아래위로 두 개씩 이가 솟았다. '꼴딱꼴딱' 받아넘기다가 이제는 제법 오물오물 씹는다. 떡가래를 썰어 만든 티밥도 잘도 씹는다. 침에 의해 녹아 흡수되는 과정도 터득했나 보다.

손자 사랑에 빠지다 보니 승강기 내에서 아기 품은 엄마들과 대화도 나누는 등, 이웃 아기들에게도 관심이 더 간다. 아이들 중에는 손톱이나 옷소매를 씹어대어 소외감을 느끼는 외톨이 은둔형도 있다. 뾰족한 못으로 물체의 표면을 긋거나 종이 위를 콕콕 찌르는 불만족형도 있다. 심리학에서는 둥글게 원을 그리는 태도가 너그럽고 양호한 심성을 가지게 된다고 한다.

인생은 연극 같은 것, 주말에 찾아온 아들의 모습이 어두울 땐 어버이 마음도 불안해진다. 미소를 지으며 반색하는 며느리의 표정을 대하게 되면 몇십 배의 안정감을 선사받게 된다. 노인들은 감정 개입이 예민해지고, 고착되어 가는 사고력으로 자존심이 강해진다. 가끔은 집안에서 어린 아기의 재롱을 통해 인생 최고의 '앤돌핀'을 선물받고 나면 층간소음에도 너그러운 사람이 되어갈 수 있다.

아기의 지적 발달과 발육을 돕기 위해 양가 모두의 관심 어린 사랑이 필요하다. 한 아이가 성장하는 데에는 사회, 가정, 학교, 마을공동체가 3위 일체가 되어야 한다.

살다 보면 매일 밝은 날만 있겠는가! 계단에서 구르면 어느 지점에서 멈출 수는 있으나 승강기처럼 고속 진행되면 심한 충격을 받기 마련이다. 무슨 일이든지 급상승 급하강은 뒤에 큰 상처를 남긴다. 그러므로 전후좌우 분수를 지켜야 한다. 때로는 암적인 매듭을 예방하며 풀어나가야 한다. 매듭이란 화를 뜻하니 골이 깊어지기 전에 화禍를 제거해야 한다. (2012)

포옹

五湖

첫 돌배기
손자가 재워 달라 보챈다

사정없이 끙끙대며
할애비의 목과 가슴으로 파고들 때는
황홀 지경이다

이 같은 포옹은
세상에 둘도 없다

손자 사랑은
애인이요, 환희다.

▶ 소소한 일상들

「액땜」

　강경에서 결혼 후 처가에서 아내의 수양어미로부터, 너희 부부는 손이 귀하고 사주팔자가 순탄치 못하니 액땜 행사를 치러야 좋다고 했다. 조그만 화살을 내게 안겨주며 마당 한쪽 우물가를 향해 쏘라고 하였다. '살 중에 역마살이 떠오르는데 나와 아내 사이에 씌워진 그 살은 화살인가! 도대체 무얼까?'
　가끔 아내는 밥 먹듯이 하는 말 중에서 '당신은 닭띠고 나는 돼지띠라서 잘 살 거라며 하나의 예를 들었다. 강경 채산동에 세 들어 살 적에 주인은 돼지를 키웠다. 돼지 울안에서 닭들이 돼지코에 붙은 밥알을 콕콕 찍어 먹는 광경을 떠올리며 다정함을 비유하였다. 나는 그렇게 대수롭지 않아 긍정도 부정도 없이 잘 살아왔다. 사주가 좋던 살이 꼈던, 궁합이 안 맞아도 내 나이 스물일곱에 아내는 두 살 아래로 10월 17일에 처음 만났고 두 달 후 12월 12일에 약혼하여 다음해 4월 초이틀에 결혼식을 올렸다. 평생 가약을 7개월 안에 성사를 시킨 셈이니 보통 인연이 아니었다.
　보통 인간으로 액운과 살을 겸허하게 받아들이며 그냥 그렇게 부부

간에 자존심을 지켜주며 열심히 살아왔다. 미술가의 아내로, 교육자로 정년퇴임할 때까지 아내는 인내하며 50여 년 세월을 함께 넘겨왔다. 살아가면서 부족함은 내 탓이라 수용하면서 나 하나 보고 강경에서 대전 시댁으로 이사와 시부모도 모셔보았다. 시부모 계신 대전에서 뜻 받들며 모셔 온 아내의 노고에 감사한다. '액땜'이라는 구실로 사전 암시해 준 어른들의 지혜가 조금씩 가슴에 와닿게 한다.

두 해 전, 담낭염 수술로 병원 신세를 마친 후 일이다. 쓸개 빠진 몸으로 통원 치료 받던 중에 온몸에 붉은 반점이 생기고 밤이 되면 두드러기가 솟고 가려움증에 고생하였다. 담당 주치의는 수술 후유증으로 알레르기 현상이니 약을 먹으면서 좀 참고 기다려 보자고 하였다. 내 생각으로는 입원할 때 알레르기 피부염 환자의 침대 사용에서 얻은 병으로 생각이 되었다. 삼복더위로 날씨까지 더워 밤이 되면 팬티 바람에 물파스를 바르며 몇 개월을 견뎌냈다. 그러던 어느 날 '공생共生미학'에 대해 마음을 바꾸게 되었다.

'오, 그렇지! 세상일이 마음먹기 나름이지. 왜 내가 억지로 벗어나려고 몸부림을 치고 야단이지?'

스마트폰이 폭우처럼 쏟아져도 우리네 살림살이는 기존 바탕을 두고 돌고 또 돈다. 전통 방식을 고수하려는 사상이 무너지는 것이 안타깝지만 '세상사 오십보백보요, 거기서 거기니' 난 체해도 세상은 무심하게 돌고 도는 법이라고 했다. 서로 간에 아웅다웅 시샘해 본들 높은 곳에서 내려다보면 고놈이 그놈이려니~ 인내하며 서로 수용하며 순리 속에 세상은 살만하다. (2012.3)

「애물단지」

고초 당초 손때 묻은 어머니의 애물단지를 나의 아내에게 물려주시고 부모님께서는 서울 장남 집으로 떠나셨다. 아내는 하얀 수건으로 도리도리 닦아주며 함께 지나왔던 유천동 시집살이 시절을 회상하곤 하였다. 2025년 오늘에 이르러 양가의 양친 모두 작고하셨으니, 아내나 나나 고아 신세다.

몇 년 전만 해도 아내는 해마다 입동 지경이 되면 유성 장날에 나가 품질 좋은 콩을 샀다. 왼종일 정성껏 끓인 뒤 콩콩 찧어 네모반듯하게 만든 메주를 깨끗한 짚으로 엮어 건조대에 매달았다.

내가 살고 있는 노은 열매마을 608동 아파트는 정남향으로 양지바르고 통풍이 잘된다. 유성의 진터벌이 한눈에 들어와 시원하다. 걸어놓은 메주가 건조되면서 파란 곰팡이가 일기 시작하였다. 정 2월의 말 馬 날을 기해 시모께서 주신 장독에 메주를 넣어 소금물을 알맞게 채운 후 달걀을 동동 띄워 염도 측정을 하였다. 남은 일은 붉은 고추와 대추, 참숯을 넣어 빛과 바람, 햇볕에 잘 익어가길 축원하였다.

어느 날, 장 단지를 대하는 아내의 미간이 밝지 않았다. 정성이 부족함일까? 부정이 탔는지 담근 장의 상태가 '그렇고 그렇다'며 짜증 어린 표정으로 구시렁댔다. 시모의 손때 묻은 장 단지도 나이 탓인지 몇 년 전부터 습기가 차고 간장 위에 곰팡이가 슬었다. 손가락으로 간을 보더니 '간장 맛도 예전 맛이 아니라'며 애써 만든 장 담그기가 아내의 마음을 아프게 만들었다.

옛말에 '그 집안의 성하고 쇠함이 장맛과 함께'라고 했다. 즉, 집안에 변고가 생기려면 장맛부터 변한다고도 했다. 무슨 연유로 변질이 되었단 말인가! 우연의 일치일까? 장 담근 후 아내는 갑상선염에 대상포진까지 얻어 병석에서 온갖 고생을 하였다. 피곤이 상겹하여 힐링구가 다 되었다. 아내의 건강이 회복되자, 나 역시 119에 실려 가 급성 담낭염 수술을 받으며 여러 날 병원에 입원하였다.

다음해, 아내는 유성장에서 장 단지 두 개를 17만 원을 주고 새로 주문하였다. 왼종일 콧노래를 부르며 단지가 오기를 기다렸다. 드디어 땡~똥 짙은 고동색 항아리 두 개가 도착하였다. 속이 훤히 들여다보이고 벌레가 침범할 수 없는 투명한 유리 뚜껑이 이채롭다.

아내는 무엇이 그렇게 좋은지 단지를 어루만졌다. 바닥을 닦은 후 깨끗한 벼 줄기를 깔아놓은 후 장독을 올려놓았다. 그런 후 시모께서 하신 대로 청수물* 떠놓고 조왕신에게 중얼거리며 두 손을 비벼댔다. 장 단지를 보면 '집안이 그득해 보이며 부자가 된 기분'이라며 깨끗한 행주로 단지 겉을 닦았다. 얼굴을 비쳐 보고 조선의 자기마냥 품어보기도 한다. 이렇게 살림하는 아내는 '장맛'과 함께 성숙해 가나 보다.
 2011년 2월 20일 아내는 공주에 사는 지인에게 품 짱 메주콩을 15kg 신청하여 장을 담갔다. 살림 차린 아들과 며느리에게도 맛있게 선보이겠다며 한층 기대에 부풀었다. 젊은 시절에 물처럼 바람처럼 곱게 살아온 장모께서는 종갓집에 시집와 종사 일로 고생하며 살다 가셨다. 아내는 꼭 친정어머니를 닮아 가는 것 같다며 고개를 연시 저었다. 며느리 보듯 새로 들어온 장 단지를 본다. 아내의 정성이 고여 있는 장 단지 늘 감사하게 생각한다. (2011. 2)
 *청수(晴水) : 불교 법당에서 기원하며 떠놓은 정화수.

「동장군」

 입춘이 넘었는데도 동장군의 기세가 수그러들지 않는다. 창밖의 설경에 도취되어 시상을 세우기도 하고 화첩 위에 긁적거렸다. 오래전에 반상회도 없어져 이웃이 죽어 나가도 모른다. 이웃사촌도 물 건너 가고 서로 간에 소식도 모르고 각자 세상으로 산다. 여유로운 노후생활을 보낼 수 있는 것은 인고의 흔적인 젊은 시절부터 근검절약 노후대책 덕분이다.
 흘러온 세월, 국가의 안전 방위와 정치 경제의 보살핌에 감사한다. 곳곳에 생겨난 케이블방송사들도 안테나를 높여 시시콜콜 국가행정과 국민 정서를 위한 잘잘못을 밝게 이끌어준 덕분이다. 이젠 노인층에 들어서고 보니 자식의 소중함을 몸으로 깨닫게 된다. 나는 여러 형제 속에서 성장하였기에 단출하게 살고 싶어 했다. 사상이 같은 동반자를 만났기에 자식 하나를 거두어 손자 하나를 두었다. 허나, 나는 예술 한답시고 나만을 생각해 왔다. 옛 벗들의 모임에 나가서 자식 자랑을 해댈 때 나는 벽 달력의 이쁜 아가씨를 보며 술 한 잔을 마셔댔다. 오늘에 이르기까지 조상 대대로 살아온 삶의 흔적들은 역사의 회오리에서 티끌과도 같다지만 그 시대의 문화요, 역사다.
 '아이들의 거울이 어른'이라 했다. 살 오른 아기를 보면 열이면 열, 입이 헤~ 벌어진다. 바로 앞의 이익과 안일함에 급급하지 않고 희망을 말해주기 때문이다. 당해보면 안다더니 꼭 맞는 말이다. 품안에 손자를 안고 보니 그렇게 소중할 수 없다. 나라의 보배라고 하더니 말 그대로이다. 아기 하나가 새 나라에 새싹으로 훌륭하게 길러내야 한다는 자부심을 일깨워 준다.

가끔 자원봉사자로부터 보호를 받는 어려운 노인들을 TV 화면에서 보게 된다. 볼 때마다 저 노인은 젊을 때 무엇을 하면서 어떻게 살아왔을까? 무조건 노인이라고 국가의 보호를 받을 자격이 있을까! 요행수로 살아남은 늙은 악인은 아닐까?

당신은 어디에 해당하는 노인일까! 교육자 출신이라고 다는 아닐 테고, 창작하는 사람으로 주변에 아름다움을 수놓고 있으니 듣기로는 좋아 보이지.

▶ '나야 나!'

한국 가수의 원로급들이 명예를 걸고 뜨거운 열창이 시작되었다. 국민가수 칭호를 받아왔던 그들만의 독특한 창법으로 혼신의 '라이브' 경합을 겨루니 브라운관이 뜨겁다.

가수로서 명예를 걸었기에 진행자들도 초긴장 상태로 보인다.
팝 가수들의 심장에 혁신의 소용돌이가 인다
곡조 한 소절을 풀어갈 때마다
뱃속의 저 깊은 곳에서 소리를 끌어 올려
음정을 숨 가쁘게 뿜어내야 한다.

청중을 압도시키며 관객을 빨아들이는
저음 여가수 하나가 열창이다.
홍탁 한 잔을 걸친 듯한 투박한 바다 사나이의 음성이다.
꺾이다가도 애잔하게 부서지는 테너 색소폰 소리 같다
영남의 억센 사투리 음색이 잘 버무려져 거친 듯하면서도 짙은 호소력으로 애간장을 녹여댄다.
60년대 소녀 시절, 저음 가수였던 문주란 그녀다.

'피에로' 모습으로 째지다가 흐느껴 우는 여가수의 음성은
탁월한 진실이 고여 있다.
원로 가수 남진도 대관이도 진아도 운도도 연자도 아낌없는 찬사를 보냈다.
더불어 관중도 기립하여 박수를 보냈다.
그만의 독특한 창법으로 부른 문주란의 '나야 나'는
남성의 저음을 능가하는 여성 특유의 허스키 보이스다.
화려하지 않으면서도 열정으로 고여 있는 팝아트다.
그녀 눈가에는 무언의 감흥에 젖어 촉촉하였고, 오늘의 최고 '나가수'다.
동숙의 노래, 공항의 이별이 화면으로 흐른다
독특한 가수로서의 위치를 돋보였기에 나는 최루 가스에 취한 듯 축축해진 눈시울을 닦았다.

▶ 향토사학자 故 김영한

'역사는 애국심의 원천' 서대전 공원에 가면 대전의 인물, 단재 신채호(申采浩 1880~1936) 선생의 동상이 멋있는 서대전 공원을 향해 지켜보고 서 있다.

나팔수 시절의 김영한 소년

김영한(春江 金英漢, 1920-2018) 선생은 충청의 맥을 이어주는 이 지방의 문화재 수집의 아카이빙 아키비스트(Archivist)*요, 대전의 사학자이기에 존

경하는 마음으로 그의 흔적을 재조명해 본다.

지난 2017년에 대전의 근현대사를 조명하는 향토 사학계의 거목인 〈김영한 특별전〉이 있었다. 구 도청사 대전 근현대전시장 입구에는 허름한 제복에 '소년 나팔수' 입간판 사진이 관객을 맞이하고 있었다.

'노인 하나가 죽는 것은 박물관 하나가 사라지는 것과 같다.'라는 말이 있다. '사람의 역사, 역사 속에 사람'을 재조명하는 전시회를 보며 격동기의 한 세기를 풍미해 온 그의 인생 여정이 한눈에 들어왔다.

그는 1920년 충남 논산군 광석면 태생으로 일제 치하의 잘 조련된 순진무구의 〈소년 나팔수 김영한〉을 떠올린다. 21세 청년 김영한은 충남 도청의 서기직으로 시작하여 광복 후 지방 사무관까지 올라 문화재 발굴 및 향토 사학의 길을 걷는다. 성실한 성품으로 생활의 흔적들을 보존하고 열정적으로 수집해 오던 그는 정년 후에는 대전시 문화재 향토사연구회를 창립하였다.

그가 사용하던 일제 치하의 주민증, 각종 증명서, 서류, 책, 사진 등을 모두 시 문화재 관리청에 기증하였다. 대전시의 유형문화재와 2만여 점의 동산 문화재 상당수가 선생이 수집, 발굴한 것이며 고문헌과 도서 2만여 점을 후학들을 위하여 충남대학교와 한밭교육박물관에 기증하였다. 그 자료들이 오늘에 이르러 대전의 근현대사의 소중한 문화재로 되살아난 것이다. 이러한 공적들이 힘이 되어 한국학중앙연구원에서 수여하였고 2011년 대전 MBC의 '한빛 대상'을 수상하였다.

1974년 〈충남 서예협회〉에서 활동하면서 회장을 역임하였다. 대전미협 한국화 장르인 사군자 및 칠게를 그려 구순 노구에도 출품하였다. 17대 대전미협 서재홍 회장, 18대 이영우 회장은 그를 상석에 모시며 예우하였다. 그는 묵언으로 빙그레 웃음 지으며 그 예우에 답했다. 대전시립박물관에 가면 김영한 선생의 기증 정신을 느낄 수 있다. 학벌 좋고 말 잘하며 이목구비 반듯함이 다는 아니듯, 심신으로 잘 다듬어진 그의 향토사랑은 잘난 인물의 표본이다. 별세 후에 다시 떠올리자니 소소함과 평범함을 떠나 그의 열정과 행적이 크고 훌륭하시다.

그를 통해 대전 미술의 역사 아카이빙 정신이 솟아난다. 필자도 대전 미술의 역사 자료들을 정리하여 대전 시립미술관에 2차 기증을 하였다. 3, 4차례 기증 준비를 하면서 그와 같은 마음을 느끼고 있다.

「1995 대전 미술의 어제와 오늘, 발간과 상재 과정」

지나간 1995년, '한국미술의 해'라는 슬로건으로 전국적인 행사가 있었다. 정명희 대전 지회장은 중앙지원금(1천만 원)으로 '대전 미술사' 출간을 꾀하려 했으나 대전미협 지부장에게 기회를 넘겨주었다. 대전지회 7대 회장 김치중(1947-2012)의 숙원사업이었기 때문이었다. 그런 덕분에 '1995 대전 미술의 어제와 오늘'의 책자 발간에 요긴하게 쓰였다. 도중에 예산안과 인쇄비에서 차이가 나 미협과 관계자들의 마음고생이 컸었지만, 회장의 노력으로 다음해 1월에 출간하게 되었다. 시작된 지 서너 달 만에 이루어진 책자 발간은 그간 나의 집필과 자료수집 덕분이었다.

대전시립미술관에 기증하는 날, 송미경 수석학예사(좌측)

필자는 편집집행위원장으로 80만원을 배당받아 원로 증언자들의 고견과 자료를 기증받는 자리를 만들었다. 발간된 책은 차후 2000년 대전시립미술관 개관으로 송미경, 김민기 등 젊은 〈학예사의 교본〉이 되었다고 그들은 증언하였다.

오늘에 이르러 대전시립미술관에서는, 〈대전 미술1900-1980년대〉를 한눈에 볼 수 있도록 체계적인 정보 저장 처리 공영화인 '데이터베이스 디콘(Database Digital contact)화' 시켰다. 현대적인 기술에 의해 대전 미술의 정체성이 채워져 가고 있다.

단, 김영한 선생의 기증 흔적들을 볼 수 있게끔 〈대전시립박물관〉이 건립된 것처럼, 사후 원로 미술인들이 기증한 자료를 분석하여 '1995년 이후, 대전 미술의 활동사'를 한눈에 보고 공유하기 쉽도록 '책자 발간'을 원한다.

그 대책으로는 시대적 총괄팀장을 중심으로 시대별 자료편집 책임자를 선정, 대전 미술의 동향을 집대성하여 한국의 대전 미술의 존재성을 알려야 한다. 30년이 되도록 1995년 이후의 역사가 침체되고 있음은 대전시 문예 지원금의 무성의라고 학예사들은 걱정하고 있다.

대전 미술은 넓고 큰 〈충남 미술의 뒤만 쫓고 있는 실정〉이다. 2025년 7월에는 송미경 수석 학예사의 퇴직을 앞두고 있다. 젊은 시절부터 필자와 함께 일구어 온 '대전 미술의 아카이브 작업'에 비상 신호로 생각한다. 함께 일구어 온 김민기 학예실장의 어깨가 무겁다. 사후 원로 미술인들의 자료 기증에 감사패 증정도 좋지만, 대전시립미술관 측에서 〈대전 미술의 1995년 이후의 활동사〉가 내 생전에 상재되기를 희망한다.

*아카이빙(Archiving) 아키비스트(Archivist) : 자료 수집과 보관자

▶ 나의 자화상

자화상은 사생을 통해 소묘력과 표현의 감성을 일깨워주며 거울 속의 내 모습을 직접 내가 보고 그리는 화법이다. 얼이 담긴 그릇이 얼굴이라 했거늘 제 잘난 멋에 겨워 너나 나나 모두 거울을 보며 멋과 곱기를 원한다. 자화상 표현은 누가 뭐라고 해도 현재의 주인공이며 스스로 인물 묘사 공부에도 도움을 준다. 나의 모습을 그리기 전에 나를 훑어본다. 코로나19의 고조부격인 두창에 걸려 임금도, 추사 김정희도 못 피해 갔다고 했다.

나의 이마 위아래 폭을 자로 재보았더니 5㎝ 정도다. 이마가 좁으면 소견머리가 좁다고 한다. 대충 넘어갈 일도 다시 집어 보는 성품이니

그럴 만도 하다. 가끔은 훤칠한 이마 위로 긴 머리카락을 웨이브(Wave)하고 싶지만 생각뿐이다. 길을 가다가 중년 남성의 퍼블리카(Pubic ka)형 대머리를 보면 그 또한 나와는 상반된 심경일 것이다. 둘 다 유전자가 그러하니 긍정할 수밖에 없다. 보존 차원에도 그렇고 구분할 수 있어 다행이 아니던가.

젊은 시절에 반백수이기에 머리털 염색을 해오다가 나이 사십 이후부터는 천연 백수로 염색하지 않았다. 미학적으로 보아도 숱이 많고 머리털이 너무 검으면 좁은 이마가 더욱 옹졸하게 보일 수도 있기 때문이다. 회갑 나이가 지나니 눈두덩이가 내려앉아 오망해 보인다. 눈의 샘이 깊고 눈매가 날카로워 보이니 되도록 치아가 보이도록 웃어야 좋겠다. 양쪽 귀는 크고 길쭉하니 뭔가가 들어올 상이다.

생전에 어머니께서 내 귀를 만지작거리시며 '넌, 귀가 잘생겨 부덕 있을 거여!' 하셨다. 언뜻 보아도 귀만큼은 내게 보증수표다. 연륜과 인상은 얼굴의 골격으로 보여주는데 빛과 명암이 한몫을 거든다.

첫인상을 좌우하는 나의 코는 적당한 크기로 오뚝하지만, 콧구멍 크기가 다르다. 천연두에 걸려 여러 날 고생한 후 소생하는 기미가 엿보여 모친께선 나의 왼쪽 콧구멍에 젖을 짜 넣어 짝 콧구멍이다. 나만의 콤플렉스(Complex)를 국가적인 귀한 천연기념물로 여겨본다.

코밑의 인중을 타고 내린 나의 입술 두께는 상하 얇은 편이다. 그래도 그 입을 통하여 온갖 세간의 이야기와 먹이를 취하며 오늘에 이르렀다. 나이 탓인지 앞 치아는 젓가락을 무심코 씹어 마모되어 고르지 못하다.

혀와 치아는 함께 동거하지만 용하게도 서로 해하지 않는다. 혀는 들어오는 음식물을 요리조리 씹게 하여 위로 넘겨준다. 서로가 공생관계로 자칫 방심하면 혀를 깨물 수 있으니 조심하지 않으면 큰 혀 다치는 꼴이니 남아일언 중천금, 또 조심한다.

바람결에 포르르~ 날리는 올백 머릿결처럼 중후한 멋을 부리고 싶지만, 보수적으로 밑머리 털을 쳐올렸다. 나의 두피에는 유기질 성분이 많아 자고 나면 달라붙어 공기 유통이 부족하다.

어릴 적 부친 말씀 왈, "너는 성격이 둥글고 모나지 않으니 네 이름처럼 林陽洙 숲, 볕, 물가 그대로 자연 그대로 살아가라." 하셨다. 얼굴 표면 또한 평탄치 못하니 따뜻한 양지의 심성으로 살아가기를 바라며 사방 호수에 중심인 '오호(五湖)'라는 아호도 내려주셨다.

70년대 중후반, 부친 회갑 축하연에 효천 시인 형이 보내온 축시에서 동생의 입은 <달변達辯의 혀>를 감추고 있다고 했다. 말만 앞세우고 믿음이 부족한 듯하여 여러 해 묻어두었다. 퇴임 후 세월이 흐른 뒤 되새겨보니 '달변의 혀'로 교원 정년을 하였으니 지당한 표현이라고 인정하였다.

자화상 하면 이지러진 표정으로 붉은 입술에 파이프를 문 괴상한 표정이 떠오른다. 시인, 화가인 '이상'을 그린 구본웅(具本雄 1906-1953) 화가의 우인상(友人像)이다. 자화상은 그리는 그 순간의 복합적인 심경이 화면에 진솔하게 표현되어야 좋다.

'자화상' 표현은 자신의 내면에 대한 성찰 없이는 불가능하다고 하지만 故 김수환 추기경이 그린 삶을 초월한 '바보'라는 자화상은 만화적이며 시사적으로 단순 표현이다. 화가가 아니어도 거울 속의 자신을 가끔은 그려봄 직하다. 나는 그 순간의 복합적인 심경을 소묘나 채색화로 화면에 진솔하게 표현해 왔다. 내 눈에 안경처럼 수필 쓰듯 그렸다. 어느 날, 내 자화상 속에서 누구를 닮아 화들짝 놀랐다. 부모님 모습이 서려 있었다. 어려운 시절에 그림 공부할 수 있도록 서울로 보내주신 지극정성에 감사드린다.

거울 속에 비친 내 얼굴을 전체적으로 살펴보니 이 모양이 너와 나를 구분할 수 있으니 타고난 개성이라고 여겨본다. 나는 반 이상이 흰 머리털이지만 염색하지 않는다. 미학적으로 보아도 머리털이 너무 검으면 이마가 옹색하게 보이기 때문이다. 나이가 들으니 어머니 눈처럼 오망하게 깊어진다. 눈매는 날카로워 보이고 눈물의 샘이 깊으니 되도록 치아가 보이도록 미소를 짓는다. 귓불은 도톰하고 길쭉하고 커서 부덕 있어 보인다. 내 귀만큼은 내가 보아도 길쭉하니 부덕婦德

있어 보인다.
　거울을 보며 나를 훑어본다. '제 눈에 안경이라더니' 나대로의 모습에 끌려 삼매경三昧境에 빠진다. 그림에 몰두하는 이 순간만큼은 내가 주인공이며 미술감독도 된다. 좌우측 사광으로 얼굴 방향이 결정되면 대강의 얼굴 윤곽이 명암으로 뚜렷해진다. 세상일을 경험하면서 모든 일이 '개념의 차'라고 생각한다. 거울을 보며 나를 훑어본다. '내 눈에 안경이라더니' 나대로의 모습에 끌려 삼매경(三昧境)에 빠진다. 마음속에 잠재한 오만과 허울의 거품을 벗기는 기회도 된다. 드디어 나의 심상이 화첩에 오롯이 그려졌다. 그런데 자화상 그림 속에서 아버지께서 "다 그렸냐?" 하시는 것 같다.

▶ 텃밭 예찬

　텃밭에는 늙은 호박 몇 개가 누런 엉덩이를 하늘을 향해 누워 있다. 그 녀석들 모두가 내 눈을 피해 호박 잎새 속에서 숨어있던 놈들이다. 평소 어린 호박만 보였다면 무조건 따고 보는 것이 나의 원칙인데, 숨어 산 덕분에 몇 개는 늙은 호박으로 달덩이처럼 익어가고 있었다. 밭에서 봉긋한 애동호박을 따다가 아내에게 가져다주면 아내의 입이 귀밑까지 솟는다. "참 예쁜 것들, 오늘도 따왔네!" "당신 쭈쭈만 하여 따왔지." 아내는 묘한 눈으로 살짝 흘긴다.
　어느 날 호박 한 개가 무럭무럭 커감에 원형 '플라스틱'을 구해 호박 밑을 받쳐 주었다. 누런 호박에 하얀 분이 올라 무럭무럭 자랐다. 애동호박을 찾느라 작대기로 호박 잎사귀를 헤집어보기 바쁘다.
　어느 날 늙은 호박 밑을 확인하다가 깜짝 놀랐다. 호박의 밑부분이 플라스틱 그릇에 채워져 커가고 있었다. 호박이 원형 밖으로 튀어 나가 허리둘레가 잘록하다.
　'어허, 이런 모습이~ 애고, 얼마나 허리가 아팠을까!' 받침 원형이 호박 허리를 졸라매어 빠지지도 않는다. 주인을 잘못 만난 죄로 기형 호박이 되었다. 호박밭을 들릴 때마다 늙은 호박에게 나 때문이라고 중얼댔다. 마치 이물질이 박힌 그 모습이 예수가 가시관을 쓴 것처럼 느껴졌다.

어느 날 아내랑 호박밭에서 놀라운 현상을 보게 되었다. 호박에 껴 있던 플라스틱 그릇이 튕겨 나와 뒹굴고 있었다. '튕겨 나갈 때 얼마나 후련하면서도 아팠을까!' 자연의 힘이 놀랍다. 그 위대함을 '디카'로 촬영하였다. 아내는 결국 늙은 호박의 허리를 감싸안고 집에 왔다. 기형 호박을 생각할 때마다 느낀다. 인간들이 자연을 변형시킬 때마다 두려워진다. 도를 넘어설 때 자연의 보복은 지구촌 곳곳에서 일어나기 마련이다. 연구와 대책 없이 자연을 파손하여 선한 사람까지 고통을 당하고 있음이 절로 안타깝다.

농부는 아니어도 여가선용으로 금년 한해도 화원 같은 작은 텃밭에 남새를 심었다. 뒤편에는 서너 그루의 밤나무가 있다. 밭에 그늘이 생겨 반타작의 결실이다. 허나 때가 되면 알밤이 무르익어 저절로 떨어져 쪼르르~ 달려가 알밤을 챙긴다.

밭에 심어놓은 널따란 토란잎들은 밤송이를 싫어한다. 뾰족한 밤송이가 툭! 하고 떨어지면 잎새들이 소스라치며 아파한다.

산책 나온 아줌씨가 "아저씨는 좋겠네요, 밤이 떨어지면 줍고요." 넌지시 그를 쳐다보았더니 "아니, 아저씨 밭에 떨어진 밤 줍는데 누가 뭐라 해요." 말을 더한다. 그 뒤로 밭에 떨어진 알밤을 주워 담았다. 가끔은 주운 밤 비닐 보따리를 위 밭의 문턱에 걸어 놓은 적도 있었다.

조석으로 텃밭에 오르내릴 적에 농작물들이 내 손길을 기다리고 있다. 가물었던 여름날 어깨가 저리도록 물을 퍼 날랐어도 피곤하지 않았다. 꿀꺽꿀꺽 받아먹는 남새들의 물 먹는 소리가 들리는 듯하다. 노력한 만큼 무럭무럭 자라주어 고맙다. 간밤에 태풍으로 떨어진 죽은 나뭇가지와 배수로 정리로 분주했다. 태풍과 비바람에 밭둑이 빗물에 쓸려가기도 했다. 버팀목으로 판재를 끼워서 흙으로 채웠다.

아삭이 고추나 꽈리 고추는 하루 이틀 안 따주면 '날 따 주세요.' 하며 몸을 비튼다. 적시에 수확하지 않으면 맵거나 씨가 통통 여물어 질 기다. 호박도 수확 때를 잘 지켜야 한다. 놓치면 씨가 여물어 애동호박의 주가가 떨어진다.

가끔은 길손들이 텃밭에 들어와 밤 줍기에 급급하다. 목표 달성으로 남새밭을 밟아댄다. 톡 불거진 밤톨에만 정신이 나가 농작물이야 어떻게 되든 밟아댄다. 조석으로 제거하는 이유가 거기에 있다. 작은 면적이지만 여러 종류의 남새들은 내 자식이다. 주인 발자국 소리를 듣고 성장한다는 농산물과 인간관계를 실감케 한다.

작업 후의 일들은 '삶의 흔적'의 글감으로 쓰인다. 나 자신을 화문인으로 몰고 감은 바로 텃밭에서 연유됨이 크다. 매주 목요일에는 한금산, 나이현 시인을 만난다. 목요 만남의 장은 문학적 살맛을 서로 찾는다. 예술과 인생이라는 냇물을 건너서 마음 편히 정찬을 나눈다. 이들 셋은 대화 속에서 글도 쓰고 삶을 나누며 무엇인가를 꼼지락거리며 시를 써왔다.

겨우내 땅속에서

五湖

잘 익은 퇴비 덕분일까, 돌고래 닮은 자줏빛 가지
주렁주렁 매달리는 빨간 방울토마토
뜨거운 여름철 까맣게 익어가는 녹두알들
코끼리 귀 닮은 토란 잎새가 바람을 인다
푸른 잎새 밑으로 톡 쏘는 생강 향기
날 뜯어 잡슈! 잎새 무성한 들깻잎 향기
두렁 두렁 뻗어가는 뒤덮는 호박잎
밭고랑 굽이굽이 얼크래 설크래
고구마 토실토실 영글어가니 고라니 천국
추풍 잎새에 주뼛주뼛 하늘 향한 대파들,
잘생긴 오이 보고 빨간 고추가
보색 경주를 하잔다.

▶ **시위示威 문화제**

　국민들의 성원에 당선된 대통령이 어려움을 겪고 있다. 촛불 문화제라는 청소년들의 태동이 국내를 넘어 국외 교민에까지 번져 불을 밝히고 있다니. 서울 종로 3가 모 식당에서 중년의 남성들이 칼국수에 정치 토론을 한다.
　"3~4년을 어떻게 버텨낼지 걱정여! 현대(現代)식으로 몰고 가고 있으니. 배운 것이 그렇고 그렇지, 뭐 후루륵~"
　서울시청 앞에는 시위꾼들이 군데군데 모여 있었다. 종로 종각 앞에는 시커먼 전경대원들이 피곤한 모습으로 시위대 확산 방지로 거리 곳곳을 지키고 있었다. 남녀노소 불문 촛불시위에 가담, 정부 시책에 반대하는 구호를 외쳐댔다.
　이명박 대통령이 미국 방문 시 선물하듯 너무나 당당하게 협약을 통과시킨 모습이 TV 화면에 비친다. 양국의 대통령이 친구라며 껄껄거리며 웃는 모습이 웃긴다. 위풍당당하게 협약에 도장을 찍으며 다음 사항은 국민들의 선택이라며 자신만만하던 모습이 경솔한 이슈로 떠올랐다. 협약에 동조한 대통령은 국제간의 자존심과 신의가 걸려있기에 더욱더 그렇다. 국가 비상 원로 정치학자들과 각계 종교 수장들을 청와대에 초청하여 안정을 위한 협조를 요구하였다. TV에 광경이 방영되자 촛불시위는 수십만 명이요, 일파만파로 세종로 바닥을 밤새도록 붉게 채웠다.

　나뭇가지에는 무성한 잎새들이 녹음을 제공한다. 전국의 청소년들은 정치가와 언론을 넘어서 촛불 문화제라는 슬로건으로 두 손에 시위 피켓이 쥐어져 있다. 고시 철폐, 교육정책 반대가 요점이다. 65% 과반수 이상의 찬성으로 뽑은 대통령을 물러나라고 하니 국가원수 해 먹기 참 어려운 나라다. 혼돈이 혼돈을 불러일으키고 있다. 참다못한 김영삼 전 대통령이 뽑아놓은 대통령을 물러나라! 고하는 버르장머리를 고쳐야 한다며 혀를 찼다.
　우리 민족성은 이웃 나라 일본과 좀 다르며 도의적인 실책을 집고 넘어서는 가슴 뜨거운 민족이다. 국제적인 상거래에 있어 대통령은 나름대로 복안이 있어야 한다며 청소년들의 촛불 문화제는 건전한 축제를 넘어 우쭐하는 수준이다. X표의 마스크 청년들, 한 서린 록 가수들의 비통한 울부짖음이 소년들을 가슴 설레게 만든다.

초하의 삼복더위가 닥쳐왔다. 이곳저곳, 이 문제 저 문제가 볼멘소리로 전국을 강타하고 있다. 오뉴월의 소요는, 보수 세력의 촛불시위와 6월 항쟁 촛불시위로 시청 앞 가꾸어놓은 잔디밭이 손상을 입고 있다. 5·18 민주항쟁, 6.10 만세 사건, 6.29 선언 등으로 계절의 여왕인 오뉴월이 퇴색되어 탁한 녹색으로 변질되었다. 시원한 빗줄기가 한차례 푹신 내려서 탁한 현실을 정화시켰으면 좋겠다.

37년 세월 교단에서 청소년들과 호흡해 온 나, 사회 적응 공로 휴가를 받아 7월을 보내고 있다. 학교에 남겨둔 후배 동료 교사들에게 나의 교육 자료들과 박물관처럼 꾸며진 미술연구실, 소도구와 책 36권의 앨범들을 학교에 기증한다. 그 흔적들은 청소년들과 추억어린 고마운 추억이요, 소품들이다. 그러나 떠날 때는 말없이 간다. 새로운 푸대에 새 술이 담기듯 청소년들은 새로운 변화에 익숙해질 것이다.

(2007. 7)

▶ 독락정 獨樂亭

유성에서 세종시를 향해 가다 보면 금남 대평동 다리 건너 바로 우측에 정자 하나 고즈넉하다.

부안 임林 씨 중시조 전서공(典書公)과 임난수(林蘭秀 1342-1427) 장군의 추모각이다. 고려 말 공민왕 때 최영 장군과 함께 전쟁터를 누비며 난 평정 중에 오른쪽 손목에 화살을 맞아 한쪽 팔을 끊어서 활통에 꽂고 난을 평정했다. 장군께서는 조정에 등청 후, 공조판서로서 문무를 겸한 구국 충신이셨다.

고려 멸망으로 조선 개국의 세찬 소용돌이를 피해 일가 및 추종자들과 고향 부안으로 낙향하던 중, 녹원에 풍세 좋은 이곳 금남(錦南)에 정착하셨다. 무인 출신으로 멸망한 고려에 절의충신 불사이군(不事二君) 정신으로, 조선 개국 시 이성계의 부름에도 출사하지 않았다. 자손들도 '전서공'의 충의심으로 오직 한 길을 실천하였다. 중시조 임난수께서는 여든다섯 생애를 순박하고 우직한 심성으로 종가 자손들을 실하게 이끄셨다. 자손들은 중시조에게 늘 감사하는 마음으로 독락정 추모각에서 제를 지내며 그의 정신을 본받는다.

불곡 봉안당 앞 소종원들의 모습. *2025 회장 임택수, 사무장 임성수

조선 3대 태종 임금께서는 충효의 본보기로 〈임난수 장군〉의 거룩한 정신을 기리기 위해 나라에서 해마다 제를 올리도록 명하셨다. 뒤이어 세종 임금(1420)께서도 나성리 일대 세거리 산하를 부안임씨* 종토로 하사하신 후 부강천에서 초정약수로 눈을 밝히며 한글을 창제하셨다고 전한다. 대대손손 오랜 세월 모셔 온 조상님들의 선영이 국가정책으로 세종특별자치시가 건립되었을 때 그간 옥토로 일구며 살아온 임씨 종토를 국가에 내주어 새 도시 건설에 동참하였다. 나라 위한 임씨들의 거룩한 정신과 큰 울림의 뒤안길은 대대손손 조상들의 숨결이 세종시에서 숨 쉬고 있을 것이다.

林氏의 시조 林八伋(임팔급)은 당나라 한림학사 모함에 의해 신라 〈흥덕왕 시절〉로 망명, 왜적을 물리친 공으로 평택군(平澤君)으로 봉하였다.

*부안임씨 : 시조, 임계미(林季美)는 고려 현종 때 평원 부원군 보안백(保安伯)으로 문무를 겸하였다.

「증조부 佛谷, 예학 박사 가문 이야기」

원래 임(林)씨의 본향은 현재 중국의 '복건성'에 종가를 이루며 산다고 한다. 당(唐)나라 문종 임금 때 임씨 시조 한림학사 임팔급(林八及)은, 간사한 무리의 침소(讒訴)에 8인 학사들과 배를 타고 동쪽 끝나라 신라(홍덕왕)로 망명하였다. 그 후 외적을 물리친 공으로 이부상서 벼슬을 받아 평택군 벼슬에 봉하였다. 그는 평택, 부안, 나주 지역에 일가를 이루어 오면서 전국 지역으로 천수백년 간 임씨의 자손을 번성시켜 오늘에 이른다.

고려 말 충신으로 문무를 겸한 중시조인 전소공파 임난수(林蘭秀 1342-1427) 장군의 위업을 기리는 건립된 독락정(獨樂亭 1437)은, 세종시 남쪽에 위치하고 있다.

예학박사 증조부 佛谷 林魯宇 영정 그림, 五湖

전소공파 26대손인 증조부 임노우(林魯宇)께서는 고조부 임영천(榮千)의 3남으로 태어나, 처 수원 백씨로부터 두철(斗喆)과 인철(寅喆)을 낳았다. 조부 두철께서는 화순최씨 슬하에서 헌술(憲述)과 헌달(憲達) 두 형제를 두셨다. 필자의 부친께서는 전주이씨(甲禮) 슬하 子 웅수(雄洙) 양수(陽洙) 철수(鐵洙) 승수(勝洙) 女 순동(順童) 동수(童洙) 문순 옥수(玉洙) 등 여덟을 두셨다. 숙부께서는 子 진수(鎭洙) 득수(得洙) 성수(成洙) 현수(賢洙) 女 최수복순 여섯을 두셨다.

예학 박사 증조부께서는 가문의 선비로서 성실 인내 학업 권장 예능

보전 종가의 번영을 교육하시며 몸소 실천하셨다. 지혜롭고 감각이 탁월하여 일용품 제작과 마을을 위해 인술의 침도 놓아 주셨으며 어려운 일이 생기면 베푸는 요즘의 마을 이장이셨다. 이에 소문이 퍼져 연기군수의 추천으로 성균관 예학박사(藝學博士) 첩지를 받으셨다. 장자인 임두철(林斗喆)께서도 부친의 뜻을 거스르지 않고 효성스러워 '직원부군直員府君)' 칭호를 받으셨다.

집안 자손들도 증조부의 소질을 이어받았는지 부친(于塘)께서는 서예가로, 장손인 형과 나는 예능인(문학, 미술)으로, 막내는 생물과학 방면에 소질을 보였으며 그의 아들 성훈은, 이공계 박사로 고려대학교 교수로 있다.

〈부모님의 결혼식〉

양가 두 어른이 혼사 관계로 대평리 장날에 만났다. 건너편 산 넘어 목씨(木氏) 집안인 호탄리 전주 李씨와 불곡의 부안林씨였다. 두 집안에 혼사가 성사되어 신랑은 14세, 부인은 17세였다. 갓 시집온 신부 앞에는 사방이 산으로 둘러싸였으며 조부모까지 계신 집이었다. 그 시절에 집안의 구조는 대강 다음과 같다. 종가 대산소 부근에 몇 채 안 되는 옹색한 마을에서 남편 형제는 대평리 가동 건너편에 있는 서당엘 다녔다. 스승은 남곡(南谷)리 사람 황우재 양반으로 통한다.

대문 앞에는 조촐한 샘이 있는데 물이 흡족하지 못했다. 대문을 열고 들어서면 좌편엔 황소 울과 그 옆방에는 머슴이 거주하였다. 대문에 들어서면 증조부께서 기거하는 사랑채에서 군기침 소리를 맞이한다. 그 뒤편 남향으로 조부모와 손자 내외가 기거하였다. 남쪽엔 건조장이 우뚝 서 있었다. 필자가 그 시절을 증언할 수 있음은 '90년대 말 종종 행사로 부친과 시골 불곡리에 갔을 때 변하지 않은 옛집을 찾아 부친께서 소개해 주셨기에 가능하였다. 몇 년 후 그 집은 헐리고 조립식 건물이 들어섰다. 아버지의 옛 집터는 현 종중행사 후 휴식처인 단층 건물 부근에 있었다.

〈집안의 업둥이〉

검게 그을린 부엌 천정 구석엔 터줏대감인 구렁이가 어머니 시집살이하는 모습을 지켜보았다. 어머니께서는 그 광경을 살이 떨리는 '실끗'함으로 표현하셨다. 물동이를 이고 마을 입구인 옹달샘에 도착하면 어느새 먼저와 대기하고 있었다. 울부짖다시피 하는 어린 며느리에게 시부께서는 종가를 지켜주는 업이라며 고개를 저으셨다고 한다. 사실이 그럴까? 의문스러우면서도 모친의 진한 마음을 전설처럼 여겼었다.

대전으로 진출한 아버지의 사진 모습은 누가 보아도 여인들의 시선을 끌 만큼 귀공자처럼 잘 생기셨다. 학력은 시골의 서당과 금남초등학교의 학급 반장이 다이셨는데 필적과 산술 실력이 탁월하여 일제 치하 때에도 양곡 배급소에서 사무를 보셨다. 광복 후 대전시청 양정과와 세무서에서도 근무하셨으며 대천 삼성 주조장에서 총무과장으로 근무하셨다. 군사정권 시절에는 대전일보 문화부장으로 근무 중 퇴임하셨다.

〈흑흑 아버지 죄송해유〉

어머니 말씀에 의하면 갓 시집온 며느리 시절에, 시아버지께서 대평리 장날에 소 판 돈을 소매치기당하고 집에 왔을 때 시조부로부터 종아리 맞는 모습을 지켜보았다고 했다.

시아버지께서 추운 겨울에 대전시 대동에 사는 장남 집에 오셨다. 몸을 덥히기 위해 화로 위에 손수 뜨거운 부자탕을 끓여 한 모금 잘못 드셨다가 열기에 혈을 토하고 눈밭에서 뒹굴다가 운명하셨다고 했다. 잡수지 말라 했어도 어기시더니 그 참상을 접한 며느리의 심정이 오죽하셨을까! 어머니께서 궁금하여 손가락으로 조금 맛보다 혼이 났다고 했다. 어린 시절 어머니 젖을 먹던 형이 기절하였다고 했다. 생전에 모친께서는 시부께서 너무 순진하면서도 어둑하셨다고 평하셨다. 엄부였던 아버지 슬하에서 기를 못 펴고 효성스럽게 지내신 탓은 아니었을까! 명절 때 인사차 시골 종가에 들리면 집안 아저씨께서는 "네 형은 증조부 닮았고 너는 알곰삼삼하니 친할아버지 닮았다."고 하였다. 두 분 모두 어려서 기억은 없지만 효성스런 조부 마음만을 기억하기로 마음먹었다.

〈증조부의 영정사진 한 장〉

조부의 동생인 종조부 임인철(林寅喆)께서는 집안의 큰 어른이신 백부의 영정사진을 남기기 위해 사진사를 몸소 시골에 데리고 왔다. 그는 원래 외부 활동을 많이 해서 집안에 새바람을 안겨 주었다고 전한다. 집안마다 장남은 부모의 규제가 많았음을 안다. 젊은 시절에 '무전여행과 월남에 참전'한 필자를 보아도 둘째들의 반란은 막을 수가 없나 보다.

1985년 봄이다. 제2회 개인전 준비에 바쁜 일정 중에 부친께서 증조부 사진을 주면서 영정화를 당부하셨다. 사진을 받아쥐고 마음에 안 들면 어쩌지? 노심초사하였다.

캔버스 30호 크기에 사실 그대로 틈틈이 유화로 그려나갔다. 마음 같으면 나이프에 물감을 이겨서 드르륵 긁어보고 싶지만, 영정화인 만큼 붓끝을 세워 세심하게 그려 한 달 만에 완성하였다. 부친께서는 수고했다고 격려 주셨다.

그런데 아니나 다를까! 증조부의 중인 갓 모양을 양반 갓으로 크게 고치라고 하셨다. 갓 하나에도 씨줄 날줄의 세밀함이 표현되는데, 나는 그 시절 증조부의 생활 모습 그대로가 좋아 보였다. 마음속으로 허락되지 않아 죄송하였다.

부친께서는 초상화가 한 분에게 부탁하여 얇은 비단천에 동양화 기법으로 이율곡 초상화처럼 무채색으로 그려 받았다. 아버지도 나도 마음에 안 들었다. 아버지께서는 종가의 상징인 예학 박사다운 거룩한 인물상을 추구하셨다. 두 편의 그림이 오랜 세월 은둔하다가 형님이 간직해 오다가 경기도 일산아파트로 이사하면서 무채색 초상화와 서화구인 낙관과 문방사우의 유품 가방이 내게로 보내졌다.

다행이라 할까! 필자의 자서전인 〈삶의 흔적〉 수필집을 통하여 40여 년 만에 증조부의 모습과 집안에 얽힌 이야기를 두서없이 세상에 알리게 되어 몸은 옴츠리면서도 가슴에 기쁨이 가득하다.

(2025. 5. 9)

▶ 작업 노트에서

「오호 작업론」

내가 근무하는 학교에서는 3층 남쪽 건물 두 교실을 미술실로 운영하게 해주었다. 교실 하나는 미술 교사의 창작실로 이용하였다. 그곳에서 학교 전반의 환경 게시물 계획도 실천하였다. 그 교실은 방과 후 미술부 특별활동과 주부들의 평생교육 〈미리내 수채화반〉 운영이 10년간 전개되었다.

미술부 학생들은 반 선후배의 질서가 자연스럽게 조성되어 '미술 실기대회 참가자'들이 수십 명씩 되는 이유도 그러한 환경 탓으로 본다. 사립학교 중·고 교사들은 타교 전근이 없으니, 제자들도 체계적으로 쌓여 북우회(대전북중·고 미술동문회) 모임이 50여 년 동안 이어지게 된 것이다. 그간의 미술반 기록부를 보면 중·고교 미술반 출신들이 다양한 장르별로 미술대학에 150여 명이 진학을 하였다.

2008년 이후 과거의 중고교 이름이 사라지고 현 '제일고'만 존재하여 출신 동문들의 아쉬움을 안겨주었다.

내 이름 석 자는, 무성한 숲(林)과 따사로운 볕(陽)과 졸졸 흐르는 물가(洙)이다. 작가는 늘 새로운 세계를 찾아내려고 끊임없이 고뇌하며 가슴속의 그리움을 표현한다. 오랫동안 참여해 왔던 우리 고장의 대전미협, 대전 불교미협, 대전 구상작가협회, '형상전, 화연전'은 나를 작가로 세워 준 친정 같은 미술 단체이다.

'경화성 담도염'으로 혹한 시련 속에도 붓은 놓지 않았다.

고정틀을 벗어나려는 자유로운 나의 표현은, 내 '삶의 흔적'을 글과 그림으로 진한 면목을 남겼다. 평소에 공감하는 것들을 형형색색 단순과 변형을 통해 형상화시켜 왔다. 작품 속에서 '맑은 빛과 소리'의 연작을 통해 남겨진 흔적들은 재조명되는 한 줄기 빛이었고 작가의 아픔과 환희의 심상이다.

등대 작업

五湖

캔버스 위에 빨간색 콱 찍어 뭉갠 후 골방에 던져 버렸다
주화통酒畵通 〈K 화백〉과 속을 풀었다

다음날 눈 비비며 다시금 캔버스를 건다
축제 한 마당에 수십 명이 사라지고 십여 명만 남았다

그들은 어디로 사라졌을까?
아깝고 가슴 저림이 다시 솟구친다
쓸모가 지나가면 도려내는 작업
두꺼운 물감에 가리운 채 아우성이다

존재를 위한 하나의 밀알이라면
사고思考를 흔들어 깨워줘야지
농 짙은 커피 향에 취한다

우렁찬 다듬잇방망이 소리
째깍째깍 삼경의 초침 소리가 뇌리를 자극한다

설국의 소녀가 내뿜은 입김
수면을 스치는 우윳빛 잎새 하나

오일 컬러에서 아크릴 릭까지 경직되는 강렬한 색조
명쾌한 너만의 색감이 침침한 두 눈을 자극한다.

붓끝이 불침번을 선다
작가의 편견으로 자연과 인위를 수없이 오가며
소원의 늪에서 허우적거린다.

「덩더꿍 얼쑤」

　등대는 두 눈에 쌍심지 불을 켜고 오대양 육대주 고산 마루에서, 동네 고샅까지, 새로운 설렘으로 후미진 곳을 밝혀준다. 꼭 바다만이 아니리라, 어쩌면 우리 마음을 들여다보듯 진단하는 청진기 같은 존재리라. 작가는 연출, 감독, 주연, 엑스트라까지 홀로서기로 자신과의 싸움이다. 흥겹게 추임새를 화면에 그려대며 이 시간에도 둥근 돔에 마음을 실어서 덩더꿍 얼쑤.
　생존 사람인지 등대인지, 둥근 돔 모양이면 국적 불문하고 무료입장이다. 다음날 다시 보면 또 달라서 또 밤새 그려 넣는다. 이응노의 '민주 항쟁도가 따로 없다. 주인공이 너무 많다. 너무 집착한 탓일까! 포인트가 죽어감에 고심에 빠진다.
　캔버스를 가득 채운 군상들, 빛나는 불빛에 충혈된 두 눈. 등대들은 저마다 살아남고자 밤새 춤을 춘다. 가위를 잡는다. 멍에를 짊어진 영화감독처럼 가위로 싹둑싹둑 흔적을 자른다. 숙청이다! 수백 명 중 수십 명만 살아남았다. 아깝다. 미안하다. 가슴 아리다.

　나의 뇌리를 부추기는 것들, 시작과 결과는 부메랑이 되어 다시 또 오겠지. 투쟁, 그 속에서의 생존 법칙이니 음지에서 이정표를 잃고 방황하는 그들에게 고한다.
　세계의 등대들아!! 한국의 대전 남문광장으로 모여라! 축제의 한마당 '등대와 함께 춤을 추자' 내재된 혼을 화폭에 담아 등대가 사람이 되어 축제를 벌인다. 생명을 불어넣자. 그들의 애환을 춤과 노래로 연출

한번 제자는 영원한 사제간이다.

하자. 등대는 동해에도, 보문산에도, 열매마을에도, 하늘에도, 우주에도 서 있다.

변모된 등대도 많다. 그 형상들 향토색 짙게 다양한 모습으로 서 있지만, 불빛은 모두 다 영원하다. 방향을 잃고 떠도는 그들에게 한 줄기 희망, 빛이 되자. 그래야 너도 살고 나도 있다.

제자 화가들과   2025.5. 스승의 날

7부
만남과 이별

흑석강 연가
박상일 시인의 마지막 편지
따뜻한 미소와 그리움
마음고생이 부른 판단
손이라도 잡아줄 것을!
소질의 껍질을 벗겨 주시다
파묘破墓
도공 이종수
가슴 시린 동수 누나
길냥, 통동아!
山草 빛 四月
시인 박용래와 인연因緣

▶ 흑석강 연가

선뜻 나서지 못하고 애만 태우던 까까머리 소년 시절, 순정 어린 추억이 나에게도 있었다.

주간 고교 1학년 말년 새로 부임한 S 미술 교사와 갈등으로 2학년 초 야간 고교로 옮겼다. 평소 화가의 길로 가기 위해서는 실기 시간이 필요한 시기였기에 낮에는 들로, 산으로 사생을 열심히 다녔다. 야간 학급은 혼성 학급으로 예체능 시간이 없었다. 자유로운 점도 있었지만, 내 생전 미술 지망생으로 고교 2, 3년 미술 교사의 지도를 못 받은 점이다. 그러나 '사이코'적인 그를 대하지 않으니 마음의 평화를 느꼈다.

2학년 초 담임교사 소개로 1학년 이영수와 함께 식장산 미군 통신 기지에서 벽화 제작을 하였다. 도청 공보실 차트 및 디자인 보조로도 근무하면서 산지식을 쌓아나갔다. 그러한 연유일까! 타교 미술반들과 미술 전시회장에서 만남도 자주 가졌다.

「검고 큰 눈의 여학생」

야간부로 옮긴 2학년 초, 우리 반 학생 중에 내 마음을 끈 붉은 볼에 큰 눈의 P 여학생이 있었다. 점차 나도 모르게 애틋하고 청초한 감정의 늪에 빠져들었으며 그녀를 보면 가슴이 조여왔다.

'부메랑'처럼 메아리는 없어도 짧은 글을 보낸 적도 있었다. 그녀와 눈이 마주칠 때마다 황당한 눈빛으로 숙맥처럼 서로 고개를 돌리곤 했다. 그럴 때마다 나의 '명상록'이 채워져 갔다. 그 시절은 시집도 읽으며 좋은 문구로 마음을 채우곤 했다.

고 3년 중반기에는 홍익대 미술대회에서 특선하였다. 대전문화원에서 개인전을 비롯하여 〈죽미회〉 써클전도 참가하였다. 누가 보아도 희망에 부푼 미술 지망생이 되어가고 있었다.

고교 졸업을 앞둔 어느 날, 야간수업을 마치고 귀가 도중 앞서가던 여학생의 손길이 내게로 향하였다. 잡고 보니 P 그녀였으며 엉겁결에 뭔가 손에 잡힌 것은 '쪽지' 편지였다. 그녀로부터 처음 받는 글이라서 설레임 그대로였다. 누가 볼세라 대흥동 어린이 놀이터로 달려갔다. 가로등불 밑에서 그녀가 내민 쪽지 글을 조금씩 읽어 내려가면서 감정을 억제치 못하고 접고 말았다. 편지의 중요내용은 다음과 같다.

○○씨에게

저는 ○○씨가 부럽습니다.
저에게 향하고 있는 그런 시간이 아깝습니다.
저에게는 사실 그러한 여유가 없어요.
낮에는 직장 일에 바쁘고 저도 밤에는 공부를 해야 되잖아요.
중략.
저를 생각해 주시는 마음은 감사하오나 미술가가 꿈이니
열심히 노력하시어 꿈꾸는 미술대학에 합격하셔서
훌륭한 미술가가 되셔야지요.
하략.

까만 밤하늘을 올려다보았다. 푸른 별들이 '바보, 바보' 하며 조롱하는 느낌이 들었다. 십여 줄의 글을 읽어가는 도중에 솟구치던 욕망이 애증으로 돌변하였을까~. 한동안 마음을 바로잡기가 어려웠다.

며칠 후 평소에 그와 단짝인 옥이가 내게 도움말을 주었다. '○○씨가 그와 소통하기 위해서는 대학에 꼭 합격하는 길일 거예요.' 했다. 그 말 뒤에는 여러 가지 착잡하고 숨은 여운이 있었을 것이다.

그런데 점차 나 자신이 옥이 말대로 실천하고 있음을 알았다. 그 당시 그녀의 쪽지 글은 가로등이 무색하리만큼 조각조각 찢겨 하얗게 뿌려졌다. 순박한 녀석에게 곰쓸개보다 더 쓴 웅담 씹는 심정으로 새롭게 자극해 온 것인지 모르겠다.

'좋다! 대학에 합격하여 나를 보여주자.'

은행 합격을 목표로 하는 헌웅이와 세진이랑 같이 여름방학을 알차게 보냈다. 미술 교사도 없이 독학으로 실기 과목인 석고 소묘를 열심히 하였다. 코피를 쏟으면 손가락으로 찍어서 '합격'이라고 썼다. 열심히 노력한 결과 두 친구는 은행에 합격하고 나는 서울 S 예술대 미술과에 진학하였다.

낯설고 물설다는 서울에서 형과 자취를 하며 대학 생활에 적응해 갔다. 생활이 녹록지 않을 때는 '이것도 복'이러니' 하며 참아냈다. 그녀가 눈에서 멀다 보니 마음은 편하였으나 간간 떠오를 때면 글로 채웠다. 그렇게 대학 2년을 마치고 군에 입대하였다. 부산 광안동에서 육군 상병 시절에 월남전에도 파병되었다. 무사 귀국하여 군 제대를 하였다.

동생들 때문에 편입학을 포기하고 1970년부터 금산, 강경에서 미술과 전임 강사 생활을 하였다. 시골에서 귀한 미술 선생의 인기가 높았다. 객지에서 외로운 지경이니 이성 간에 사귐도 자연적으로 이루어졌다. 강경에서 사귄 아가씨와 결혼을 하여 1972년 고향 대전 B 중학교로 부임하였다.

「중학교 입학식 날」

2005년 B 중학교 입학식 날이었다. 퇴근 시간 무렵에 서무실로 전화 한 통이 날아왔다. 받아보니 중년 여성의 음성이었다.
"임 선생님, 저 누군지 아시겠어요?"
"어~ 혹시 ○○씨 아니세요!"
야간 고교 시절의 동기생 그녀였다. 퇴근길에 대신고 네거리 '행복다실'에서 중년의 나이로 우린 마주앉았다. 그녀는 아들이 B 중학교에 입학하였다면서 오늘 겪었던 일들을 줄줄이 풀어놓았다.

"오늘은 내 아들이 입학하는 날이기에 참석하였어. 그런데 양수가 운동장에 있기에 '저 친구 아들도 오늘 입학하는구나.' 생각했어. 입학식이 끝난 후 입학식장을 철수시키고 있잖아. 깜짝 놀랐어. 그럼, 이

학교에 근무하나? 어느 학생에게 물어보니 이 학교 미술 교사라는 거야. 그래서 퇴근길에 용기를 내어 서무과에 전화를 넣었어. 세월이 한참 지났는데도 내 음성을 기억해 줄 때 가슴이 뜨끔했어."

모성애 정신탓이리라! 중년의 모습이었지만 그녀는 붉은 입술에 블루진 청바지 심플한 모습으로 내 앞에 앉아 있다. 고교 시절엔 내가 그를 무척이나 그리워했는데 오늘은 그가 먼저 자청한 만남이 참으로 '아이러니'했다.

그녀의 아들은 중 1년생 답지 않게 듬직하고 모범스러웠다. 그녀는 매년 아들의 담임이 바뀔 때마다 새 담임과 함께 저녁 식사에 나를 초대하였다. 조금은 계면쩍어서 회피하다가도 제자의 새로운 담임이기에 소개차 참석하곤 하였다. 아들은 3년간 학급 간부로 활동하다가 3학년 때는 전교 학생회 부회장까지 올라섰다.

나의 개인전 기간에 그녀는 화랑 안내 〈서비스〉를 자청하였다. 둘만의 시간이면 그간에 못다 한 사연을 나에게 들려주었다. 나는 여유롭게 빙긋이 웃으며 경청하였다.

우리 경철이 새 담임 만날 때, 동행해 줄 거지? 1학년 때는 정○○ 음악 교사, 2학년 때는 임○○ 기술 교사, 3학년 때는 김○○ 국어 교사, 어떤 담임교사는 12시 넘어 전화 상담을 걸어와 놀란 적도 있어. 그리 좋지는 않았어.

우리 오빠 닮은 아들 모습, 오빠는 혈압으로 일찍 세상을 뜨셨는데~ 나까지 이 모양이네. 불안해.

"임 선생, 그전에 내 얼굴 많이 그렸었지. 아마도 나이가 나보다 두 살 아래지?"

그간에 몰랐던 사실을 스스로 알려 주었다.

"그대는 참 좋겠어. 젊은 아내와 사니까~ 나, 임 선생 아내와 커피타임 며칠 전에 가졌어."

나, 경철이 아빠 사장 만들어 주느라 고생 많았어. 금요일이 되면 불교대학에 다니면서 불공도 많이 드렸고 혈압이 너무 불균형하여 매일 부항을 뜨고 살아! 그녀는 허벅지를 보여주며 퍼렇게 멍든 모습을 보여주었다.

〈내가 죽일 년이지??〉

곰곰이 생각하던 그녀가 갑자기 중얼거림에 무슨 연고인지 족쇄에 걸린 사람처럼 황당하였다.

그러나 갑자기 화제를 돌리더니 "난, 임 선생의 〈소 그림〉이 마음에 들어. 마치 옛 고향 소 같애. 그래도 선택해 준 '안흥 통통배 그림' 집에 걸어놓고 싶어." (그림값이 적어서 그랴? 오늘 더 주고 싶어.) 그녀는 종달새처럼 횡설수설 줄줄이 이야기를 쏟아놓았다. 아마도 그간 마음고생을 덜어주려고 작정을 했는지 모르겠다. 그 마음이 고마웠다.

현재는 아들의 든든한 스승으로 인연이라며 내게는 임 선생님이시고 자기는 학부모라면서 키득대며 웃기도 했다.

1985년 나의 개인전 화랑을 지켜주면서 그녀는 오랜 세월 내게 못다 한 정을 횡설수설 풀어놓았다. 아들의 졸업식 날, 온 가족이 참석하여 함께 기념사진을 찍었다. 왜 그런지는 몰라도 그 사진은 내게 보내주지 않았다. 내게는 퍽 소중하고 인상적인 한 장면일 텐데~.

세월이 또 흘렀다. 아들은 한남대를 졸업하고 '한국통신회사'에 취직이 되었다. 다음 해에는 결혼 청첩장까지 날아와 고3 시절 반장인 정준용과 예식장에 참석하였다. 임 선생이 왔다는 소식을 접했는지 남편의 부축을 받으며 손을 흔들었다.

「양수 왔어?」

고혈압 증세가 심해 겨우 지팡이에 몸을 의지하던 그녀, 아들 예식장에서 그렇게 두 손을 잡으며 반겨 맞던 그녀였다.

궁금하여 2003년 6월, 둔산에 사는 여동생에게 전화를 걸었다. 그는 언니의 친구라는 점에서 고분고분 대답을 잘해 준다. "철이 엄마는 좀 어떠냐?"고 물으니 갑자기 대화를 멈추었다. 예감이 심상치 않아

다시 물었더니 울먹이며 "언니 작년에 갔어요." 하였다.

고3 졸업 기념 1963

나는 깊은숨을 내쉬었다. 지난 시절, 개인전에 스스로 찾아와 손님 안내를 자청해 주더니 그녀는 떠나가고 없었다. 겨우 지팡이에 몸을 의지하던 그녀, 아들 예식장에서 그렇게 두 손을 잡으며 반겨 맞은 그 모습이 마지막이 되었다.

지난밤 꿈속에서 그녀가 보였다. 새하얀 소복에 발통 달린 썰매인지 그와 한 덩이가 되어 원 없이 달렸다. 그녀는 세상에 대고 뭔가를 소리치며 소원하고 있었다. 망각 속에서 왜 인제 왔냐는 듯 나를 돌아보았다. 오롯이 누워 있는 그의 곁으로 흑석 강물은 잠자코 흐르고 있었다.

한 송이 베고니아꽃

五湖

애띤 그 시절, 깊고 아련한 검은 눈동자,
그녀는 갓 피어난 꽃망울로 까까머리 소년의 가슴을 태웠지
떠나간 소리, 답 없는 메아리라도 좋았다
갈 길이 너무나 달랐는가!
스무 해만의 해후가 그녀 아들 중학 입학 날이었어
그녀의 전화 한 통, "저예요"
그녀 음성은 내 가슴에 살아 있었다
네거리 복 다실, 침묵이 흘렀다
하얀 티에 블루진 모습, 골이 깊어진 두 사람
그렇게 또, 십여 년이 지나서

그해 가을, 쉰 해를 못 넘기고 그는 병들어 떠났다
남색 교복에 흰 깃, 부끄러움에 고갤 숙이던
볼 붉은 단발머리 소녀였는데
내 가슴에 압화 된 들꽃으로 남겨졌다.
야속하고 감사한 사람
흑석 강가에 '베고니아' 꽃잎 한 움큼 쥐어
투욱 툭 뿌려댔다.

* 2001년 가을에.

▶ 박상일 시인의 마지막 편지

故 박상일(朴商一 1944-2017) 시인은 2017년 8월에 필자에게 편지를 보낸 후, 다음 해 11월 별세하였다. 편지 내용 속에는 젊은 시절의 대전 미술 1세대 종조부 박성섭(無我 朴性燮 1903 - 1974) 화백과의 일화들이 담겨있어 양자 두 분에게 깊은 아쉬움을 느끼게 하였다.

2024 〈박상국 개인전〉 허강, 필자, 박상국
(대전갤러리에서)

「임양수 화백께」

보내주신 제3 시집『오색 물소리』를 해방 전날인 2017년 8월 14일 잘 받았습니다. 가뜩이나 불안한 시국에 당신의 시집은 좋은 길조로 생각이 됩니다. 해방둥이 임 화백님, 그 얼마나 행복한 세대입니까? 저는 해방되기 전해에 태어났으니 그야말로 일제 시대지요. 지금도 구 호적을 떼어보면 창시 개명한 청목성헌青木成憲으로 등재되어 있습니다. 누가 지었는지 '성스러운 법을 푸른 나무처럼 지키라'는 뜻이지요. 그래서 그런지 경찰직 대공 형사로 정년퇴임을 했으니 그럴싸한 이름으로 느껴집니다. 제가 명리학을 좋아하는 이유가 그런 경향에서 온 것으로 생각이 듭니다. 일제강점기 대전 미술 1세대인 청양 태생 저의 종조부 박성섭 화백께서는 일본으로 동경 유학을 떠나셨습니다. 소위 말하는 화가가 되기 위해 미술과를 선택한 거지요. 그런데 집에서는 난리가 난 겁니다. 종조부께서 환쟁이가 되려고 유학 간 것을 뒤에 아시고 학비를 보내지 않았기에 결국은 고생하시다가 중도하차 귀국을 하셨지요. 평생을 그림으로 사실 줄 알았는데, 그래도 운이 좋게도 최초의 대전사범학교 미술 교사, 대전공업학교 미술 교사, 대전 세무서, 도청 상공과에 근무하시다가 끝으로 상공장려관장으로 정년퇴임을 하셨습니다. 현직에 계시면서도 꾸준히 그림을 그리셨기에 제가 대전 공업학교에 다닐 때도 개인전을 자주 하셨습니다. 그 시절 한국 최초의 여류화가 나혜석과도 절친이셨기에 대전에 오시면 하루를 묵고 가셨지요.

그 시절 산내에 거주하며 키가 작은 편이고 얼굴이 동안이던 한국의 6대 작가 심향(沈香) 박승무(朴勝武 1893-1980) 화백은 국전 운영에 식상한 나머지 1957년경 서울 생활을 접고 대전에 터를 잡고 박성섭과 화우하셨지요. 얼굴이 길쭉한 이동훈 화백 등 주변에서 함께하시던 화우들이 몰려들곤 하였지요. 물론 현직에서 여유로운 입장이라서 술과 밥은 늘 종조부 박성섭께서 부담하셨고 저도 곁에서 심부름차 한다리 엮여 호식했지요.

종조부의 개인전이 끝나면 제가 바빴어요. 전시장의 그림 아래에 빨간딱지가 붙은 것은 제가 일일이 포장해서 우송하였지요. 그 시절 박 외과 원장(박선규)과 친분 있는 분들에게 배달을 해드리곤 했습니다. 심지어는 대구 역장실까지 들고 가는 장거리 배달도 했으니까요. 암울했던 그 시절에 대전 미술계에 큰 활력소였지요. 제가 경찰직에 들어간 것도 종조부의 권유였지요. 마당발인 종조부와는 제가 전생에 연(緣)이 많았던 모양입니다.

대흥동에 사실 때 74세로 별세하셨는데 가족 중 유일하게 종조부

임종을 혼자서 지켜보았습니다. 장손인 제가 고향인 청양군 장승리 종산 증조부모님 산소 아래에 모신 후 약력 사항을 새긴 비석도 세워 드렸습니다. 그간 경찰공무원으로 시를 쓰며 대전문화상 수상자의 모임인 '문화 한밭'지 편집 간사도 하며 문학 활동을 꾸준히 해왔지요.

임 화백께서 편집집행위원장으로 감수하여 주신 〈1995 대전미술 어제와 오늘〉은 감동 어린 이 고장의 '미술사'이지요. 책자를 받아들고 종조부의 장남이며 내게 당숙인 박양신 교장(박종국 화백 부친)에게 갖다드렸지요. 아버지 박성섭 화백을 부각시킨 사실에 놀라 기뻐하셨지요. 그렇게 제가 임양수 화백께 이십 수년 동안 무심한 죄책감으로 할 말이 너무 많아요.

화문인(畵文人)으로 두 길을 걷는 임 화백의 신기(神氣)는 불가사의 할 정도로 제게 다가오고 있습니다. 어찌하여 그렇게 되셨는지? 이 모두가 '고행의 길'이기 때문입니다. 이제 와 소외의 길을 걸었던 제가 말문이 트이나 봅니다. 임 화백께서 말문을 열어주신 겁니다.

임 화백의 시집 『오색 물소리』가 미더운 눈빛으로 다가오고 있습니다. 늘 웃음 어린 모습은 어쩌면 백제의 웃음으로 '서산 마애불' 같은 맑고 천진무구한 상입니다. 그런 웃음 하나로 저는 임 화백을 그려낼 수 있을 것 같습니다.

벌써 8월 15일 02시 15분 해방둥이 시간입니다. 저에게 가장 좋은 시간을 꼽으라면 밤 12시에서 3시 사이입니다. 잡념이 없고 혼자만의 시간이기 때문이지요. 제가 책을 받고 이렇게 주언부언(主言浮言) 봇물 터지듯 말하는 것도 처음입니다. 그동안 인형께 무심했던 마음을 사하는 데 있지요.

세상에 쉬운 일 없지요. 책을 내본 사람만이 압니다. 저의 시집 『기다림』한 권을 보내드립니다. 대전과 서울 몇 분께 보내고 아직 쌓아놓고만 있습니다. 어떤 때는 책더미가 장작더미만도 못하다는 느낌이 들어요. 애물단지입니다. 작품을 혼자 쓰다 보니 사람 접촉할 기회가 적어요. 모든 예술창작이 그렇지만 특히 시작詩作은 몸살이 심해요. 욕심이야 좋은 글을 쓰고 싶지만 그러기가 쉽지 않아요. 시집 발간을 거듭 축하드리며 그동안 쌓였던 마음의 벽을 털겠습니다.

감사합니다.
시인의 집에서 박상일 쓰다. (2017. 8. 15)

「故 박 시인 영전에」

2018년 11월 24일 계간《한국 문학 시대》로부터 고 박상일 시인 추모 원고 청탁을 받았다. 박상일 시인의 부고 소식을 접한 뒤 멍하니 이방 저방을 서성거렸다. 그와의 시작과 끝이 너무 짧았기 때문이었다. 박 시인은 1965년 서울신문사 신춘문예 공모를 통해 시인으로 등단하였다. 탄탄하게 출발한 그가 이 고장 굴지의 여러 개 문학상을 섭렵하더니 제8회 대전광역시 문화상(문학)을 받았다. 손희락 문학평론가는 박상일 12시집인『기다림』을 통한 그의 시문학은 시적 진실함에 서정적 본질이 불심과 조화롭게 물들여졌다고 했다. 마지막 시집인『기다림』표지 글에도 '시인에겐 죽음이 없다. 시가 살아서 숨쉬기 때문이다.'라고 썼다.

그러나 그는 '허무와 절망에 젖어 거덜 난 군더더기였고 내 몸뚱이는 허깨비였다며 달 뜬 그림자'라고 스스로 인정하기도 하였다. 박상일 시인은 박성섭 종조부를 가신家神처럼 여겼으며 성공적인 삶을 거둔 문중의 자랑으로 삼았다고 말하였다.

필자가 편집 주간을 맡았던 대전 미술사 초안 책자 발간을 계기로 박 시인을 알게 되었다. 기초 자료수집과 조사 중에 원로 미술인 김철호(1925~2011) 선생께서 증언하시기를, 이동훈 선생이 국전에서 문교부장관상 수상으로 그 유명세에 박성섭 선생의 업적들이 가려져 왔음에 안타깝게 여기니 밝혀 드러야 한다고 생각하였다.

박성섭의 장조카 박상일 시인은 2017년 8월, 자신의 시집『기다림』을 보내면서 책갈피에 내게 향한 편지 한 통을 첨부하였다. 종조부 박성섭에 대한 추억담이 주를 이루었고 감사하다는 내용이었다. 그런 그가 2018년 무술년(戊戌年) 새해를 앞두고 폐암 말기 판정을 받은 지 6개월도 못 되어 작고하였다. 죽음을 앞둔 그는 떠나는 순간까지 시집 〈기다림〉을 상재하였다. '중증 편령 세포' 말기암 선고를 받은 후 꺼져

가는 불꽃의 마지막 투혼이었다. 생전에 시 동무요, 술 동무였던 이덕영, 홍희표, 오규원 시인을 먼저 떠나보내더니 이젠 그 역시 그들 곁으로 합류하였다.

필자는 박성섭(1900~1974) 화백의 업적을 놓고 그 시대 연배 미술인들의 증언을 분석한 후, '1995 대전 미술의 어제와 오늘'이라는 책자 상재에 박성섭 회장의 초창기 아카이브* 대전 미술의 업적을 재조명하는 의미에서 정리해 본다.

〈대전 원로 미술인〉 오찬 초대 대전시립미술관 선승혜 관장

박성섭은 대전 미술의 개척자 같은 존재로 본향 후배 김기숙과 더불어 교직과 공직을 거치며 대전 미술인 1세대가 되었다. 사설 '충남 미술협회'의 초대 회장으로 이 지역 미술인들과 교사들을 회합하여 제1회 '충남(대전) 미술협회' 작품전을 개최하였다. 2대 회장 김기숙과 1961까지 7년간 이끌었다.

*아카이브(Archive) : 일람표나 목록 등을 통해 체계적으로 만들어내는 개별 발간물들의 총칭 보관.

〈제1회 충남 미술협회전 개최〉

1회~4회(1953-1957) 충남 미협전 (1대 창립회장 박성섭)

- **양　화**= 박성섭, 김기숙, 김철호, 윤후근, 이인영, 윤완호, 황진국, 홍동식, 이남규, 신봉균, 이동훈, 박태호, 이지홍, 심상규, 임봉재, 김동승, 김태주, 유우연, 조영동, 이지휘, 박여일, 송진세
- **동양화**= 박승무, 조중현, 고경자, 민병갑, 성낙일, 우민형, 김화경, 김상순, 김동순, 허훈,
- **판　화**= 정택은
- **조　소**= 최종태,
- **응용미술**= 이종수, 임상묵

총 출품자 28명

⟨7회 忠南 美協展⟩ (2대 회장 김기숙 1958년-61년 11월11일~15일)
- 양화부 -　　　　근무처　　　　작품 제목
  이인영(李仁榮) 한밭여자중학교. 마곡사, 나무, 오후
  이지홍(李志鴻) 충남중학교. 고산사, 은진미륵
  윤완호(尹玩鎬) 강경여자중학교. 가을, 해바라기
  심상규(沈相奎) 원동초등학교. 소녀, 개, 새
  황진국(黃鎭國) 조치원중학교. 복숭아
  임봉재(任奉宰) 대전공업고등학교. 가을, 절규
  이남규(李南奎) 대전중학교. 앉은 여인
  김철호(金哲鎬) 대전고등학교. 풍경, 나리 있는 풍경
  김기숙(金基淑) 도 학무과 장학사. 맨드라미
  윤후근(尹厚根) 대전여자중학교. 복전암 풍경
  신봉균(申鳳均) 한밭중학교. 秋心
  김동승(金東昇) 한밭여자중학교. 얼굴, 정물
  이동훈(李東勳) 충남여자중학교. 꽃
  홍동식(洪東植) 대전여자고등학교. 정물
  김태주(金泰周) 대성중학교. 여인
  박태호(朴泰鎬) 온양중학교. 투견
  조영동(趙營東) 목포교육대학교. 등나무, 성당

· 동양화부 -

고경자(高京子) 풍경

김동순(金東淳) 표구사 음과 향, 풍속

성낙일(成樂逸) - 도옥(陶屋)

우민형(禹民亨) 호수돈중·고교. 동경(冬景), 무속

허훈(許薰) 수선(水仙)

김상순(金相淳) - 욕망에의 고독

최종태(催鐘泰) 대성고등학교. 두상

임상묵(林庠默) 보문고등학교. 어(漁)

총 출품자 25명

군사정권의 통합정책으로 〈1962 한국미협 대전지부〉가 창립되는 계기로 통합하였다. 한국미협 대전지부 초대지부장은 이동훈이다. 이동훈(1903~1984)은 평북 출신의 기질로 집착력이 강해 본적을 유성으로 옮겼으며 대전공업학교를 거쳐 대전사범학교 미술 교사로 근무하였다. 평소 제자 양성에 열성을 다한 결과 현재 제자들 손에 의해 대전 최초 '이동훈 미술상'이 탄생하게 되었다. 미술인 제자로는 송진세 임봉재 김정수 김치중 최영근 등이 있다. 이동훈은 충남고교에서 퇴임한 후 서울 성신여사대 미술 강사로 진출하였다. 2대 내선지부장은 (김철호 선생)에게 이어졌다. 그 후 이동훈은 김철호와 성재경(성 사진관 사장)에게 서울의 미술 동향을 제공하여 대전 미술 발전에 도움을 주었다.

〈나가며〉

박성섭은 미술 교사로 근무하다가 공직 생활로 퇴임하였기에 대전 미술의 초창기 업적은 서서히 저물어갔으며 은둔 작가로 간주하게 되었다. 제1회 한국미협 대전지부 전에 출품을 안 한 것을 보면 그의 심정을 짐작할 수 있다. 그러한 역경에도 동경제대 미술 유학 시절에 사귀었던 인맥들을 통해 중앙과 대전미협 발전의 가교역할을 해주었다. 공직 생활 중에도 사무실 한편에 작업실을 꾸며 마음 편히 그림을 그리며 개인전도 개최하였다고 그 시절 사환이던 정준용 씨는 증언하였다.

1996년 어느 날, 정영복 대전고 미술 교사의 부름으로 대흥동 모 식당에 나가 보니 박성섭 화백의 장남인 박양신 교장이 함께 기다리고 있었다. 그는 부친 박성섭의 업적을 '대전 미술사'에 등재해 주어 고마운 심정으로 약소한 자리를 마련했다고 하였다. 박양신 교장의 아들 박상국 선생은 조부 박성섭의 화업을 이어가고 있다. 최근 대전 미술관에서 2024 '박상국 대작 개인전'을 개최하여 이목을 끌었다.

▶ 따뜻한 미소와 그리움

김배희 최순경 부부, 중구 문화원에서

'부부가 하나 돼라'는 11월 11일 '빼빼로 데이'이다. 보령 출신 화가 한 분이 있는데 그는 한번 믿음 주면 불변하는 성품으로 그의 부인 최 순경님께 소박한 심경으로 감사 글을 올린다. 형수님은 미소가 일품이다. 중등 과학 교사로 연하의 K형을 선택한 능력자셨지요. 낭군의 예술감을 믿고 훌륭한 화가가 되기를 바라며 남편의 미술 교사 조기 퇴임에 동의하였다.

오늘의 지명도 높은 전국 반열에 오른 걸출한 작가가 되기까지는 두 부부의 결실이라고 자부합니다.

어느 날, 형수께서 죽미회전竹美會展에 오셔서 "대전 문화 예술지에서 임 선생님 글 잘 읽고 있어요. 저, 애독자예요." 하셨다. 말수 적은 K형의 빈 곳을 채워 주신 점도 잊지 않습니다. 그러나 곁에서 나에 대한 정보 제공은 형이라고 봅니다.

어느 날 유성 온천탕에서 형님이 제 귀에 대고 '글 잘 짓는 사람 보면 부러워'하셨지요. 진정으로 축하의 덕담으로 받아들였고 세상에서 서로 가깝다고 해도 공중탕에서 만나는 사이가 가장 진솔한 관계라고 생각했지요. 탕 내에서 고희를 넘긴 형의 균형 잡힌 몸매를 보며 심신과 그림이 함께하고 있어 보기 좋았지요.

그 사람의 됨됨이가 '컵 안의 물이 넘쳐 보일 때가 가장 좋다.'고 합니다. 그래서 주변 작가들로부터 형님의 장점을 듣는 것을 좋아합니다. 소탈한 일상복 차림새, 화우들과 어울릴 때도 '아냐, 아냐.' 하며 밥값도 쏜살같이 지불하시지요. 배려하는 마음으로 뒷전에 서서 남 앞을 헤치며 나서기를 주저하지요. 그래도 마이크가 입 앞에 다가오면 큼직하게 시 한 편처럼 간결하게 말씀도 잘하십니다.

글을 쓰면 머리도 맑아지고 잠도 잘 오니 내게는 참 좋은 친구지요. '죽미회' 전시장에 오셔서 형수께서는 '덩덕쿵 수월래' 작품을 보시더니 '좋네요' 하셨지요. 뭔가 끌리시던지 유독 그 작품을 격려하셨습니다. 컴컴한 바다에서 수고하는 등대를 '의인화'하여 그들 모두를 대전의 남문광장에 모셔서 한바탕 축제를 열어주는 반 구상화이지요.

작금의 세태가 늙은 두 부부만이 덩그러니 남겨놓은 채 자식들은 제각기 흩어져 삽니다. 저도 아들 분가시킨 후 아내와 둘이 생활을 합니다. 소탈한 아내는 작은 텃밭에서 수확한 농산물을 다듬습니다. 그런 모습이 아름답지요. 계룡산의 맑은 정기를 받고 자연주택에서 사시는 형님 내외를 더욱더 부러워합니다. 작고한 송백헌 교수의 '개그'가 떠오른다. 그는 형수님을 꼬시더니 "애구, 무서워라!" 하셨다. 최 씨요, 순경이니 그렇다고 하기에 웃던 생각이 난다.

세월 장사 이기는 법 없듯이 형수님께서 소천하신 후, 현재는 형님 홀로 계십니다. 허나 그림을 벗하고 사시니 겉으로는 고적하지 않아 보이지요. 형수님 사후 인물화를 즐겨 그리시지요. 젊음과 노년의 인물화 그림 속에서는 형수님 모습이 스쳐지고 있음을 저의 눈으로 느껴집니다. 먼저 가신 그곳에서 내려다보며 따뜻한 미소를 짓고 계실 거예요. 형수님 명복을 빕니다.

▶ 마음고생이 부른 판단

　투신자살, 부럽게 느껴지는 높고 귀한 사람도 숨겨온 마음고생 앞에는 장사가 없다는 말이 진실인가 보다. 국가원수를 지낸 대통령이 조반도 거른 채 새벽녘 고향 뒷산 부엉이바위에서 갑자기 몸을 날려 모진 목숨을 끊었다. 자살 소식이 나돌자, 에이~하면서 뒤통수라도 얻어맞은 듯 안타까워하였다.

　연이어 H 재벌 총수가 창밖으로 뛰어내려 자살을 하더니 고위층공무원도 한강교에서 투신하였다. 그들은 사는 것보다 죽는 편이 마음 편한 길로 판단되었나 보다. 대통령 출신이 자살한 것은 헌정사상 처음 있는 일로 세 사람 모두의 공통점은 세상의 비리를 내 한 몸으로 안고 가겠다는 심정이다. 우리나라는 세계에서 자살률이 최상위라고 하더니 대통령도 이에 한몫 실천한 꼴이 되었다.

　상대편에서는 노 대통령 가족들의 비리를 놓고 낱낱이 밝혀야 한다며 이구동성으로 떠들었다. 그러나 가족이 저지른 책임을 책임지고 자살했다는 소식을 접하고 보니 동년배로 가슴 아프다. 그 모습이 떠올라 장례 기간을 우울하게 보냈다. 조용하던 매스컴에서는 어제와는 다르게 추궁하였다. 검찰 측에서 오죽 코너에 몰았으면 생목숨을 끊었겠느냐면서 인간적인 면에서 용납할 수 없다고 성토하였다.

　국민들은 공황 상태에 빠진 환자처럼 TV에서 시선을 떼지 못하며 7일 국민장이 빨리 지나갔으면 하는 사람도 많았다. 제1야당인 민주당에서는 찬스를 잡은 듯 여당을 압박하였고 더 큰 사태의 불안 정국을 막기 위해 정부 여당 측에서는 민심 자극 방지를 위해 애를 썼다. 죽더라도 그의 시대가 추구했던 가치와 정책이 600만 달러의 흙탕물에 휩쓸려 동반 사망하는 비극은 결코 없어야 한다고 칼럼들은 시사했다. 숨죽이고 있던 '노사모'들은 시위 현장에서 노랑 깃발을 휘날리며 슬픔의 도가니로 몰아넣었다. 국회의원 시절, 정치노선에서 왜장치던 빛바랜 필름들이 노무현 '신드롬'에 생기를 더하였다.

　TV에서는 군중심리를 자극하도록 국민 모두를 공황 상태로 몰아가며 뭇시선을 자극한다. 제1야당인 민주당에서는 기회를 잡은 듯 여당을 압박하였고 더 큰 사태의 불안 정국을 막기 위해 정부 여당에서는 민심을 자극하지 않게 애를 썼다. 그는 죽더라도 가치와 정책이 600만 달러 때문에 휩쓸려 동반 사망하는 비극은 결코 없어져야 한다고 했다.

이때를 기다렸다는 식으로 2009년 4월 5일 북한 김정일은 대포동2호를 발사했다. 또 한 번 세계의 이목이 한반도로 집중되었다. 2002년 한일 월드컵대회 시 북한은 남북정상회담의 평화 무드에 재 뿌리듯이 '연평해전'을 일으킨 것과 동일시한 수법이다. 소련의 스탈린 말처럼 '승리를 위해서는 수단 방법을 가리지 말라'는 공산주의 술법이다. 월드컵축구 경축 행사에 손님 모셔다 놓고 안하무인격인 폭력행위는 한민족으로써 국제적 망신거리다. 2009년 5월 25일에도 제2차 지하 핵실험을 단행하였다. 궁핍한 생활 속에서도 핵무기를 생명선으로 3억 달러를 소비하고 있으니 북한 동포들이 불쌍하다.

2024년에 들어서도 김정은 북한 체제는 골목길의 보스처럼 김일성 왕조 3대 체제를 고수하면서 가진 것은 없고 성질만 고약하여 외부 세계와 척지며 살아간다. 그들은 정권을 유지하기 위해 러시아에 수천의 용병을 참전시키는 등 용납지 못할 전쟁 쇼와 존재를 위한 국제적 만행을 저지르고 있다. 한반도는 내부적으로는 고위층 인사가 목숨을 버리는 행위와 밖으로는 이념 전쟁의 붉은 발톱이 찬스를 노리고 있다.

▶ 손이라도 잡아줄 것을!

고 김치중 교수

"형, 많이 아파요. 아직 가기는 싫은데"

투병 중인 화가 김치중(金致中 1947-2012) 교수를 떠올린다. 그의 더부룩하고 새하얀 장발은 조그맣게 줄어든 얼굴 밑에 어지럽게 산발하였다. 오장을 뒤집어 까보고 싶은 심정으로 긴 긴밤을 통증으로 지새우며 녹아나는 담도암 말기의 환자, 투병 중인 후배 김치중 교수에게 종필終筆 아닌 희망필 들었다네.

치중아!

엊그제는 '정명희 미술관' 개관식에 갔었네. 모처럼 뒤풀이로 화우들과 축하주를 나누었지만 모두들 치중의 병환을 걱정하며 기쁘질 못하였다네. 그대와 평소 호형호제하던 뉴욕 화가 김여성과 중구 명소 '진로집'을 찾았네. 중부대에 출강하는 그는 '잭슨 폴록'과 '데코우닝'을 역설하며 뉴욕의 유럽 작가들 이야기로 뚜껑을 열었다네. 그대를 위한 술 한 잔도 부어 놓았네. 옛 상념에 젖어 밤이 이슥하도록 두 사람은 소주잔을 기울였지만, 지나간 추억담들은 혼돈의 시간이었네. 속절없이 흘러간 세월은 해묵은 감정으로 쿠션 받은 당구알처럼 되돌아와 쳐댔네!

세간에 떠도는 말 중에, 가는 순서는 기약할 수 없다더니 옆에 있을 법한 예술인들이 하나둘씩 우리 곁을 떠나고 있네. 9월엔 대전을 서정시로 노래한 홍희표 시인도 생을 마감하였고, 한참 물오른 작가들이 선배들이 지켜보는데 순서도 모르고 사라지고 있네. 그대는 아픈 속을 표 내지 않고 정년퇴임 전을 개최하는 열정을 보여주었지. 그런 그대가 담도암 말기 판정이라니 믿어지지 않네.

지나간 1995년 여름, 우리 힉교 앞 중국식낭에서 만났지. 대전미협 이사회에서 양수 형님이 '대전 미술 50년사' 편집 집행위원장으로 뽑혔다며 부탁했었지. 끙끙대던 나를 향해 "형님, 책임지슈!" 내뱉듯이 한 말을 기억하는가! 그대와 함께한 '대전 미술 50년사'를 발간하던 일들은 일생일대 가장 의미가 있었네. 그때부터 나와 치중이는 함께 엮어졌던 거야! 추진력 좋았던 그대, 희망을 놓지 말게나! 그대는 아직 할 일이 많다네. 용기를 내시게나.

(2012. 9. 25.)

「나의 간경화 담도염 투병기」

2009년 8월 무덥던 여름날, 홍익 미대 출신인 제자 이규석의 개인전 오프닝에 참석하였다. 서너 명의 제자들과 추어탕에 소주잔을 기울였다. 귀갓길, 지하철의 에어컨 바람 탓인지 온몸에 식은땀이 흘렀다. 동네 약국에서 소화제 '갤포스'를 사서 복용을 했어도 차도가 없었다. 늦은 밤, 명치끝이 아프고 헛배가 더부룩하니 통증으로 밤새 등을 펼 수가 없었다. 작업에 몰입할 때마다 겪었던 위염이나 황달 증세라고 생각하고 하룻밤을 견뎌냈다.

다음 날 동네 병원 연합내과 영상학에서 X레이, CT 촬영을 하였다. 뜻밖에도 담낭에 염증이 팽배해 위험수위라며 속히 큰 병원에 가보라는 것이었다. 아내와 119구급차에 실려 '을지병원 응급실'에 도착하였다.

다음 날 오전에 재촬영 권고를 받았다. 마취도 없이 담낭염 제거용 가는 철사 호스를 담낭 부분에 끼워 넣었다. 시간이 흐름에 따라 허리에 찬 호리병에 누런 카레즙 같은 액체로 채워졌다. 의사의 권고로 MRI 정밀 촬영을 하였다. 계속 금식하며 알약과 주사를 맞았다. 위문 온 정준용 친구 말에 의하면, 이 병원의 외과 담당 박주승 교수는 3천여 환자의 담낭을 떼어낸 베테랑 의사라고 소개하였다.

드디어 2009.9.8 복강경 수술로 담낭(쓸개)을 떼어냈다. 담낭 수술 후 박주승 외과 교수는 당신은 담도암으로 확산될 연구 대상자이니 '간 이식' 준비도 해야 한다고 했다. 간과 담낭을 통해 십이지장으로 내려가는 담도에 담적이 쌓여 녹여내는 약을 권하였다. 담석이라면 깨부수면 되지만 담적은 노폐물이 채워있어 녹여내는 처방밖에 없다며 결과는 장담할 수 없다고 했다. 나의 몸속에 실뿌리 담도에 이르기까지 CT 및 MRI 촬영한 컴퓨터 동영상을 보여주었다. 오랜 세월 담도가 막힐 때마다 병명도 모른 채 오목가슴을 쥐어 잡고 온방을 쓸던 일들이 간 기능 불량으로만 알았다.

대전이고 서울대병원을 내원하며 검사했으나 병의 원인을 모르고 괴로워만 했었다. 담낭을 제거하면서 병명에 따른 간 치료제 두 가지 약을 투약하다 보니 오목가슴의 통증이 완화되어 갔다. 단, 을지병원 박 교수께서는 '당신이 살고 싶으면 알콜 주입과 스트레스 일들을 줄이라.'고 하였다. 2025년 현재까지 경화성 담도염 관계로 '로와콜'과

'우루사'를 장기간 복용하며 월 1회 주치의 지도를 받으니 어느 정도 괴로움을 피할 수 있다.

김치중 교수는 안타깝게도 2012년 9월 28일 간담도를 통한 췌장암 말기로 별세하였다. 그를 아끼던 미술인과 화우들은 산소로 향하기 전에 대전 중구문화원 광장에서 장례 노제에 참석하여 고인의 마지막 길을 함께하였다.

▶ 소질의 껍질을 벗겨 주시다

대전 선화국민학교 4학년 수채화반 특활 첫 시간 때 일이다. 수채화 담당 최광현 선생님께서는 교탁 위에 '누런 쟁반에 큰 주전자와 보랏빛 컵' 몇 개를 변화가 있게 올려놓았다. 배치와 배합에 대한 말씀 끝에 학생들은 스케치 후 수채화로 채색하였다. 수업이 끝날 무렵에, 전체를 둘러보시던 선생님께서는 고개를 갸우뚱하시더니 유병돈의 그림과 나의 그림을 칠판에 나란히 올려놓으셨다. 유병돈은 채색이 좋고 임양수는 정물의 배치 배합이 변화 있어 좋다고 평가하셨다. 미술

가장 어린 시절의 필자 모습
(초등 3학년)

초등 시절의 미술반 최광현 은사

반원들로부터 박수를 받았다. 그 후 아이들은 그림 잘 그리는 '임양수'라고 이름을 불러주었다. 차츰 친구도 생기고 성품도 밝아지게 되어 모처럼 어둠 속에서 희망의 끈을 잡은 듯 기분이 좋았다. 나에게 잠재하고 있던 '희망의 껍질'이 벗겨지던 순간이었다.

필자는, 오랜 세월 미술 교사로 재직하며 어린 시절의 희망 어린 그 순간을 제자들에게 안겨주려고 노력하였다.

초등 시절의 칭찬으로 희망이 부풀었고, 중학교 때에는 미술 교사 성기인 선생님의 관심 어린 조언으로 미술가의 꿈을 가지게 되었다.

고교 시절에는 타교생미술동아리인 '죽미회' 멤버로 창립전을 가졌으며 미술가의 열망인 서울의 서라벌예술대학 미술과에 입학하였다. 교수인 박영선, 최영림, 장리석, 박창돈, 박항섭 교수의 다양한 영향을 받았다.

교육의 힘은, 자신이 위기에 처할 때마다 스스로 판단을 유도함에 있다고 본다. 자제력이 약한 자들은 사회에 반기를 들거나 불안 요소를 일으키기 마련이다. 인간은 선과 악의 갈림길에서 달콤한 유혹의 손길을 경험하게 되는데 이럴 때마다 교육의 큰 힘을 느끼게 된다.

나는 유혹의 순간에 당면할 때마다 부모님의 모습과 가정교육의 말씀이 솟구쳐 악의 손길에서 피해 갈 수 있었다. 교육의 힘은 학교, 사회, 가정, 삼위일체로 관심을 기울일 때 하나의 인간으로 존재할 수 있다고 생각한다.

「여가선용 시간에」

아파트 창밖 유성벌은 회색빛 구름에 덮여 있다. 동네 마트에서 막걸리 한 병을 사 왔다. 아내는 삶은 밤을 까서 믹서로 간 후 감자즙과 묵은지를 밀가루에 반죽하였다. 달구어진 프라이팬 위의 포도씨유와 어울린 구수한 감자전을 탄생시켰다. 노릇노릇하고 바삭바삭한 것이 막걸리 안주로는 일품이다.

짜르르~하니 소식이 온다. 무더운 한낮의 갈증을 덜어준다. 노년 부부의 눈빛이 풀린다. 매일 기분이 이랬으면 좋겠다. 오늘은 이것으로 점심을 때웠다. 조금 후 아내는 기분이 몽롱한지 자리에 누웠다. 옛날 같으면 창문 커튼을 내리고 단꿈에 젖었을 텐데~

팔베개에 천정의 무늬를 보며 감상에 젖는다. 신혼 시절, 충남 강경

江景의 전세방 시절이 새록새록 떠오른다. 추억은 여전히 가슴을 요동치게 만든다.

도마동 깔끔이 아줌마집 철판이 서서히 달구어짐에 샛노란 들기름이 '치익' 하며 비명을 지르면 침을 꿀떡 삼켰다. 올챙이 교사 시절, 퇴근 시간이면 눈짓 하나로 동료들과 만나던 목로주점. 탁주 한잔에 노릇하게 익어가는 두부전은 희망 덩어리였다.

휴가철이면 산천 고샅을 찾아다니던 주당 회원인 한금산, 임양수, 강귀성, 송창빈, 최재영, 윤제철, 김선태, 전영출, 김주태 교사. 술상 네 모서리가 상하도록 두드리며 생음악 돌림 노래 부르던 기억 등 젊은 시절 그곳에서 선후배의 질서를 느끼며 학습 면이나 생활지도의 도제 연수가 자연스럽게 이루어졌다.

▶ 파묘破墓

전국에 흩어져 살던 종제從弟들이 만사 제쳐 놓고 선영인 영시리(佛谷)에 몰려들었다. 1차로 산소 해체 후 납골당에 안치시키고, 2차로 증조부 이하를 납골 묘당이 설치되는 대로 안치할 준비 작업이다.

오늘은 2차 행사라서 우리 집안 형제들도 증조부, 조부모, 부모 산소 파묘 이전에 삼색실과를 펼쳐놓고 잔술을 부어 파묘제를 거행하였다. 장손 효천께서는 제문을 읽었다.

"조상 어르신들! 놀라지 마세요. 더 좋은 곳으로 유지를 옮겨 드리고자 하옵니다." 형제들은 묵묵히 고갤 숙였다. 떠난 자의 힘은 남은 자의 위세에 달렸는지 때맞추어 종친회장께서 인부들에게 크게 외쳤다. "산소 해체 후에 모든 석물 잘 보호하세요. 납골 공원에 설치할 겁니다." 그는 우리를 의식한 듯 음성을 높였다. 허나, 회장의 공원화 설치 계획은 2025년 현재까지 빈말로 지나가고 있다. 부친 于塘(우당)께서는 생전에 종친들의 석물 글씨를 무릎이 저리도록 많이 쓰고 정성을 다하셨다. 납골 묘당 건립으로 비석과 표지석은 한낱 돌덩어리가 되어 지하에 묻혀 있으니, 자손들은 마음속으로만 부친의 노고를 안타깝게 여기고 있다.

　증조와 조부님의 산소를 파묘하여 모신 후, 인부들은 부모님 산소를 조심스럽게 파들어 갔다. 그간 산소를 빛내주던 비석과 석물들, 명당의 주인공을 떠올리며 숨을 죽여 지켜본다. 두 분이 남좌 여우로 나란히 계셨다. 인부들이 호미로 시신의 형상을 남기며 조심스럽게 황토를 긁어낸다. 9년 전 별세하신 아버지 가슴 부위가 보이기 시작한다. 파묘를 진행 중이던 육촌 형이 한마디 한다. "신싸 삼베인 줄 일았더니 장사꾼들 믿을 수 없어. 수의 절반이 가짜일세!" 하였다. 갑자기 생뚱맞은 소리에 놀랐다. 삼베 수의의 씨줄은 없어지고 날줄만이 시신을 감고 있었기 때문이었다.

　인부들은 부친의 황금빛 뼈를 하얀 창호지에 올려 정성껏 상자에 담았다. 친조부 닮아 큼직하니 통뼈이다. 이제는 3년 전에 떠나신 어머니 시신의 흙을 호미로 조심스레 파낸다. 지켜보던 남곡리 족장 집행 총무가 내게 조용히 속삭였다. 아무리 생각해도 아주머니 유골이 문제라고 하였다. 만약에 환골이 안 되었으면 남의 이목도 있으니 서둘러 종촌 '은하수 화장터'를 이용해 보라고 하였다.

　그 말을 듣고 나니 황당함에 마음만 동동거렸다. 사정상 작업 도중에 상경한 형님이 아쉬웠다. 노심초사하는 작은 형을 지켜보며 두 동생이 중얼거렸다. "그래도, 우리 어머니는 좋은 삼베로 입혀드렸으니, 환골이 잘 되었을 거야" 하였다. 조금 후, 인부들의 고함이 들렸다. "한 분은 화장터에서 화장해야 되겠어!" 형제들은 난감하여 또다시 긴장하였다. 별 뾰족한 수 없었고 집안 형제들도 눈치만 살폈다.

　축산 6촌 형은 화장에 임하는 인부들에게 목욕비라도 찔러주라고 언질을 주었다. 말이 그렇지, 목욕비는 4~50만 원대로 돌고 있었다. 그들이 말하는 〈은하수 화장장〉은 사전 예약 없으면 몇 날을 기다려야 된다는데 별세 후 몇 년 안 되어 어머니 신체는 엉겨 붙은 삼베 속에서 절반만 환골이 되어 있었다.

　별 반응이 없자 엄숙한 분위기에서 하얀 창호지에 시신을 두루 담아 투명 비닐로 다시 쌓았다. 작업종료는 다가오고 자손들은 확답이 없자, 결국은 임시 화장터로 이동하기로 했다. 나를 비롯하여 철수, 득수, 승수, 성수, 현수, 사촌 형제들이 어머니 시신을 들고 임시 화장 장소로 운구하였다. 사촌 형제들과 함께 옮기다 보니 혈육에 대한 온건함이 새삼 뜨겁게 와닿았다.

산중에 설치한 임시 화장터는 과거 부친의 첫 산소 치표였다. 평평하게 닦아진 이곳에 납골 묘당을 설치할 화강석재들이 쌓여있었고 숲속 한편에 납골 항아리를 모셔놓은 컨테이너 한 채가 있었다. 그 옆에 시신 크기의 철판 한 장을 깔아 놓고 대형 가스통 3개가 화장 신호를 기다리고 있었다.

컨테이너실에는 최근에 떠난 가동 육촌 동생의 시신이 한 줌의 재로 변해 있었다. 이제는 어머니 화장 차례다. 가스불 세례가 세 방향에서 유골을 향해 불을 뿜었다. 어머니는 뜨겁다는 표정도 없으시다. 쉽게 화장이 안 되는 듯 인부는 역한 표정을 지으며 이리저리 시신을 뒤집었다. 술을 한잔 권했다. 못마땅한 표정으로 받아넘긴다. 그 이유는 알만하다. 황혼빛에 인부는 화장 열기로 땀이 홍건했다. 간 자는 말이 없어도 망자에 대한 예우가 말이 아니다. 유태인의 살생공장이 따로 없다. 형제 모두는 차마 볼 수가 없어 반대편 산모롱이로 눈길을 보냈다. 세상에 유골 모습을 가려주는 시설도 없이 마구 불 질러 대니 목불인견(目不忍見)이다. 어머니께서 사십 넘어 낳은 막내는 울먹이며 "우리 엄니, 뜨거운 화장을 싫어하셨는데 이게 뭐야! 행사 주관을 하는 종친들이 사전 대비가 전혀 없어. 주먹구구식으로 끌고 나가고 있잖아!" 하면서 울분을 토하며 주변을 흘겨보았다.

가스통에서 나가는 소리는 산중을 진동시키고 형제들은 끝까지 사그라져 가는 어머니 모습을 망연자실 지켜보았다. 화장을 시작한 지 한 시간이 흘렀을까. 어머니 유해는 절구질이 되고 있었다. 쿵쿵 소리에 하얀 분말이 인부의 얼굴 위로 날아든다. 인부는 초연하게 절구질을 하였다. 세상일 많은 것 중에 그의 작업은 초월한 저승사자로 보였다. 작업이 끝나갈 무렵 그가 한마디 중얼댔다. "자손들은 술 한 잔도 안 권하나!" 하였다. 때맞추어 핸드폰이 울린다. 집행 총무였다. 별도 수고비 관계였다. 소종계 총무 형에게 연락하니 "어~그거, 기십만 원 줘버려!" 했다. 그들은 집행 각본에 의해 움직이고 있음을 알았다. 봉투 한 장을 인부의 포켓에 찔러주니 금세 인상이 환해지며 "잘 찧어 유골함에 넣어 드리지요." 하였다. 쿵쿵쿵 소리가 콩콩콩 소리로 들렸다.

사촌 형제들이 끝까지 지켜주어 든든했다. 하산 중에 막내가 한마디 하였다. "아까 급한 일로 상경하면서 큰형께서 주신 돈 이럴 때 쓸 걸 괜히 돌려드렸네." 하였다. 셋째는 "떠나간 배여!" 하면서 모두 웃었다.

오늘은 처음 대하는 옛 어른들의 유골 모습을 보았다. 증조부모, 친조부모, 부모님 유골을 또다시 뵙게 되는 큰 영광을 입었다. 우리들도 때 되면 자식들이 화장터로 이렇게 보내겠지. 작업을 끝내고 아우들과 함께 대평리 면사무소 앞 '북어찜' 식당에 몰려갔다. 모처럼 동생들과 저녁을 나누니 든든하였다. 작은 소찬이나마 형 된 도리로 저녁값을 치렀다. 사촌 형제들과 철수 아우는 먼 경기도 인천, 부천을 향해 떠났다. 불경에, 희로애락(喜怒哀樂)의 뜻을 함께하는 것을 가족이라 했다. 서화담(徐花潭)에도, '살고 죽음에 담긴 이치를 알고 나면 두려운 것 없다.' 하였으니 '신체가 녹아내리면 흙이 기름져 풀이 잘 자라고 또는 냇가로 흘러가 자연으로 되돌아간다.' 하였다. 오늘 일을 계기로 부모님의 은덕에 감사하고 형제간에 우애를 더욱 돈독하게 해야겠다. 산소의 제수 준비에 정성을 기울여 준 아내가 고마웠다. 다음 날 아침, 형제들의 짧고 긴 사랑의 문자가 폰에 쌓였다.

12세 위인 순동 큰누나의 음성이 들렸다. 땡볕에 수고 많았구나! 어디 안 아프니? 닭띠인 너와 나는 속병이 있어 걱정여! 가고는 싶어도 못 갔구나, 누나는 있으나 마나여! 이젠 좀 쉬거라. 이~잉.

파묘

五湖

덜컹, 덜커덩 끼~익
숨결 젖은 펫장이 부르르 떤다

어버이 유택이 무너진다
팔 한번 굽혔다 피니
봉분이 사라지고 상석이 우지진다

두 눈을 부릅뜨고 벌떡 일어나
'이눔들, 네가, 마징가제트냐!'
"어머니, 아버지~
더 좋은 납골 묘당으로 모시려 해요"

강종, 강종, 살강, 살강
괴물 범아제비가 지나가고
날 선 호미가 황토를 벗긴다

드러나는 두 어버이의 모습
내일에 나보듯
넋을 잃고 두 눈을 감는다.

2024.8 '파묘' 《한밭문화》에 등재

▶ 도공 이종수

  도예계의 거장, 이종수(李鐘秀1935-2008) 도공과의 추억을 더듬어 본다.

필자의 고교 1학년 시절, 대흥동 집에서 가까운 '대전문화원'을 내 집처럼 드나들었다. 한국 주재 미국 공보관을 이어받은 그곳에 가면, 도서실과 영화관에서는 '리버티 UN 국제 뉴스' 및 영화를, 전시장에서는 사진전, 시화전, 미술전을 볼 수 있었다. 그곳에서 국제적인 안목과 문화를 접할 수 있었다.

1961년 8월 대전문화원 전시장에는 '재경 충청학우회' 전이 열렸다. 서울에 진학한 이 지역 출신 미대생들의 여름방학 연합 전시회였다. 주로 서울미대, 홍익미대, 서라벌예대 미대, 수도여사대, 중앙대 예대

 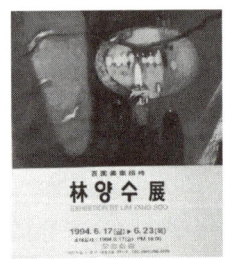

리헌석, 이종수, 필자, 송영호 (五湖 개인전에서) 1994

생들이었다. 서울의 미대생인 유희영 이종상 하동철 김인중 안소자 이종수 등 그 시절은 유화 그림이 주를 이루었기에 전시장은 〈테레핀향〉으로 가득하였다. 그들의 귀향 전은 대전 미술계에 바람을 안겨주었으니 이곳 고교 미술 지망생들에게는 희망의 등불이었다.

전시장에서 서울미대 공예디자인 전공 이종수 형을 처음 만났다. 나는 하교와 동시 문화원 전시장을 찾아와 잔심부름도 하고 풀 양동이를 들고 전봇대에 미술전 포스터도 그와 함께 붙였다. 그러한 인연으로 이종수 님을 형, 형 하면서 따랐다.

1970년도 금산농고에 근무하던 시절이다. 대전실업대학교 생활미술과에 재직하던 이종수 교수께서 내게 전화 연락이 왔다. 신입생 유치 홍보 차원에서 왔노라며 허허허~ 웃어댔다. 평소 말수가 적은 분이기에 본론은 접어두고 읍내 식당에서 저녁 식사를 나누었다. 그 시절에는 그렇게 어려움을 극복하면서 오늘의 거대 우송재단이 존재하지 않았나 생각한다.

그런 그가 몇 년 후, 1976년 최종태 서울미대 교수 추천으로 이화여대 생활미술과 교수로 발탁되었다는 소식을 들었다. 놀랍고도 반가웠다. 그러나 3년이 지난 후 세계 일주를 다녀오더니 고향 대전으로 낙향하였다. 그에게는 도공의 길이 우선이었던 모양이었다.

1972년 강경중학교에서 고향 대전으로 직장을 옮긴 후, 미협 총무인 정명희의 소개로 한국미협 대전지부 전(1973)에 처음으로 출품할 때다. 봄비는 주룩주룩 내리는데 '르네상스' 화방에서 두 개의 유화 작품을 찾아들고 '맥그리거' 백화점 지하 전시장으로 내려갈 때였다. 때마침 올라오던 이종수 님께 인사를 하니 그는 두 작품을 유심히 살펴보더니 두 개 중 이것 한 개만 출품하라고 권하였다. 많다고 좋은 게 아니라며 오히려 해로울 수 있다고 일침을 주었다. 새 액자를 찾아 두 작품을 모두 걸고는 싶었지만 반신반의 속에 결국은 한 점만 출품하였다. 그때의 진솔함이 오래도록 형제처럼 느껴져 서로가 각별한 인연으로 키워나갔다.

1980년 대흥동 오원화랑 '지치우' 서양화 개인전을 찾았다. 이화여대 교수직에서 자진 물러나 벙거지를 쓰고 허름한 카키색 복장에 작은 배낭을 메고 도자 흙과 가마터를 찾아 산촌을 누빌 때였다. 전시회 오프닝 뒤풀이에서 독주 몇 잔에 취해 뒷골목 배수로에 구토를 했다. 그를 부축하여 대흥동에서 자양동 자택까지 밤비를 맞으며 함께 걸었다. 배낭 속에는 모종삽, 타올, 라면, 물병, 메모지 등이 들어있었다. 세월 속에 구설수를 견디며 지나온 사연을 잔잔하게 쏟아놓았다. 그도 나도 홍얼대며 걸어서 늦은 시각에 자양동 자택에 도착하였다. 씁쓸한 도공의 아내 모습을 뒤로하고 공방에 들어갔다. 절친 프랑스 신부 김인중의 100호 유화 작품 하나가 빈방 한쪽에 기대서 있다. 두 사람을 반기는 유화 작품을 보며 인중이와 서로 마음이 맞아 사귀었는데 가톨릭 신부가 되었다고 했다. 이런저런 이야기 나누다 보니 헤어질 수가 없어 물 한 그릇을 비운 후 그와 함께 코를 골며 하룻밤을 보냈다.

새벽녘에, 집에 가려고 댓돌 위에 발을 내릴 때 호된 소리가 들렸다. "그런 게 아니지. 아침밥 먹고 가!" 사로잡히듯 방으로 들어갔다. 그 무렵 방문 종이에 두 개의 손가락이 구멍을 뚫었다. 팬티 바람에 두 녀석이 히히히~ 하고 웃어댄 후 사라졌다. 종수 형의 쌍둥이 형제(이철우)였다. 잠시 후 형수님으로부터 아침 밥상을 받았다. 순수한 꽁보리밥이었다. 형과 함께 김치와 함께 꾸역꾸역 힘겹게 씹어 먹었다.

2000년 기산 정명희 개인전 오프닝에 참석하였다. 문화계 인사보다 정치, 사회 인맥들이 주를 이루었다. 뒷전에서 보던 종수 형이 내 옆구리를 쿡! 찌르며 이끌었다. 대흥동 '진로집'이었다. "임 선생의 글을 읽으면 감미롭고 따뜻해요." 화가에게 글에 대한 언급이 조금은 그랬지만 깊이 생각해 보니 미술 하는 사람끼리 색다른 장점을 내세워주니 고마운 생각도 들었다. 그 역시 많은 문인과 접하며 짧은 시도 쓰셨다.

충남 금산의 추부면에 한국의 전통 가마인 오름새 가마를 손수 올려 질박한 그만의 도자기를 만들기 시작하였다. 그렇게 20여 년간 추부 작업실에서 도공 생활을 해왔다. 익히 그의 예술관은 널리 알려져 전국적으로 지명도가 높아 경인 각지에서 초대전을 펼치며 지역 문화의 향기를 전하였다.

어제는 일본 도예계의 초청으로 전시회를 끝내고 왔다며 팸플릿 원본에 사인하여 내게 주었다. 그는 이순이 넘은 중후한 노작가 반열에 서 있다. 묵언默言하던 그가 언론방송계에 초대되어 정서 함양을 위한 소박한 말씀도 잘하였다.

도예가 이종수는 대전 토박이로 대전 미술사에 뒤늦게 발탁됨은 그 시대가 회화 중심 경향이라 보며, 공예디자인은 생활미술 그 자체로 가볍게 여겨왔기 때문으로 본다. 그의 업적이 참예술의 중심으로 탈바꿈하는 모습들을 이 지역에 안겨주었다.

'대전 공예디자인협회' 창립에는 이종수, 황용식, 임상묵, 박선희, 이창호, 이종호 회원들의 공이 컸다. 1979년에는 목칠공예가인 최영근 교수의 작품이 국전에서 대통령상을 수상하여 더욱더 관심사가 부각되었다. 이후 강지민, 최영근, 남홍태, 정해조, 염색공예 분야에는 김영숙을 중심으로 박영선, 고창환의 활동이 영향이 컸다. 대학교수며 도예가인 한남대 이재황과 미협 지회장인 목원대 라영태 교수의 노력으로 대학과 공방에서의 사제 공히 공예를 진보적 위치로 이끌어가고 있다.

2008년 그가 폐 건강에 적신호를 피하지 못한 채 대전시립미술관에서 '열매'라는 주제로 초대전을 가졌다. 그는 씨익~웃으며 "이젠 가야지, 뭐" 하였다. 그는 폐암을 이기지 못한 채 2008.8.6. 오후 4:20분 겨울 밤알 떨어지듯 3남을 남긴 채 홀연히 세상을 등졌다. '대전 시민대상 추서' '대전 미술인장'으로 장례를 치렀다. 선영은 충남 금산군 복수면 지량리이다.

2023년 이종수 작가의 부인인 송경자 여사께서 대전시에 이종수 도자기 유품 전체를 기증함에 따라 이장우 시장과 협약을 맺고 그의 숭고한 도예 정신을 심화시키고자 이종수 도예관 건립을 약속하였다. 차남인 이철우 도예가를 통해 양해각서를 체결하였다. 준공을 목표로 미술관 건립은 대전 동구 소재공원에 제1호 원로 예술인 특화 전시관으로 2025년 개관을 앞두고 있다. 미술관 건립으로 지역원로예술인들과 미술학도들에게 긍지를 높여 희망과 응원으로 알찬 바람이 존재하고 있음을 2023년 이장우 대전시장은 언급하였다.

후렴

故 이종수 도공은 글(詩)로도 빚는다. 불 뼈다귀와 흙의 맥을 시인의 마음으로 깨쳐나갔다. 야트막한 산 아래 추부 가마터에 불을 지펴 본다. 참나무 등걸에 앉아 있는 산비둘기 소리, 계곡물과 바람 소리, 나뭇잎 떨어지는 소리조차 스쳐가는 전설처럼 그릇에 녹아든다. 얼음이나 눈이 녹다 만 '전설의 여운' 어찌 보면 '겨울 열매' 같은 결정체가 그릇을 이룬다. 들여다보면 흡사 다이아몬드가 연상되기도 하고 장미꽃이 피어오르는 착각에 빠져들게 한다.

도자는 불의 예술이며 기다림의 미학이다. 예술 그 자체에 기술을 보태고 또 과학을 보탠 열연으로 이루는 불의 예술이며, 몸과 마음과 혼을 아우르는 숨결로 흐르는 시간을 수렴한 기다림의 미학이다. 구애되지 않는 자유스러운 선에서 인간 본유의 생명 그 자체가 움직이고 있음이다. 그의 글을 인용하였다.

　나이가 들면 들은 척할 뿐여! 속들이 굳어져 암만 보약 같은 말을 해 주어도 자기입장에서 듣기 마련이여, 뒷전에서 그를 탓해본들 무엇하리, 그냥 내버려둬. 개중에는 그런 것도 쓸모가 있는 법이니까!

　명예 사냥에 급급했던 시절에 시대를 초월한 작가로 묵묵히 자신의 길을 걸어온 그를 대전 시민과 미술인들은 존경하고 있다.

　그의 첫 제자인 박세은, 정장직 교수는 뜻을 함께하는 미술인들과 '청람 미술' 창립전을 화니 갤러리에서 펼쳤다. 그에 대한 진면목을 MBC 방송을 통해 기산 화백의 설명으로 더욱더 빛내 주었다.

▶ 가슴 시린 동수 누나

　필자는 대전의 동구 신안동에서 태어나 부모 슬하에서 은행동, 선화동, 대흥동, 유천동으로 이사 다니며 성장하였다. 결혼 후 도마동, 괴정동을 거쳐 유성구 노은동에서만 24년째 산다.

기도하는 곱슬머리 소녀

　어릴 적, 아홉 살 위인 누나 한 분이 젊은 나이에 병환으로 꿈을 접은 채 세상을 등졌다. 선화초등학교는 꽤 큰 학교로 학생 수가 많았다. 대전천을 끼고 은행동과 선화동을 아우르는 경계 지역에 있었다. 교실 몇 칸은 용두동 학생들이 함께 다니다가 서대전초등학교로 독립 이전하였다. 한국전쟁 발발 후 동편 건물 한 동은 국군 막사로, 운동장 절반은 군인들의 훈련장으로 쓰였다.

　그 시절 중부 대전은 피난민들로 들끓었다. 학교 북쪽 후문 옆 담 옆에는 빛바랜 국방색 삼각텐트 하나. 동수東洙 누나가 학생들을 상대로 소량의 학용품을 벌려놓고 팔았다. 회사원인 아버지와 어머니 슬하에서 3남 2녀가 살아가고 있었다. 나는 점심시간이 되면 학교 정문 앞에 있는 집에 달려가 어머니로부터 도시락을 받아 북풍받이에서 고생하는 동수 누나에게 안겨주었다.

누나는 한가한 시간이면 도화지에 '기도하는 소녀'의 모습을 연필로 상상화를 그렸다. 곱슬 머리카락 한 올 한 올을 그려내는 누나의 신기한 필력에 갸우뚱거리며 흉내도 내보았다. S자형 곱슬 머리카락 표현 중에 '이렇게 그리면 돼'하며 수정도 해주었다. 한국동란 시절, 〈'기도하는 소녀'와 밀레의 '만종'〉 그림은 UN군들을 통해 들어왔다. 삼류화가의 손에서 더 어여쁘게 그려져 대량 복제된 그림은 종교화로도 이용되었고, 그림을 보며 삶의 애환을 치유함에 도움도 주었다. '기도하는 소녀'는 하트 모양의 아크릴 속에 끼워져 버스나 택시 운전기사의 머리 위에서 대롱거렸으며 그림 여백에는 '아빠, 오늘도 무사히!'라는 안전 문구도 쓰여 있었다.

땡, 땡, 땡 쉬는 시간이다. 점심시간에 여학생들은 교문 밖 누나 곁으로 참새떼처럼 몰려들었다. 4B 도화연필로 쓰윽쓰윽 그려대는 누나의 그리는 모습을 보고 여학생들은 신기한 듯 지켜보았다. 가끔 아이들에게 휘익~날리면 서로 차지하려고 난리법석을 떨었다.

'그들은 오늘의 동수 누나 펜클럽이 아니었을까!' 개중에는 학급의 미화부장으로 환경미화를 위해 돈을 주고받아 가기도 했다. 심심하면 교실 복도를 거닐었다. 학급 게시판에 누나의 그림을 보게 되면 자랑스러웠다. 그러한 연유로 동수 누나를 따랐고 특별활동 부서도 '그리기반'에 들어갔다.

어느 날, 동수 누나는 대전극장에서 상영하는 '사육신' 영화를 보고 와 밤늦도록 동생들에게 실감 나게 들려주었다. 누나의 음성과 표정에 푹 빠진 동생들은 가슴 조이며 들었다. 고문하는 수양대군의 잔인함을 실제 상황처럼 재현하였으며 성우처럼 끼가 넘쳤다. 일제 치하 시절에 딸들은 보통학교(초등학교) 졸업이 고작이었다.

이십 대 초반인가. 동수 누나는 시름시름 속병으로 고생을 하였다. 추운 날에 장사하느라 몹쓸 냉병을 얻었는지 끙끙 앓기 일쑤였다. 잠결에 일어나 소스라치며 비명을 지르며 책상 밑 "저, 마귀할멈! 무서워!" 하였다. 얼굴빛도 누렇게 뜨고 흉몽에 시달렸다. 동생들은 불안한 마음으로 작은누나의 모습만 안타깝게 지켜볼 뿐이었다.

어머니께서는 백방으로 약을 지어 먹여도 소용이 없으니 용하다는 무속인을 불러 굿을 벌였다. 그들은 징과 꽹과리를 치고 누나에게 물과 소금을 뿌리는 등 식칼을 휘두르며 "잡귀신 물러가라!" 호통도 처댔다. 그럴 때마다 사색이 되어 두려움에 치를 떨었다. 한동안 병세가 잠잠해지자, 부모님께선 혹여 시집가면 남편 사랑을 받아 건강해질지 모른다는 작은 희망을 품으셨다. 때마침 성남동에 훤칠한 육군 장교가 나타나 맞선 끝에 결혼하였다. 그러나 늘 마음 한구석에 딸이 건강치 못하여 노심초사하셨다.

6학년 겨울이었다. 중학교에 입학원서를 내고 입시 공부로 한참이던 날, 뒷집 사는 태봉이가 교실에 찾아와 엄마 말씀을 전해 주었다. "형네 작은누나가 다 죽어간다. 빨리 집에 오래." 조퇴한 후 단숨에 집으로 달려갔다. 친정으로 되돌아온 누나는 깨끗한 신혼 이불을 덮고 창백한 모습으로 뒷방 한쪽에 누워 있었다. 고개를 돌려 나를 본 누나는 씁쓸한 미소를 지으며, "양수도 이젠 그림 많이 늘었는데. 더더~" 하더니 고개를 옆으로 떨구었다.

숨을 거둔 누나 곁에서 고개만 떨구고 훌쩍거렸다. 누나는 마지막 모습을 내게 보여주곤 저세상으로 떠났다. 지금 생각하니 분명 암환자일 텐데 마귀에 씌었다며 병명도 모른 채 냉병 환자 취급을 받으며 고생하다가 떠나갔다.

누나는 동네 애들한테 동생들이 얻어맞고 돌아오면 당장에 쫓아가 일격을 가하던 형 같던 누나였다. 그러나 부모를 앞선 불효로 집안에 통곡 소리도 자제한 채 한 줌의 재로 회덕 강가에 허옇게 뿌려졌다. 어머니께서는 6·25 동란 후 셋째 딸 이쁜 문순이도 아파 죽더니 둘째마저 병마로 잃었다며 사진 및 두 딸의 흔적을 모두 없애버렸다. 활짝 펴보지도 못한 채 요절한 두 누나의 흔적은 그렇게 세상에서 사라졌다.

그러나 누나의 미술 솜씨는 내게로 이어진 것일까? 4학년 때 특별활동 그리기반 첫 시간에 수채화 담당 선생님께서는 "양수 그림은 정물의 구도와 배치에 따른 변화가 좋다"며 칭찬을 하셨다. 어둡고 소심했던 나는 4학년 다른 반 아이들에게도 내 이름을 알리는 계기가 되었다. 학급 활동 시간에 미화부장으로 뽑혔다. 선생님께서는 어린 나에게 '희망의 불덩이'를 댕겨주셨고 '소질의 껍질'을 벗겨 주셨다. 초중고 시절 미술부 활동을 한 후 대학은 서울로 진학하였다. 기라성 같은 화가들을 스승으로 모시며 대가들과 '사제의 연'을 맺었다.

그 후 고향 대전에서 교직에 몸담아 미술 교사로 정년퇴임을 하였다. 오늘에 이르고 보니 어릴 적 내게 동기부여를 안겨주었던 분이 바로 작은누나 동수였다.

▶ 길냥, 통동아!

- 5월 초하루 -

"어머머! 고양이가 새끼를 물어 나르네."

아내의 황급한 소리에 눈길을 돌려보니 가끔 보던 고양이가 위 밭 배수로를 통해 새끼를 이동시키고 있었다. 아내 말에 의하면 연장 넣는 공구함 틈새를 통해 나왔다는 것이다. 아내 말에 의하면 연장함을 열고 구석을 들여다보니 젖먹이 고양이 새끼 4마리가 겨우 눈을 똥그랗게 뜬 채 어미를 기다리고 있었다. 겨우내 초봄까지 조용했던 연장함이 늦은 봄이 되니 연장을 넣고 빼는 쇳소리에 얼마나 긴장되고 초조했을까? 생각을 해보니 미안하였다. 구석진 스펀지 위에 다섯 마리 새끼를 낳아 잘 키우고 있었다니 난 잠시 말을 잃고 시선을 다른 곳으로 향했다.

봄 판에 날카롭고 겁난 쇠스랑, 곡괭이, 삽자루의 쇠붙이 소리를 내며 넣고 빼고 하였으니 바로 코앞에서 어미와 새끼들이 얼마나 숨죽이는 시간이 되었을까! 집에 돌아와 고양이 걱정을 하니 아내는 미물이라도 생각이 다 있을 거니 잊으라 했다. 스티로폼 새집으로 와줬으면 했다. 그러나 결코 새집으로 돌아오지 않았다.

부부는 날이 밝으면 운동 삼아 텃밭으로 향했다. 그곳에 가면 할 일도 생기기 때문이었다. 텃밭을 향해 가는 도중에 고양이를 만났다.

"야옹" 하니까 물끄러미 내 모습을 지켜본 후 자기 갈 길을 재촉하였다. 오늘도 아내는 비닐봉지에 생선 머리 부분을 그릇에 담아 연장함 부근에 놓았다. 새끼들에게 젖을 먹이려면 산모가 잘 먹어야 될 텐데 걱정이 든다.

묶은 비닐우산을 펼쳐 세운 후 그곳에 깨끗한 물과 생선 머리를 주었다. 다섯 새끼 어미인지라 각별히 신경을 기울였다. 다음 날에도 찾아와 먹이를 맛있게 먹었다. 밭일을 대충 마친 후 '어여~ 먹으라'며 텃밭을 떠났다. 가다가 궁금하여 다시 살금살금 뒤돌아와 보니 물도 먹고 조곤조곤 사료와 조기 머리를 발라 먹어댔다. 생명의 존귀함, 인간이나 미물인 동물들에게도 모성의 강함을 느끼게 하는 새벽길이었다.

요즘엔 조석으로 텃밭에 간다. 고양이도 자기에게 먹이를 주니 경계를 조금씩 풀어간다. 흔히들 도둑고양이라고 부른다. 그들은 스스로 먹이 사냥을 해서 생존해야 한다. 전에는 고양이가 지나가도 무관심했었는데 '연장함 스토리' 후부터는 관심으로 채워갔다. 밤바람에 춥지는 않았는지, 비는 새지 않는지? 새롭게 이사 간 곳은 어디며 어떤 모습으로 새끼들과 살고 있을까?

'역지사지'하는 심정으로 먹이를 챙겨주었으니, 간밤엔 잘 먹고 잘 지냈겠지. 어느 날 제초 작업 중에 아내와 고양이의 대화가 신기하게 들렸다. 아내가 밭일을 보다가 낯익은 고양이를 보더니 "나비 야옹!" 하고 부르니 "옹야 옹야, 야아오옹" 하였다. 참으로 묘한 화음이라며 아내가 반색하였다. 여성끼리 통하는 느낌일까. 아내는 마트에서 사료 한 포를 거든히 샀다. 그 후에도 '나비 야옹'에게 생선 머리를 발라서 주면 '야금야금' 잘도 씹어 삼키며 우리 부부와 정을 이어갔다. "나비야, 나비야!" 하고 부르면 고양이도 "요~용 요용 요오~용" 앙상블로 대답했다. 부탁인지 감사인지 모를 희귀한 소리로 응답을 하니 기막힌 하모니였다.

그 후 아내는 만나는 사람들에게 고양이가 텃밭에서 새끼를 낳았다고 한다. 우리 부부는 소소한 일에도 별스럽다. 세상을 살다 보니 생명의 소중함이다. 야옹이를 '나비 야옹'으로 새 이름을 안겨 주었다. 텃밭에서 한 정거장 떨어진 두즈문 교회 근처에서 낯익은 길냥이에게

'나비 야옹' 하니 휙 하고 쳐다본다. 고 홈(go home) 하며 손짓을 했더니 어느새 텃밭에 와서 대기하였다. 그 누가 들고양이라고 하겠는가!, 귀엽고 이쁜 짓으로 보이니 동요된다. 먹이 먹는 모습을 촬영하여 수시로 본다. 세상일은 알 수 없다더니 내 평생 고양이에게 빠져 본 적은 처음이다. 텃밭지기 나비 야옹아! 건강하게 오래도록 살아 주길 바란다.

「새로운 도전자」

몇 주가 지났을 무렵일까. 얼굴은 비슷한데 코 옆에 회색 점이 있는 통통한 수컷 한 마리가 '나비 야옹'에게 도전장을 내밀었다. 암고양이 '나비 야옹'은 한번 대결도 못 해 보고 순식간에 사라졌다. 이것 참, 기가 막혔다. 그래도 나에게는 첫정인데, 과연 두 고양이는 무슨 관계일까? 텃새 공방이려니 생각하면서도 안타깝고 궁금하였다. 수컷 점박이가 나타나면 쇠 파이프로 돌판을 두드려 엄포를 주었다. 소용이 없었다.

결국은 밥그릇 쟁탈에서 주전 자리를 코 점박이 수컷에게 넘겨주고 말았다. 우리 부부에게는 새로운 변화요, 초여름 텃밭에서 일어난 사건이었다. 어느 날, 동네 두즈문 교회 옆 숲길에서 새끼들의 어미 '나비 야옹'을 만났다. 이름을 부르니 고개를 돌려 아는 척하다가 사라졌다. 몇 차례 보았으나 가까이 오질 않았다. 길고양이는 단념이 강함을 알았다.

'길냥, 통동' 군

수컷 길냥이는 바위 상단에 앉아 능청스럽게 나의 처분만 기다렸다. 자세하게 보니 얼굴 모습도 귀엽다. 코 옆 점은 기억장치를 해주어서 매력 포인트로 보였다. 하루 한 번 같은 시간에 사료 제공을 하였다. 이름도 '길냥, 통동'이라고 지어 부르니 '냐야옹' 하며 다가왔다. 허나, 서로의 관심을 주고받는 사이지만 그는 털끝도

허용치 않고 오직 먹이 시간만 되면 나의 다리를 툭툭 쳐대며 재촉하는 모습도 보인다.

그는 먹이 주는 사람이 할 일을 다 할 때까지 진득이 차분하게 지켜본다. 그 모습이 믿음으로 다가오니 날마다 그 시간이면 그를 찾게 된다. 먹이를 주니 그도 '그러려니. 꼭 주겠지' 하는 믿음을 키워갔다.

아내는 첫정이 멀어졌는지 동물에게 너무 빠지는 것 같다며 가끔이면 초심의 '나비 야옹'을 그리워했다. '간사함이 정이런가!' 떠나버린 '나비 야옹'은 기억에서 멀어져 갔다. 아무리 미물이라도 변하면 안 되는데 '나비 야옹'에서 '길냥 통동'으로 본심이 굳어갔다. 진지하며 과묵한 수컷, 통동에게로 빠져들어 그와 지낸 지 1년이 지나간다. 오늘도 그가 내게 기쁨을 안겨주고 있다. 늦은 가을 새벽에, 맨드라미 봉숭아 붉은 꽃 사이로 고개를 내밀어 냐아옹~ 하며 나를 기다린다. 말 그대로 '만남의 정'이다. 우리 님의 자전거 따르릉~ 소리에도 두 눈이 초롱초롱 두 귀가 번쩍 솟게 하는 텃밭지기다. 그 정경은 겪어 본 자만이 안다. 생명의 먹이 공급도 주가 되지만 까막까막 그 시간에 만남의 기다림은 한편의 모노드라마다.

'길냥 통동'은 통통하다는 뜻이다. '냐아옹' 소리는 음폭으로 대화가 통한다. 며칠간 못 만나면 그 애처로운 소리가 동네를 자극한다. '미안, 미안'하지만 먹이 제공은 생명과 통하기에 그렇다. 길 건너편에 공예 예술가네 양지바른 집의 노부부도 통동에게 한마음이다. 통동에게는 일거양득인 셈이다. 아직도 몸 터치를 허락지 않는다.

수컷 길냥이의 우직스런 자존심인가 보다. 한번은 등을 만졌다가 손등을 가격하여 머큐럼을 발랐다. '은혜도 모르는 녀석'이라고 했지만, 그는 변함없이 내 앞에 서서 걷는다. 겨울바람은 차가워도 남쪽 하늘 태양 빛은 영롱하니 따갑다. 깊은숨을 내뿜으며 어~흥하였더니 그 소리에 놀라 통동은 비닐 밭고랑에 나뒹굴었다. 내가 순환운동을 하면 그도 기지개를 치며 혓바닥으로 똥고를 핥으며 깔끔을 떤다. 꼬리 밑으로 쌍방울을 울리며 앞서서 밭둑을 내려간다. 텃밭에 도착하여 먹이 공급을 받는다. 그는 내 종아리를 앞발로 툭툭 건드린다. 일종에 아양과 감사의 표시다. 귀갓길에 큰일이라도 한 것처럼 힐링

(Healing)과 희망이 내 가슴 가득하다.

2025. 5.

길냥 예찬(禮讚)

　　　　　　　　　　五湖

그들 묘(描)*의 노래는
하나같이 '냐아옹'이다

반가움도
허기져도
가슴 저리게 슬퍼도

감정어린 하악질로
압축된 조화로움으로
세상을 저울질한다

묘는 늘 한 목소리로
다가오는 듯하지만

호소력 짙은 음색으로
사랑의 시를
토해나고 있음이다

*묘(描): 고양이를 뜻함.

2025.5.31

▶ 山草 빛 四月

흐름 속에 엮어진 화문인과의 인연들, 그림과 문학의 세계는 심신의 안정을 위한 감로주로 나에게 이어졌다. 때에 따라 공허한 마음을 재울 수 있는 것이 독서를 통한 글쓰기였다. 사학私學에서 시인 한금산 선생과 牛笑 윤제철 선생의 장구한 시 타령은 음으로, 양으로 마음속에 새겨진 문학적 사고를 깨워주었다. 함께 근무하다 아쉬움만 안기고 전근 간 故 박용래(朴龍來, 1925~1980) 시인 탓도 있으리라.

생전에 친근감을 안겨주었던 1세대 화가 신봉균 선배와의 깊은 연緣을 노크해 본다.

서라벌예술대학교 선배인 신봉균(申鳳均 1929-2001) 화백은 충남 예산 태생으로 단국대 국문과를 졸업 후 화가를 꿈꾸며 서라벌예대 서양화과를 졸업하였다. 박용래 시인의 추천으로 현대문학에 등단하였으며 충남 도전 및 대전 시전 서양화 초대작가가 되었다. 대전보건전문대 교양학부 출강을 장기간 겸임하면서 대전동중에서 교단 40년, 정년퇴임을 하였다. 신봉균, 신현국 두 형제 화가분에게는 동경제국대학교 미술과를 나온 숙부의 사랑과 영향이 컸다고 한다. 집안 내력과 흐름은 막을 수 없음이다. 신봉균 선생은 한밭중학교 미술 교사로 근무 시 정명희와 양창제의 스승이었다.

1974년 한국미술협회 대전지부장을 역임하였다. 이 지역 비구상계의 미술인으로 1960년대에는 대전 최초 신봉균 이지휘 이남규 조영동과 '비구상 동인전'을 개최하면서 추상화 모더니즘으로 인테리즘 Art맨으로 소문이 났다. 대전일보 주최 '대일비호대상'도 수상하였다. 그는 대전미협 정기 총회 시 검정 두루마기에 새하얀 동정이 돋보였으며, 콧소리를 쿵쿵대며, 낭랑한 그의 목소리는 작가들의 막힌 사고를 뚫어주는 '미협회장'이었다. 1년 회장 임기 중, 회원들이 두 편으로 갈라지는 사태가 일어났다. 차기 지회장으로 이인영 교수를 지지하는 '청년 미술인회 전'(1970. 6. 14-20)의 출범이었다. 기존 보수단체와 신사고 젊은 미협회원 간에 갈등이 있었다. 총무도 비어 있는 신봉균 회장은 절친인 이인영과의 난처한 국면에 처하기도 했다. 그는 가까운 이웃으로부터 배신당했다며 나에게 총무 의뢰를 하였다. 기울어진 지회 모습에 협조를 못 한 그 시절의 앙금이 아직도 가슴속에 남아있다.

그는 퇴임하기 전에 정년퇴임하면 비구상을 떠나 사실적 수채화를 실컷 그리고 싶다고 했었다.

'왜? 그랬을까!' 막상 퇴임하고 보니 장손인 그를 고향 종친회장으로 맡기는 바람에 꿈들이 다 날아갔다고 했다. 또한 아버지의 치매로 가출 사건이 빈번하다며 모셔다 놓으면 또 나가고, 이제는 행방불명 신고까지 했다고 했다. 동기간의 협조를 탓하기도 하던 중에 그는 수술대에 올라 초라한 신세가 되었다.

서울 삼성의료원에서 신장의 혹을 내시경으로 떼어내다가 과다 출혈이 발생했다. 문우들이 방문하여 '병원 탓이니 고소해야 한다.'고 웅성거렸다. 그는 두 눈 질끈 감으며 입에 손가락을 대며 "의사가 내 제자여!" 하였다. 결국은 71세로 별세하였으니 신봉균 선배는 부친의 행방불명으로 심적 고통을 안고 살았나 보다.

시인으로 더 두각을 보여주었던 그는 황혼이 내려질 무렵, 대흥동 본가 큰 마당에 대작 캔버스를 쌓아놓은 채 불 싸질렀다. 대전 미술의 초창기 비구상 회화의 자료들이 사라졌다. 동생 신현국은 한스럽게 훌쩍이며 "그렇게 날려 보내다니, 형은 작가정신이 부족해!" 하였다.

세월이 흐르고 보니 아우 현국도 팔순을 넘기자 새록새록 떠오르는

서라벌예술대학교 동문 작가들 이종석, 이택우, 임립, 김관호, 신현국, 김배희, 필자, 이준봉, 백종천 1979.

봉균이 큰형님이 그립다고 했다. 큰형과의 아쉬움을 장시간 내게 풀어놓으며 열심히 살아왔던 형의 업적을 되살려 드리고 싶다고 애원하였다. 신봉균 선생에게 가까운 미술인은 이인영 최종태 이종수 작가이고, 아끼던 제자로는 정명희 양창제 고창환 임동락이 있었다. 신봉균 선배가 소천 후 '시도출판대표' 지광현과 아우인 신현국, 큰아들 신용주가 상재한 신봉균 유고 시집『山草 빛 四月』은 그렇게 세상에 태어났다.

유고 시집에 추모 시 출품자로는 김학응 김대현 임강빈 구상회 이대영 시인이었다. 그의 유작 시집이라서 필자는 소중하게 여긴다. 가끔은 지광현 시인처럼 나에게도 그런 문우 하나쯤은 있을까?

▶ 시인 박용래와 인연因緣

시인 박동규 교감과 동료교사들 1972

시인이며 수필가인 박동규(朴東奎 1928-2014) 교감과 1972년 2학기 때 B 중학교에 필자와 함께 부임하였다. 그는 대전 보문중 교무주임 재직 중에 교감으로 부임하고, 나는 강경중학교 근무 중에 고향 대전의 미술 교사로 부임하였다. 박 교감은 일 한번 잘해보자며 교장에게 나를 학생과장으로 추천하였다고 했다.

베트남 참전용사로 귀국한 지 두 해 지났을 무렵이니 젊은 혈기와 의협심이 팽배한 탓으로 생활지도 시 마음 상한 학생들도 다소 있을 수 있다는 생각이 들었다. 박 교감은 큰 몸집에 얼굴은 몽골형으로 나와 많이도 흡사하였다. 한가할 때면 내게 다가와 틈틈이 창작활동을 권하였으며 점차 제자들이 구름처럼 몰려들 것이라며 바람을 넣었다. 방치된 공간에 미술실을 마련하는데 길도 터주었다.

1973년 봄 학기 때, 박동규 교감은 신임 국어 교사인 박용래 교사를 소개하였다. 훌륭한 문학인으로 국어과 교사임을 소개하였다. 그는 내가 주임으로 있는 학생과 상담계로 배정받았다. 나보다 한참 연배이기에 거북하였으나 예능인이라서 소통이 가능하였다.

수필가 박 교감은 박용래(1925-1980) 시인과 같은 원로 문인이기에 그에 대하여 자세히 알려주었다. 출생지는 강경읍 황산동(본정)이고, 강경상고 수석 졸업 후 서울 조선은행에 특채된 후, 서울 생활 중 박목월 시인과 교류하는 등 문학인들과 어울렸고, 해방 후 한밭중학교 교사를 시작하면서 정훈, 이재복, 박희선과도 어울렸다고 했다.

대전을 자주 찾는 박목월 시인과 공감대를 나누며 지역 문학을 중앙으로 업그레이드하는 역할을 해낸 서정시인이다. 그는 자유로운 시인으로 회색 양복에 흰 와이셔츠 카라 깃을 밖으로 내놓아 출석부를 겨드랑에 끼고 사뿐사뿐 복도 좌측통행을 잘 지키셨다.

올백 긴 머리카락을 5:5 양쪽으로 빗어 넘겼으며 깊은 이마 주름살은 볼 아래 입 주변을 에워싸고 흘렀다. 하하하~ 웃음을 지을 때 모습은 국어 교사를 떠나 해박한 서민 모습이었다. 퇴근길에 학생과원끼리 축하 회식이 있었다. 도마 시장 선술집인 '돼지식당'을 찾았다. 한두 잔 탁주를 나누다 보니 문학가의 기상이 넘쳐났다.

아이들의 눈높이에서 해방되어 성인끼리 툭 터지는 시간이기 때문이었다. 처음에는 생활지도와 문제아 지도 토론도 있었다. 몇 술잔이 오고 가니 군부정권에 대한 푸념에서 사학에 대한 불만도 튀어나왔다. 박용래 선생도 탁한 세상을 눈물로 씻어내며 자작시인 '시낙죽'을 낭송하였다. 그만의 치렁치렁한 춤도 추었다. 어쩌다 도마동에 거주하는 시내 미술 교사들인 박명규 정명희와 만나면 시끌벅적하였다.

그러나 아침에 출근하면 박용래 시인은 어젯밤의 해프닝을 잊은 채 또렷한 어조로 국어 교사로 돌아갔다. 3학년 국어 시간을 맡으며 점차 학생들에게 시인 선생님으로 통했다. 그는 학생과 상담계원이라서 문제성 있는 학생들에게 관심을 쏟았다. 그들은 특활부 문학반으로 신청하여 한가득 채웠으며, 그들에게 심적 나눔의 글쓰기를 통해 칭찬 속에서 밝은 모습을 찾아가도록 이끌었다. 학생주임인 나의 입장에서는 감사하는 마음으로 그의 공간을 따듯하게 채워드렸다.

가을 단풍 직원야유회 날이었다. 스쿨버스를 타고 단풍의 고장 충북 청풍강 근처 박달재고개로 향했다. 말없이 몇 개월이 지난 후 야유회에서 가슴속의 본색이 드러났을까! 이사장과 간부 교사들과 술잔이 몇 차례 오고 갔을 때였다. 야유회 현장에서 격의 없는 대화가 무르익게 되자 취중에 박 교사가 설립자인 교장을 혹평하는 일이 일어났다.

곁에서 묵묵히 듣고만 있던 박동규 교감은 두 눈알을 부라리며 혀를 찼다. "그놈의 원수 같은 술, 또 시작여!" 취중에 자유인의 체질로 평소 울분이 청풍 강가에서 자연 발화된 모양이다. 그날 사건 이후 이사장 밑에서 근무하기가 무리였던지 그는 자주 알콜에 찌들어 초췌한 모습으로 1년을 마감하더니 사직서를 제출하였다.

퇴근길 학교 근처 '영화춘'에서 '학생과' 송별회가 있었다. 모두들 어색하여 고갤 숙여 시선을 피하였다. 그는 소주 몇 잔을 비우면서 이별의 한마디를 하였다. "임 과장, 나 같은 늙은 교사도 이 학교에서는 꼭 필요한데 말여!"라며 말끝을 흐렸다. 허공을 주시하면서 서로가 입 다물고 순종하는 사학 근무자의 흐름을 너무 잘 알기에 그는 눈물지으며 천정만 주시하였다. 그간 유능하고 쓸 만한 교사들이 입바른 소리로 교직을 떠난 얼굴을 떠올렸다. 그래서 그 시절에는 사학을 개인회사에 비유했던가!

세월은 그렇게 또 흘렀다. 모 미술 전시장 오프닝에서 박 시인을 만났다. 그는 '임 화백'하며 달려와 포옹을 해댔다. 그는 강경상고 학생 시절에 미술부장 출신이라며 술 좋아하는 젊은 화가들과 잘 어울렸다.

그러던 어느 날 교통사고를 당하여 고생 중에 1980년 55세에 별세하였다는 소식을 들었다.

예술가는 사후에 평가받는다더니 보문산 청년광장에 그의 시비가 세워졌다. 임선빈 시인의 축원 글과 조각가 최종태 교수가 디자인한 시비가 서 있다. 한국 문단에 박목월 시인과 동격으로 활동하다가 떠나간 그는 이 지역 으뜸 시인으로 추앙받는다. 나는 가을이 되면 청년광장을 가을 소풍지로 선택하였다. 그곳에서 학생들에게 그에 대한 예술성과 본교 국어 교사였음을 알려주었다.

 2008년 필자가 퇴임 후, 충남대 사회교육 문예 창작 지도 시간에 박용래 시인을 최원규 교수께서 언급하였다. 'B 학교에 내가 천거했는데 술 때문에 그만두셨지' 하면서 가슴 아파했다. 그와 근무 시절에는 그가 이 고장 대표적 시인이 될 줄은 미처 몰랐다.

 *1990년에는 그를 생각하며 유화 작품을 남겼다. '눈물의 시인 P'이다. 2015년 대전 문예진흥원에 작품을 기증하였다. 대전문학관 관장실에 가보면 나의 그림이 걸려있다. 그림은 자리를 잘 찾아가 걸려있어야 빛을 발할 수 있다.

<박용래 시인>

유등교 생기고 신작로가 뚫리니
몽돌 자갈 튀기던 도마동 길은
구도로요, 시장 골목이 되었다

퇴근길,
선술집 원탁에 P 시인*과 마주앉아
두 잔이 하나가 되어 찰랑거렸다

벌겋게 불거진 눈자위 위로
그의 충혈된 안구가 온수에 동동동

주르륵~
눈물과 콧물이 만나니 입술 갓길이 질퍽하다

"임 화백, 이 학교는 내가 꼬옥 필요한데 말야!"
웃다가 울다가 둘은 고개를 마주 댔다.
떠나가던 겨울밤은 그렇게 저물어 갔다.

그는 1980년 교통사고 후유증으로
한 서린 눈물 잔을 그리며 눈을 감았다
보문산 사정공원, 문우들이 세운 시비(詩碑)를 올려다보며
거친 붓질로 그를 캔버스에 채웠다.
'눈물의 시인 P'는 그렇게 태어났다
                    1973. 그를 떠나보내 드리며

〈눈물의 시인 P, 작품을 보내며〉

2015년 가을,
 실내악이 흐르는 '노은 아트 갤러리'에서
 눈물의 시인 P*는 세상 구경에 나섰다
 세상에 나온 지 스물두 해 만이다

 김용재 시인의 중재로 좋은 집으로 선뜻 보냈다
 모셔갈 강태근 대전문학관장의 두 손을 꼭 잡다

이젠 영원히 놓아주어야 한다
 실려 가는 나의 분신에게 염원하노니
 혹여, 곱지 않더라도 의연하라
 그의 애잔한 눈물,
 작품인 너로 하여 가볍게 해드려라

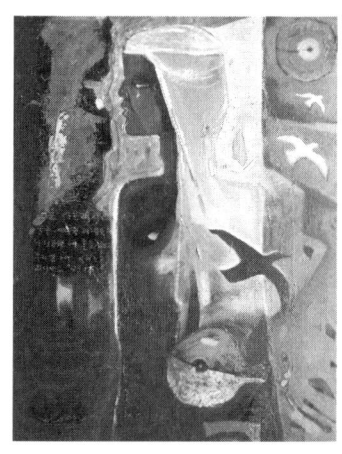

눈물의 시인 P   五湖

부디 사랑받으며 그곳을 실하게 하거라
가거라! 문학의 성지로.

(2015. 10. 21.)

*P시인 : 故 박용래 시인을 칭함.
*눈물의 시인 P : 1993년 임양수 작. 53.0x65.1 oil on canvas 대전 문학관 소장

<아름다운 서예 선물>

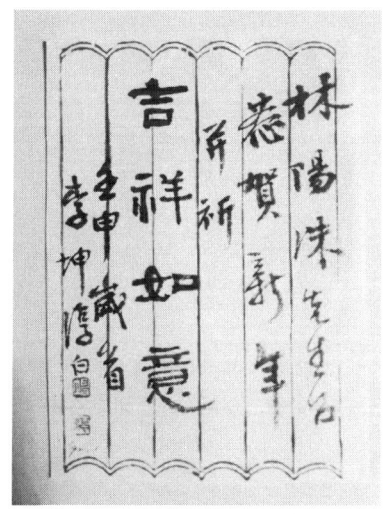 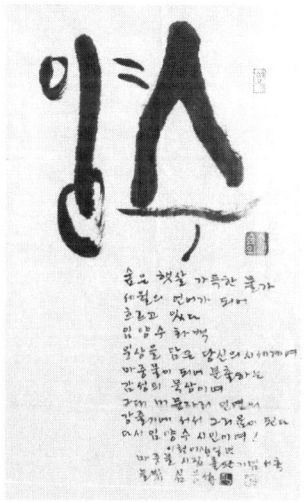

이곤순의 서예 　　　　　심응섭의 조형서예

삶의 흔적

임양수 회고록

8부
기쁨의 장章

나의 지인들로부터 보내온 축하 글의 주인공은 '필자'다.
달콤함 속에 쓰디쓴 가르침도 있다.
달콤함은 희망을, 쓰디쓴 것은 탕약이 되어
오늘의 나를 일구게 하였으니
소중한 그들의 글을 가·나·다 순으로 정중하게 모신다.

강나루 권영선 김배히 김용재 남상숙 라보찬 류　환 리헌석
문희봉 민경철 박종권 박희철 배문숙 배순경 성기인 심응섭
안병석 안복수 오완영 윤제철 이영옥 이창명 임봉재 임웅수
조성남 최송석 최원규 한금산 홍순갑 홍인숙 황선형 황효순

▶ 글, 강나루

　五湖의 정신세계의 인연, 그와의 좋은 연으로 망망대해에서 범선을 만난 듯 오호五湖와 만났다. 모든 예술가는 창작 작품을 이루어 내기 전에 먼저 인간이 되어야 한다고 말한다. 임 화백과의 만남은 강산이 여러 번 바뀐 세월이다. 그도 연륜이 쌓여감에 가슴을 비우고자 노력한다. 자연을 관조觀照하며 평안한 감정으로 내면의 세계를 불심으로 다스려 왔다. 반야심경의 진리를 심취하여 화면 가득히 그 정신세계가 녹아 흐르는 환상적인 감동을 준다. 그의 작품 앞에 서면 숙연함의 자세로 나를 이끌고 있음을 느낀다.(2003.8)

　*강나루(姜顯瑞 1933-2023) 선생은 수필가이며 화가다. 나와 같은 화문인이기에 나이를 초월하여 가깝게 지냈었다. 2000년 나의 회갑 기념으로 산문집 초본을 드리며 감수를 요청한 적이 있었다. 그는 달포 이상 읽어가며 여러 군데 붉은 글씨로 '수정 요망'으로 감수해 주셨다. 허나, 스스로 부족함을 많이 느껴 책자 발간을 잠정 연기하였다. 2007년 생각 밖으로 제1 시집을 발간하게 되자, 그는 실망하여 나와 거리를 두었다. 그래도 다정했던 지난 세월을 못 잊어 그에게 예의를 지켰다. 그런 그가 2023년 구순으로 별세했다는 소식을 듣고 허무했다. 팔순맞이 회고록 겸 수필집을 보여주려 해도 그는 안 계신다. 오뚝한 그의 영전에 바치는 마음 가득하다.

▶ 글, 권영선

〈열정으로 사랑 그리는 미술 선생님〉

　2007년, 9학급에 300명의 학생 속에서 얼크레 설크레 순수한 웃음꽃이 피어나게 하시지요.

　선생님은 1972년부터 본교에 푸른 꿈을 안고 지내오신 교사의 상징이지요. 사랑과 열정으로 교단을 밝히시며 때로는 빨간 티에 푸른 청바지를 입고 이젤 앞에서 작품 하시는 모습은 '미술 공부하는 목적' 만큼이나 하나둘 아름답게 인생을 그려내고 있지요.

　아이들이 일구어내는 대외 사생대회 실적만치나 선생님의 열정이 눈앞에 보여요. 별님 축제 시 미술반 출신 동문인 '북우전'을 볼 때마다 어느

새 제자들의 희끗희끗한 머리털처럼 스승의 뒤를 잇는 모습이 아름답습니다. 7년째 지도해 주는 여성부 평생학습 교실의 '미리내 수채화반 전시회' 또한 박수받을 만하지요. 이 모두가 끝없는 제자 사랑과 열정으로 시들지 않는 결실로 여겨집니다. 퇴임을 앞둔 선배님의 건강과 행운이 있으시길 기원합니다.

　*시인 권영선 선생은 현 제일고 국어 교사로 아이들 속에 파묻힌 동심의 교사이다. 그와 나는 누가 알까 모르게 가을 '별님 축제' 행사의 꽃이었다. 빛과 그림자처럼 '미술전'과 '시화전'을 공동 개최하여 제자들의 작품을 황홀 지경으로 꾸며온 전시 행사 동지였다. 그는 나서기를 주저하는 심지心智 깊은 교육 동지였다.

▶ 글, 김배희

〈임양수 개인전 서문〉에 붙여 대전이 고향인 임양수 작가는 서울에서 박영선 장리석 최영림 박창돈 박항섭 등 스승을 만나 공부하던 시절과 군 복무기간을 빼고는 줄곧 대전에서 꿈을 키우고 후배들을 기르며 향토애로 화업을 닦아왔다. 한밭과 서라벌예대에 뿌리를 둔 그의 작품은 그간에 여러 그룹전을 통하여 눈여겨보아 왔다. 그의 소탈하고 다정다감한 성품처럼 작품세계 또한 인간 내면의 감정 표출이 진하고 꾸밈과 가식이 없다. 흔히 그림 그리는 사람 중에는 재주와 기교만 믿고 안일安逸함에 빠져 '매너리즘(mannerism)'에 젖고 마는 경우를 본다. 작가 임양수는 남을 의식하지 않고 뭇 대상을 포용하며 붓 가는 대로 그 자신만의 그림 세계를 열어가고 있다. 진심과 지성으로 생활 주변의 온갖 사물들을 대하며 애착 가는 대상에서 얻은 탐미적 요소들을 자신의 심안을 통해 구상 또는 비구상을 넘나들며 애써 표현 양식에 한계를 고집하지 않는다. 이는 작가적인 고독이랄 수도 있고 무한한 표현의 양심이기도 하다. 그는 20여 년 한밭의 교단에 서서 '향토미술의 저변 확대와 문화 수준 향상은 어린 시절부터 생활화시킨다'는 일념으로 지내왔다. 그의 철저한 '미술 감상' 지도는 이제 그 열매를 거두기 시작했으며 우리 미술인들은 늘 그 노고에 감사하고 있다. 두 번째 갖는 이번 개인전이 보다 확고한 자기 모색과 내면성 있는 세계로 진전의 계기가 되리라 믿는다.(1985.6)

　*김배희(金培熙 1939~) 화백은 필자와 대학 선후배로, 한 스승으로부

터 동문수학하였다. 나에게는 대전 미술계의 선배이며 무언의 경종을 눈빛으로 전해주는 작가이다. 그는 자연에서 얻은 순간의 감성을 호방한 필치로 캔버스에 담아내는 화가이다. 평소 화평을 쓰지 않는 작가인데, 1985년 부탁하는 바람에 나의 개인전 도록에 귀한 화평畵評을 남겨주었다.

2024년 무원재無遠齋라는 현판을 집에다 걸었다. 품격 있는 예인으로 숙고하는 삶을 지켜나가고자 함이리라. 시인이 서사와 심상을 함축과 은유로써 표현하듯 화가는 과감한 묘선과 색감으로 떨림의 환희를 표함이라고 생각하게 한다.

▶ 글, 김용재

曉天 五湖 형제 시인을 사랑합니다. 화가 시인과 시인 화가 사이에서 조강지처와 생각 지우기 작업은 그리 쉽지 않은 경계를 이루고 있군요. 내연녀를 규방의 반려로 시첩詩妾은 맵시를 가꿀 것입니다. 훌륭한 시가 이미 탄생하고 있다는 증거로 보입니다. 축하합니다. 임웅수, 임양수 형제 시인의 동행이 부럽습니다. 많이 배우겠습니다.(2023.10)

*故 김용재(蒼云 1944-2024) 시인은 대전대학교 교수로 정년퇴임하였다. 대전 문인협회 2대 회장을 역임하였다. 그를 처음 알게 된 것은, 나의 고교 3년 개인전(1963)에 그가 남긴 방명록의 축하 글씨로부터다. 충남대 2년 학생으로 '축 발전 김용재'라는 글씨 몇 자였지만, 뒤에 알고 보니 3·8 학생의거에 함께 참가한 효천 형과 대전고 같은 반이었다. 나의 첫 시집 2007 『굿모닝 좋은 아침』이 상재됨에 따라 그가 추진하던 '대전의 명시 선집'에 나의 시 한 편이 게재되었다. 대전 문단에 최초로 실리게 되었으니 그의 부추김이 컸다. 그 후 자연스럽게 문학시대 회원으로 창작시를 출품해 오고 있다. 안타깝게도 그는 2024.4.29 신병으로 소천하였으니, 그가 남긴 업적이 방대함을 예견하였는지 평소 이어받을 충실한 재목들의 움직임이 참으로 다행스럽다.

▶ 글, 남상숙

진솔하고 고백 같은 시, 임 시인의 시는 충청도인의 눙치는 유머와 충청도 특유의 입말이 재미있습니다. 시를 보는 갈래가 여러 방향이겠지만, 저는 이런 유머와 재치, 솔직한 시가 좋았습니다. 지난 봄에 선생님께서 보내주신 시집 『마중물』을 차일피일 미루다가 인사도 못 드렸습니다. 오늘은 작심하고 시집 한 권을 읽으니 시인의 일상과 사상이 고스란히 드러나는 것을 느꼈습니다. 어쩌다 뵈면 싱거운 농담도 잘하셔서 편안하였는데 시도 역시 부담 없이 잘 읽히네요. 표제작이기도 한 「마중물」은 솔직하고 소탈한 시인의 성품이 그대로 드러나서 유쾌했습니다. 혼자 소리 내어 웃었지요. 시 일기詩日記'라는 말도 신선하고 '일일일시'를 실천한 시인의 노력도 가상하였지요.
　손자와 노시는 모습도 정겹고 부모님의 마지막 가시는 모습을 표현한 것도 가슴 뭉클하게 하였습니다. 시는 결국 시인의 생각이고 생활이겠지요. 매사 너그럽고 긍정적인 사고에서 우러나온 시이기에 독자에게도 따뜻하고 정감 있게 다가오는 것이고요. '장학지도의 날'은 전에 읽었어도 예의 있으며 자식에게도, 남에게도 당당하던 어머니의 모습이 환히 그려졌습니다. 흑석강 연가'는 젊은 날의 추억이 안타깝고 애틋했고요. 데모에 참여했던 형제간의 비밀 이야기 '쉿!'은 젊은 날의 풋사랑 이야기만큼이나 흥미 있었습니다. 시인을 잘 아시는 시인 윤제철 평론가의 평설도 쉽게 쓰셔서 시를 이해하는 데 도움을 주었습니다. 환절기에 두루 평안하시기를 빕니다.(2021.8.)
　*남상숙 수필가는 소녀 시절에 미술 지망생이었다고 했다. 여중 시절, 시골에서 미술반 활동으로 대전에 출전하여 매번 상을 탔다 했다. 그런 연유일까! 그의 수필 속에는 화가와 그림 이야기들이 쏠쏠하다. 그의 수필을 읽고 나면 '버릴 것 없이 잘 썼다고 고개를 끄덕인다. 그런 글이 나오기까지 퇴고 과정을 나는 안다. 그와의 문인 관계가 자랑스러워 나의 회고록에 싣는다.

▶ 글, 라보찬
　- 나목裸木 위에 뜨는 별
　林, 숲의 풍요를 그리던 여린 가슴이 주홍으로 물들어 서러운 지금, 고운 마음을 감추고라도 외롭다고 하거든 말라 하시더이다.
　陽, 볕을 기다리던 눈 덮인 裸木마냥 봄을 기다리며 보낸 세월에 삐죽이 내린 흰머리가 서러운데 당신의 더운 입술로 내 언 가슴을 열어 우리 여기 더불어 살자 하시더이다.

洙, 물가에로 손짓하는 환영을 따라 북쪽의 별을 보고 찾아왔건만 안개 낀 인생길이 보이지 않아 당황해 어쩔 줄 몰라 할 때 두 손 꼭 잡으며 함께 가자 하시더이다.(1992.11)

　*라보찬(羅寶燦)선생은 선화초등 동문이며 대전 제일고 교감으로 퇴임하였다. 그와 같은 학교에서 근무했으며 성품 또한 풍요로웠다. 어느 날, 선배님, 선배님 하면서 마음을 담은 '시와 삽화'로 내 이름 석 자를 시화詩畫하여 내게 선사하였다. 그는 교직 퇴임 후 수채화 작가로 활동하고 있다.

▶ 글, 류환

　일상에서 만나는 감각적인 사물들의 번뜩임, 미술과 문학을 넘나드는 진면모가 돋보이는 화문인 오호, '시는 그림으로 쓴다' 라는 말이 있다. 화가이면서 시인으로 활동하고 있는 임양수 시인의 시집에서 그의 넉넉한 시력과 화력을 들여다볼 수 있는 작품집이 신선하게 다가오고 있다. 그는 우리 지역에서 그림으로 먼저 잘 알려진 원로 화가이지만 시인으로서도 시적 구조를 이끄는 필력으로 활발한 활동을 통해 올곧은 정체성을 드러내고 있어 작품세계에서 주목과 찬사를 동시에 받는 작가다.

　지난 2008년 계간 《시 세계》를 통해 문단에 데뷔한 이래 미술과 문학의 경계를 넘나들면서 독창적이고 개성 있는 색채가 묻은 자신의 예술적 감성과 조형적 어법으로 개인 전시회와 더불어 꾸준히 시작詩作을 발표해 오고 있다. 임 시인은 평소에도 늘 인격과 품격을 잃지 않으려는 조용한 자세로 다양한 작품들을 발표해 가고 있듯 예술 창작의 결과물들은 결국 작가의 품성으로 나타나기 마련이어서 성격대로 간결하면서도 여운이 있다. 그의 시집 『마중물』과 『시첩』에서 그의 시선에 모여지던 사물의 응시는 아픔을 딛는 자아 성찰로 이어지고 투시된 화자들을 캔버스나 원고에 깨끗하고 진솔하게 길어 올리고 있는 메시지들은 자신의 내면을 들여다보는 시어들이 대다수다. 1부~5부로 묶어진 100여 편의 시편들은 자신의 서양화 작품으로 구분을 짓고 있으며 일상에서 혹은 삶 속에 투영되는 이미지를 가슴에 담았다가 이를 승화시킨 작품들을 배열하고 있는 점도 완성도를 높여준다. 시의 내용은 연과 행의 결합이 하나의 주제로 모여지는 법이니 감미로움으로 짜릿한 전율을 느끼게 한다.(2021.3.29)

*류환 (柳奐1962-2023) 작가는 전문기자로 현대 예술 평론가요 화문인이다. 생시에 그가 나에 대한 글을 남겼기에 감사하게 수록한다. 그는 현대미술의 퍼포먼스 작가로 각종 행사 시 색소폰 연주가로 대전 예술에 친숙한 예능인이다. 개성미가 넘치는 건강한 외모의 소유자가 코로나 19 기간에 소식도 없이 운명하였다. 무용가인 아내는 코로나 기간에 주변에 부담을 느껴 소문 없이 떠나기를 원했으며, 평소 존경하던 리헌석 시인과 시 낭송가 정진석의 도움에 감사드린다고 했다. 삼가 고인의 명복을 빕니다.

▶ 글, 리헌석

오호(五湖) 임양수선생은 '화가'와 '문인'의 복합어 화문인(畵文人)이기를 자긍(自矜)하는 분입니다. 고대 그리스의 시머니테스가 밝힌, 〈회화는 말 없는 시요, 시는 말하는 그림이다〉를 서문의 첫머리에 인용하면서 예술가의 지향을 밝히고 있습니다. 이는 중국의 왕유가 말한 〈그림 속에 시가 있고, 시 속에 그림이 있다〉와 같은 경지입니다.

임양수 선생의 내면은 태양을 향하여 비상하려는 이카로스의 자유의 혼과 닿아있습니다. 그의 눈에 잡힌 것이 그림의 중심이고, 이젤을 놓은 곳이 그림의 고향입니다. 마주치는 세사(世事)가 시의 원천이고, 지성과 감성이 시를 시답게 할 터이매, 그림과 시가 통섭의 과정을 거쳐 그만의 미를 생성합니다.

오호(五湖) 선생은 산수(傘壽,80세)를 맞아 살아온 세월을 더듬어 자서전적 수필집을 발간합니다. 자연과 사람을 통하여 세상을 보는 눈이 '따뜻합니다.' '아름답습니다.' 그야말로 '오롯합니다.' 그러하매 손 모아 축하드립니다.

*리헌석(李憲錫1951-)시인은 문학평론을 겸하는 분이다. 충남 공주시 태생으로, 공주교대, 한남대학교 대학원을 졸업하였으며 초, 중등교사를 거쳐 한남대학교 문화대학 겸임교수를 역임하였다. 현재는 계간〈문학사랑〉오늘의 문학사 대표이며 사단법인 문학사랑 협의회 이사장으로 시집

12권 수필집 3권, 평론집 12권을 상재하였다.

어느 봄, 나이현 시인과 시 낭송인 남상미 님과 함께《문학사랑》에 초대 받은 적이 있었다. 오찬 속에서 농익은 대화를 나누다 보니 보이지 않았던 소탈한 인간미를 느낄 수 있었다. 그와 나와의 공통점은 부모님에 대한 짙은 〈그리움〉이었다.

리헌석 시인을 놓고 故, 백화白樺 시인과 대화 중에 '이 시대가 요구하는 소중한 인물'이라며 서로 공감한 적이 있었다. 대다수가 자기 앞가림하느라 동분서주하는데, 그는 대전 문화계를 풍요롭게 이끄는 부지런하고 잔잔한 등불로 느껴진다.

요즘 시대에 팔순 언저리에서 인생을 회고하기는 약간 이른 느낌은 주지만 나의 회고록을 겸한 수필집 상재는, 힘이 존재할 때 실천함이 글 표현 또한 싱그럽다고 생각해왔다. 수필집은 내 생애의 자서전이고 솎아낸 결실이니 동시에 필자의 소중한 발자취이다.

리헌석 시인께서 내 '삶의 흔적'에 대하여 깊고 긴 여운의 시적 논평을 안겨주어 감사드린다.

▶ 글, 문희봉

1. 매미가 허물을 벗듯 '오색 물소리' 속에서 현실성 있는 진한 이미지가 시선을 끕니다. 대상을 집요하게 관찰하는 시각, 그에 따른 해석력이 돋보여 제 마음이 흐뭇합니다. 진한 형제애가 보통 가정에 진한 감동으로 선물로 보내집니다.

희미한 촛불 아래/ 적막을 깨는 / 천연 물방울의 낙하 연주회//
오색 물소리에 취한 형제는/ 밤새/ 시를 짓고 그림을 그렸다.

오색 물소리에서 일부 치밀한 표현, 선명한 이미지, 능숙하게 서사적인 전개 속에 배치하는 형상화 능력과 작품을 구근적으로 맵시 있게 갈무리하는 솜씨가 타의 추종을 불허합니다. 일상에서 건져 올린 시상들은 상상력의 틀 속에 고정하여 독자의 시선을 사로잡는 것에 박수를 보냅니다. 한 편 한 편이 신선한 언표로 현실을 읽어내고 갈등과 고뇌를 시틀 안에 가두어놓는 시상 전개, 섬세한 안정감이 인상적입니다.(2017.7)

2. 시와 그림으로 엮어 가는 예인으로 문도의 길을 걷고 계신 임 시인님이 부럽습니다. 어떤 일이든 시초가 중요합니다. 샘물을 퍼 올리기 위해

서는 반드시 '마중물'이 필요합니다. 그 마중물을 가벼이 여기는 사람에게는 좋은 열매가 열리지 않습니다. 임 시인님의 시는 하나같이 영롱한 빛을 띱니다.
　창작이란 시인에게는 자식과도 같은 존재입니다. 임 시인님은 시어를 물감처럼, 음표처럼 사용하고 있습니다. 의미에 연연하지 않고 더 많은 작품을 즉흥적으로 감상하고 생각을 많이 하면 누구나 시를 쓸 수 있다고 가르쳐 주십니다.
　마중물을 읽으면 시들에서 '행복이란 무엇인가'라는 답을 찾게 해주십니다. 시는 사람을 불행하게 해주는 것이 아니라 행복하게 해주는 것이라는 것을 알게 합니다.
　산고를 이겨낸 출산의 기쁨과 행복이란 무엇인가를 임 시인님은 마중물을 통해 얘기해 주십니다. 많은 것을 배우게 됩니다. 일상사의 이면을 개성적인 시각으로 잘 그려내고 있습니다. 마중물로 하여 많은 것을 생각하고, 배우며 즐거운 나날 보냅니다. 임 시인님의 시는 모두가 죽순처럼 자라나는 그리움이 노을처럼 애잔한 강으로 흐르고 있습니다.
　자연과 벗하며 지내는 삶 속에서 유유자적하시는 낙천적인 삶을 들여다봅니다. 생활 속에서 소재들이 밝고 따뜻해서 좋습니다. 고달픈 현실을 다루었으면서도 어둡거나 부정적이지 않고 그지없이 아름답습니다. 한 작품 한 작품 시상을 잡아나가는 구성의 묘사가 빼어납니다. 늘 건강 잘 챙기시고 그림과 시에 몰두하소서. 감사합니다.(2021.3)
　*문희봉(夏情,文熙鳳) 문인은 1989년 수필로 등단한 지도력 있는 교육자며 대전문협 회장을 역임한 칼럼, 평론, 수필, 시를 겸비한 문학인으로 여러 문학상을 섭렵하였다. 그런 그에게서 장문의 호평을 받고 보니 내심 부끄럽다. 속 깊은 마음을 나누고 싶도록 작성한 그의 서평은 그만의 자산이려니 생각한다. 이구동성 추가의 장문으로 유명한 분이라고 평할 때 새삼 오! 하였다. 제1회 한금산문학상 운영위원과 심사위원을 함께 하였다.

▶ 글, 민경철
　선생님께, 저는 중학교를 졸업 후 남대전고교 1학년 반장이 되었어요. 지금 창밖엔 오랫동안의 가뭄을 씻어주는 봄비가 촉촉이 내리는군요. 산의 푸른 새싹과 나무들이 봄비에 촉촉이 젖어 푸르름이 한층 더합니다. 고등학교 모든 생활이 새롭고 즐겁기만 합니다. 저의 학교가 충남 제1의 학교라는 명예심을 가지고 학업에 열중하고 있습니다. 학생회 활동에도 전념합니다. 또한 1-8 급장을 맡고 있는데 모범생이라고 칭찬합니다. 이 모든 것이 중학 시절의 선생님께서 잘 이끌어주신 덕분입니다. 담임선생님께 꾸중을 들으면 선생님 말씀이 떠오릅니다. '쓸모 있는 사람이 돼라!' 하신 말씀이 지금까지도 귓전을 울립니다. 중학교 시절에 간부 활동을 익힌 경험들이 현재 간부 활동으로 좋은 학급을 만들 것입니다.(1986.5.13)

  *민경철 군은 (1985-1987) 중학교 학생회 간부를 지내면서 나와 연을 맺은 사이다. 고교에 진학하여 학급 간부로 뽑히고 나니 과거 중학교 시절이 새록새록 떠올라서 그에게는 큰 은덕으로 느껴졌나 보다. 그는 남대전고와 한남대를 거쳐 관공서에 취직하였다. 그의 모친은 나와 동기동창이었으나 가족의 지병인 당뇨로 회갑 앞두고 별세하였다. 친구 학교에 아들이 입학하였다고 퍽이나 좋아했다. 학부모로서 전시회 안내자로 봉사했던 3년여~고마웠다.

▶ 글, 박종권

  시집 속에는 자네가 있었다네. 한 편의 '자화상' 일세. 또한 부모님을 비롯한 그대의 가족이 있었다네. 아울러 자네가 성장한 어린 시절 사춘기, 면학 시절, 교직 시절 등등 읽는 동안 오랜만에 만난 나에게 그동안 살아온 인생 이야기를 조곤조곤 들려주는 느낌이었다네. 초등 때는 건강미가 넘치는 친구로 기억하는데 병환으로 큰 고생을 겪었다니 뒤늦게나마 위로의 말 전하네.

  혹시 역작을 낳기 위해 너무 애를 쓴 결과는 아닌지? 시집 이름을 시첩 詩妾 이라고 지은 이유를 알겠네. 자연스럽고 맛깔 나는 시어들 속에서~ 친구의 겸손하고 다정한 감정들이 뭔가 가득 찬 듯한 인품과 철학이 느껴지더군. 아하~ 시가 이런 것이구나! 하는 감동을 주었다네. 고마우이~ 유성에 산다니 언제 그쪽에서 만나 회포 한번 풀어봄세. (2023.11)

  *박종권(1945-), 그는 KBS 아나운서 출신으로 대전선화초등학교 12회 동기로 4학년 유홍근 담임 때 같은 반이었다. 국어 시간이 되면 서로

먼저 읽겠다고 '저요, 저요.' 했던 기억이 난다. 내가 먼저 손을 들어서 책을 읽게 되면 그는 울적한 모습을 보였다. 성인이 되었을 때 나는 중등 미술 교사, 그는 KBS 대전방송국 간판 아나운서가 되어 있었다. 라디오방송 혹은 그가 TV 화면에서 나타나면 기뻤다. 2000년 김배히 화백 인터뷰에서 만난 이종택 전 아나운서를 통해 서울 거주 박종권의 핸드폰 번호를 알았다. 초등 시절의 소풍 사진을 폰으로 전송한 것이 연이 되어 현재까지 소통하고 산다. 눈을 뜨면 시시각각으로 변하는 아름다운 자연 사진을 전송해 준다. 그간 그와 못다 한 추억의 오솔길을 함께 걷는다.

▶ 글, 박희철

　인연의 끈을 오랜 이별 뒤에 잠깐의 만남에 대한 의미를 생각해 보았네. 만나고 헤어지는 인연因緣의 끈이 약하긴 해도 아직 고리에 걸려 있음이 아니던가! 역시 순수했던 시절에 만들어진 근이라서 약하긴 해도 걸려 있을 수 있다네. 벗이여, 나는 오랫동안 정신적인 방황을 했다네. 이상과 현실에서 오는 그 큰 Gap을 안고 말일세. 그러나 하늘의 도움으로 불혹의 나이가 되어 나의 길을 찾았네. 이제 그 내면의 진로를 따라서 오직 그 한 길만 달려오기를 십수 년! 그러나 아직도 얼마를 더 가야만 하는지조차도 모르는 길이지만, 이젠 환희 지심이 일고 매일같이 감사기도를 올리네. 자넨 나보다도 더 행복하리라 믿네. 어린 나이에 자신의 길을 찾아서 이젠 대가가 되어서 왕성한 작품활동으로 자신을 피안의 세계로 인도하고 있으니 말일세. 서대문 미술관에 가서 친구의 작품을 보고자 하네. 같이 열심히 하세나. 나는 친구에게 거는 기대가 크네. 최광현 은사님 모처럼 화랑에서 함께 상봉케 해주어 고마웠었네. 시 한 수 썼네. (1998.6.)
　새가 새 장문을 나서니 시방세계가 온통 눈꽃이네
　애초에 방향이 없었는데 시방은 무슨 놈의 시방이뇨.
　*박희철(金山 朴熙喆 1046- ?)은 초등동기생이다. 평소 시와 철학적인 기풍이 서린 벗이었는데, 중년이 되면서 '인생철학자'로 걸어갈 길을 정하였다. 그의 수도원에는 원생들로 그득하다고 소문이 자자하였다. 서울의 친구들도 그의 주변에 모여들었고 그의 일을 돕기도 하였다. 우람한 체구에 큼직한 두상, 압도하는 음성, 그곳에 등단한 시인이었다. 수도원

에 적합한 그림으로 그에게 선뜻 작품 하나 선사하였다. 광활한 심심산천을 휘감고 나는 새 한 마리 그림이다. 그는 편할 만하니까 모든 업을 품고 새처럼 일찍이 소천하였다.

▶ 글, 배문숙

〈그림의 세계〉 임양수 화가는 우리들의 혼탁한 삶 속에서 내재되어 있는 맑은 빛과 삶의 소리를 환상적 조화로 화폭에 건강하게 접목시키는 작품세계를, 일생을 통하여 보여주고 있다. 그는 소탈하고 다정다감한 작품처럼 작품세계 또한 인간적인 면의 감성 표출이 진한 작가이다. 임 화가는 남을 의식하지 않고 뭇 대상을 포용하며 붓 가는 대로 그 자신만의 세계를 열어가고 있다. 정심貞心과 지성을 통해 구상 또는 비구상의 영역을 넘나들며 애써 표현 양식에 구애를 고집하지 않는다. 이는 작가적인 고충일 수도 있고 무한한 표현의 양심이기도 한 것이다.

대학 시절 최영림, 장리석, 박창돈 교수의 그림지도를 받았다. 고교, 대학 시절엔 김찬삼 무전 여행가의 기행문 영향으로 전국 일주를 통해 세상에 대한 농후한 사상과 여러 지역의 풍물과 인물을 대하며 인간성을 넓혀 갔다. 또한 베트남 참전을 통해 국립현충원에 잠든 전우를 대하며 생과 사에 참삶의 길을 가슴속에 새겼다. 그는 미술 교사로서 정년퇴임을 앞두고 있다. 그가 끊임없이 교육가로, 화가로 교직에 몸담아 오늘에 이른 것은 교직에 대한 적성 탓이라며 일설하고 있어 억지를 떠나 참교육자를 모처럼 만난 기분이 들었다. 또한 못다 한 50대에 학사 석사를 취득한 열정 속에서 그의 주도면밀함을 느낄 수 있었다. 임 화가는 지역미술계의 숙원 과제인 대전 미술사의 기초과정을 닦아놓은 공을 들 수가 있다. '1995 미술의 해'에 대전 미술의 50주년을 재조명하는 계기가 되었다. 더불어 책 발간 작업을 통하여 역사 추적과 1세대 작가들과 교분을 쌓았으며 밀알 정신을 가슴에 담게 되었다. '1995 대전 미술의 어제와 오늘'은 화문집을 통한 대전 미술의 역사 추적으로 대전시립미술관의 젊은 학예사들에게는 더없는 연구 지침서로 활용되고 있음이다. 순수작품은 똑같은 두 개가 존재하지 않는다.

임 화가는 1985년 이전에 해오던 구상 계열에서 반 구상계열 작품세계를 추구하고 있다. 빛과 소리를 소재로 삶의 뒤안길의 면모를 추구하고 있다. 평소 그가 집착하고 공감하던 소유물들을 화면에 배열시켜 공간과 조화미를 환상적 채색을 입혀 되살려내는 작업에 몰입하고 있다.

그는 드리핑 꼬라쥬 스크래치 우연의 효과를 통해 현대적인 감각을 추구하는 작가임을 고집한다. 삭제와 남김은 미술표현에 있어 여백의 미의 근본이다. 작가는 늘 뇌리에 떠오르는 세계를 표현하는 과업이다.

정년을 앞두고 제자들 가슴속에 심심치 않았던 교사로 기억되도록 노력한다고 했다. 또한 미술대학에 진학한 150여 명의 미술인들이 즐겁게 살아주길 바란다며 제자들의 미술 동호인 북우전(北友展)이 활성화되어 대전 미술 발전에 이바지가 되기를 소원하였다.(2007)

*배문숙 시인은 중도일보 중견문화부 기자이다. 질 좋은 예술인이 되려면 시설 좋은 곳에서 공연하고 수준 있는 평론가의 좋은 평을 의식해야 성공할 수 있다 했다. 어느 날 대학 선배인 음악가 노덕일 중구 문화원장께서 배 기자님과 인터뷰를 연결해 주셨다. 배 기자는 본 대로 느낀 대로 현재의 내가 존재하기까지의 과정을 감사하게도 대전예총 '대전예술'지에 소개하였다.

▶ 글, 배순경

林君의 글을 받고 반가웠소. 그날 구름이 잔뜩 끼인 하늘 아래 대전 시내를 돌아다니다가 포스터에 이끌려 들어간 곳이 바로 林군의 개인전인 대전문화원 화랑이었소. 미술 전람회를 서울에서만 보다가 객지에서 보니 무척 반갑더군요. 林君의 그림에 대한 개개의 평은 그만두겠소. 오히려 林君에게 필요 없는 요소가 될지도 모르니 그러나 단 한 마디만, 林君의 그림에는 내면의 사상이 부족하여 감각밖에 눈에 보이지 않았소. 정물과 풍경은 林君의 섬세한 양상이 잘 나타나 있어 소품이나마 짜임새 있는 그림이었소. 그렇지만 추상화를 흉내 낸 몇 작품들은 예술 이전이었소. 인간의 내면을 대상으로 향했을 때 그 대상은 구체적인 모습 그대로 캔버스(canvas)에 옮겨지는 것이 아니고, 의식意識이 복잡해지면 질수록 추상화한다는 건 상식적인 얘기지만 그러나 林君은 아직 主體性이 확립되지 않아서인지 소화시키질 못하고 있었소. 林君의 그 섬세한 센스 Sense가 내면內面에서 다시 한번 걸러져서 승화되어 지기를 바라오. 책 많이 읽으시오. 자기 세계를 확보하시오. 내가 林君에게 할 수 있는 말이

란 이것뿐이오. 林君이 쭉쭉 뻗어나가기를 바라며. (1963 서울에서 순경 보냄)

  소영웅심의 발로라 할까! 1963년 소품 50여 점을 가지고 고3 졸업 기념으로 대전문화원 전시장에서 개인전을 개최하였다. '연세대 철학과 4년 배순경'이라는 여성이 방명록에 짧지만 긴 느낌의 축전을 남겼기에 학교로 감사 편지를 보냈다. 용하게도 그의 답글을 받았다. 그의 글을 읽으며 한동안 가슴 조이며 혼란스러웠다. 그 시절 명문대학의 철학도라는 점도 그러했지만 '나 자신과의 싸움'을 느꼈다. 안일함에 젖은 개인전을 내심 탓해보기도 했다. 그래도 그와 편지로 대화를 이어 나갔다. 1964년 서울의 미술대학에 진학하면서 방학 기간 무전 여행길에서 그의 고향 대구시 아양 천 둑에서 순경 누나를 만났다. 그런 그가 대학을 졸업하고 결혼하더니 소식이 끊겼다. 그로부터 얻은 비구상 세계의 다양성과 예술철학의 진수를 오랜 세월 잊지 않는다.

▶ 글, 성기인

  나의 미술인 제자와 오랜만에 절친 송백헌 교수를 통해 임양수 선생과 해후하게 되니 옛 생각이 많이도 떠오릅니다. 어려웠던 시절, 세월은 빨리도 흘러 이제는 같이 흑발이 하얗게 되어갑니다. 그래도 당신은 미술교사로 많은 후배 두었고 우뚝 서 있으니 성공한 사람으로 복 받은 사람입니다. 모쪼록, 고장 문화 발전에 힘이 되고 가정에 행복이 있기를 바랍니다.

  *성기인(成基仁 1933 -2022) 은사께서는 나의 중학 시절 미술 선생님이셨다. 선생님께서는 그림뿐만 아니라 글씨, 사진에도 조예가 특출하여 대전시 미술대전 사진 분야 '최고상'을 수상하여 초대작가를 지내셨다. 1960년 초, 짧은 미술 교사 생활에 미안하다 하시며 그 후 계속 어린 나에게 편지를 통해 희망의 정을 심어주셨다. 그 편지가 쌓여 책자를 두 권 만들어 한 권씩 나눈 적도 있었다. 충남방적 상무이사로 근무하시다가 홀연히 미국 생활에 접하셨다. 현대미술의 본고장인 뉴욕에서 서양 미술 및 현대미술의 두툼한 도록 책자를 틈틈이 보내주셨다. 2019년 5월 15일 스승의 날에 충대 명예교수 송백헌 교수께서 임양수의 스승과 상봉의 기회를 마련해 주셨다. 오랜 해후로 감격 어린 포옹을 나누었다. 1979년

'북우전' 창립 때 뵙고 사십여 년 만의 두 번째 만남이었다. 동석한 송백헌 교수님과는 고교 시절 같은 반 절친이셨다. 유성온천역 부근 식당에서 평양냉면을 사드린 것이 마지막 모습이었다. 다음 해 두 분은 사이좋게 별세하셨으니 사셨다면 구순이 되신다. 60년 세월, 서신과 문자로 모자람을 채워주신 온정은 오늘의 내가 서 있음이다.

▶ 글, 심응섭

숲, 빛, 물소리~ 숲은 햇살 가득한 물가, 세월의 언어가 되어 흐르고 있다. 임양수 화백, 일상을 담은 당신의 시 세계여! 마중물이 되어 분출하는 감성의 묵상이여, 그대 머무른 자리 인연의 물줄기에 서서 그리움이 된다. 다시, 임양수 시인이여! (2021.10)

*심응섭(늘빛 沈應燮) 작가는, 서산 출신으로 한글을 조형 서예로 씨를 뿌린 서예가이다. 서예가이며, 시인, 칼럼 작가, 대학교수로 인터넷에 이름 석 자를 올리면 그의 조형 서예가 화면을 가득 반긴다. 70~80년대 대전·충남 통합예술 활동 시 그와 함께 다정하게 공존했었다. 그의 작품 속에는 순수하고 넉넉한 인품이 서려 있어 내게 관심을 주었다.

▶ 글, 인병석

교단을 향한 넋두리 교단의 왕자여! 추상적인 대화 통하기를 원하네. 진짜 코가 매웁네. 열차가 떠난 텅 빈 대합실 같은 마음이네. 졸업시험은 벌써 끝났는데 나라고 뾰족한 일 없이 놀고먹을 순 없으니, 자네의 뒤를 따를 셈이네. 생각 같으면 서울을 고수하고 싶다만, 이곳은 교직자가 만원일세. 암튼 나도 발붙이며 곧, '교단의 왕자'다. Hi Hi 헌데, 오란 곳이 없으니 맨주먹에 이력서 한 통이 몹시나 서럽네.

햇밤과 땅콩 '구두가 푹푹 빠지는 낙엽 길, 막걸리~ 가슴 축축한 가을의 서정을 그대와 함께 하고픈대.' 이번 國展은 처참했다네. 그놈의 '대학문화축전' 때문에 금지된 출품작 xx 100호는 기대마저 걸지 못했다네. 벌써 닷새째 지독한 술꾼이 되고 말았는데~ '어머니 때린 술꾼'과 '미친년의 일기장' Dear 양수, 아르베리또 부리(1915-) 그의 너절한 화폭을 달아버린 심연心緣처럼 검은 상처 구멍들 쓸어가듯 狂風이 울고 간다. 교직자의 생활이 몹시나 피로할 텐데(?) 지난 여름 교생실습 때 체험을 봐선 못 해 먹을 것 같은 생각이지만 졸업 후엔 별수 없을 것 같네. 쉽게 구해질는지? 요즘은 졸업논문과 작품 때문에 다시 분주하네. 머지않아 겨울 방학 땐 겨울 나그네가 될 셈인데 내일을 향해 잠을 자둬야겠네. 1에서 1000까지 세고 그래도 잠 안 오면 속으로 부르짖는다. 나는 즐겁다. 나는 행복하다. 나는 웃는다. 마음으로 가난은 떠난 거고 '나는 세계의 나그네' 나는 세계의 행운아! 끼덜 끼덜~ 양수 잘 자. (1970.12)

　*안병석(安炳錫 1946-) 화백은 대학 입학 동기생이다. 홍익대학교 대학원 졸업 후 중앙대학교 예술대학원 교수로 퇴임하였다. 그는 '바람결' 작가로 유명세를 날렸다. 바람에 흔들리는 밀밭, 보리밭의 정경은 사실과 구상이 적절히 구사된 시적인 푸른 하모니였다. 홀어머니 품에서 자란 그는 조금은 외톨 아진 성격이었으나. 주석에서 기분이 우쭐하면 이탈리아 성악가 '마리 오란쟈'의 '별은 빛나건만'을 독창하면 또 다른 느낌을 안겨주었으며 서강의 붉은 아성이 되었다. 그는 머리털도 날아가고 눈도 짓물렀다. 서울 예술의전당 나의 개인전에 바람결 타고 단걸음에 달려와 점심 사주고 갔다. 모처럼 진하게 포옹도 하고.

▶ 글, 안복수

　개인전 축하! 축하! 오빠, 개인전을 연다니 무척 기쁩니다. 가까이 살면서도 공식적인 행사 때나 뵐 수 있으니 송구합니다. 이모 뵈온 지도 오래되었는데 건강이나 좋으신지 궁금하군요. 웅수 오빠며 옥수, 철수, 승수 동생도 그립고요. 바쁜 중에도 작품 활동을 계속하시는 오빠가 자랑스러워요. 틈을 내어 꼭 한번 또 보고 싶어요. 개막식에 꽃다발이라도 안겨 드려야 할 텐데~ 그리고 오빠 작품 한 점 집에 걸고 자랑하고 싶어요. 작품 서곡序曲은 제가 찍었어요. 제가 가져갈 거예요. 다른 사람 주지 마세요. 그럼, 오빠 오프닝 때 만나요. (2002.3.2)

　*안복수 시인은 시 낭송가이며 초등학교 교장 출신으로 필자와는 이종남매간이다. 둘째 이모의 장녀로 글 잘 쓰고 화통한 성품이다. 음성이 고와 대전 교육단체 행사 시 사회 진행을 도맡아 했다. CD까지 상재한 시 낭송 인이다. 오빠인 임양수 개인전에서 서양화 작품을 선뜻 매입하였다.(15호 유화) 능력이 있기에 화비를 받았다. 대전 교육계의 마당발인

그도 은둔하며 지낸다. 화문인 노금선으로 이어져 시 낭송계에 새로운 변화를 주었다.

▶ 글, 오완영

임 시백님, 화백의 일상 속에서 틈틈이 시를 써오신 그 예술을 향한 지성과 열정에 감탄할 뿐입니다. '동행' 중에서 우리 이제는 그림과 시 속에서 노 저으며 세월을 낚자. 깊은 우의를 깨닫게 합니다. 본래 시화는 '일치 사상'이 있습니다만 이렇듯 돛대와 삿대의 기능을 도시적으로 구가하는 시인, 화백은 귀하신 존재이십니다. 지근한 곳에서 만날 수 있어 행복하게 생각합니다. 돛대와 삿대에 의지하여 예혼의 바다를 줄기차게 항해해 주실 것을 기대하며, 문운이 더욱더 건승하기를 바랍니다.(2012.7)

*故 시인 오완영 선생께서는 교육계의 선배로 장학관 시절에 학교에 지도 나오면 번득이는 눈매와 미소 속에서 그의 유창한 언변이 교무실을 압도시켰다. 대전문협 축제장에서 송 박사에게 "형님! 그러면 안 되지요." 낭랑한 그의 음성이 어제 같다. 만나면 두툼한 두 손으로 잡아주며 '임 화백' 하더니 지병으로 별세하였다. 그의 글귀가 새삼 그를 떠올리게 한다.

▶ 글, 윤제철

〈1978년 형님과의 추억〉 중학교에 발령을 받아 2학년 담임으로 근무를 시작하게 되었을 때였다. 교무 분장에서 필자는 운동장 청소와 화단, 그중에 피마자를 아름답게 조성하는 일을 맡았다. 학교를 꾸미는 업무에서 임양수 교사와 같은 부서에 속했다. 그 만남을 나는 행운이라고 말하고 싶다. 누군가를 가르치는데 경험이 많지 않았던 탓일까? 학교에 적응하려고 애를 쓰던 신입 시절이 필자에게도 있었다. 때로는 학급 아이들 문제로, 때로는 교직원 간에 이해 문제로 자신 없어 할 때가 많았다. 그럴 때마다 임 교사는 필자의 마음을 알아차리고 조용한 곳으로 부르곤 했다. 위로와 격려를 아끼지 않을 때면 마음의 거리가 좁혀지는 것이 느껴졌다. 쉽게 풀리지 않는 문제는 근무가 끝난 후까지 이어졌다. 동년배 다른 교사들과 저녁 식사를 같이하는 자리를 통해 그동안의 경험을 주고받았다. 수업 연구와 생활 지도 및 근무 예절까지 부담 없는 대화를 나누곤 했다. 그러한 대화 중에 가장 유익했던 점은 문제 학생에 대한 여러 견해를 얻을 수 있다는 점이었다. 같은 반 수업에 들어가는 경우 서로 보는 관점에 따라 장단점을 파악할 수가 있다. 그런 다양한 의견을 통해서 지도 방법에 대한 해답도 얻을 수 있었다. 가끔은 경쟁의식이 발휘될 때도 있었다. 1학기 초반에 '교실 환경 정리' 같은 것이 대표적인 예이다. 학급 운영에 대해서도 남다른 비결이 있는지 살피는 것도 교사로서 역량을 넓힐 수 있는 자극이 된다.

특히 임 교사는 학급 경영계획을 들려주고 지난 학기 동안 진행했던 상담 기록들과 학생들과 찍은 사진이 수록된 자료철을 꺼내 보여주며 자상하게 알려주곤 했다. 임 교사와 관련된 에피소드가 또 한 가지 떠오른다. 그는 이따금씩 서울에서 국어 교사로 있는 효천 시인 친형에 대한 이야기를 드러내곤 했다.

몸은 비록 멀리 있었지만 서로에 대한 정성스런 마음은 잊지 않았었다. 그는 학급 문집을 만들어 해마다 우송해 주었다. 덕분에 마음만은 항상 같이할 수 있었다. 작품전을 열게 되면 꼭 초대하여 보여주려 애를 썼고, 필자 역시 그때마다 시간을 내어 찾아가곤 했다. 서울 생활에 익숙해지고 문단 활동도 자리를 잡아갈 무렵, 대전고교 동문이며 그의 형님인 임웅수 시인과도 인사를 나눴다. 따뜻한 배려에 힘을 얻게 되니 형제의 사랑을 받게 된 셈이었다. 작년 후반에는 회갑을 맞아 미술 제자들과 사제동행전 연다는 소식을 듣고 찾아가 뜨거운 포옹으로 축하를 대신했다. 마침 때를 같이하여 찾아온 시인 한금산 교사, 도예가 이종수 교수와 함께 예도에 대한 이야기를 들을 수 있었다. 술 한 잔을 나누며 미술과 문학의 세계가 진하게 어우러진 시간을 보냈다. 당신이 가지고 있는 것 하나까지 베풀고자 했던 양수 형님, 그의 정성 어린 노력이 있었기에 제자들과 후배들의 삶은 윤택하지 않았을까? 친분 있는 분들에게 정을 나누는 그가 보고 싶다. 그분의 한 부분이라도 본받아 사회생활에 유익하게 쓰일 수 있도록 하리라 다짐해 본다.(2006)

*윤제철 시인은 대전의 계룡산 신도안 자락 세동 출신이다. 대전에서 필자와 근무 중 영등포공고로 전출하여 정년퇴임하였다. 서울 교원문학회를 이끄는 등 탁월한 처세로 문학세계와 계간《시세계》주간으로 중앙

문단의 시인이며 평론가다. 내게 시적 그물을 던진 분이다. 웃는 모습이 소 닮아 닉네임으로 '우소牛笑'라고 칭했더니 최근까지 잘 사용하고 있다. 그는 넉넉한 가슴과 코믹스러움을 지니고 산다. 필자의 4시집 『마중물』에 시평을 제공한 문우 관계다.

▶ 글, 이영옥

그림을 시로 쓴 작가, 청량한 오색 물소리처럼~ 글의 힘은 내면과 외면을 넘나들며 무궁무진한 위력을 잠재하고 있습니다. 오호 시인은 그림보다는 뒤늦은 2008년에 중앙 문단인 문학세계 자매인 '시 세계'에 등단한 시인입니다. 그의 시 속에는 이미저리(imagery)한 묘사가 돋보입니다. 소소한 일상들이 시인의 펜 끝에서 시로 살아나는 놀라움을 발견합니다. 가족에 대한 사랑과 화문인의 끼를 진솔하게 펼쳐내는 임 시인의 시는 시인의 '인생 어느 길목에서' 너울너울 춤을 추고 있는 듯 생명감이 흐르고 있습니다. 색색의 물감이 화가의 손끝에서 머물러 한 장의 그림이 되듯이 시어 하나하나에도 색을 입혀 시를 색칠하고 있습니다. 어느 때는 하늬바람이 불어와 시의 마당에 빠져들게 합니다. 평소 끊임없이 글을 쓰며 가슴 더운 사람들과 만날 것을 약속합니다.

*이영옥 시인은 싱싱하고 고운 시를 잘 쓰는 소문난 여류 시인이다. 다년간 '대전문학' 편집인으로 궂은일을 봄담으며 봉사해 오고 있다. 리헌석 문학사랑의 사단에서 일구어낸 그의 능력이 드디어 빛을 보아 '도서출판 이든북'을 일구어냈다. 필자와는 제3 시집 『오색 물소리』 상재로 끈적한 인연을 쌓았다. 그 후 끊임없이 이든북의 출간 서적들을 보내주어 문우로서 감사하다. 나의 시 중에서 어릴 적 나의 뒷목에 난 종기의 고름을 손으로 꾸욱 짠 후 입으로 뜨겁게 빨아주시던 어머니의 찐 사랑이 있었다. 나의 시 '모정'이 '백미'라며 편집 시 뜨겁게 클로즈업시킨 그와의 공감대를 잊지 않고 있다.

▶ 글, 이창명

스승님, 은하문銀河門을 졸업한 지 열여덟 해가 지났네요. 찾아뵙지 못하여 죄송해요. 어린 시절의 꿈이 간직되었던 그곳은 나의 모교입니다.

개그맨 이창명

철없던 개구쟁이를 이만큼 성장하게 해주신 여러 은사님, 특히 중3 때 담임이셨던 정춘학 선생님. 만화가가 꿈이었던 그 시절, 미술반에서의 개그를 화폭에 담아 주변을 떠들썩하게 만든 깨알 같은 추억들이 아직도 저의 가슴속에 요동을 칩니다. 그리고 어느새 나는 그 만화 속 주인공처럼 그리움 속에 빠져들었지요. 보고픔으로 애를 태우다 보니 사람과 사람, 추억으로 엮어주는 그런 직업의 스타가 되어 있었어요. 지금도 가만히 눈을 감고 있으면 펼쳐지는 만화영화처럼 아름답고 모교 사랑이 떠오릅니다. 언제나 어디서나 빛나는 별님들! 교장선생님의 아침 방송! 세계적인 별로 태어나라고 하셨지요. 저는 개그맨 스타로 빛나고 있습니다. 몇 해 전, 프랑스 파리 출장 중에 김진성 교감 선생님을 뵙게 되어 정말 기뻤습니다. 방송 스태프들 앞에서 얼싸안고 상봉의 재회를 나눴지요. 모교를 떠나 오늘이 있기까지 고생도 많았지만 저의 가능성을 믿어주신 많은 선생님, 오늘의 제가 존재한다고 생각합니다. 열심히 노력하여 성실한 개그맨이 될 것입니다. 제2회 '1998 별님 축제'를 축하드려요. 후배들로부터 수십 통의 편지가 왔는데도 답장도 제대로 못 해 드렸네요. 다음엔 꼬옥 참석할게요. 모교의 무궁한 발전을 빕니다. 개그맨 이창명 드림. (1998.10)

　*개그맨 이창명은 중학교 시절에 헤어진 후 처음 만난 곳이 대전 MBC 개그맨 시절 라디엔티어링 최종 도착지 '세천 유원지'였었지. 차 속에서 출연 대기 중에 그대가 나를 보고 뛰어나와 '미술 선생님' 하면서 얼싸안던 기억이 나네. 그때와는 달리 그대는 상상을 초월할 만큼 너무 유명한 개그맨이 되어 있네 그래! 그래도 그대의 모습은 지금까지 TV 속에서 나를 기쁨을 안겨 주고 있다네. '인기는 구름 같다고 하던가!' 바람은 늘 시청자들이니 훌륭한 개그맨이 되어 줄 것으로 믿네. 'TV는 사랑을 싣고'에서 녹화 프로그램 차 우리 학교를 찾아왔을 때 개그우먼이 자네 학적부 성적을 공개해 달라고 할 때 난감했던 추억도 있었네. 그대는 제대로 된 공인 개그맨이 되어가고 있네. 인간을 상대로 하는 직업이라서 별 탈이 없기를 기원하네. 기쁨과 눈물의 만남의 광장, 이제야 KBS로 사랑의 글을 띄워 보내네. 동분서주 수고를 하니 건강 바라네. 멋진 개그맨의 자세로 올곧은 뜻 세우거라. (1999.1)

한 번 맺은 제자는 영원한 師弟之間이다.

▶ 글, 임봉재

　林 작가 제5 시집 『시첩詩妾』은 잘 받았네. 글 잘 쓰는 사람으로 알고 있었는데 詩도 잘 쓰는 것 정말 몰랐었네. 대자연을 보고 높낮이를 아우르는 수준 높은 수작입니다. 5집이지? 앞으로 6, 7, 8집 계속 나와 주길 기원합니다.

　*故 임봉재(任奉宰 1933~2025) 화백은 나와는 띠동갑 12세 연상으로 선화초등 수채화반 1기로 선배시다. 현존하는 대전의 원로 서양화가 운산 화백과 나이 1순위이다. 신장염으로 서울미대 4년 중퇴하였음을 당당하게 밝히는 그는, 대전 미술 1세대에 속하는 도도한 작가다. 4기 이신회 회장을 역임한 필자가 재가입을 원해도 반대한 선화초등 선배이기도 하다. 그런 그가 몇 해 전 전화로 자신의 마음고생을 털어놓을 때 치매를 의심했었다. 그는 늘 작가의 자세를 강조하며 이상은 중앙작가반열을 꿈꾸었다. 반구상적인 그의 작품을 대할 때마다 유화의 특징을 잘 살리는 색채의 마술사로 언급했다. 하나의 신장으로 구순 넘게 생존하는 그가 일구어내는 모성(여체의 군상화)들은 어머니의 모티브라 했다. 그는 교장으로 퇴임 후 대전 시립미술관 초대 관장을 역임하였다. 서울미대 3학년 시절 건강 이상으로 학업을 포기하였다. 1980년대 충남고교 재직시 콩팥 하나를 떼어냈다. 승부사처럼 질긴 생애만치나 그만의 예술혼도 함께 꽃피우셨다. 2025.3.24 93세 나이로 별세하셨다.

▶ 글, 임웅수

　고교 시절 그림 공부하는 아우에게 보낸 형의 순수했던 감정의 글을 싣는다.
　너에게 낙서를 하듯 아주 편한 마음이 되어 시를 보내는 이유는, 너는 내게 허물없이 통하는 아우이기 때문일까?

　초하
　쓰르람 노래에 한 말씩 녹아내린 구름으로

대추나무 천륜 대감이 등멱을 해

부엌 궁둥이에 맨드라미, 백일홍이 버얼겋게 살이 찌고,
장독대 청개구리 허벅지에 눈부신 유월 햇살.
하동夏童이 여름 타 익모초 지찐 물에 질겁해 달아난
십 리쯤 뒤에 남은 한낮의 졸음.
(1962)

　성벽 쪽에 노을이 탄다. 구름밭 이랑으로 저녁 햇살이 바알간 홍조를 피워 준다. 아마 저 노을 밑은 마포 아니면 신촌쯤 되겠지. 한해가 지나간다. 내게는 낭만도 희망도 다 없어졌다? 남산이 깔깔깔 웃는 듯하다. 교수나 뭐나 내가 대하는 모든 것들도 눈에 돈독이 오르고 송곳니를 득득 갈며 사회에 매달리고 있다. 그저 매일 술타령이다. 그래도 나는 아직 견뎌낼 힘이 있다. 30여 매의 장시를 어제 저녁에 끝냈다. 제목은 '사향노루의 꿈'이다. 물론 대작이며 걸작임에 틀림이 없다. 동아, 조선, 한국일보 신춘응모를 겨냥한 시이다. 하늘은 유럽 여인의 눈빛처럼 투명해지고 하늘은 서러울 만큼 푸르다. 양수야! 특기는 잊지 말고 늘 같이 살게 하기 바란다.(1967) '점을 쳐보니 네가 더 효자가 된단다.' 나는 그저 그렇고. 헌데 너는 내 덕을 본다냐? 웃겼지. 어떤 미친 점쟁이가! 먼젓번 너의 회답에서 '얘기와 얘기'는 다르니 구별 잘해 쓰거라. 바윗뎅이같이 단단하고 과묵하면서도 비단뱀 같은 달변의 혀를 가진 도마동으로 살림난 양수로 보이기도 하고.
　효천, 부친 회갑 날(1972).
　이 세상 구석진 곳까지 평생 굴러다니는 것이 책이지. 가슴 뜨거워 발간하고 환희와 후회 속에서 공전함은 작가의 일상이다. 세상사 환쟁이 글이라고 어여삐 봐주지 않는다. 장점보다 단점이 눈에 잘 띄는 법, 뭇 입방아 찧는 소리를 예견하자. 호시탐탐 엎질러진 물 되기 전에 퇴고 많이 하여 찬바람에 세월을 달이듯, 그저 묵묵히 살펴보자. 차 떼고 포 떼듯 싹둑싹둑 잘라내면 씹히는 맛 없으니 시어 삽입 농축시킨 후 단맛을 울어내자. 바른 시심으로 고들빼기처럼 익히자. (2006)
　*효천(曉天 林雄洙 1942~) 시인은 오십수 년 詩 밥 잡순 효천도 다치기 십상이라며 노심초사 걱정이었다. 필력도 연륜도 우매한 환쟁이가 펜

촉을 들이대니 시상 깊은 문객이 하얗게 웃을 일이지~ 2007년 처음으로 내놓은 퇴임 기념 시집 『굿모닝 좋은 아침』은 육십 평생 선잠 깬 머리에 상투 올리듯 〈2008 시세계〉 문학상이 불을 붙였다.

 효천 시인의 과거 문학도 시절, 한국 문학계의 이질과 고뇌의 늪에서 한스러웠던 형의 마음을 안타깝게 바라보던 시절도 있었다. 허나, 형은 입을 함봉한 채 쓰디쓴 곰쓸개를 독한 마음으로 씹어 넘겼다. 대학 시절, 남산의 자취방에서는 미래 한국 문단의 젊은 기둥감들인 '문학쟁이'들로 법석였다. 그들 모두는 문우인 동시에 경쟁자였다.

 1965년 5월호 현대문학지에 미당 서정주 시인의 추천, 문학예술상, 한국문협 월간문학상, 대전 3·8 민주 의거 자문위원. 현재는 기독교 장로로 노인학교 '시문학 강의'도 하며 팔순 중반의 할아버지로 손주들에게 아름다운 시 사랑을 안겨주신다.

▶ 글, 조성남

 〈산실產室에서〉 대전일보(1981.6)의 문화부 신문기자로 임 작가의 자택을 방문하였다.

 초하의 열기가 제법 무덥게 느껴지는 6월 오후, 화가 임양수(林(陽洙 1945-) 선생의 도마동 산실產室을 찾으니 마침 '담'을 주제로 작품 제작에 몰두하고 있었다. 그에게 작품 내용을 물었다. "담장에는 여러 가지가 숨어있지요. 시골의 토담과 석담, 도시에는 시멘트 담장 등 여러 형태로 작가들의 시선을 모으게 하면서 재미있는 소재를 제공해 주고 있어요. 자연에 깊은 애정을 갖다 보니 자연스럽게 담장에 대한 관심을 갖게 되었지요."라고 했다.

 그는 한국미협 및 대전 미협전, 예우전, 개인전 및 그룹전을 통해 꾸준히 발표해 온 작가이다. 그는 '옛 담장에 서린 오랜 시간의 흔적들, 그곳에서 느껴지는 채취나 이끼 낀 색상과 조화는 임 작가 작품의 소재로 표현되었다.'

 林 작가는 아울러 길거리의 '보도블록'의 파상선, 춘하추동 4계절에 따른 플라타너스의 나무 벽의 얼룩무늬를 관심을 두며 암녹색과 황토색으로 그린다 했다. 작가는 여러 곳을 둘러보며 견식을 넓혀야 질 좋은 내용의 작품을 남길 수 있다고 하면서, 교단에서 학생 지도 교육에 임하다

보니 생각과는 달리 고착되는 느낌이 든다고 말했다.
 다행히도 고교, 대학 시절 방학이 되면 절반은 무전 여행길에 올라 전국 곳곳을 누비며 스케치 및 현장의 식견을 넓혔다고 했다. 군 시절엔 베트남 전투에 파병도 하였다. 그의 삶의 흔적들은 작품의 소재로 기여하고 있다며 견식의 다양성을 강조하였다.
 또한 초기 구상적인 작품과 최근의 반 구상 작품 등 50여 점을 가지고 제2회 개인전을 시민회관 대전시실에서 개최한다고 했다. 6, 70년대 초기에는 역 광장이나 길 복판, 시장 한가운데에서도 미술 반원들이 이젤을 펼쳐놓고 사생을 즐겼는데 요즘에는 개인 화실로 잠적해 버렸다며 그 시대를 그리워한다 했다. 작가는 남을 의식하지 않고 자기 사상을 올곧게 밀고 나가야 한다고 강조하면서 학생들의 미술 감상 교육을 통한 화랑 탐방으로 '미술 감상문 쓰기' 지도를 강조한다고 했다. 그런 덕분에 배출된 제자들의 동문전인 북우전北友展은 대전 미술을 밝게 해줄 것으로 내다보았다.
 *조성남 기자는 그 시절 대전일보 유명 문화부 기자로 대전, 충남의 미술인들을 많이 접해 왔다. 2025년 현재에도 '대전 예술지와 각종 문화지에 작고한 미술인들의 생전 추억의 담을 구수하게 펼쳐내고 있다. 그는 대전 중구 문화원장을 거쳐 현 대전문학관 관장으로 있다.

▶ 글, 최송석

 축 대전광역시 문화상 수상, 대전 시민이 한마음으로 경의를 표하며 드리는 문화상 수상하심을 진심으로 축하합니다. 더불어 크신 문운도 함께 하심을 기원하오며 찬란한 예술의 혼魂이 더욱 빛나시기를 거듭 기원합니다. 열매가 여무는 가을에. (2017.9.21)
 임 시인님의 제3집 『오색 물소리』 글과 그림을 휘감아 가슴에 품으면서 색이 소리로, 소리가 채색으로 짜릿하게 파고드는 속 저림. 과연 오호五湖의 그윽한 속내를 조금씩 조금씩 새겨가며 시작합니다. 크신 문운 함께 기원합니다. 제5 시집 『시첩』 세상에 펼치심을 축하드립니다. 인생 달관의 경지에 드시어 깊이 있는 시 세계를 열어 주심에 갈채를 드립니다. 요소마다 서려 있는 숨결을 느끼며 행복한 감상 시간이었습니다. 귀한 시집을 보내주셔서 감사드립니다. 거처를 알려드리지 못해 공연히 두

번 수고를 끼쳐드렸군요! 건승하심과 더욱 크신 문운 함께하시기를 기원드립니다.(2023.10)

   *최송석(崔松錫) 시인은 정의롭고 꼿꼿하시다. 그의 시 역시 교훈적으로 인간적인 흐름이 가슴에 남는다. 문협 행사에서 만날 때마다 건강이 염려된다. 오늘의 대전 문단을 지켜온 산증인이며 기둥이다. 몇 차례 꾹꾹 눌러쓴 심지 깊은 굵은 만년필 문체의 축하문과 문단 행사에서 뵐 때마다 '임 화백' 하며 부르는 정감은 그에게 다가감을 더해 주었다. 그는 箕山 화백과 오랜 화우이기에 더욱더 관심을 보여주었다.

▶ 글, 최원규

   화문인의 고심, 시와 그림이 한통속이라서.『시첩詩妾』이라는 시 제목이 예사롭지 않아요. 시도 그림도 이루고 있는 뼈대 구성과 감칠맛 나는 요소가 감미로울 때 비로소 빛이 나는 법이니~ 아! 작가 작품의 이미지를 위해 고행을 일삼아 온 화문인의 세계여! (2023.10)

   *최원규(錦汀 崔元圭 1933~) 시인은 충남대 명예교수시다. 그는 퇴임 후 충남대 평생교육원에서 올바른 시의 세계에 따른 '문예 창작' 반을 이끌며 노구에도 알토란 같은 강의를 펼치셨다. 필자는 2008 정년퇴임 후 충대 평생교육원 문예 창작반의 깊은 골짜기에 들어섰다. 최원규 교수의 가슴 울리는 강의를 몇 차례 수강하였다. '늦었을 때가 빠르다'라는 심정으로 사방을 둘러보고 가끔은 올려다보며 한 땀 한 땀 수놓는 심정으로 문학의 등반길에 올랐다. 한금산, 나이현 문우들이 곁에 있어 한결 외롭지 않았다. 문학의 문턱에 서서 평생을 바친 문학인들의 고뇌를 공감하였다. 독야청청 살아온 금정 시인의 꼿꼿함을 의식하며 그분의 추천으로 대전 문학단체에서 활동할 수 있었음도 감사한다. 92세의 나이에도 문학지 첫머리에 젊은 시를 등재하는 금정錦汀 시인이시다.

▶ 글, 한금산

   『등대 춤추다』五湖 제2 시집, 오호 작품의 서평을 써보고 싶었는데 부탁을 해와 기쁜 마음으로 서문의 글을 썼다. 임양수는 서예가 우당于塘 님의 차남이다. 위로는 '서정주' 시인의 문하인 曉天 임웅수 시인이 있다. 서예가, 시인, 화가의 삼부자 예술가 집안이라서 필자에겐 부러움의 대상이 된다. 그는 화가이면서 시인이다. 그와 나는 사십년지기로 오이무침에 부추 관계처럼 냉과 온이 적절히 만나 비슷한 삶을 살아왔다. 2008년 〈황금찬 시인〉*의 추천으로 임 시인이 '시세계' 신인문학상을 수상하며 문단에 얼굴을 내밀었을 때, 그 소식에 기뻐했고 그를 향한 나의 작은 예언(?)에 놀랐다. 그림과 문학을 화문인 통해 생활 속의 진실이 햇살을 받아 안개를 걷어 올리는 속에서 세월의 내공이 진실의 속내를 드러내고 있음이다. 필자가 제일중에 부임하여 그를 만났을 때 그는 차분한 성격에 공과 사가 바르며 다정다감하게 학생 지도와 학급경영이 모범적이었다. 속내를 쉽게 겉으로 드러내지 않는 그를 '구름 속의 큰 산과 같다'라는 말들이 나올 정도였다. 그러나 그는 소탈한 내면을 가지고 있는 사람이다.

세월에 시달리다 보니 그가 '쓸개 빠진 놈'이 되어 옛날처럼 코가 비뚤어지도록 같이 술을 마셔볼 수 없는 것이 서운도 했다. 화문을 통하여 오호가 생활 속의 진실을 밝히는 햇살을 받아 안개를 걷어 올리는 제2 시집 『등대 춤추다』 속에서 세월의 내공이 굳게 뭉쳐 있어 속내를 알 수 없었던 사람이 허물을 벗고 진실을 드러내고 있음이다.

한 코 두 코 엮어낸 그와의 시 알들이 성근 포도알처럼 싱그럽게 다가오겠지요. 오늘이 있기까지 작가의 고심과 몸부림이 많이 고여 있었음을 실감케 한다. 전생을 화가로 살아온 작가가 문학까지 넘나들 때 여론몰이를 배제할 수는 없었을 것이다.

허나, 임 시인은 이미지 관리 면에서도 화문인畵文人을 자처한다. 그림과 시 속에 살아가는 화문인으로 비유와 은유 속에서 둘 다 품고 지내다 보니, 이제 와 어느 하나 버릴 수 없는 화첩畵妾 사이라고 밝히고 있다. '시와 그림' '그림과 시'는 한통속으로 아우른다 했다. 단 한 편으로 단축된 면을 보여주면서 그 속에서 기승전起承轉을 일구어내고 있음을 뜻한다. 그는 일상을 통해 자연스럽게 시 속에 녹여내는 조화로운 작가임을 그의 그림과 시를 통해 공감케 한다.(하략)

*황금찬(黃錦燦 1918-2017) : 시인이며 아호는 후백이다. 강원도 횡성 향리 자택에서 99세로 장수한 시인이다. 8,000여 편의 시와 시집 39권, 수필집 15권 상재했고 대표작은 『회초리』다.

1978 시절에 白樺와 五湖

〈오호 五湖〉

1. 구름에 덮여 있는 산은/ 햇살을 기다려 골의 깊이를 드러내고/ 봉우리의 높이를 알 수 있다.//

봄볕 속에 작은 싹/ 얼마나 크게 자라려는지? 물주고/ 따뜻한 햇살 퍼붓고.//

그 마음 읽을 수 있는 이/ 한 사람뿐이면 어떠랴. 그저 사랑을 자아내고만 있는 이/ 오호!

2. 실개천/ 그 작은 물줄기를 한 그릇으로 / 큰 강을 만드는 이/ 오호! 누가 알랴,/ 가뭄에 잦아들까 속 바슴이던/ 무던히 많은 날들 바다까지 다다른/ 아이들을 여기 남겼구려!

* 임양수 개인전 방명록에 남긴 백화의 시

*故 白樺 한금산(韓金山 1943-2023) 시인은 대전시 문화상, 한정동 아동문학상, 문학시대 문학대상, 현대 시인상 등을 받았다. 그가 79세로 별세하고 보니 문학의 동력자원을 잃은 느낌으로 가위의 중심축 '슴베'가 빠져나간 기분이다. 평소 마음을 꽃피워 다스려오던 가수원 오동에 그만의 텃밭인 백화농원에서 선친과 함께 잠들어 있다. 반세기 넘도록 그와의 흔적들은 오이무침에 부추 사이처럼 '냉과 온'이 적절히 버무려져 문학을 적셔왔었다. 지금은 창문 밖 저 멀리 가수원 오동을 바라보며 붙박이창이 된다.

필자는 백화 한금산문학상 운영위원으로 제4회 수상자를 기대하고 있다.

▶ 글, 홍순갑

시 쓰는 화가, 비가 날마다 내리니 생각도 비에 젖습니다. 그림을 전공하신 화가께서 그림 그리듯 한 땀 한 땀 수놓아 써 내려간 시편들은 그냥 그대로 그림이라 하겠습니다. 꾸미면 너덜거릴 것들이 꾸밈없이 담백하고 진실합니다. 글의 갈피에서 저에 대한 말씀을 하시는데 저는 사진도 별로고 시도 그렇고 별 볼 일 없는 사람이니 다만 송구할 뿐입니다. 순조롭게 모쪼록 그림과 시작詩作에 큰 성과 있으시기 기원합니다.

*시인 홍순갑은 대전 호서문학회장을 역임한 시인으로 주관이 강직한 자유로운 예인藝人이다. 환심을 끄는 외모만치나 〈보헤미안처럼〉 대자

연 속 자기 스타일로 기회를 찾는 야인野人스러움, 초면인데도 호감을 샀다. 그의 글 속에서 다정함과 혼돈스러움을 동시에 보여주니 분명 보헤미안이다. 그 느낌 그 자체가 매력덩이로 자신을 부정해도 흐름은 고여 있는 법, 그대로 반겨 맞는다.

▶ 글, 홍인숙

'대전 예술지'에서 그를 보다. 임林 시인은 대전 토박이로, 광복동이로 태어나 우리나라 근현대사의 통증을 온몸으로 받아낸 존재이시다. 전쟁 이후의 궁핍한 시대를 살아온 시인은 모진 풍상을 견뎌낸 고들빼기처럼 억세게 뿌리 내린 한국인의 초상을 닮은 듯하다. 시인의 다섯 번째 시집 『시첩詩妾』에는 시대를 가로질러 우리에게 전하는 한 서린 정서가 오롯이 살아있다. 한겨울에 먼저 당도한 매화꽃처럼, 백날을 살고도 지지 않는 배롱나무꽃 나무처럼, 슬기롭게 새 힘 북돋아 주는 봄빛처럼 삶의 애환을 그려낸다. 겨울이 오면 뒤이어 오는 봄날을 생각하듯 얼마나 애틋하면 남몰래 숨겨둔 애첩처럼 시로써 승화시킨 모진 세월을 견뎌 왔을까. 보리밭을 통해 시인은 전쟁의 모진 고통 속에서 웃음을 잃지 않는 해학의 정수를 보여준다. "네 박자 꿍짝일세!" 2024 대전 예술지 1월호에 기고.

*지당芝塘 홍인숙은 2013년 등단한 시인이며, 문학평론가다. 대전예술지 편집인이다. 나의 제 5시집 『시첩』에 대한 평론 글은 짧으나 긴 느낌으로 그를 기억하게 만들었다. 단아함 속, 깊은 느낌을 시사해 주어 가슴 한구석 감흥으로 고여 있다. 2024 제3회 한금산문학상 심사위원으로 그를 추천한 적이 있었다. 그의 인간 됨됨이와 문평文評을 나는 잘 안다.

▶ 글, 황선형

휴머니즘을 향한 맑은 빛과 희망의 소리 임양수 선생님은 나의 중학교 은사님이시다. 미술 과목은 주당 한두 시간씩 3년간 선생님의 수업을 들을 수 있었다. 선생님은 나의 마음속 깊이 참스승으로 남아 있는 유일한 분이시다. 담임도 미술반으로 활동하지 않았기에 나에 대한 기억은 거의 없을지도 모른다. 게다가 오랜 시간 교직에 계셨기에 수많은 제자를 일일이 다 기억하는 것은 거의 불가능하다. 그러나 감수성 예민한 시기의 제자들은 선생님과의 조그마한 에피소드라도 가슴속 깊이 새기게 된다. 선생님은 항상 학생들에게 관심과 사랑을 듬뿍 주셨던 자상하고 자애로운 분이셨다. 그런 연유로 나는 선생님에 대한 기억들이 아직도 많이 남아있다. 특히 가끔씩 진행했던 다양한 '퀴즈' 수업은 단연 최고였다. 중학생 눈높이에 맞는 다방면의 지식을 뽐내는 경연이었는데, 난 그 수업을 제일 좋아했고 더 많이 문제를 맞히기 위해 시사와 문화·예술과 같은 분야에 관심을 가지기도 했다. 얼마 전 선생님께 퀴즈 수업이 아주 좋았다고 말씀드렸더니 사전에 그 수업을 위해 만들어 놓은 문제 은행이 있다는 말씀을 해주셨다.

현재 갤러리를 운영하고 또 미술 아카이브Archive 일을 할 수 있는 것은 선생님의 영향이 크다고 본다. 가끔 전시장을 방문하여 미술 감상문을 써내는 과제가 있었다. 모든 학생이 제일 힘들어하는 과제였지만 나는 참 재미있게 해냈다. 내가 다니던 대흥동에는 많은 전시 공간이 있었다. 주일에 성당을 오고 가며 들렸던 전시장이었지만 자주 다니다 보니 내 자신이 미술에 상당한 흥미를 느끼고 있음을 알게 되었다. 미술 감상문은 거침이 없었고 친한 친구들 것까지 내가 자처해 써줄 정도였다. 아마도 지금 가끔씩 쓰고 있는 전시 평들은 그때 이미 기틀이 다져진 듯하다. 오늘에 이르러 은사님의 전시 서언을 쓰고 있다는 것이 감개무량하다. 감히 생각을 해본 적도 없고 그럴만한 역량을 갖추지도 못했다. 그래서 이 글은 많이 부담스럽고 또 영광스럽기도 하다. 선생님께서는 초등 시절부터 미술에 대한 재능을 연마해 오다가 대학에서 최영림, 장리석, 박창돈과 같은 한국미술을 대표하는 분들로부터 폭넓은 가르침을 받았다. 그래서인지 선생님의 작품세계는 다양한 스펙트럼을 보여준다. 최영림으로부터 토속적 정서를, 박창돈으로부터 한국적 정취를, 장리석으로부터는 서민의 모습과 생활상을 묘사하는 리얼리즘의 영향을 받은 것으로 보인다. 이런 폭넓고 다양한 영향과 선생님의 자연관이 어우러진 작품세계는 1985년을 기점으로 구상 작업에서 반 구상 작업으로 전환하게 된다. 표현에 있어서도 재질의 특성과 붓질에 의한 물감의 발묵 현상과 꼴라쥬, 드리핑, 스크래치와 같은 다양한 기법으로 작품의 주제에 맞는 표현을 자유롭게 구사함으로써 작품의 리얼리티를 더욱 배가시킨다. 작가 노트에서 보여주듯 선생님은 작품 연구를 통해 얼마나 진지하게 삶에 대한 진정성을 추구하고 있는지를 알 수 있다. 일상에서 공감하는 대상을 형상화한

'맑은 빛과 소리' 연작을 진행하면서 '휴머니즘'에 입각하여 선생님 존함처럼 '무성한 숲林, 따사로운 볕陽, 졸졸 흐르는 물가洙'의 의미처럼 작업에 임하고 싶음을 고백한다. 또한 대전 지역 미술의 아키비스트 Archivist로서 방대한 미술 자료와 저술로 지역 미술의 역사를 보존하는 데 중추적 역할을 하고 계시다. 제자 양성과 작가로서의 삶, 게다가 아카이브와 시집 발간까지 실로 놀라지 않을 수 없다. 이제 선생님께서는 어느덧 화업 50여 년을 맞이하셨다. 이번 전시는 치열한 작품활동을 통한 작업의 진수를 전체적으로 조망할 수 있는 자리가 될 것이 분명하다. 제자로서 한 가지 소망은 '퀴즈 수업' 시간에 문제로 나왔던 스승에 대한 감사와 존경의 캠페인처럼 '스승에게 위신과 영광을' 드리고 싶다.
2017. 황선형

*평론가 황선형은 전 모리스 갤러리 관장이며, 현 아트허브 대표이다. 그의 글을 읽으며 흘러간 추억담에서 제자가 본 교사의 행적을 평가받을 수 있었다. 속 깊었던 제자가 흠모했던 어릴 적 추억들이 새롭다. 졸업식 날, 내게 다가와 함께 찍은 사진 한 장은 미래에 대한 예고로 느껴졌다. 세월이 흘러 중년의 모습으로 나타난 그의 모습은 성숙함 그대로였다. '아트허브' 대표로 갤러리를 운영하며 작가들에게 쏟는 정성이 예사롭지 않았다. 갤러리를 경영하며 작가에게 폭넓은 홍보 매체를 제공하고 희망과 전망을 제시도 하였다. 지역에 군림하는 갤러리 대표보다는 전국 단위의 인물로 느껴졌다. 그는 한계를 느꼈는지 갤러리를 넘기고 서울로 상경하였다. 시대적 각박한 도전 시대에 마음 상하지 않기를 바라는 마음 크다.

▶ 글, 황효순

마음속 그만의 빛을 안겨 주듯이 그의 작품세계는 고교 시절부터 뛰어난 수채화 실력을 보여주었다. 그의 근작을 통해 '이미지' 시키는 작업이 진행되고 있음을 안다. 1990년대에서 2000년 초 그의 발표 전에서는 '만다라'적 원형의 화면에 '옵티컬'적 영상미를 함께 시도해 왔다. 2010년대에 들어 테마전 형식으로 부단한 변모를 꾀하는 작가라는 것을 알 수 있다. 2013 '춤추는 등대' 시리즈 작품은 등대를 의인화시켜 몽환적 분위를 연출하여 해맑은 웃음을 자아내게 한다. 그의 작품 속에는 '시와 그림이 함께 공존하듯 사랑과 혈기가 화면에 잘 녹아 있어 우리 모두에게 심상心想을 느끼게 하는 자애의 이미지를 던져주고 있다.

　*황효순은 미술평론가이며 미술학 박사로 한남대 겸임교수다. 나이 들어 부족한 공간을 채워주는 미술사 아카이브의 거울이다. 나는 그 시대를 살아온 유경험자로 듣고 찾아가는 그에게 찾아가 미리 알려주어야 한다는 생각은 변함없다. 서로가 공존하는 동행인으로 그에게 거는 기대가 크다. 항상 같은 곳에서 고개를 맞대는 심정으로 노력하는 그가 고맙다. 팔순이 넘어서자 갈 길이 바쁘다. 그 역시 나의 행적을 남기고 하는 마음이 그의 눈빛에 고여 있음을 안다.

五湖, 임양수林陽洙 프로필

- 출생지   대전시 동구 대동(신안굴다리 부근 동네)
           을유(乙酉) 팔월 십칠일 출생

- 학력
  1957~1964   대전 선화초등 12회 졸업. 대전 중앙 중,고교 졸업
  1964   서라벌 예술대학교(현, 중앙대 예술대) 회화과 입학
  1987   국립 대전공대 산업디자인학과 졸업
  1993   국립 한국교원대학교대학원 졸업(미술교육학 석사)
  2008-   국립 충남대학교 문예창작반 수강(최원규 교수)

- 경력
  1969-   베트남 참전용사, 국가유공자
  2004   대전광역시 우수교원 '서유럽 5개국 문화탐방' 선발됨
               대전광역시 교육감 대전시장 교육부 장관 표창
  2008   중등교원 정년퇴임. 금산동중, 농고, 강경중, 대전북
               중·고 북상고 대전제일 중·고교
  2008-   한남대 교육대학원 미술교육과 출강
  2017   대전광역시 문화상(시각 예술)수상
  2022   대한민국 미술인상(원로작가상) 수상
  2022   대전시립미술관장 감사패
               (대전 미술사 '아카이브' 자문위원 공로)
  2023.2.4.   대전미술의 역사 자료들 2차 기증함(대전시립미술관)

• 화력 畵歷

1963-	개인전 12회 국내외 단체전 500여회
1963-	죽미회 5인전(충남 공보관화랑)
1983-	대전 구상작가협회 회장역임
1995-	1995 '대전 미술 어제와 오늘' 편찬 집행위원장 역임 (대전미협)
1998	대전 불교미술가 회 창립 및 고문 역임. 대전 여성미술 대전 심사위원장 역임. 대전 원로작가 '화연회' 회장 역임
현,	한국미협회원 (상임 자문위원) 아트대전 초대작가. 대전 국제아트쑈 자문위원. 한국 문화미술대전 및 대전광역시 미술대전 초대작가. 한국미협, 대전미협, 원로작가 화연회 고문, 북우회 고문, 대전국제미협 자문위원,

• 문력 文歷

1966.8.1- 8.9	임웅수 · 임양수 형제 시화전(충남 공보관)
2008-	《문학세계》 자매지 계간 《시 세계》 신인문학상 수상 등단(황금찬 시인 추천)
시집 상재	1시집 『굿모닝 좋은 아침』(2007), 2시집 『등대 춤추다』(2012) 3시집 『오색물소리』(2017), 4시집 『마중물』(2021), 5시집 『시첩詩妾』(2023)
수필집 상재	五湖 임양수 회고록, 시화가 흐르는 수필집 『삶의 흔적』(2025)

*중요 집필

1964	중도일보, 수필 〈구름밭에 앉아서〉 등재.
1970~	대전일보, 중도일보, 대전문화, 대전예술, 문화한밭 誌에 등재.
1980~	중도일보, '중도 춘추 컬럼' 연재 등재.
1993	미술 감상 지도의 실태조사 연구(한국교원대학교 대학원 논문)
1995-	대전 미술의 역사(1995 대전 미술 어제와 오늘) 상재(대전미협주관)
2008	태동기-1990년대 '대전 미술사' 〈대전 미술, 그림으로 말하다〉(대전시립미술관주관)
2008~	대전 예술지 〈대전 미술사〉 요약 연재 (대전예총 주관)
2012	1960년대 고교미술클럽 〈죽미회의 태동〉 발표(대전시립미술관주관)
2015	한국문학시대 창간 25주년 '4인 誌上展 招待'(시 임강빈, 조소 최종태, 서예 조종국, 화 임양수)
2022~	대전일보 '한밭 춘추' 컬럼13회 등재(7월~12월)

- 주　소 : 34083 대전광역시 유성구 노은 동로187, 608-1602(열매A)
- 전　화 : 010-3433-7016
- 이메일 : rim6230@naver.com

- 임양수 저서 -

시집 『굿모닝 좋은 아침』

시집 『등대 춤추다』

시집 『오색 물소리』

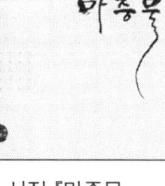
시집 『마중물』

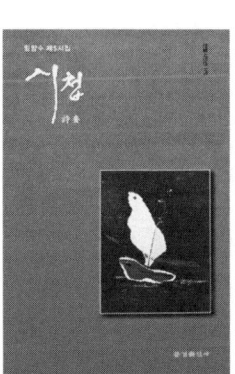
시집 『시첩』

수필집 『삶의 흔적』

삶의 흔적
임양수 회고록 겸 수필집

발 행 일	|	2025년 6월 6일
지 은 이	|	임양수
발 행 인	|	李憲錫
발 행 처	|	오늘의문학사
출판등록	|	제55호(1993년 6월 23일)
주　　소	|	대전광역시 동구 대전로 867번길 52(한밭오피스텔 401호)
전화번호	|	(042)624-2980
팩시밀리	|	(042)628-2983
전자우편	|	hs2980@hanmail.net
계좌번호	|	농협 405-02-100848 (이헌석-오늘의 문학사)
카　　페	|	cafe.daum.net/gljang (문학사랑 글짱들)
인터넷신문	|	www.k-artnews.kr (한국예술뉴스)

공 급 처	|	한국출판협동조합
주문전화	|	(02)716-5616
팩시밀리	|	(02)716-2999

ISBN 979-11-6493-378-5
값 18,000원

ⓒ 임양수 2025

* 이 책의 판권은 저작권자와 오늘의문학사에 있습니다.
* 이 책은 E-Book(전자책)으로 제작되어 ㈜교보문고에서 판매합니다.
* 잘못 만들어진 책은 구입하신 서점에서 교환해 드립니다.